华夏历史一本通

上古——东汉　第三卷

张生栋 ◎ 著

花城出版社
中国·广州

图书在版编目（CIP）数据

华夏历史一本通．上古—东汉：全6册／张生栋著．-- 广州：花城出版社，2022.9
ISBN 978-7-5360-9604-2

Ⅰ.①华… Ⅱ.①张… Ⅲ.①中国历史－上古-东汉时代－通俗读物 Ⅳ.①K209

中国版本图书馆CIP数据核字(2022)第132960号

出 版 人：张　懿
责任编辑：陈诗泳　梁宝星　凌春梅
技术编辑：薛伟民
装帧设计：迟迟工作室

书　　名	华夏历史一本通．上古—东汉 HUAXIA LISHI YIBENTONG SHANGGU DONGHAN	
出版发行	花城出版社（广州市环市东路水荫路11号）	
经　　销	全国新华书店	
印　　刷	广东鹏腾宇文化创新有限公司（广东省珠海市高新区唐家湾镇科技九路88号10栋）	
开　　本	787毫米×1092毫米　16开	
印　　张	154.5　6插页	
字　　数	2470,000字	
版　　次	2022年9月第1版　2022年9月第1次印刷	
定　　价	488.00元（全6册）	

如发现印装质量问题，请直接与印刷厂联系调换。
购书热线：020-37604658　37602954
花城出版社网站：http://www.fcph.com.cn

目 录

第七章　东周下（战国）

- 003　第一节　三家分晋
- 022　第二节　豫让刺赵襄子、李悝变法、乐羊子灭中山、河伯娶妇、杀妻求将
- 043　第三节　商鞅变法
- 054　第四节　邹忌讽齐王纳谏、稷下学宫
- 066　第五节　孙膑装疯、田忌赛马、围魏救赵
- 080　第六节　无盐氏劝谏、滥竽充数、苏秦刺股、张仪受笞
- 096　第七节　苏秦之死、燕王哙让贤、张仪欺楚
- 115　第八节　聪明的甘茂、秦武王举鼎、楚怀王客死、冯谖市义、鸡鸣狗盗、屈原自沉
- 134　第九节　胡服骑射、饿死沙丘宫、杀美谢客、孟尝君失位
- 145　第十节　在地愿为连理枝、燕昭王求贤、乐毅伐齐、情定法章、田单复国
- 162　第十一节　完璧归赵、将相和
- 171　第十二节　范雎相秦、睚眦必报、魏有信陵
- 187　第十三节　利令智昏、纸上谈兵、白起之死、毛遂自荐、窃符救赵、蔡泽相秦
- 207　第十四节　奇货可居、债台高筑、廉颇杀栗腹、《吕氏春秋》、甘罗十二为丞相
- 222　第十五节　春申君阴谋窃国、嫪毐乱秦宫、李斯谏逐客、廉颇一饭三矢
- 236　第十六节　名将李牧、韩非之死、韩赵亡国、荆轲刺秦、王翦请田、统一六国

第八章　秦朝

- 261　第一节　千古帝制、统一度量衡、南征百越、北击匈奴
- 276　第二节　徐福东渡、焚书坑儒、祖龙之死、沙丘密谋
- 292　第三节　二蒙遇害、秦宫惨云、陈胜吴广起义

304	第四节	赵王武臣、燕王韩广、名将章邯、李斯受屈
322	第五节	张楚兵败、项梁起兵、羊倌当王、李斯灭族
334	第六节	项梁兵败、破釜沉舟、战神项羽、章邯降楚
347	第七节	指鹿为马、秦王子婴、秦亡之思

第七章 东周下(战国)

第一节　三家分晋

"战国"因西汉刘向编纂的《战国策》一书而得名。《战国策》记载了上起公元前490年晋国的智氏灭范氏，下止公元前221年秦国统一六国的历史。因为战国时期较为著名的诸侯国有秦、楚、齐、燕、赵、魏、韩"七雄"，但在公元前490年甚至是公元前475年，赵、魏、韩三国都还没有作为正式的诸侯国出现，因此，又有一些学者建议把赵、魏、韩三家分晋之后正式受到周王室册封的那一年即公元前403年作为战国时期的开始。

但不论战国时代从哪一年起始，它都是以晋国的分裂直至灭亡和赵、魏、韩三家成为诸侯这一标志性事件作为开端的。

来看一看象征着战国时代开始的赵、魏、韩三家分晋事件。

赵氏的赵武被晋悼公任命为正卿之后，于公元前541年死去，其子赵成承袭他的卿位，任中军佐。公元前518年，赵成死，其子赵鞅入六卿。其时，因为赵衰、赵盾等人的功绩已逐渐被人们淡忘，赵氏对朝政的影响也已经非常微弱，因此赵鞅只能从六卿中排名最后的下军佐干起，而不能像他的父亲赵成那样，一入六卿就受到正卿韩起的提携位居六卿之中的第二把交椅。

其时晋国三军六卿是：中军将韩起（韩厥之子）、中军佐荀吴（荀偃之子）、上军将魏舒（魏绛之子）、上军佐士鞅（士匄之子）、下军将荀跞（荀罃曾孙）、下军佐赵鞅。在三军六卿之中，荀吴、荀跞和士鞅分为一个阵营，而韩起、魏舒和赵鞅分为一个阵营，两股势力就这样相互争斗，相互制衡着。

公元前520年，周景王死，嫡次子姬猛和庶子王子朝争位，姬猛在争衡中胜出,但即位的当年,就很不幸地死去了,他的弟弟姬匄又即位,是为周敬王。王子朝继续与周敬王争夺王位。经过一年多时间的激烈对抗,周敬王渐渐落了下风,不得已向诸侯求援。晋国作为被中原各国普遍认可的盟主国,于是扛起了"尊王"的大旗,帮助周敬王巩固王位。但主持宗周事宜的下军将荀跞前后斡旋了几年,仍然没有平息王室的动乱,正卿韩起对这样的现状非常不满,于是向晋顷公提议,让赵鞅去主持平息这件事,晋顷公同意了。

公元前517年夏,赵鞅与宋、鲁、卫、郑等十国的代表会盟于黄父(今山西省晋城市沁水县),提出了自己的主张。他认为诸侯们既然已经认定周敬王是名正言顺的周王,而王子朝是叛军,那么就应该向周敬王资助粮草和军队,帮助周敬王剿灭叛党。赵鞅的强硬态度和鲜明立场得到了与会各国代表的支持和响应,公元前516年,以晋军为主的诸侯军队击败了王子朝,王子朝逃往楚国,周敬王的王位才得以巩固。

在这一场国际事务中,得到韩起推荐的赵鞅不负众望,凭着自己出色的才干和胆识成功地处理了王室的纷争,不仅为晋国争来了荣誉,也为自己在国际国内赢得了较高的声望。

但此时的赵鞅因为比较年轻,政治上还不老辣,他还需要韩起、魏舒等人的栽培和照顾。可是天底下不会有永远遮阴的大树,且如果自己要成长,也不可能长时间地生活在他人的庇佑之下。公元前514年,中军将韩起死,魏舒成为正卿(荀吴于公元前519年死去,其子荀寅入卿),士鞅为中军佐。

士鞅是一个老奸巨猾的政客,为了对抗正卿魏舒,分化瓦解魏舒一方的力量,他开始拉拢赵鞅,想与赵鞅、荀寅等人结成范、赵、荀三家联盟。士鞅经过游说,让荀寅把他的姐姐嫁给了赵旃的孙子赵胜。赵胜本来和赵鞅一样,都是赵氏同宗,但他作为赵氏旁支,与作为赵氏宗主的赵鞅在血统上已经渐渐疏远,为了把这一支赵氏与大宗的赵氏相区别,历史上把赵胜这一支称为邯郸氏(因其担任邯郸大夫)。赵胜死后,他的儿子赵午继任为邯郸大夫。邯郸氏与赵氏越来越生疏,却与荀氏、范氏越来越亲近。

魏舒执政的第二年,士鞅与荀寅密谋之后,怂恿涉世未深的赵鞅共同铸了一口鼎,并将公元前550年士匄当执政时所制定"范武子刑书"铭在鼎上公布了出去。这是晋国历史上第一次将国家法律明文昭告天下,和二十三年之前郑国的子产公布法律一样,被公认为是我国成文法的最早公布。晋国铸刑鼎的做法,至少在形式上标志着"刑不上大夫,礼不下庶人"这一时代在晋国已成为历史,遭到了以孔子为代表的守旧者的一致声讨，认为公布贵族垄断的法律是对周礼的严重破坏和践踏。正卿魏舒见荀寅等人做出此等惊人之举，十分尴尬，连忙下令三人赶快停止铸刑鼎，但荀寅因有士鞅的支持，所以根本没将魏舒的警告当回事。而赵鞅则左右为难，为了不半途而废，只能硬着头皮与荀寅等人一起完成了铸刑鼎的工程。

士鞅和荀寅等人不经魏舒同意就做出铸刑鼎这样的大事，是对魏舒这个执政正卿权威的极度挑战，但魏舒对此却无可奈何。公元前509年，魏舒带韩不信（韩起之孙）和齐、宋、郑、曹等国的卿大夫一齐到成周给周敬王筑城。筑城的方案制订之后，魏舒把事情委托给韩不信，自己却跑去打猎，结果回来之后就死了。

中军佐士鞅继任为中军将，成为晋国的执政，魏舒的孙子魏侈入六卿，任下军佐。其余四卿分别是：中军佐荀跞、上军将赵鞅、上军佐荀寅、下军将韩不信。士鞅担任执政之后，立即给他的前任、已经死去的魏舒一个下马威。他根据刑鼎上公布的刑法为魏舒定了一条罪名：魏舒在为周王室筑城墙的过程中擅离职守跑去打猎，属于知法犯法。基于此，士鞅下令拆除魏舒棺材的外椁（椁，音果，古代套在棺材外面的大棺材），以下大夫的礼节安葬。

魏舒因为在任时忠公体国，阻挠范氏家族敛财，因此遭到士鞅的忌恨，如今死了之后被士鞅如此作践，许多正直的士大夫都感到极为寒心。

但更让范氏家族大失民心的，则是士鞅的贪婪。

士鞅继任为晋国执政的同年，蔡国的蔡昭侯朝见楚昭王，因为拒绝了楚令尹囊瓦的索贿，被囊瓦扣留长达三年时间。三年后，获释的蔡昭侯来晋国求援，希望晋国召集中原诸侯讨伐楚国。士鞅答应了蔡昭侯，之后召集齐、宋、鲁、卫等18国的诸侯军队在昭陵会盟。在昭陵正好遇到降雨，与士鞅关系较好的上军佐荀寅觉得晋国为了蔡国而出兵，理应得到一些好处，于是就向蔡昭侯索贿。蔡昭侯非常失望，认为晋国的执政和楚国的执政不过是一丘之貉，根本就指望不上。蔡昭侯转而去求吴国的阖闾，之后发生了吴军攻破郢都之事。

范氏和荀氏的做法使晋国在诸侯国中声名扫地，晋国的霸业，已经是岌岌可危。但范氏也不可能在执政的位置上长时间地待下去。公元前501年，士鞅死，他的三子士吉射入六卿，任下军佐。荀跞成为中军将，担任执政。其余四卿分别是：中军佐赵鞅、上军将荀寅、上军佐韩不信、下军将魏侈。

如果就这样风水轮流转，那么晋国的六卿就会你方唱罢我登场，今天你当执政,明天我任正卿,谁的家族都会有那么荣耀的一天。但真实的历史永远不会如此平淡无奇,它总会横生波澜,产生更多的变数,因为这些变数,使原本平静的局势一下子变得剑拔弩张。这一次产生变数的又是赵氏家族。公元前497年,赵鞅要求将昔日卫国进贡给晋国的五百户庶民从邯郸迁到晋阳。邯郸大夫赵午表示服从宗主的命令,但当他回到邯郸准备移民之时,他的家臣们却认为其时齐国正在进犯,匆忙移民会给齐国以可乘之机,不如等一段时间再迁。赵午觉得家臣们说得有理,于是就向赵鞅请求宽限一段时间。结果赵鞅闻讯之后大怒,误以为赵午与范氏、中行氏相互勾结,故意损害赵氏家族的利益。于是把赵午召到晋阳,然后处死了他。

邯郸氏家族听到赵鞅处死了赵午,非常悲愤,于是立赵午的儿子赵稷为邯郸大夫,然后发动了反抗赵氏的战争,晋国内战爆发。

赵鞅见邯郸氏小宗竟然敢反抗赵氏大宗,就想以族长的身份去解决家族内部的纷争,于是命上军司马籍秦("数典忘祖"的籍谈的儿子)率军攻打邯郸。但这一次赵鞅明显是用人失察,差一点儿再次为赵氏引来灭族之祸,因为籍秦原本就是荀寅等人的心腹和眼线。籍秦一边向邯郸进兵,一边把消息传递给了荀寅和士吉射。因为赵午是荀寅的外甥,所以荀寅经与士吉射商议,决定攻打赵鞅,救援邯郸氏。

赵鞅有个心腹家臣叫董安于,他预感到荀寅和士吉射将会对赵氏不利,于是劝赵鞅早做准备。但赵鞅却无奈地说:"我也知道中行氏和范氏想作乱,但晋国有法,首先发动叛乱者将会被处死,所以我只能等他们发动叛乱之后再出兵。"董安于说:"等到他们两家发动叛乱后再出兵,那就说什么也来不及了,让我来承担这个乱国的罪责吧。"于是私自调动赵氏的武装,积极备战。

果然不出董安于所料,不到一个月的时间,荀寅和士吉射就发动了对赵氏的突袭,在邯郸的籍秦得到消息,立即掉转马头,也来进攻赵氏。赵鞅哪里能招架得住三路夹击,不得已逃往赵氏的私邑晋阳(故址在今山西省太原市晋源区)。荀寅等人紧追不舍,将晋阳团团围住。

这一场内战将晋国的三卿卷了进去,其余三卿——荀跞、韩不信、魏侈的立场如何,就决定了这一场战争的最终走向如何。其时晋国六卿之中,荀跞与赵鞅不和,荀寅与韩不信不和,魏侈与士吉射不和,范氏的旁支士皋夷与范氏不和。大体算下来,已经有两卿进攻赵氏,有两卿支持赵氏,正卿荀跞对赵氏的态度变得至关重要。当然,荀跞也有他的小算盘,他也想趁此机会削弱范氏和中行氏的势力，同时打击赵氏，并培植自己的势力。荀跞的想法是赶走荀寅，让他的宠臣梁婴父取代中行氏；赶走士吉射，让没什么名望的士皋夷取代范氏。

执政荀跞的决定最终将范氏和中行氏送上了绝路。荀跞联合韩不信和魏侈向晋定公进言说："首先发动祸乱的人必须处死，现在赵氏、范氏和中行氏三家发动祸乱，光赶走赵氏这是不公平的，请把中行氏和范氏也一同驱逐出晋国。"晋定公同意了。于是智氏、韩氏、魏氏三家开始攻打范氏和中行氏。

但令他们意想不到的是，他们三家的军队竟然打不过范氏和中行氏两家的军队。他们非但没有剿灭范氏和中行氏，反倒惹怒了范氏和中行氏。荀寅和士吉射认为智、韩、魏三家攻打他们的命令是晋定公下的，那么晋定公就是范氏和中行氏的敌人，于是他们决定攻打晋定公。这两个人的政治水准显然低到了一个近乎可怕的程度，并且也真是到了急慌无智的地步，因为国君之所以是国君，就因为他在名义上代表这个国家，攻打国君，就意味着叛国，意味着与所有的晋国人为敌。国君倒并不是不可以攻打，但那要看是什么样的情况之下，依当年赵盾的炙手可热和大权独揽，都不敢主动出击晋灵公，而此时的荀寅和士吉射在智氏、魏氏、韩氏三卿支持国君的情况下攻打晋定公，完全可以说是自寻死路。

而具有讽刺意味的是，士吉射这个人，却是以足智多谋著称而被他的父亲士鞅力排众议敲定为继承人的。之前士鞅在世的时候，多次想拉拢赵鞅，于是就派他的三个儿子去拜望赵鞅。赵鞅那时还年轻，很喜欢骑马。但他的后花园里因为树木太多，马跑起来根本就不顺畅，于是赵鞅就向前来拜访他的三位范家公子求教。士鞅的大儿子说："这种事情，明君不问也不做，昏君不问就去做。"士鞅的二儿子说："要在园里骑马，就得让百姓来砍树。如果您体恤百姓，就别想爱惜骏马，如果您爱惜骏马，就无法体恤百姓。"士吉射说："我有一个办法，不仅可以解决马无法快跑的问题，还可以让老百姓感谢您三次：您可以先下一道命令，让百姓到山上去砍树，然后开放您的果园。因为山上比较远，而您的果园比较近，所以百姓们看到您的果园里有树，就会来您的果园里砍树，这样一来，百姓就会感激您；去山上砍树路不好走，而来您的果园却非常平坦，百姓就会第二次感谢您；树砍倒后，低价卖给百姓，百姓们得到好处，就会再一次感谢您。这不是不仅解决了骑马的问题，还得到了百姓的拥护吗？"赵鞅一听，非常赞同，于是就按士吉射说的去做。士吉射回家后，十分得意地把自己的妙计告诉了他的母亲，结果他的母亲却忧虑地说："炫耀自己就不会去布施恩德，哗众取宠就一定不会过得长久，将来毁灭范氏的，难道不是你吗？"士吉射的结局，可真是被其母不幸言中。

晋定公见范氏和中行氏撤了包围晋阳的大军转过来攻打国都，立即惶然大恐，他宣布范氏和中行氏是叛军，号召国人前来勤王，范氏和中行氏立即被孤立。智氏、韩氏和魏氏成功守住了国都，士吉射和荀寅难以攻克，只好仓皇出逃到朝歌。

士吉射和荀寅出逃之后，韩不信和魏侈出于己方阵营的利益，多次与荀跞协调，希望荀跞迎回赵鞅。但荀跞也不可能毫无代价地放过赵鞅，他可以让赵鞅回来，但条件是让他的宠臣梁婴父入六卿，同时让士皋夷当范氏的宗主，也入六卿。为了让赵鞅早日回到六卿的行列，韩不信和魏侈只好妥协，同意了荀跞提出的条件。当年的年底，赵鞅回到国都，继续担任他的中军佐。荀跞、赵鞅、韩不信、魏侈四人在晋定公的宫中盟誓，誓死讨伐范氏和中行氏，直至消灭他们。

盟誓过后，就要兑现之前的承诺，完成之前的交易，否则，荀跞阵营和赵鞅阵营一对三力量悬殊，这一场游戏就没办法再继续下去。荀跞拿出了之前与韩不信、魏侈议定的方案，等候赵鞅的点头同意。可是令荀跞意想不到的事情却发生了——赵鞅不同意！

赵鞅骨子里有他的先祖赵盾等人的强硬和正直之秉性，他在不妨碍赵氏家族得到好处的情况下，也想兼顾国家的利益。长期以来，晋国由于六卿分权，不时发生内乱，这一切令赵鞅感到非常痛心，他迫切希望将权力集中到少数人的手中，所以卿士只能减少，而不能增加。再者说，因为之前士鞅的贪婪专横，赵鞅对范氏家族的人可说是忍无可忍，极端憎恶，不论是士吉射还是士皋夷。还有，梁婴父毫无德行可称，这样的人如果入六卿，将会令赵鞅等人颜面无存。而最重要的是，荀跞这个人很不可靠，他为了发展智氏，不惜出卖自己的本家中行氏。智氏能有今天，全靠当年的中行氏庇荫。荀跞如此忘恩负义、唯利是图、阴险歹毒，赵、魏、韩三家如果还要帮助他扩张势力，那岂不是养虎遗患？

看到赵鞅坚决不同意，韩不信和魏侈也立即改变了他们之前的立场，因为他们三家经过分析，发现如果让梁婴父和士皋夷入六卿，那么梁婴父和士皋夷铁定会亲附智氏，智氏一家的势力都已让他们感到恐惧，如果再加上强大的范氏和品行低劣的梁婴父，赵、魏、韩三家的处境如何，还难想象吗？

赵鞅和韩不信、魏侈三人都反对恢复六卿制，即坚决反对梁婴父和士皋夷入六卿，主张只保留剩余的四卿。荀跞气得目瞪口呆，之前他与韩不信、魏侈等人达成口头协议，但却没进行盟誓，缺乏对韩、魏二人强有力的约束，现在他已以国君的名义赦免了赵鞅，可韩、魏二人却反悔了，直叫他干气没办法。

赵鞅阻止梁婴父入六卿，自然侵害了梁婴父的切身利益，梁婴父立即开始想办法报复赵鞅。赵鞅那里他抓不到把柄，但他却从赵鞅的家臣董安于那里找到了突破口。梁婴父对荀跞说："赵氏的势力扩张如此迅速，主要是得益于董安于的谋划，如果不除掉董安于，继续让他辅佐赵氏，那么赵氏早晚有一天会得到整个晋国。您为什么不以董安于最先挑起战端为由去指责赵鞅呢？"

荀跞正为赵鞅等人坏了他的如意算盘而耿耿于怀，听到梁婴父如此献计，立即感觉到削弱赵鞅的机会来了。他派人转告赵鞅说："士吉射和荀寅确实发动了叛乱，但归根结底，还是董安于最先挑起的。晋国有法，率先为乱者死，如今士吉射和荀寅已经伏法，董安于如何处置，就看您的了。"

赵鞅最担心的事情最终还是发生了，他既不想让赵氏背上不守法的恶名，又不想辜负董安于的忠义，感到左右为难。就在他一筹莫展之时，董安于再次主动站了出来，他对赵鞅说："如果我的死能让晋国得到安宁，能让赵氏得到安宁，那我还有什么理由继续活着呢？"说完后自缢而死。

董安于是良史董狐的后代，从小就受到了良好的贵族教育，他颇具战略眼光，能力非常出众，文韬武略不亚于伍子胥等人，因此深得赵鞅器重。之前赵鞅要建一座城池作为赵氏的战略据点，于是把这个任务交给了董安于。董安于经过考察，把地点选在了远离其余五卿封地的太原盆地，在背靠龙山（今山西太原市晋源区龙山）、面临晋水的汾河西畔建造了晋阳城。城内的建筑，以铜柱代替木柱，城墙用荻蒿（荻，多年生草本植物，状似芦苇，长约一米，直径约零点五厘米）等植物做墙骨（相当于现代建筑中的钢筋），泥土中掺和鸡蛋、食盐（凝结后比较坚硬，相当于现代建筑中的混凝土），再用板夹夯实，筑成后坚固异常。所以士吉射、荀寅和籍秦三路大军前来晋阳夹攻之时，面对坚固的城墙，只能是望洋兴叹。但晋阳城的重大意义不仅仅在于它坚固的防务，而在于它完备的布局、方位和形制。一座好的城池，应该是有利于百姓的出行和生活的，气候适宜、光照充足、水土养人，即使是偶尔气象状况不佳，也能凭借它有利的地形和地理环境进行中和、缓解，能给人带来心理上的安适，而不是精神上的焦虑，能聚人，能聚力，能聚财，能聚气（建筑风水学由此而生）。很显然，晋阳就是这样一座城池。西汉初，代王刘恒居晋阳，后即位为汉文帝，称晋阳为其"龙潜"之地；东魏权臣高欢之子高洋夺取东魏政权，自立为北齐皇帝，起家于晋阳；隋末，李渊、李世民父子从晋阳起兵，建立唐王朝；唐末，李存勖（音旭）从晋阳起兵灭后梁，建后唐；五代时，石敬瑭在晋阳称帝，建后晋；刘知远在晋阳称帝，建后汉；刘知远之弟刘崇在晋阳称帝，建北汉……晋阳因此被称为出"真龙天子"的地方。赵匡胤建北宋后，与其弟赵光义历时十九年，三下河东才征服北汉。赵光义十分痛恨晋阳百姓的顽强抵抗，并汲取五代时期晋阳三称帝的教训，害怕晋阳再出"真龙天子"取代赵宋天下，于是下令烧毁晋阳城，并引汾水、晋水灌入废墟，这座被称为"九朝古都"的千年古城就这样在历史上消失了。

令人惊叹的董安于，他建造的这样一座城，不仅成就了后世那么多的帝王，也令他的家主赵氏先后两次避免了被攻灭的命运，董安于之才，难道还不令赵氏的政敌们感到恐惧吗？身处东周末期的晋国人自然无法预知汉太宗、唐高祖等这些帝王起家于晋阳的未来之事，但他们从强大的范氏和中行氏在晋阳城前碰壁的前车之鉴中已不难发现，董安于如果继续辅助赵氏，那么晋国马上就会成为赵家的天下，其他贵族将再无容身之地。基于这样的认识，逼死董安于，其实就不仅仅是荀跞和梁婴父这两个人的想法了，赵氏之外的其他贵族都在默许并期待。

董安于死了，其他三卿放心了，赵氏也安宁了。获得安宁后的赵氏，立即把目光投向了范氏和中行氏。范氏和中行氏虽然逃亡在外，但他们在国内的势力依然非常强大，两家一日不除，晋国便一日不得安宁。赵鞅经向晋定公请命，率军清剿范氏和中行氏叛军。

公元前496年夏，赵鞅挥师向两家盘踞的朝歌进军，范氏和中行氏为减轻赵鞅围困朝歌的军事压力，一面派人向齐国的齐景公求救，一面派人联合戎狄进攻晋国的绛都。戎狄的军队非常轻易地就被留守绛都的荀跞挫败，但时刻想中兴齐国霸业的齐景公却并不那么容易对付。他一心想从晋国的内乱中渔利，削弱晋国并壮大齐国的势力，于是联合宋国、卫国、郑国等这些周边小国，组成反晋联盟，救援士吉射、中行寅并竭力攻打赵鞅。

赵鞅沉着应对，大败政敌一方的军队。公元前494年春，赵鞅率部向已成为范氏、中行氏据点的邯郸发起猛攻，企图尽快结束内战。齐、卫两国见状，立即抽调军队，救援邯郸，双方相持整整一年，不分胜负。当年冬天，赵鞅掉转枪口，围困朝歌。齐景公筹备大量的粮草，由郑国的子姚、子般押送，支援范氏和中行氏。士吉射得讯之后，立即带兵前来迎接。眼看朝歌就要被攻下，如果士吉射得到这批粮草，那么两年多时间的围困就会前功尽弃，晋国要想结束内战，又会变得遥遥无期。出于这个战略意图，赵鞅立即调集军队前往拦截。晋、郑两国军队在卫国的戚邑（今河南省濮阳市新市区）相遇。

其时赵鞅的兵力较少，而郑国押送粮草的是大军，赵鞅寡不敌众，但他已没有退路，如果这批粮草被郑国军队成功运送到朝歌城中，士吉射和中行寅得到补给，战争形势马上就会逆转，到那个时候，赵氏反过来就有覆灭的危险。

生死存于一线，战胜郑国军队，就意味着大获全胜，否则，就只能是死路一条。赵鞅在军前发布誓词说："如果我们能够战胜敌军，上大夫接受一个县的奖赏，下大夫接受一个郡的奖赏（郡在秦代之前比县小，秦代之后比县大），士可以得到十万亩良田，平民工商都可以做官，奴隶可以获得自由。"这样的誓词在当时来说前所未有，甚至可以说是闻所未闻。平民和工商匠作可以成为士大夫，而受到奴役的奴隶可以成为自由民，这在当时的奴隶社会，无疑是至高无上的悬赏。这番誓词极大地激励了军中将士，晋军士气高昂。

这一年是公元前493年，双方最终在铁（今河南省濮阳市西北）展开决战，赵鞅再一次激励将士们说："我们晋国魏氏的祖先毕万，刚开始也只是一个非常普通的士兵，但他在作战中非常勇猛，曾经七战七胜，最终使他的子孙在今天成了晋国的卿士。你们努力吧，我们不一定就死在敌人的手里。"

赵鞅身先士卒，带领将士冲锋。郑军的武器击中了赵鞅，赵鞅一时倒在车上，为他担任车右的卫国太子蒯聩（其时流亡到晋国）用戈扶助他再次站起来，继续指挥战斗。晋军将士见主帅亲冒矢石，不顾个人生死奋勇向前，立即大受鼓舞，勇气倍增，在兵力上占优势的郑军竟然被冲得七零八落，丢下粮草落荒而逃。晋军最终取得了这一场阻击战的胜利。

这一场以少胜多的战役因为发生在铁地，因此被称为铁之战。在铁之战中，赵鞅因其极具激励性的誓词而受到后世兵家的推崇。一百三十七年后，商鞅在秦国变法时，吸收并发展赵鞅这种奖励军功的办法，制订了军功爵制，对于推动战国时期的秦国军事力量迅速强大起到了非常重要的作用。

有时候，一个人一生最终的成就如何，就看他是否挺过了最艰难最关键的那一步，而对赵鞅来说，这一步他挺过去了。这一年，他打垮了外敌，剿平了外患，也还是在这一年，晋国的正卿荀跞死去，他顺利地得到了执政大权。从此，集军、政、外交等大权于一身，成为晋国赵氏家族继强势的赵盾、沉稳的赵武之后又一位强权执政，并开始了对晋国长达十七年的独裁。

赵鞅执政之后，立即发动了对范氏和中行氏残余势力的打击，公元前490年，赵鞅在柏人（今河北省邢台市柏乡县西南）一举击败中行寅、士吉射，迫使二人逃亡齐国，长达八年的晋国内战被赵鞅平定。柏人也在继邯郸之后成为赵氏的私邑。

为光复晋国霸业，赵鞅在他的有生之年，先后参加与吴国争霸的黄池之会并发动了对卫、齐等国的战争。公元前476年，赵鞅走完了他强悍霸气的一生，离开了人世。

赵鞅是较有成就的改革家，在春秋末期，许多世卿为了架空国君扩张自家势力，不同程度地采取了一些减轻农奴负担并有利于农业经济发展的措施。比如说，晋国的六卿都改大了自家土地的面积规格，之前的1亩地，亩制长一百步，宽一百步（周时的一步约五尺，一尺约合现今的十九点九厘米，一步差不多等于一米，每亩地约合现在的十五亩）。六卿之中，范氏和中行氏的亩制最小，其次是智氏和韩、魏，赵氏的最大。赵氏亩制长二百四十步，宽一百二十步（约合现今的四十三亩）。为什么要这么做呢？比如说，范氏的一亩地相当于其他世卿的二点五亩，但田赋呢，还按原来的百分之五十收取，农奴原来每亩收成三千斤谷子（注意，这里的1亩相当于现今的十五亩，不是在放卫星），给范氏上交一千五百斤后，还剩一千五百斤；现在土地面积扩大了，农奴每亩地收成七千五百斤谷子，给范氏上交三千八百斤后，还剩三千七百斤。从客观上看，是不是增强了农奴种粮的积极性，促进了农业经济的发展？但比起范氏等几个世卿来，赵氏的改革就显得更为彻底，不但亩制比范氏等人的更大，而且征收的田赋更轻，佃农们种粮的积极性更高，经济发展得更快。

另外，他在军事上奖励军功，允许获得军功的奴隶成为自耕农，得到了更多农奴的拥护和支持。在政治上，他礼贤下士，选贤任能，且善于纳谏。赵鞅有个家臣叫周舍，善于直谏。周舍死后，赵鞅每次听朝时，都显得很不高兴，他的家臣们感到非常惶恐，以为他们犯了什么过错，就向赵鞅请罪。赵鞅说："我听说，一千张羊皮加起来，也没有一张狐狸皮珍贵（千羊之皮，不如一狐之腋）。现在你们来上朝，只知道唯唯诺诺地附和我说的话，而不是像周舍那样向我直言进谏，所以我感到非常忧虑。"晋国百姓听了，才知道赵鞅是一位胸怀宽广、善于纳谏的人，因此归附他的人越来越多。

赵鞅有两头白色的骡子，他非常喜爱。一天夜里，任广门邑小吏的阳城胥渠（复姓阳城，名胥渠）来向赵鞅请求说："主君，您的家臣胥渠病了，医生说，如果能找到白骡的肝吃了，病就能好，否则，就只能是等死了。"其时董安于在侧，他有些生气地说："阳城胥渠这个家伙，竟然想吃我们主君的白骡子，请主君把他杀了。"赵鞅说："杀死人而让牲畜活下来，这不是太不仁义了吗？为了救人而杀掉牲畜，这不正是我们追求的仁义吗？"于是命厨师杀掉白骡，把骡肝送给了阳城胥渠。过不多久，赵鞅率军攻打戎狄，广门邑的将士们左队七百人，右队七百人，尽皆奋不顾身，率先登上敌方城头杀敌，以报答赵鞅的爱士之情。

董安于被荀跞逼死之后，赵鞅派家臣尹铎去治理晋阳。因为荀寅和士吉射在围攻晋阳时在晋阳城外修筑了许多的营垒，所以赵鞅特意嘱咐尹铎，到晋阳后先把那些营垒拆掉。谁知尹铎到晋阳之后，不但没有拆除，反而增高并加固了那些营垒。赵鞅随后到晋阳，看到加固的营垒非常生气，坚持要杀掉尹铎之后再入城。众大夫向他劝谏，赵鞅暴怒地说："尹铎这不是在助长仇人的威风并侮辱我吗？"有一个叫邮无正的家臣就进言说："加固这些营垒，不仅能让人常怀警惕之心，而且还能作为晋阳城的外围屏障，有什么不好呢？如果您处罚尹铎，那就是处罚了做好事的人，奖励了做坏事的人，这样下去，臣子们还有什么指望呢？"赵鞅听了立即明白了尹铎的良苦用心，于是用军功奖励了尹铎。

通过这些经济、军事以及政治上的改革，赵鞅作为一个新兴地主阶级的代表，很大程度上动摇了奴隶制的根本，加快了晋国迈向封建制的进程，同时也为赵氏化家为国奠定了强有力的基础，为推动中华民族的社会发展进步做出了积极贡献。

赵鞅死后，他的儿子赵无恤继承他的爵位。赵鞅的谥号为"简"，史称赵简子，赵无恤的谥号为"襄"，史称赵襄子。因为他们父子二人合力开创了战国七雄之一的"赵国"，因此后人将他们父子并称为"简襄之烈"。

赵无恤也叫赵毋恤，因为他的母亲是赵鞅的妾，并且是狄人之女，因此他在赵鞅的儿子当中，名分最低，也最不为大家所看重。也可能基于这样一个原因，赵无恤从小就非常勤奋好学，练就了非凡的胆识，不像他的几个哥哥那样胸无大志。当时有一个非常著名的相士，名叫姑布子卿（复姓姑布，名子卿），善于给人看相。有一天，姑布子卿来到晋国，顺便拜会正卿赵鞅。于是赵鞅就把儿子们都叫出来，让姑布子卿给相一相，结果姑布子卿挨个儿看了之后却说："没有一个真将军。"赵鞅失望地问："难道我们赵家就这样要衰亡了吗？"姑布子卿没有回答他的问话，却反问道："刚刚我在入府的路上，看到有一个少年，后面跟着许多您家的仆人，那一个也应该是您的儿子吧？"赵鞅说："那是我的小儿子赵无恤，出身卑贱，根本不值一提。"姑布子卿说："如果上天要让一个家族衰亡，即使出身高贵，也不一定就能扭转颓势；如果上天要让一个家族兴旺，即使是出身卑贱，也一定会做出一番好的成就。看那个孩子的骨相，似乎与其他的公子有些不同，我还没有来得及仔细观察，您可以把他叫过来我再看看吗？"于是赵鞅叫人把赵无恤叫了进来，姑布子卿看见，立即站起来说："这才是真正的将军！"赵鞅笑了笑，不置可否。

过了一段时间，赵鞅为了考察几个儿子，就把他们叫到跟前说："我把一块宝符藏在常山（即今北岳恒山，西汉时为避汉文帝刘恒的讳改称为常山，今山西省大同市浑源县境内）上，你们去寻找吧，最先找到的人有赏。"几个儿子听了都骑着马去寻找，但什么也没有找到，只好空手而归。赵无恤最后归来，他对赵鞅说："我找到了宝符。"赵鞅便问："宝符在哪里？"赵无恤回答说："以常山之险要，从常山上发兵进攻代国（今河北省西北部到山西省东北部一带，都城在今河北省张家口市蔚县境内），代地可为我赵氏所有。"赵鞅听了非常高兴，觉得赵无恤确实异于常人，是赵氏家族最理想的继承人，于是废掉长子伯鲁的太子之位，改立赵无恤为太子。

赵鞅临死之前，把赵无恤召到病榻前对他说："他日如果晋国发生不利于赵氏的灾难，只有晋阳可以依靠，你一定要记下来。"赵无恤答应了下来。

赵无恤继任晋卿之后，立即去常山上找他的"宝符"。代国国君的夫人是赵无恤的姐姐，因为有这样的亲戚关系，赵无恤到夏屋山（今山西省忻州市代县东北），请代君来相见。小舅子邀请，当姐夫的代君毫不怀疑，立即前来赴会。席间，赵无恤安排厨师与侍卫用斟酒的铜斗打死了代君及其随从，然后进军一举占领了代国，将代国并入赵氏的领地。他的姐姐哭天抢地悲恸欲绝，拔下发簪自刺而死。由此也大略可以看出赵无恤的性格，做事彻底果断，但却冷酷残忍。

赵鞅死后，晋国的正卿由荀瑶继任。荀瑶这个家族因为有别于荀寅那一支的中行氏，因此又被称为智氏，荀瑶也因此被称为智瑶、智伯瑶。荀瑶是荀跞的孙子，荀申的儿子。由于赵鞅的强势，因此荀申在政治上没有任何建树，史书中只记载了他选择继承人的这一件事情。

晋国的世卿发展到后来，家族继承人的重要性体现得越来越明显，如果一个家族选择的继承人不合适，那么轻则会被驱逐（如范氏和中行氏），重则会被灭族（如先氏和栾氏）。基于这样一个原因，荀申就找来族人智果商量，说我准备立荀瑶为太子，你认为怎么样啊？

智果说："不如立荀宵。"

荀申说："荀宵的才智都比不上荀瑶，还是立荀瑶更合适。"

智果说："荀瑶有五个长处别人是比不上的，他长须美髯、身材高大，善于射箭和驾车，多才多艺，坚毅果敢，能言善辩，这五点别人都比不上，但他有一样不足，那就是贪婪残暴，缺乏仁义之心。如果他以五点长处去欺凌别人，但却缺乏仁德之心，谁还愿意拥护他？如果立他为嗣，智氏马上就会被灭族。"

荀申固执己见，最终立荀瑶为太子。智果叹息说："如果我不离开智氏家族，恐怕我会跟智氏一起灭亡。"于是悄悄找到太史，在祖谱上把自家的氏由智氏改成了辅氏，以示与智氏的区别。

荀瑶成为正卿之后，连续发动了对齐、郑等国的战争，都取得了胜利，在国际国内树立了较高的威望。但也正如智果所说的，他盛气凌人，贪残不仁，这最终使他四面树敌，为自己招来了祸患。

公元前466年，荀瑶与赵无恤一齐进攻郑国，因为郑国兵微将寡，不是强大的晋军的对手，只得退守国都。晋军不废多大力气就包围了郑国都城。荀瑶不想让智氏家族的兵将折损，就以统帅的身份命令赵无恤攻城，但赵无恤却用冠冕堂皇的外交辞令拒绝执行命令，因为他也不想让赵氏的军队受损。荀瑶无可奈何，就辱骂赵无恤说："你相貌丑陋而又懦弱胆小，不明白赵简子为什么要立你为继承人？"赵无恤没有硬顶，只是替自己辩解说："我想，立一个能够忍辱负重的继承人，这对赵氏家族并没有什么坏处吧。"荀瑶针尖对不到麦芒上，干气没办法。

由于将帅不和，再加上郑国严防死守，郑都最终没有被攻克。晋军在郑都外围大肆劫掠一番，然后带兵回国。

为了庆祝胜利，荀瑶与众将一起饮酒作乐，趁着几分醉意，他向赵无恤强行灌酒，被赵无恤拒绝，荀瑶恼羞成怒，拿起酒壶就朝赵无恤扔了过去，结果将赵无恤面部砸伤。赵氏的家将非常愤怒，准备袭杀荀瑶，但却被赵无恤劝止。他说："这不过是很小的耻辱，我暂且忍一忍吧。父亲当初之所以选择我当继承人，就是因为我能忍受屈辱。"

当然了，荀瑶要只是侮辱赵无恤一人，也不至于使自己陷于众叛亲离的境地，他还侮辱了韩康子韩虎及其家臣段规，与韩氏结下了怨气。

士吉射和荀寅被迫流亡齐国之后，他们的领地除部分被赵氏、智氏、韩氏、魏氏四家所瓜分外，其余部分仍然在他们的族人或家臣手里。逃亡在外的士吉射和荀寅为了挑起晋国国君与世卿之间的矛盾并创造重新回晋的机会，于是发布声明称愿意将他们的封邑上交给国君。这可真是滑天下之大稽，其时的晋国国君不啻于傀儡，把封邑交还给国君，掌握实际权力的四卿会答应吗？荀瑶借此发难，打出了"扫除范氏、中行氏余党"的旗号，勾结赵氏、魏氏、韩氏公然向原范氏、中行氏的领地进军，并将两家剩余的封地瓜分殆尽。晋国国君晋出公眼见别人端到自己眼前的肥肉被四个世卿毫不留情地瓜分，预感照此下去晋国也早晚会被四卿吞并，于是再也无法隐忍，宣布智氏、赵氏、韩氏、魏氏四卿为叛军，遣使向齐、鲁等国借兵，并号召国人讨伐。起初，四卿感到惊慌失措，但慌张之后，便立即镇定了下来。与其坐以待毙，不如铤而走险，关键时刻，平时矛盾不断的四卿显出了鲜有的团结和一致，联合起来攻打晋出公。

晋出公毫无招架之力，只得狼狈出逃，最终死在了逃往齐国的路上。

国不可一日无君，必须赶快找一个可以当国君的人出来。晋出公死了，荀瑶想取代晋国，但其余三卿的力量也很强大，如果荀瑶过于焦急，逼急三卿，三卿联合起来对抗他，那么智氏的胜算也不大。权衡再三，荀瑶拥立晋昭公的曾孙姬骄为国君，是为晋哀公。晋哀公的父亲与荀瑶的关系非常要好，荀瑶立晋哀公，倒并不是为了顾念老交情，而是为了更好地控制他，好以国君的名义向其余三卿发号施令。

经过两年时间的平稳过渡，荀瑶成功地掌控了朝政。但这仍然不能使他感到满足，独揽大权不过是暂时过渡，而取代晋国才是终极目的。但要想取代晋宗谈何容易，当初曲沃武公祖孙三代，作为晋国公室的小宗，历时整整六十七年才实现取代大宗的目的，更何况是作为外族的智氏家族呢？已成傀儡的晋国国君自不必担心，但其余的韩、赵、魏三家，能坐视不理吗？

思来想去，要想实现代晋的目的，就必须削弱其余三家的势力，等到韩、赵、魏三家无力与智氏抗衡的时候，代晋就是水到渠成的事情。

遵循这个战略思想，荀瑶与他的幕僚们找到了削弱其余三卿势力的办法：以恢复晋国霸业为借口，作为正卿的荀瑶假传晋侯之命，要求韩、魏、赵三家每家向公室上交一百里的封地。韩虎和魏桓子魏驹惧怕智氏势力，如数将一百里领地交出，但轮到赵氏时，却遭到了赵无恤的严词拒绝。赵无恤说："土地是祖先传下来的，我不能随随便便给别人。"

政敌赵氏的拒绝自然在荀瑶的意料之中，荀瑶得到回报，立即向傀儡晋哀公请命，要求攻打"叛国"的赵氏，同时胁迫韩、魏两家，共同发兵攻赵。相约灭赵之日，三家平分赵氏领地。韩虎和魏驹尽管心里不情愿，但却不敢违抗荀瑶的命令，只好各领一军，与荀瑶一齐攻打赵无恤。

赵无恤寡不敌众，想起赵鞅临终前的叮嘱，于是率军退守晋阳。荀瑶率三家之军，在后紧追。一路追至晋阳，将晋阳围了起来。

赵无恤动员城中军民严防死守，三家围攻一年，毫无所获。荀瑶心中焦急，在晋阳城外四处探察，思谋破城之策。一日行至龙山，见晋水发源于山下，汇成激流往东而去。晋水的北岸，就是晋阳城，而晋阳城的背后，靠的就是龙山。荀瑶绕着晋阳城转了一圈，立即想出了一条妙计。

回到营寨，荀瑶即与韩虎和魏驹商议，把想引晋水灌晋阳城的构想说了出来，征求韩、魏二家的意见。韩虎和魏驹几乎不敢相信自己的耳朵："晋水的水位比晋阳城要低好多，怎么能让低洼处的水流到高阜处去？"（那个时候又没有水泵等类的设备。）

荀瑶不慌不忙，说出了他的计策："晋阳城前面的晋水确实低，但它的发源之处却非常高，我们可以在晋水上游河道的北面掘开一条大渠，直通晋阳城。然后把晋水的上流截断，让晋河中的水全部注入掘开的大渠中。现在已是春季，春雨马上就会降下来，渠中的水位立即就会上升，一直注满新渠。等到新渠注满的时候，掘开大渠的北端，渠中之水，就会源源不断地灌入晋阳城中，到那个时候，赵无恤不就变成鱼鳖了吗？"韩虎和魏驹如梦初醒，赞叹说："这条计策实在是高明。"

于是三家分路扎营，韩虎守晋阳城东路，魏驹守晋阳城南路，荀瑶自引智氏军队把守西、北二路，并专门督导军士开渠。大渠挖好之后不久，果然天降大雨，水位暴涨，渠里的水，几乎就与堤坝一样高了。荀瑶命人掘开大渠的北端，一时水势滔天，波浪翻滚，直灌入晋阳城中。

再说晋阳城内，虽然被围了一年多时间，但因为百姓殷富，积蓄丰厚，倒还不缺衣少食。不过大水灌城，城内百姓的房屋被淹，百姓无地可住，只好攀在树上，把锅吊起来做饭。山水越来越大，再有三五尺高，就会越过晋阳城的城墙，将晋阳城淹没。赵无恤胆战心惊，与家臣张孟谈（张孟谈，《史记》中司马迁为避其父司马谈之讳，改为张孟同）驾着竹筏到处巡查。好在晋阳城内的军民同仇敌忾，视死如归，虽然形势十分危急，但却毫无倦怠之心。

赵无恤焦急万分，他私下里问张孟谈说："虽然民心未变，但水势却一点儿也不减，如果山水再涨，晋阳城不就完全被淹没了吗？"张孟谈替他分析说："韩虎和魏驹把百里领地献给荀瑶，心里未必就乐意，这次出兵，也不过是被荀瑶胁迫。请容许我今晚悄悄出城，面见韩、魏两君，陈说利害，赵、魏、韩三家结成同盟，反攻智氏，赵氏的灾厄才会解脱。"赵无恤答应了。

张孟谈探听到韩虎带兵驻守东门，当天晚上，张孟谈扮成智氏兵士的模样，让人用绳子从东门悄悄吊到城下，径直来到了韩氏大营，诈称奉了荀瑶的密令，要向韩虎当面禀报。

韩虎召入，张孟谈恳请韩虎屏退左右随从，然后亮明了身份。

韩虎非常吃惊，问道："你深夜到我这里来，有什么话要讲？"

张孟谈说："在这之前，晋国的六卿非常团结和睦，共同执掌晋国朝政，但范氏和中行氏不得民心，自取灭亡，现在留下来的，只有智氏、韩氏、魏氏和赵氏四家了。智伯荀瑶，无故要让赵氏割让封地，我的家主念在那是祖先留下的领地，所以没有答应。智伯依仗其强大的势力，强迫韩、魏两家一齐进攻赵氏。赵氏如果灭亡，那么灾祸离韩氏和魏氏也就不远了。"

韩虎一时不知该说什么好，张孟谈又说："智伯曾经答应韩、魏两家，灭赵之后，三家平分赵氏的领地。但将军您想过没有，您两家祖传的领地，智氏都强夺了过去，他又怎么会把刚刚攻占的赵氏领地分给您两家呢？就算他今天分给您了，日后他再向您索取，您是给还是不给呢？如果给，智氏欲壑难填，韩、魏两家的土地早晚会被他全部夺去，但如果您不给，下场不就和今天的赵氏一样吗？请将军好好考虑一下。"

说得韩虎毛骨悚然："依先生之见，该怎么办呢？"

张孟谈说："依我之见，将军不如与我们主君私下结盟，共同攻打智氏，灭掉智氏之后，不但可以平分智氏的土地，还可以除去心腹之患，以后我们韩、赵、魏三家同心协力，唇齿相依，不是更好吗？"

韩虎说："你说的似乎也有几分道理，我和魏氏商量一下再说。"

当晚，韩虎召来心腹家臣段规，把张孟谈说的话告诉了他，并请他出个主意。段规因为身材矮小，曾被荀瑶在酒宴上侮辱，正怀恨在心，听到韩虎征求意见，立即鼓动韩虎与赵无恤结盟。韩虎于是下定决心与赵氏结盟，并留下张孟谈与段规商量，该怎样说服魏驹。张、段二人谈得十分投机，并就此结下了深厚的情谊。

第二天，段规亲自前往魏驹营中，把张孟谈的提议密报魏驹，请魏驹做最后的决断。魏驹说："智伯狂妄无礼，我也十分痛恨，怕只怕万一有个闪失，就会打蛇不成反被咬。"

段规说："智伯早晚容不下韩、魏两家，这是明摆着的事情，与其将来后悔，不如现在就做个了断。我们联手救了将要灭亡的赵氏，赵氏一定会非常感激我们，这比与凶残的智伯一起共事不知道要强多少倍！"

魏驹想了想说："我再考虑一下，这事鲁莽不得。"

第二天，荀瑶因为攻打赵氏一事，在龙山上设下酒宴，邀请韩虎、魏驹赴会。饮酒之间，荀瑶得意地指着晋阳城对韩虎和魏驹说："晋阳城再有三尺就会被大水淹没了。我今天才知道水可以攻灭一个城池，晋国这么强盛，境内的汾水、浍水、晋水、绛水，都是大河，以我看来，用大河来做守城的屏障根本就靠不住，只会让他迅速灭亡。"

说者无心，听者有意。韩虎和魏驹全都吓得面如土色，因为魏、韩两家的都城安邑（今山西省运城市夏县西北，魏早期都城）和平阳（今山西省临汾市西南，韩早期都城），刚好就处在汾水和绛水之畔，皆属于依山傍水修建的城池。

席散之后，荀瑶的家臣絺疵对荀瑶说："据我观察，韩、魏两家一定会背叛智氏。"

荀瑶说："你凭什么这么说，依据是什么？"

絺疵说："主君您与韩、魏两家相约灭赵之日平分赵地，如今晋阳城马上就要被攻破了，按照常理，韩、魏两人应该感到高兴才对，但他们却面露忧虑之色，据此推断，他们一定会背叛智氏。"

荀瑶说："我和他们如此亲密合作，他们还有什么疑虑的？"

絺疵说："刚刚主君您说大河不足以依靠，只会使人迅速灭亡，照此说来，晋水可以淹没晋阳，那么汾水也可以淹没安邑，绛水也可以淹没平阳，韩、魏两君能不忧虑吗？"

荀瑶说："这我倒疏忽了，改天我可以跟他们解释一下。"

第三天，韩虎和魏驹设宴答谢荀瑶。荀瑶说："我这个人呢，性子也直，说话也直来直去，不喜欢说一半留一半。昨天有人说，你们两位将军打算要改变攻打赵氏的主意，不知道是不是真的？"

韩虎和魏驹强作镇定反问："元帅您相信吗？"

荀瑶回答说："如果我相信别人说的，我今天还会当面问你们吗？"

韩虎和魏驹一颗心立即放进了肚子里。韩虎说："听说赵氏为了免祸，花重金想离间我们三家，这一定是得了赵氏好处的人在说坏话，想让元帅怀疑我们两家，因此放松防守，让赵氏脱逃。"

魏驹立即附和说："确实如此，要不然晋阳城马上就要攻破了，谁放着到手的土地不要，而要去干那些危险的没把握的事情呢？"

荀瑶说："我也知道两位将军必无反叛之心，这是絺疵在疑神疑鬼。"

韩虎和魏驹走后，絺疵立即跑去问荀瑶说："主君您怎么把我对您说的话原封不动地告诉韩、魏二君了？"

荀瑶有些吃惊地问："你怎么知道的？"

絺疵说："我刚刚在营门口碰到他们两个，他们看了我一眼，就快步走了，因为他们知道我已洞察了他们的奸心，所以非常惶恐。"

荀瑶说："您别担心，我和他们起过誓的，互不猜疑，你也再不要提这件事，免得伤了彼此之间的和气。"

絺疵退出后叹息说："智氏马上就要灭亡了。"于是假称自己得了重病，需要求医治疗，之后慌忙逃往秦国。

荀瑶和后来的项羽可说是颇有相似之处，心直口快，缺乏心眼儿，质证别人也就罢了，把自己的谋士和内线都给卖了。荀瑶卖了絺疵，项羽卖了曹无伤。所不同的是絺疵跑得快捡了一条命，而曹无伤却立即就被刘邦给诛杀了。

即使到了这个时候，已改为辅氏的智果仍然没有放弃他对智氏家族的忠诚和责任，他跑来给荀瑶出主意说："现在晋阳城马上就要被攻破了，为了防止赵氏拉拢韩、魏两家，请拿出两个万户大邑来打赏韩氏的家臣段规和魏氏的家臣任章，让他们两个尽力说服他们的主君与我们一齐作战，直到消灭赵氏。您看如何？"

荀瑶没好气地说："消灭赵氏之后，就要和他们两家平分赵氏封地，我为什么又要白白地拿出两个万户大邑？智氏岂是白替韩、魏两家效劳的？"

智果见荀瑶不听，只好叹息着走了。

韩虎和魏驹回营之后，立即与张孟谈歃血为盟："明天晚上半夜，我们把大渠的堤坝掘开，你回去之后，叫你家主君做好准备，看到水退，立即从城内杀出，共破智氏。"

张孟谈回到晋阳城，把消息告知赵无恤，赵无恤非常高兴，暗中传令，命将士做好战斗准备。

第二天夜半，韩虎和魏驹派人杀死智氏守堤的军士，然后在大渠的西边掘开了口子，渠里的水立即灌进了智氏的军营。

智氏营中的军士惊慌失措，高声喊叫，四处奔逃，荀瑶从梦中惊醒，水已淹到了床榻，衣服和被子全都湿了。荀瑶自以为是守堤的军士疏忽大意，导致堤坝渗漏，于是命左右派人赶快去修复堤坝。

营寨里的水越来越大，荀瑶的族人智国和家臣豫让率领水军前来救援，把荀瑶扶进了船中。智氏军营被大水淹得一片汪洋，所有的粮草武器都被大水冲走，所有的军士都在水中挣扎逃命。韩、魏两家的军士驾着舟船，顺水杀来，一边斩杀水中的智氏军士，一边高喊要擒拿荀瑶。

荀瑶悲伤无尽，叹息说："我不听缔疵的话，以致中了韩虎和魏驹的奸计。"

豫让献计说："事已至此，别无他法，请主君赶快躲到山后，然后前往秦国借兵，我在这里抵挡追兵。"

荀瑶点头同意，立即与智国驾小舟前往山背。

赵无恤料到荀瑶会逃往秦国，早就率人在山后设下了埋伏，荀瑶无路可逃，被伏军擒获。

仇人相见，分外眼红。赵无恤亲自上前，将荀瑶绑得结结实实，历数他贪婪、狂妄、凌人、擅攻等数重罪过，然后将他杀死。智国自投水而死。

豫让听到荀瑶被擒，知道再争斗下去已无意义，于是改变装束，趁乱逃走。智氏全军覆没。这一年是公元前453年，晋国四卿变为三卿。

赵、魏、韩三家合兵一处，拆毁晋水上游的各处堤坝，使大水复归于晋水河中，晋阳城中的水才渐渐退去。

赵无恤带领韩虎、魏驹返回绛都，拜见晋哀公，迫使晋哀公宣布智氏为叛军，并让赵无恤接替荀瑶，担任正卿执政，继续剿灭残余的智氏"叛军"。

智氏的族人们听到荀瑶兵败身死的消息后，一时都不敢相信自己的耳朵，但这就是残酷的现实，他们必须接受。智氏族人在智宽、智开等人的带领下，在自己的领地里与赵、魏、韩三家作战，试图保卫智氏的封地，但杀红了眼的赵、魏、韩三家，又怎么能容忍智氏族人继续留在晋国呢？经过一年多时间的激战，智氏族人无法再抵挡三家凌厉的进攻，只好全族投往秦国，智氏封邑被三家平分。智氏，这个春秋后期声名大噪、显赫一时的家族，就这样在战国初期永远地离开了晋国。

客观来说，荀瑶是春秋后期并不多见的一位有才干、有谋略的执政，在他执政期间，智氏家族势力如日中天，力压赵、魏、韩三卿，具备了取代晋国宗室的一切有利条件，但因为他的贪婪狂妄、盛气凌人、不善纳谏等弱点，最终使韩、魏两家被赵氏策反，致智氏一败涂地，军灭身死，为天下人笑，真是极为深刻的教训哪。

荀瑶的惨死不仅标志着智氏家族的彻底溃败，也标志着三家分晋已成定局。

第二节 豫让刺赵襄子、李悝变法、乐羊子灭中山、河伯娶妇、杀妻求将

赵氏家族劫后余生，势力不仅没有削弱，反而比之前更为强盛。为了激励在晋阳之战中立下功劳的将士，赵无恤开始论功行赏。左右都认为张孟谈应该居首功，就连张孟谈自己也这么认为。但赵无恤却将首功给了高共。左右都表示无法理解，张孟谈于是问赵无恤说："晋阳城被围之时，我没有听见高共出过一个谋，划过一个策，现在居然立了首功，得了上赏，请问这是什么缘故？"赵无恤回答说："当初我被围困在晋阳城中，情势万分危急，众大臣都想各谋出路，对我有怠慢之心，唯有高共，始终对我非常敬重，不失君臣之礼。出谋划策只是一时之功，而君臣之礼却可流传万世，高共受到上等的封赏，难道不是最合适的吗？"众大臣羞惭不已，张孟谈无言以对。

通过这一件事情，赵无恤极大地维护了自己的权威或者说是主君的权威，给为人臣者敲了一个警钟：疾风知劲草，板荡识忠臣，任何时候，任何人，尤其是在情势危急之时，如果缺乏对主君的忠心和恭敬，那么这样的臣子即使再有才能，也不能得到重用。否则，主君失去了权威，地位得不到确立，统治根本就不可能巩固。试想，一个功高震主的臣子每天趾高气扬地出现在主君面前，这样的一个主君还会得到其他臣子的尊敬和畏惧吗？久而久之，不就成了被权臣架空的傀儡了吗？

当然，张孟谈也深知这个道理，不久之后，他就向赵无恤提交了辞呈。赵无恤认为他功劳大，还没有得到赵氏足够的报答，于是赶忙挽留他。张孟谈解释说："正因为我的功劳大，甚至名声还超过了您，所以才下决心要离开。纵观历

史,从来没有君臣权势相同而永远和睦相处的先例。前事不忘,后事之师。请您让我离开吧。"赵无恤认为他说得有道理,于是就让他离开了。张孟谈回到自己的封地隐居了起来,平安地度过了晚年。

赵氏的死敌荀瑶死了,但赵无恤对他的仇恨依然没有消除。他把荀瑶的头颅骨装饰一番,作为饮酒器具,每次和家臣饮宴,总是拿着荀瑶头骨做成的饮酒器饮酒。

用敌人的头颅骨做饮酒器,在当时有这样的传统,一来可以显示自己的勇武,二来可以宣泄仇恨,其后西汉时大月氏国王的头盖骨也曾被匈奴单于做成饮酒器。但通常这种传统都是针对外族的首领的,而对于同族的政敌,则很少有人这样做。

因此,逃亡的智氏家臣豫让听说这件事情之后,觉得赵无恤做得太过分了,于是,他立志要为荀瑶报仇。豫让假称是一个犯了罪服役的囚徒,贴身藏了一把匕首,骗得门人信任后,混入赵氏府中躲进了厕所,想趁赵无恤如厕之机刺杀他。再说赵无恤刚到厕外,突然感觉心惊肉跳,于是命左右侍从在周围警戒搜捕,结果在厕所里捕获了豫让。赵无恤问他说:"你怀揣利刃,是不是想行刺我?"豫让回答说:"我是智氏原来的家臣,想为智氏报仇。"左右都建议赵无恤杀死豫让,但赵无恤却说:"智伯已经死了,也没有留下什么后嗣,豫让作为他的故旧之臣,想为他报仇,真是个义士,我敬重他,放了他吧。"豫让临走之前,赵无恤问他说:"我今天放了你,我们之间的仇恨是否就可以消除了?"豫让回答说:"您放了我,这是您对我的私恩,而为智伯报仇,却是我的大义,我不能因私恩而忘了大义。"左右都说豫让无礼,劝赵无恤不要放掉他,但赵无恤却说:"我已经答应了他,不能失信,以后我小心躲避他就是了。"

豫让回家之后,整天考虑该怎样才能为荀瑶报仇,但却无计可施。他的妻子劝他到别处出仕,但却被豫让拒绝。豫让知道赵无恤已经记下了他的相貌,担心再被赵无恤认出来,于是刮掉胡子,剔掉眉毛,身上涂满了漆,变成了一个癞子,之后到大街上乞讨。他的妻子到街上去找他,听到乞讨声,立即认了出来,说:"这是我丈夫的声音。"豫让于是又吞下火炭,让嗓音变得嘶哑,再到街上行乞,他的妻子就再也听不出来了。豫让的一个朋友知道豫让的志向,在街上碰到已经改变形容的豫让,怀疑是他,于是悄悄地叫了一声他的名字,发现果然是豫让。朋友把豫让请到家中,为他出主意说:"你既然想报仇,为什么不假装投靠赵氏,以你的才能,必定能得到重用,到那个时候,你找机会报仇,不是很容易吗?"豫让说:"如果我投诚赵氏,然后再行刺他,这就是不忠之举。我为智伯报仇,就是要让那些怀有二心的臣子,知道世上还有惭愧二字,我怎么能那么做呢?我今天对你坦诚以待,请你以后再也不要干涉我了。"之后继续到街上行乞,就再也没有一个人能认出他来了。

  再说赵无恤,他到晋阳修治大水之后的城防,顺便去看荀瑶掘开的那条大渠。发现大渠虽然对晋阳城有威胁,但如果善加利用,倒可以引水灌溉农田,于是就把水渠保留了下来。这条渠至今仍在,被称为智伯渠。为方便出行,赵无恤命人在渠上修了一座桥。桥建好之后,赵无恤坐着马车去观看,豫让得知消息后,再一次身藏利刃,装成一具死尸,然后伏在了桥下。赵无恤的马车刚到桥边,驾车的马就受了惊,死活不肯过桥,赵无恤心知有异,于是命手下搜索检查。手下搜了一遍,没有发现异常,于是向赵无恤报告说:"没有发现刺客奸细,只发现桥下有一具尸体。"赵无恤说:"刚刚修好的桥,桥下怎么会有尸体?这一定是豫让。"命人牵出来一看,虽然少了胡须眉毛,但仔细辨认,仍然能认出是豫让。赵无恤问:"我之前已经放了你一回,你今天又来谋刺我,即使上天有好生之德,也不会再保佑你了。"于是命左右牵出去杀了。

  豫让听到后,放声大哭。行刑的士卒问他说:"你是不是非常怕死?"豫让说:"我并不是怕死,我是怕我死了之后,再没有人为智伯报仇了。"赵无恤又命人牵过来问:"你之前替范氏做事,范氏被智氏所灭,你反跑到仇人智氏那里去做官,不说为范氏报仇;今天智氏灭亡,你却独独要为他报仇,请问这是为什么?"豫让回答说:"君臣之间的情义也有区别,之前的时候,范氏待我平平常常,那么我也就以平常人之心去对待他。但智伯就不同了,他非常看重我,恩待我,所以我也必然会以生命来报效他的知遇之恩。"

  赵无恤说:"既然你毫无悔改之意,那我这次就不再饶恕你了。"豫让恳求说:"我听说,作为一个忠直的臣子,他不担心有一天会为了主君而死去,作为一个开明的主君,他不会因个人的恩怨而遮掩臣子的大义。之前您释放过我一回,对我来说,就已经很满足了,我也不指望再活下去,但我两次为智伯报仇,两次都没有成功,实在是不甘心,请您脱下您的外袍,让我刺上几剑,也就象征着我为智伯报了仇,我死了之后,也会在九泉瞑目,请您答应我这个请求。"

  赵无恤十分同情豫让,于是脱下袍子,让随从递给了豫让。豫让拿起袍子,就像对着赵无恤一样,狠狠地刺了三剑。之后说:"我可以在黄泉之下向智伯说了,我替他报仇了。"然后自刎而死。为纪念豫让,智伯渠上修建的那座桥,被后人改名为豫让桥。

由于长时间的操劳，再加上年纪渐高，赵无恤不久之后就一病不起。为了让赵氏家族永享福祚，赵无恤在临终之前，最重视的仍然是立嗣问题。由于他自己是庶子继任宗主，因此他始终对嫡子长兄伯鲁被废怀有愧疚之心，为了平衡家族内部的利益并搞好家族内部的团结，他把伯鲁的孙子赵浣立为了世子（赵浣之父赵周早死）。

赵无恤死后，赵浣继任为赵氏宗主，赵浣死，其子赵籍代立。

公元前403年，赵籍与韩虎的孙子韩虔、魏驹的儿子魏斯同时派遣使者，带着大批金银绸帛，前往周王室，请求王室册封他们为诸侯。

在这一段时间内，周王室内部也先后发生了一系列的事件。周元王姬仁于公元前469年病死之后，其子姬介即位，是为周贞定王。晋国赵、魏、韩三家共灭智氏之事，就发生在周贞定王在位期间。公元前441年，周贞定王死，其子姬去疾即位，是为周哀王。周哀王即位仅三个月，就被其弟姬叔杀死，姬叔夺位，是为周思王。周思王抢夺兄长的王位之后也没有善终，即位刚刚五个月，又被其弟姬嵬（音围）杀死，姬嵬夺位，是为周考王。

相比于他的两位兄长，周考王在位的时间相对比较长，有十五年时间，这得益于他夺位后采取的一些有益于王位巩固的措施。为了避免使自己重蹈两位兄长的覆辙，夺位的第二年，他就把他的弟弟姬揭封在了河南王城（洛阳下都之西），称为西周桓公。河南王城和洛阳城由于是两座城，因此洛阳又被称为下都。姬揭死后，其子姬灶即位，是为西周威公，姬灶死，其子姬朝即位，是为西周惠公。西周惠公又封他的小儿子姬班于巩（洛阳下都之东，今河南省巩义市康店镇），号称东周公。这样一来，东周时期在继周敬王姬匄"东王"和姬朝（不是西周惠公）"西王"对立之后，又出现了两个小朝廷。公元前256年，西周国被秦所灭，公元前249年，东周国也被秦所灭，标志着周朝彻底灭亡，这是后话，后文交代。

公元前426年，周考王死，其子姬午即位，是为周威烈王。而赵、魏、韩三家派使者前来觐见的，正是周威烈王。周威烈王收到赵、魏、韩三家送来的礼物，做个顺水人情，册封赵、魏、韩三国为诸侯国。这样，赵、魏、韩三国在实际建国已经若干年之后，终于得到了一纸法律文书，成为真正的诸侯国。公元前386年，齐国的田和通过魏文侯魏斯，也被周安王（周威烈王之子）册封为诸侯，其时，赵、魏、韩、齐（田齐）与之前的传统大国秦、楚、燕三国，被并称为"战国七雄"。

公元前376年，赵、魏、韩三家废晋静公，彻底瓜分晋国土地，晋祀灭绝。自公元前1033年始，至公元前403年止，北方强国晋国，在历四十君、享国六百三十一年后，最终因内部的分裂而导致灭亡。因为赵、魏、韩三国是在三分晋国之后建立的，因此人们也把赵、魏、韩三国统称为"三晋"，甚至其后很长一段时间里仍然有人这样称呼，并一直延续至今。同时，三晋又成为原晋国所在地，也就是现今山西尤其是太原的代称。

此时，经过三百六十多年的征战，春秋初期的一百四十多家诸侯，只剩下二十余家。中原国家除"七雄"外，还有宋、卫、中山（今河北省石家庄市平山县一带，国都灵寿，在今平山县上三汲乡，距今灵寿县很近）、鲁等十多个小国，天下共主东周也包括在内。此外，还有南面的巴、蜀、闽、越，北面的林胡（今山西省朔州市朔城区到内蒙古自治区一带）、东胡（今辽宁、吉林、内蒙古交界的辽河流域上游一带）、匈奴、楼烦（今山西省西北部的沂州市保德县、岢岚县、宁武县一带）、义渠等少数民族。

各国之间的兼并使诸侯国越来越少，而胜出者的疆域则越来越大，原本分散的人口、财富、资源都逐步集中到了少数几个诸侯手中。为了在残酷的竞争中不被对手消灭兼并，各国都把如何富国强兵、兼并更多的土地作为国家的头等大事来考虑，这一点与春秋时期争夺名义上的、政治意义上的霸主有着非常明显的不同，而是更侧重于实际，也就是掠夺土地、攻打城池。在这样的境况下，旧的、阻碍生产力发展的世袭等制度逐渐被瓦解、淘汰，而新的有利于推动国富兵强的政策被迅速实施。战国初期的变法大幕由此拉开。

首先进行变法的是魏国。魏文侯自公元前445年继位之后，师从子夏（孔子文学科高才生，孔门十哲之一）、田子方、段干木等人，因此四方贤士闻风来投，罗致了一大批人才。李悝（音亏），有的古书中又记载为李克，魏国人，曾任文侯朝的国相，主持魏国的变法。

李悝变法的主要措施有四条：

一、废特权。李悝将无功而食禄的腐朽贵族称为"淫民"（意思是游乐怠惰的人），提出要"夺淫民之禄，以来四方之士"，也就是要废止世袭贵族的特权，用这些空余出来的钱招贤纳士。李悝废除世卿世禄制度，按照"食有劳而禄有功"的原则，根据功劳和能力选拔官吏，将一批先祖有功但现时已毫无作为的特权阶层赶出了朝堂，并使一些因战功卓著或政治主张被国君采纳而使国家富强的新型地主顺利地跻身政治舞台，为加强地主阶级与奴隶主贵族的斗争，使奴隶制向封建制过渡开辟了道路。而且，此后的有功之臣在封地里，只可以收租税，不再有治民权，这一点已颇具封建时代郡县制的雏形。李悝在政治上限制世袭贵族的特权，打破了腐朽奴隶主贵族的权力垄断，使一批贤士的才能和智慧得到了充分发挥，形成了较为清明的政治气候和环境，极大地激发了上层统治阶级的进取心，并因此焕发出惊人的创造力，为魏国强盛打下了良好的基础。

二、平籴法。籴，音敌，买进的意思，跟"粜"（音跳）相对。李悝观察到一个现象，大多数的农夫不论怎么用心种田，就算是遇到了丰收年，也无法摆脱捉襟见肘的贫困境地，更何况还有灾年、荒年、战乱等，时间一长，许多人消极悲观，怠于耕作。黍麦成熟的季节，粮价被压得非常低，谷贱伤农，影响农民种粮的积极性；而在青黄不接的月份，粮价又被抬得非常高，谷贵伤民，影响国家的稳定。基于这个实际，李悝推行平籴法，将丰年分为大熟、中熟和小熟三个等级，按比例向农民买粮。比如前年大熟，收的粮食比较多，就从农民手中买进百分之七十的粮，价格是每斤一元；去年中熟，则从农民手中买进百分之四十的粮，每斤一点五元；今年小熟，买进百分之二十的粮，价格是每斤两元。结果到了明年、后年呢，刚好发生了饥荒。他把荒年也分为三个等级，称为大饥、中饥和小饥。比如遇到的是大饥之年，就把大熟之年买进的粮食还按那个价格平价卖给农民，也就是每斤一元，而在中饥之年，则把中熟之年买进的粮食平价卖出，每斤一点五元，小饥类推。这样一来，就防止了粮价的暴涨或者暴跌，使粮价始终处于一个较为平稳的基准线，既维护了农民的权益，也维护了国家的稳定。使农民安心种田，使百工安居乐业，不再有后顾之忧。

三、尽地力。李悝认为田地收成的好坏与耕作者的劳动态度有着很大的关系，勤于耕耘者，田里的收成就一定会好，而懒于打理者，地里的庄稼就必然好不到哪里去。为此，李悝用免除劳役的方式来奖励耕织，并鼓励农民拓荒，承诺谁开垦出来的土地就归谁所有（当然要交一定比例的田赋），也就是承认土地私有，而对那些怠惰致贫者和游商则采取了收为官奴的惩罚措施。这些重农政策的实施，极大地提高了农民从事农业生产的积极性，加快了民间财富和国家财富的积累。

四、编《法经》。为了巩固变法成果，李悝将各国的刑法汇集起来，编纂了《法经》一书，用法律的形式来推行变法。《法经》共分为《盗法》《贼法》《囚法》《捕法》《杂律》和《具律》六篇，分别对盗窃、杀人、伤人等罪行，禁止百姓迁徙、赌博、群集以及对官吏收受贿赂的处罚等做出了明确的规定。《法经》旨在保护地主阶级的生命和财产安全，维护新兴封建国家的统治秩序，《法经》编成后，一直在魏国施行，后来，《法经》被商鞅带往秦国，《秦律》即脱胎于此。秦朝灭亡后，秦朝律令被汉朝所继承和修订，因此，李悝编撰的《法经》，在中国古代法律史上具有十分重要的地位。

李悝变法的核心目的实际上是把农民固定在土地上，提高农民的收入，同时也增加国家的赋税收入，既让民富，也让国强。李悝的变法取得了非常明显的成效，使魏国在短短的几十年内，迅速成为战国初期最强大的诸侯国。

李悝变法对其后的中国历史产生了非常深远的影响，因为他的成功变法，使得当时的其他国家纷纷仿效，并因此引发了一场席卷全国的变法潮，推动了奴隶制向封建制的迅速过渡，为推进中国历史进程做出了非常大的贡献。后来的吴起变法、商鞅变法等，无不受到李悝的影响，而吴起、商鞅等人变法的目的，也与李悝的变法毫无二致。

李悝的变法能够成功实施，离不开翟璜的推荐和魏文侯的鼎力支持。翟璜也是与李悝齐名的卿相。他在文侯朝为相三十余年，为魏文侯推荐了许多的贤才，其中比较著名的有乐羊、西门豹、吴起等，就是此时成功实施变法的李悝，也得益于翟璜的推荐。

在《春秋》一章中，曾经提到过击败邢国并杀死卫懿公的鲜虞人，而鲜虞发展到后来，因于公元前506年在中人城（今河北省保定市唐县西北粟山）建国，因中人城中有山，故名"中山"，也就是从这个时候起，鲜虞人所建之国被称为中山国。晋国分裂前，赵鞅曾经率军大破中山国，但赵、魏、韩三家分晋后，中山国得到了喘息，并渐渐恢复了元气。公元前414年，中山武公将国都迁至顾城（今河北省定州市），并仿效中原国家的礼仪制度，建立起了一套政治军事制度，并渐渐变得强大起来。

中山国的强大招致了魏国的觊觎。实际上中山国离魏国非常远，而距赵国却非常近，中山国甚至在赵国重镇邯郸的北面。因此当魏文侯提出要攻打中山国的时候，他的弟弟魏成子就反对说："中山国西面与赵国毗邻，而南边却距魏国太远，就算是我们攻下来了，也不容易镇守。"

但魏文侯却有他的想法，他说："如果我们不去攻打中山，那么赵国就会攻占中山国，这样一来，赵国不就更强大了吗？"于是他决定进攻中山，但却苦于一时找不到最合适的将领。

于是翟璜就向他推荐了乐羊（乐，姓氏，音悦）。

乐羊本是中山国人，后来在魏国居住。有一次，乐羊在路途中捡到一块金子，就拿回了家，他的妻子指责他说："志士不喝盗泉之水，清廉的人不吃嗟来之食（指带有侮辱性的施舍），这金子不知道是从哪里来的，你为什么要把它捡回来，败坏你的名声和修为？"乐羊听了妻子的话深有感触，于是仍旧把金子扔到野外，然后外出求学。过了大概一年时间，才回到家里来。他的妻子当时正在织布，见到他回来，就问他说："你已经完成学业了吗？"乐羊回答说没有，他的妻子听了，立即拿起一把剪刀，把正在织机上织的布剪断了。乐羊大惊，问妻子说："你为什么要把织得好好的布剪断？"他的妻子回答说："学业完成以后才可以干事业，就像布匹织成以后才能做衣服，现在你还没有完成学业就回家来了，这跟我剪断正在织的布匹有什么两样？"乐羊感悟不浅，于是重新出外游学，足足七年没有回家。学成之后，居于魏国，以才高自居，不屑于去做一般的小官。

魏文侯听了翟璜的介绍，就准备拜乐羊为将，让他去攻打中山。有人就提醒魏文侯说："乐羊有个儿子，名叫乐舒，现在中山国任职，让乐羊去攻打中山，恐怕不合适。"翟璜替乐羊辩解说："乐羊是一个非常有事业心的人，而且特别有毅力，特别有远见。他的儿子乐舒确实是在中山国做官，也曾替中山国君征召乐羊，但乐羊认为中山国君才德不堪，所以就没有去。如果国君您能充分信任乐羊，把军队交给他，不怕攻不下中山国。"

魏文侯于是召来乐羊，问他说："我想派你去攻打中山国，但是你的儿子现在中山国任职，碍于你们父子之情，我终究是有些不放心。"

乐羊回答说："父子之恩，不过是私情，但为国建功，这却是公事，我不敢以私废公。如果我不能消灭中山国，请治我的死罪。"

魏文侯认为乐羊的回答颇有道理，于是拜乐羊为元帅，任西门豹为先锋，发兵攻打中山国。

时为公元前408年。

兵到中山，中山之兵前来迎敌，扎营于树林茂密的山上，乐羊经与西门豹计议，用火攻之计，大破中山之军。中山败军退回国都，坚守不出，魏兵于是包围了中山国都。

中山武公就在这一年病死，其子中山桓公姬恒即位。

中山桓公无力抵挡，只好派乐舒向乐羊求宽，请求魏国退兵。但乐羊受命而来，怎么能说退就退。乐羊限期一月时间，让乐舒说服中山桓公出降，否则就要继续攻城。

乐舒归报中山桓公，中山桓公自以为手中有乐舒这张王牌，乐羊就一定不会攻城，因此并没有答应出降。一月时间转眼就过去了，乐羊命使者前去问讯出降事宜，中山桓公又让乐舒告饶求宽。乐羊无法，只好又宽限了一个月时间。如是者三次。

再说魏国国内，有些人见乐羊一下子受到重用，心里本就感到不平衡，现在见乐羊兵围中山，久而不攻，于是就在魏文侯面前说乐羊的坏话，建议魏文侯换帅。

魏文侯不置可否，只是将那些奏章全部装进箱子封了起来。同时派遣使者，赴军前犒劳乐羊。

乐羊心里非常感激，宽限的时间又到，中山桓公仍不出降，乐羊于是命人尽全力攻城。中山桓公无法，只好命人杀死乐舒，并做成肉汤送给了乐羊。

乐羊当着使者的面，忍痛把用儿子骨肉做成的肉汤吃了下去，然后对中山国的使者说："多谢你们的国君送我肉汤，等我破城的时候，一定当面致谢，我这里也有大锅，特意为你们的国君准备着。"使者归报，中山桓公十分恐惧，于是赶快带人出逃，中山国最终被攻破。

灭掉中山国之后，乐羊带兵班师回魏国。魏文侯听说乐羊归来，亲自出城迎接。乐羊趾高气扬，神情十分傲慢。魏文侯宴请完毕，命人将两个封起来的木箱子送到了乐羊府上。乐羊回府之后，刚开始还以为是魏文侯赏赐了他什么珍奇异宝，心里非常高兴，猜摸半晌，最后按捺不住心头的狂喜，在好奇心的驱使下打开一看，才发现里面全都是大臣们写给魏文侯的奏章。这些奏章的表述五花八门，但内容却惊人地趋于一致，有说他反叛的，有说他通敌卖国的，有说他拥兵自重的，等等，不一而足。乐羊大惊失色，辗转反侧，一夜无眠。次日一早，他赶快前去向魏文侯谢罪说："臣这次带兵进攻中山，如果不是国君您在国内主持公道，说什么也不会成功。攻下中山国的不是我，而是国君您啊。"

其实，魏文侯对于乐羊攻打中山的功劳，还是非常认可的。乐羊为灭中山而食其子之羹，议论的人非常多。魏文侯为了替他开脱，曾对睹师赞说："乐羊当时也是为了表明对我的忠心，不得已才吃了他儿子的肉。"但睹师赞一句话就把乐羊打入了万劫不复的境地，他说："他儿子的肉都能吃，还有谁的肉他不吃？"

魏文侯思虑再三，也开始怀疑乐羊的心地。于是封乐羊为灵寿君，以表彰他的伐中山之功。之后让乐羊前往封地，罢去了他的兵权。战国后期名将乐毅，就是乐羊的后裔。

翟璜不解，就问魏文侯说："国君您既然已经了解了乐羊的才能，为什么不让他继续带兵作战，而让他到封地里赋闲养老呢？"魏文侯作为人君，自有他的帝王心术，因此笑而不答，并不说破。翟璜于是又在出朝后问李悝，李悝回答说："乐羊心性残忍，连他儿子做成的肉汤都能吃下去，何况是其他人呢？当年的管仲就是因为这个缘故而怀疑易牙的。"翟璜愕然，但也深以为然。

在中国历史上，乐羊远没有他的妻子出名，初级中学语文课本上有一篇古文《乐羊子妻》，使这个不知身世没有名姓的妇女成为家喻户晓、妇孺皆知的人物。在中国传统的价值观里，乐羊的妻子也被人们奉为明大义、知廉耻的贤妻典范，备受世人尊崇，赞赏，乐羊能有后来的成就，与他妻子的影响有很大关系。但实际上，也正是因为他的妻子，才养成了乐羊冷酷、残忍的性格。试想啊，小两口新婚燕尔，乐羊就出外求学，好不容易熬了一年，回家来了，想和妻子亲热亲热，谁知妻子却拿一番大道理冷冰冰地教训了他一番，使乐羊大受打击，满面羞惭，最终七年没有回家。乐羊捡了一块金子回来，也被斥为不是志士，不是廉者，使乐羊在内心深处，深感自己的猥琐与志短。那么在这样的情况下，乐羊的心除了渐渐地变冷，还会有什么变化呢？绝夫妻之情，拒不明之财，耻嗟来之食，以致到后来，即使面对用儿子的骨肉做成的肉羹，他也能平静地吃下去，个中原委是什么，还难理解吗？

魏国的邺城（今河南安阳市北，河北邯郸市临漳县南）是个战略要地，西边是韩国的上党（今山西省长治市），北边是赵国的邯郸，位置十分重要，但因为长期以来漳河（今卫河支流漳河）发大水闹水灾，再加上缺乏贤能的邑宰治理，因此邺城民生凋敝，根本起不到边境重镇的作用。魏文侯深为此感到忧虑，于是就问翟璜谁去邺都当邑宰合适。翟璜思虑片刻，向魏文侯推荐了西门豹（复姓西门，名豹，魏国人，其故里在今山西运城市盐湖区安邑一带）。

西门豹到了邺城，发现乡里人烟稀少，田地荒芜，十分萧条冷落，感到非常奇怪，于是就找了几个老年人，问是什么缘故。

老年人回答说："都是因为河伯娶媳妇，才成了这样。"

西门豹十分惊讶："河伯娶媳妇，这可真是第一次听说，请你们为我详细地讲一讲。"

老者们说:"漳水流经邺城,是为漳河,娶媳妇的河伯,就是漳河的河神。河伯喜欢漂亮女人,所以每年都要娶一个做老婆。如果给他送去了漂亮女子,那么河伯就会保佑邺城风调雨顺,五谷丰登,否则,他就会发怒,让漳河发大水,淹没两岸的农田和人家。"

西门豹问:"为河伯娶媳妇,这事情是谁最先提出来的?"

老者们回答说:"这都是邺城的大巫说的,老百姓害怕遭水灾,所以都不敢不答应。每年乡里的豪绅、官吏与大巫商议,从百姓家征收数以万计的钱,花一部分为河伯娶媳妇,剩下的都被他们瓜分掉了。"

西门豹说:"百姓们难道就任由他们盘剥,没有人提出异议?"

"大巫们主管祈祷祝福,豪绅们为河伯娶媳妇也多有操劳,所以他们瓜分剩余的钱,百姓们倒也没有什么异议。但这还不是最令人头疼的,最令人头疼的是每年到了春播时节,大巫就会带着她的弟子,到乡里到处寻找,只要看见百姓家长得漂亮的女子,就说这个女子适合做河伯夫人。有些人家不愿意让女儿去当河伯夫人,于是就送给她们一大笔钱求免,普通的贫苦人家没有钱,只好将女儿交给她们。到了河伯娶媳妇的日子,大巫将挑选的女子装扮一新,然后斋戒祈祷一番,将女子放在一块草席子上,然后推入河中,草席子在河水中漂流一段距离,就会沉入水中,大巫们说这就是被河伯娶走了。当然还有一些人家舍不得女儿,也没有钱买免,只好带着女儿远走他乡,所以邺城的人,越来越少了。"

西门豹问:"那么你们这里遭过水灾没有?"

老者们回答说:"因为每年都给河伯送去新夫人,所以赖河伯保佑,倒也还没有遭过水灾。不过我们这个地方地势比较高,漳河即使发大水,也淹不到这里来,所以倒是常常遭旱灾。"

西门豹听了之后,对父老们说:"既然河伯如此灵验,那么他下一次娶媳妇的时候,麻烦你们来给我说一声,我也亲自去为他贺个喜。"

到了河伯娶媳妇的日子,父老们果然来向西门豹禀报,西门豹于是穿起官服,戴着官帽,带着几个兵士就来到了漳河边。

听说新来的邑宰也要亲自为河伯娶媳妇,邺城的百姓们一传十,十传百,全都跑来看热闹。县里的廷掾(县宰的属官),乡里的三老(负责调解纠纷、教化民众、收租税等,相当于乡长),乡绅,里长等,全都到了。

三老与里长等人就领着大巫来见西门豹,大巫是一个七十多岁的老妇人,态度非常傲慢,对西门豹连正眼都不曾一瞧。大巫的二十多个女弟子,全都打扮一新，在左右侍候。西门豹对大巫说："麻烦你把今年河伯将要娶的夫人叫来，我想看一看，长得究竟漂亮不漂亮。"于是大巫就叫女弟子把准备送给河伯的女子叫了过来。西门豹看了一眼那个女子，对大巫和三老、里长等人说："河伯是非常尊贵的神，所以要非常漂亮的女子才配得上他，这个女子一点儿也算不上漂亮，麻烦大巫你去给河伯禀报一声，就说新来的邑宰说了，我要再挑一个更漂亮的，过几天给他送去。"说完之后，立即叫左右的士兵把大巫抱起来投进了河中，围观的人都非常惊讶。

西门豹在岸边等了好一会儿，开言说："大巫年纪大了，不会办事情，去了那么长时间，还不来回话，麻烦弟子们为我去催一催。"于是叫兵士把大巫的一个弟子抱起来投进了河中。又过了好一阵，西门豹又说："这个弟子也不会办事，麻烦再下去一个催一催。"又叫兵士抱起一个女弟子投进了河中。等了一会儿，西门豹又叫人把大巫的第三个弟子投进了河中。

西门豹继续在岸边等，等了一会儿说："大巫和她的弟子都是女流，可能跟河伯说不清楚，麻烦乡里的三老下去，给河伯说个清楚。"三老想推辞，但那些兵士哪里会由着他，几个人抱起三老，一下子又投进了漳河。

围观的人吓得大气都不敢出一口。西门豹在河边恭恭敬敬地站了一个时辰，又说："三老的年纪也大了，不会办事情，麻烦廷掾和乡绅们下去给河伯说一声。"

廷掾和豪绅们吓得面如土色，全都跪在地上，一齐叩头求饶，把头都磕破了。西门豹说："那就再等一等。"众人都吓得心胆俱裂。又过了一会儿，西门豹说："廷掾可以起来了，看样子，河伯十分好客，把他们都留下了，回不来了，你们都回家去吧。以后再有谁提起给河伯娶媳妇的事情，我就让他到河伯那里去做媒！"

邺城的官吏和百姓都非常震恐，从此以后，谁都不敢再说为河伯娶媳妇的事情。西门豹巧借河伯娶媳妇的机会，狠狠地惩治了地方恶势力，这一股假借迷信搜刮民财、坑害百姓的歪风才算被刹住。

西门豹又征发百姓，挖掘了十二条渠，把漳河的水引入渠中，既预防了水患，又灌溉了农田，破除了旱灾，百姓的庄稼得到了好收成，邺城很快就成为民富民强的魏国重镇。西门豹发动民众所开的十二条渠，也因此被称为西门豹渠（又名引漳十二渠）。司马迁在《史记》中给了西门豹非常高的评价，认为他治理邺城，名闻天下，开的渠惠及后世，可以称得上一个贤大夫。

邺城大治，魏文侯非常高兴，于是召来翟璜问："我听了你的推荐，让乐羊讨伐中山国，让西门豹去治理邺城，这两个人都很胜任，我非常欣慰。你也知道，西河（今陕西省渭南市合阳县一带）在魏国的西部边境，经常受到秦国的侵扰，我希望得到一个得力的守将，你认为谁可以胜任？"

翟璜想了想回答说："有一个叫吴起的人，这个人非常有才能，现在刚好从鲁国逃到我们魏国，国君您最好立即召见他，否则的话，他又跑到别的国家去了。"

魏文侯问："你说的这个吴起是不是就是鲁国那个杀妻求将的吴起？"

翟璜说："正是此人。"

魏文侯终是不放心，又征求李悝的意见："吴起这个人，为人怎么样？"

李悝回答说："吴起贪名而好色，但是，如果论起他的军事才能，我看就是司马穰苴也未必能超过他。"

魏文侯权衡利弊，感觉金无足赤，人无完人，于是就任命吴起为将军，让他镇守西河之地。

吴起是卫国左氏人（今山东菏泽市定陶区），师从曾参（即曾子，孔子弟子，名言"吾日三省吾身"）之子曾申。

公元前412年，齐国田和发兵进攻鲁国，鲁国数战皆败，有人就向鲁国国君推荐了吴起。其时的鲁国，国君是鲁哀公曾孙鲁穆公（中间经历了鲁哀公之子鲁悼公，鲁悼公之子鲁元公）。鲁穆公认为吴起的妻子是齐国田氏大夫之女，担心吴起会心向齐国，所以迟迟不肯起用吴起。吴起非常渴望抓住这个建功立业的机会，为了打消鲁穆公的顾虑，于是杀了自己的妻子。

鲁穆公听到吴起杀了自己的妻子，非常惊愕，认为吴起非常残忍，但他担心如果鲁国不用吴起，吴起终会被敌国所用，于是拜吴起为大将，率师抵抗齐军。

吴起治军有方，与士卒同甘共苦，因此将士们都愿意为他效死力。到了军前，吴起先以老弱兵士示弱于齐军，结果齐军麻痹大意，全不把吴起放在眼里，吴起趁机率军猛攻齐军，齐军大败奔逃，吴起大获全胜。

吴起骤然得到重用，招致了鲁国大夫们的嫉妒和不满，于是，一些不利于吴起的流言渐渐传到了鲁穆公的耳中：

吴起年轻的时候，家境也算是过得去，但他为了出仕，四处奔走游说，以至于使家境败落。乡邻们都耻笑他，于是吴起就杀了三十多个嘲笑他的人。吴起将要出逃之前，他的母亲指责他闯了大祸，吴起咬着自己的胳膊向母亲发誓说：

"将来不为卿相，不再回卫国。"后来他逃到鲁国，就到曾申的门下学习，他的母亲死了，他也不去奔丧。儒家将忠孝节义看得比什么都重，在某种程度上说，这也是儒家学说受到后来统治阶级追捧的原因，而吴起不奔母丧，这自然引起了大儒曾申的强烈不满，曾申因此跟他断绝了师生关系。吴起在鲁国的时候，比较窘迫，齐国田氏大夫到鲁国后，发现吴起非常有才能，不仅在经济上资助他，而且把女儿嫁给了他。而现在吴起为了拜将，竟然杀死了他患难与共的妻子。鲁国是个小国，如果任用了一个很有军事才能的将军，那么就会被其他国家认为是很有野心，这对鲁国非常不利，而且鲁国和卫国是兄弟之邦，鲁国重用逃亡的卫国人吴起，就等于是得罪了卫国。

当鲁穆公听到这些传言的时候，立即对吴起有了戒心，吴起害怕会遭杀害，于是跑到了魏国。吴起逃走之后，鲁国在鲁穆公之后又经历了鲁共公、鲁康公、鲁景公、鲁平公、鲁文公、鲁顷公六任国君，共一百五十余年，于公元前256年被楚考烈王所灭。鲁国自西周初期立国，先后传二十五世，三十六位国君，享国近八百年。

吴起逃到魏国之后，正好魏文侯要选西河守将，听了翟璜等人的推荐，于是就任命吴起为西河守，让他西抗秦军。吴起到西河之后，首先在河西的少梁（今陕西省渭南韩城市西南）修筑城池，储备粮草，为进攻秦国做准备。战备充分之后，相继攻取了秦国河西地区的临晋（也就是王城，今渭南市大荔县东）、元里（今渭南市澄城县东南）、郑（今渭南市华县）、合阳（今渭南市合阳县东南），尽占秦国河西之地（今黄河与北洛河南段之间），设西河郡。在这一段时间，他与诸侯大战七十六，全胜六十四，其余不分胜负，为魏国拓展了千里疆土。公元前389年，秦国为了夺回河西之地，发兵五十万，进攻魏国。吴起率领五万魏兵迎击秦军，结果在阴晋（今渭南市华阴市东）大败秦军，创造了战争史上以少胜多的奇迹。魏国占领河西之地，成为秦国的心腹大患，此后，秦国曾多次派军进攻该地区，但迎接他们的，仍然是失败，因为那个时候的魏军，实在是太强大了。秦国直到六十年后，方才收复河西之地。

吴起之所以能以五万魏军战胜十倍于己的秦军，主要得益于他对士卒的训练和选拔。他让士兵着三层铠甲，带十二石的硬弓（石，音担，一石相当于今三十公斤），背着戈、剑和五十支箭，再带上三天的口粮，在长达百里的路程内跑，如果能在半天之内跑完全程，就选拔进"武卒"，给予较为优厚的待遇，免除其全家的田赋和徭役，这些武卒被后世称为"魏武卒"。"武卒"满员的时候，也就只有五万，吴起对武卒进行严格训练，同时赏罚分明，军令严明，因而使这支步兵成为魏国最精锐的部队。

　　吴起能与最下层的士兵同衣同食，同甘共苦，有个士兵腿上长了痈，吴起就亲自为他吸脓，这个士兵的母亲听到后，号啕大哭，别人问她为什么哭，士兵的母亲回答说："之前的时候，吴将军就曾经为我的丈夫吸过腿上的脓血，我的丈夫为了报答他的恩情，奋勇地战死在了沙场上，现在，吴将军又为我的儿子吸脓血，我不知道他要死在哪里了。"

　　因为吴起善于用兵，对待士卒比较公平，且对秦作战功勋卓著，在军中树立了较高的威信，因此魏文侯就正式任命吴起为西河地区的郡守。

　　如果再没有什么大的变故，照这个趋势发展下去，吴起成为魏国的将军，将会是迟早的事情。但每个人的成功都离不开两个方面的因素，一方面自己要有才能，而另一方面还要看是否有人会使用你。吴起之前的不得志，充分地说明了这一点。而吴起后来在魏国受到重用，也充分地说明了这一点。就吴起而言，他个人的才能不可能不明不白地消失，但是用他的人……不是魏文侯不信任他或是不能驾驭他了，而是魏文侯死了。

　　魏文侯是战国初年魏国的贤君，他任用一班贤才，使魏国得到了很好的治理，魏国因此成为战国初年最强盛的诸侯国，颇得诸侯的敬服。史书中都记载着魏文侯选相的事迹，说是魏文侯准备任命相国，就征求李悝的意见说："我听说家贫思贤妻，国乱思良相，我现在准备任命相国，翟璜和魏成子两个人都比较有才能，您看我任命谁合适呢？"李悝谦让说："我听说身份卑贱的人不该替身份尊贵的人谋划事情，关系疏远的人不该替关系亲密的人谋划事情，您问我的这个事情不在我的职责范围内，所以我不敢发表我的意见。"魏文侯再三征询，李悝推辞不过，只好说："其实选谁做相国并不难，这只是国君您平时没有留意考察罢了。一个大臣，您看他平时与什么人来往，富有时与什么人结交，身居高位推荐了哪些人，不得志的时候不做哪些事情，贫穷的时候不要哪些东西，通过观察这五点，您就可以确定相国的合适人选了，根本没有必要征求我的意见。"

　　这就是李悝著名的"识人五法"。即居视其所亲，富视其所与，达视其所举，穷视其所不为，贫视其所不取。其一，居视其所亲。看一个人平时都和什么人在一起。如果与贤人亲近，则可重用，若与品质不佳的人为伍，那么就要留心。其二，富视其所与。看一个人富贵时如何支配自己的财产。如果只是为了满足自己的私欲，贪图享乐，则不能重用，如果能够帮助穷苦人，或者资助有才德之士，则可重用。其三，达视其所举。一个人处于显赫之时，就要看他如何推荐人才。如果任人唯贤，那么这样的人也是可重用的贤才，反之，则不可重用。其四，穷视其所不为。当一个人没有发达之时，就要看其操守如何，如果不做苟且之事，不出卖良心，则可重用，反之，则不可用。第五，贫视其所不取。一个人在贫困潦倒之际也能不取不义之财，坚持自己的原则，则可重用，反之，不可重用。

　　魏文侯听了深受启发，对李悝说："我知道我要选谁做相国了，先生请您回府去吧。"李悝辞别魏文侯，没有直接回家，而是来到了翟璜的家中。翟璜问："听说今天国君召见您，商议选任相国之事，请问定下来了吗？"李悝说："已经定下来了，是魏成子。"翟璜听了非常生气，他说："别的不说了，就凭您对我平日的了解，我哪一点比魏成子差？西河缺乏好的守将，我推荐了吴起；邺都没有好的郡守，我推荐了西门豹；国君要攻打中山国，我推荐了乐羊；国君的儿子没有合适的老师，我推荐了屈侯鲋；我推荐的这些人，国君都非常满意，就连先生您，也是我推荐的，您说，我哪一点比不上魏成子？"李悝回答说："您向国君推荐我的目的，难道就是为了结党营私，以谋求更大的官职吗？国君问您和魏成子二人谁担任相国更合适，我向他提出了考察大臣的五条基本准则，结果国君稍加考虑就觉得魏成子更合适。再说了，您怎么能和魏成子相比呢？魏成子虽然享有非常优厚的俸禄，但他把十分之九都用来聘请贤士，只把剩下的十分之一作为自己和家人的用度，他向国君推荐的子夏、段干木、田子方三个人，都被国君奉为老师，而您向国君推荐的五个人，却都被国君用为大臣，您说，您怎么能和魏成子相比呢？"翟璜想了想，心悦诚服地说："看来，确实是我太浅薄了，请先生您不要责怪，我愿奉您为师。"魏成子担任魏国的相国之后，果然不负重望，把魏国治理得井井有条。

　　魏文侯死后，太子魏击即位，是为魏武侯。魏武侯即位之后，为了考察大臣们，就来到吴起担任郡守的西河视察。魏武侯在吴起的陪同下，乘船在黄河中顺流而下，看到黄河波澜壮阔，魏武侯豪情满怀，对身边的吴起说："你看这大山，你看这大河，多么壮观，多么险要，这真是我们魏国得以据守的珍宝啊。"魏武侯原以为吴起会附和自己的英明与远见，谁知吴起却板着脸严肃地向他讲了一番大道理："国君，成就大业依靠的不是山川的险要，而是君王的仁慈与美德。古代的三苗氏，十分凶暴好杀，不修德行，他们拥有洞庭湖和彭蠡湖，想凭借这些险要的地形阻挡大禹，最后怎么样？还不是被提倡仁德的夏朝所消灭了吗？夏朝的末代君王夏桀，不施仁政，残暴昏聩，他的国土西有黄河，东有泰山，南边是伊阙山（又称龙门山、钟山，为洛阳南面的险要关隘），北面是崎岖的山路，最后仍然没能阻挡商汤的进攻。商朝的亡国之君殷纣，沉湎酒色，残杀大臣，虽然拥有太行山和黄河这些军事要地，最后仍然难逃被周武王消灭的命运。所以说，一个国家的政权是否稳固，并不在于是否具有险要的地势，而在于国君是否具有爱民的仁慈之心。如果国君您不修德政，就算是现在和您同乘一条船的人，也难保不会成为您的仇敌。"魏武侯听了感觉非常扫兴，但为了表现自己的大度，还是夸奖吴起说："你说得太对了。"

魏武侯并不具有他父亲那样的宽大胸怀和远见卓识，还是在他做太子的时候，魏国攻下了中山，魏文侯派他去镇守中山，结果在路上碰到了田子方。因为田子方被魏文侯奉为老师，因此作为太子的魏武侯赶快把马车停在路边，向田子方行礼，谁知田子方就像没有看见他一样，不向他还礼就驶了过去，魏武侯不高兴，就追上去问田子方说："您说是富贵者对人更傲慢，还是贫贱者对人更傲慢？"田子方回答他说："当然是贫贱者对人更傲慢，作为诸侯，如果轻慢他人，就会丢掉他的国家，士大夫如果轻慢他人，就会使他的家族败落。至于贫贱的人，如果觉得自己的行为受到了束缚，言论受到了干涉，就会像天上的飞鸟那样自由自在地飞去，谁能管得了他？所以说，是贫贱者对人更傲慢。"魏武侯的心里很不高兴，但还是恭恭敬敬地向田子方道了歉，说了些受益匪浅之类的话。

所以此时的吴起在魏武侯的兴头上向他讲这番大道理，又一次犯了魏武侯的忌，实际上任何人君都一样，如果他的才能远胜人臣，能够驾驭人臣，那么人臣的进谏会被视为一种忠心，而如果他的才能不如人臣，感觉无法驾驭人臣，那么人臣的进谏就会被视为一种威胁。此时吴起以一种教训小孩子的口吻对他讲这些话，怎么不令魏武侯感到恼火。不过魏武侯最大的优点就是尽管心里不高兴，但他还能在表面上非常诚恳地向别人道歉，让人无法看出他的不满。之前对待田子方是这样，现在对待吴起也是这样。

这个时候刚好魏成子死了，许多人都认为吴起战功卓著，政声遍布，拜相的可能性极大，谁知魏武侯却任命田文（与战国四公子的孟尝君同名）为相国。吴起听到后，非常不服气，他不敢直接去找魏武侯争辩，于是就找到田文理论说："我想和您比一比功劳，比一比才能，您看怎么样啊？"

田文知道吴起的来意，于是就和颜悦色地回答说："没问题，吴将军请讲。"

吴起问："论带兵打仗，使将士心甘情愿地为国效命，让敌国不敢轻视魏国，您说我们两个人谁更厉害啊？"田文回答说："当然是将军您哪，这我怎么能比得上您呢？"吴起听了很高兴，又问："那么论管理百姓，发展生产，让国家富强，我们两个人谁更有才能呢？"田文回答说："当然还是将军您更有才能。"吴起听了更高兴，再问："那么论镇守西河，抗击秦国，打退韩国和赵国的进攻，谁又更有建树呢？"田文依然回答说："当然还是将军您哪，这我也比不上您。"

这个时候的吴起，满以为田文在自己的逼问下，会主动地让出相国的位置，于是就接着问："这我就不明白了，论带兵打仗，您不如我，论治理国家，您不如我，论镇守边境，您还是不如我，那为什么现在您的职位却比我高，当了相国呢？"田文见吴起说出了自己的真实意图，于是就回答他说："吴起将军，论上面的三点，我确实不如您，但国君之所以让我当相国，也是有他的道理的，您想啊，国君刚刚即位，年龄还不大，政治经验还不丰富，不但大臣们对他能否治理好国家心存疑虑，就是百姓，也还不大信服他，所以在这种情况下，国君是让作为先朝老臣的我来担任相国，还是在根基未稳之时进行人事大变动，让您来担任相国引发魏国大乱呢？"

吴起沉默了好长一段时间，觉得自己锋芒毕露，咄咄逼人，在这个时候确实不太适合立即当国相，而平和圆滑有辩才的田文在官员之间平衡协调关系，稳定朝政方面确实有他的优势，于是就对田文说："还是让您来处理国家政务更合适。"田文对吴起说："这就是我比您有优势的地方，也是我职位比您高的原因。"吴起认为田文说得在理，也因此不再轻视田文，仍旧回到西河当他的郡守去了。

按说这样下去，吴起也就可能老死在西河郡守的任上了，但实际上没有，吴起比较年轻，而田文的年纪大了，过不几年，田文就死了。公叔痤（音矬）接替田文成为相国，并且娶了魏国的公主。公叔痤听说过当年吴起和田文比才能的事情，担心有一天吴起也这样对待自己，并威胁自己的相位。公叔痤想除掉吴起，但又苦无良策，整日长吁短叹。他的一个门人看穿了他的心思，于是就对他说："您想赶走吴起，那还不简单啊？我听说吴起这个人，非常清廉节俭又爱惜自己的名声。您何不对国君说'吴起是个贤能的人，而我们魏国是个小国，我担心他不愿意长久地留在我们魏国'。国君就一定会请您出主意，那个时候，您就对国君说'大王可以试着把公主许配给吴起，如果吴起愿意留在我们魏国，那么他一定会娶公主为妻，否则的话，他就绝对不想长期留在我们魏国'。等到国君准备下令要把公主许配给吴起之前，您找个机会把吴起请到家里来，让他亲眼看看公主是怎样对待她的夫君的。不过这个您要和夫人事先商量好，假装让夫人生气，让夫人在众人面前表示看不起您。而前来做客的吴起看到这样一幕，一定会认为魏国的公主连您这个相国都不放在眼里，就更看不起他那个小小的郡守了。这样一来，吴起就自然会拒绝国君把公主许配给他，吴起一拒绝，国君自然就会怀疑，受到国君怀疑的人还能在魏国再待下去吗？"

公叔痤非常高兴，于是照着这个门人的办法去做，事先和妻子商量停当，然后把吴起请到了家里。按照几个人提前策划的剧本，公叔痤的妻子做足表演功夫，当着吴起的面，在家里大发雌威，厉声地数落当相国的丈夫。而公叔痤看起来居然习以为常，十分卑下，丝毫不以为意。吴起尴尬不已，喝了几杯就找了个借口匆匆告辞。他心里感到十分吃惊，心想魏国的公主怎么会如此盛气凌人、不守妇道？过了几天，魏武侯提出要把公主许配给吴起，吴起想起之前在公叔痤家做客时看到的情景，立即像被蛇咬一样，态度坚决地拒绝了。魏武侯见吴起拒绝，立即开始怀疑吴起是不是有另投他国的打算，不再信任吴起。被国君疏远的吴起担心魏武侯会找机会治自己的罪，于是赶快逃离了魏国，跑到了楚国。

要说公叔痤的这个门人也真是厉害，仅仅凭着他对吴起性格的了解，运用一个小小的生活场景，就轻而易举地赶走了这个令强秦都十分畏惧的人物，真是让人佩服。史书中没有介绍这个门人的姓名，但能够想出这样的主意，他的智谋绝非一般人所能相比，这个人，难不成会是商鞅？于史无据，不敢妄议，只能是猜测。

吴起来到楚国，楚悼王早就听说过吴起的大名，先是任命吴起为宛城（今河南南阳市宛城区）郡守，一年后即任命吴起为令尹。此时的吴起，因为打过许多的胜仗，在诸侯国中享有非常高的威望，因此楚悼王对他言听计从，放手让他进行改革。成为楚国令尹的吴起可说是如鱼得水，他早就盼望着能有这样一个平台，来施展自己的才华。

吴起在楚国变法的内容主要有三点：

一是废除世卿世禄特权。这一点与之前的李悝变法如出一辙。如同大部分中原国家一样，楚国的爵位也是世袭的，如果先辈因功受赏，那么他的后嗣就会一直承袭他的爵位和俸禄，到后来，致使一些在战争中立下功勋的将士得不到爵位，极大地影响了将士的积极性。吴起在变法中规定凡是贵族封君的子孙已经传到三代以上的，收回爵位和俸禄。楚国王室较疏远的旁支，如果不再立有新的功绩，则除去他们的公族籍。

二是精简机构，废除无能、无用的官职，用这一部分节省下来的开支训练士卒，增强军队的战斗力。

三是让奴隶主贵族去拓荒。楚国因为消灭了荆楚大部分的小国，但这些地区因为地广人稀，都没有得到开发。吴起强令一些与王室关系较疏的奴隶主贵族迁徙到这些地区去开荒，以增加那里的户民和收入。

吴起变法极大地损害了楚国旧贵族的特权，遭到旧贵族的激烈反对，但因为楚悼王自始至终非常信任吴起，这些旧贵族也一时拿他没有办法，只得服从。那些被废除了爵禄的贵族，自小四体不勤，五谷不分，衣来伸手，饭来张口，现在却被迁徙到荒蛮之地去开荒，所受的煎熬可想而知。

吴起进一步明确了楚国的法令，坚决按法令办事，命令下达之后，就一定要执行，因此，楚国在很短的一段时间内，迅速强大了起来，军队的战斗力得到了大幅度提高，向南平定了百越之地，向北兼并了陈、蔡等地，打退了赵、魏、韩三国的进攻，还向西攻打了秦国。一时之间，各诸侯国都对楚国的强大感到畏惧。

如果说，吴起自始至终都能得到楚悼王的信任，那么照这个趋势发展下去，战国后期统一中国的将不会是秦国，而是楚国。只可惜，这只是一个假设。吴起从公元前382年被任命为令尹开始变法，结果只过了一年，到了公元前381年，楚悼王就死了。

那些在变法中利益受损的贵族早就策划着要谋害吴起，现在看到支持吴起的楚悼王死了，还没等办完楚悼王的丧事，就立即联合起来攻打吴起。吴起无路可逃，只好跑进停放楚悼王尸体的灵堂，但那些贵族们并不放过他，吴起见势不妙，只好趴在楚悼王的尸体上，必欲除吴起而后快的贵族根本来不及多想什么，一齐向吴起放箭。那些箭射死了吴起，却也射中了楚悼王的尸体。

等到安葬完楚悼王，太子熊臧即位，是为楚肃王。楚肃王以伤害悼王尸体的罪名，追查射杀吴起并射中楚悼王尸体的人，七十余家贵族因此被灭族。而吴起，也因伤害悼王尸体的罪名，尸身被车裂。

吴起是战国时期著名的政治家、改革家，卓越的军事家，他在内政和军事上都有非常高的成就，在镇守魏国西河之时，著有《吴子兵法》，与孙武所著的《孙子兵法》并称为"孙吴兵法"，在中国古代军事典籍中占有十分重要的地位。

吴起是一个军事天才，一生没有打过败仗，就是在他临死之前，他都能设法让谋害他的人坐罪灭族，为自己报仇，可说是一个非常聪明的人。不过司马迁在他的《史记》中却对吴起有不同的看法，说吴起这个人言行不一，他在西河的时候，曾劝谏魏武侯要以恩德治国，可他自己在楚国任令尹之时，却因为刻薄寡恩遭到了旧贵族的嫉恨丢了性命，不能不说是一个悲剧。

而实际上，留给吴起的时间实在是太短暂了，仅仅一年多的时间，他就能让好长一段时间内政治腐朽死水一潭的楚国走向强大，没有铁的手腕是根本没办法推行的，吴起在急迫之下不择手段，也是可以想象的。吴起与二十多年后在秦国变法的商鞅一样，都是因为损害了旧贵族的既得利益，而在信任他们的国君死后被旧贵族杀害的。所以说，改革的代价实在是太大了，吴起与商鞅，都用他们的身家性命为楚、秦两国的强大做出了牺牲，这是无论到了什么时候都必须得到承认并永远令人钦佩的地方。

第三节　商鞅变法

接下来看看商鞅变法。

商鞅原名卫鞅，也叫公孙鞅，是卫国（故里在今河南安阳市内黄县梁庄镇一带）公族的旁支。他被称为商鞅，是因为后来到秦国之后因功封在商地（今陕西省商洛市），所以后人把他叫作商鞅。严格来说，这个时候只能称他为卫鞅，还不能叫商鞅，不过为了行文的方便和统一，提前将他称为商鞅，后文中人物对话中所出现的卫鞅，也即是他。

商鞅自幼喜好"刑名之学"（刑名之学，通俗地来说，就是明确刑罚的名称，然后依照这些刑罚标准来治理国家。同时期稍后的申不害在韩国进行变法，主张循名责实，慎赏明罚，后人把持这一主张的学派称为刑名之学），胸怀治国安邦的大志。商鞅见卫国弱小，不足以施展他的才华，于是就来到魏国，投在相国公叔痤的门下。公叔痤经过与商鞅交往，发现商鞅非常有才能，于是推荐他担任中庶子（中庶子是国君、太子或相国的属官）。公叔痤本想再等个合适的时机为他引荐一个更重要的职位，谁知这个机会一直等到了公叔痤病重之时。魏惠王（魏武侯之子）亲自前来探病，发现公叔痤病得很厉害，已经没有好转的希望了，于是就问他说："相国大人，万一您的病真到了让人无法直言的时候，请问我将任谁为相国？"公叔痤回答说："中庶子卫鞅，虽然年纪不大，但他非常有才能，可说是世间少有的奇才，希望您能任他为相国。"魏惠王沉默半晌，并不应声。许久，魏惠王起身准备回去，公叔痤又屏退左右，对他说："如果您不用卫鞅，就杀了他，不要让他离开魏国，如果他被别国所用，那么等那个国家强大起来后,就一定会给魏国带来灾难。"魏惠王不忍再一次拒绝将死的公叔痤,就随口答应说:"知道了。"

魏惠王走后,公叔痤赶快命人叫来商鞅对他说:"我刚刚向大王推荐您担任相国,看大王的样子是不同意,我又对他说,如果您不用卫鞅,就杀了他。大王答应了。你也知道,做臣子的应该先忠于自己的国君,而后才能顾及朋友,所以我先建议国君杀掉你,而后才能把这个消息告诉你。请你赶快离开魏国,不要被国君派出的人抓起来了。"商鞅说:"国君既然不会听从您的建议任命我为相国,又怎么会听从您的话杀掉我呢?"因此并不把公叔痤的忠告当一回事。

再说魏惠王,他离开公叔痤的府第之后,对左右叹息说:"公叔痤病得实在是太厉害了,他竟然想让我任命卫鞅为相国,又说如果我不用卫鞅就杀了他,前言不搭后语,真是病得糊涂了。"

从后来发生的事情看,公叔痤这个人确有知人之明,但是,他将自身利益看得高于一切,甚至不惜损害国家利益,这从他之前为了保住相位而设计排挤走吴起一事完全可以看出来。他其实完全可以早一点儿向魏惠王举荐商鞅,不过如果商鞅早早得到重用,那么他的相位必然会被商鞅所取代。他一直拖到临死之时才向魏惠王举荐商鞅,不仅使自己的利益没有受到丝毫损失,还赚取了荐贤的好名声。强大的魏国从魏惠王时期开始走下坡路,公叔痤应该负有一定的责任。

不过,就算公叔痤再怎么欺上瞒下,如果国君是一位贤君,也不至于使魏国的人才接二连三地流失,魏国败落的主要责任还需要算到魏惠王身上。

魏武侯死后,作为太子的魏䓨与弟弟魏缓争位,两人各控制了魏国一半的国土,魏䓨自立为国君,是为魏惠侯(前334年"徐州相王"后称魏惠王或梁惠王)。一个叫公孙颀的人敏锐地发现了魏国潜伏的危机,于是向韩懿侯献计说:"现在魏䓨与魏缓争位,魏䓨名义上自立为魏王,但实际上只控制了魏国一半的国土,如果韩国能趁此机会杀掉魏䓨,那么魏国就一定会被消灭。"韩懿侯认为很有道理,于是联合赵国共同进攻魏国,在浊泽地区(今山西运城市盐湖区解州镇西)大败魏军,包围了魏䓨。赵成侯建议杀死魏䓨立魏缓,让魏国割地给韩、赵两国。而韩懿侯却主张不杀死魏䓨,而是将魏国一分为二,这样一来,魏国国力就会大大削弱,不会再对韩、赵构成威胁。赵成侯不同意韩懿侯的主张,韩懿侯一气之下,带领韩军连夜撤走,赵军无法独留,也只好撤走。魏䓨得以保住君位。浊泽之败并未损伤魏国的元气,次年,魏惠王发兵击败韩、赵两国,保持了魏国的独立,但三晋联盟也因此而破裂,魏国陷入孤立无援的境地。

魏惠王为人浮华，对外宣示非常爱才但却不能很好地信任、重用人才，比较像后世的袁绍等人。如果说他喜好孟轲的学说但却最终没有任用孟轲是因为孟轲的学说比较迂远不切实际的话，此时面对公叔痤临死前的大力举荐，就是连召来一试的机会都没有为商鞅提供，致使商鞅西入秦国，给魏国带来了致命的打击。再到后来，因为宠信心胸狭小而善妒的庞涓，使孙膑受到迫害并东走齐国，被齐军两次击败，使魏国由战国初期的强国彻底沦为二三流弱国。他与齐威王论宝的事情，更是使他成为历史的笑柄。

公叔痤死后，正好秦国的秦孝公渴望富国强兵，下令招贤纳士，希望恢复秦穆公时期的霸业，向东恢复被魏国侵占的土地。不受重用的商鞅听到这个消息后，就带着李悝的《法经》，从魏国来到了秦国。他通过秦孝公的宠臣景监，见到了秦孝公。

见面之后，商鞅与秦孝公谈论治国之道，话还没有说完，秦孝公就打起了瞌睡，一点儿也听不进去。商鞅离开后，秦孝公立即把怒火发到了景监身上："你推荐的这个人不过是一个狂妄之徒罢了，又怎么能任用呢？"景监不知商鞅和秦孝公谈了些什么，也开始责备商鞅。商鞅说："我向国君推荐尧、舜治理国家的方法，然而国君根本就听不进去。"过了五天，景监再次请求秦孝公召见商鞅，这一次，商鞅说得比上一次还要好，但秦孝公觉得还是没有说到他的心坎上。商鞅走了之后，秦孝公再一次责备景监，景监也只好责备商鞅。商鞅对景监说："我建议国君用夏禹、商汤、周文王和周武王的方法来治理国家，但国君还是听不进去，麻烦您再去向国君建议一下，请求他再召见我一次。"就这样，商鞅第三次见到了秦孝公。这次的秦孝公对商鞅很友好，但还是没有表态是否要任用商鞅。商鞅离开后，秦孝公对景监说："你推荐的这个人真不错，我还想再跟他谈谈。"景监把秦孝公的话带给商鞅，商鞅说："我建议用春秋五霸的方法来治理国家，国君看起来非常感兴趣，如果他能再召见我一次的话，我就知道自己该说些什么了。"于是，商鞅第四次拜见了秦孝公。这一次两个人谈得非常投机，谈了好几天都不觉得厌烦。景监感觉非常奇怪，就问商鞅说："你是怎么得知国君的心意的，这几天的国君非常高兴。"商鞅回答说："前几次，我劝国君用古代明君的方法来治理国家，建立夏、商、周那样的盛世，结果国君却说，时间太长了，我没法等，况且一些英明的君主，在他们在位的时候就已经显名于天下了，我又怎么能默默无闻地等上几十年、几百年来成就帝王大业呢？所以，这次我向国君陈述了富国强兵的具体策略，国君非常高兴。不过，如果采用这种方法，虽然在短时期内可以见效，但如果想创立像商、周那样数百年的基业，恐怕是不可能了。"

秦孝公下决心要任用商鞅，商鞅建议改革秦国旧有的法令和制度，秦孝公担心变法会招致国内百姓的非议，一时犹豫不决，商鞅就劝他说："做事最怕犹豫不决，要做一件史无前例的大事，通常都会受到一些平庸者的责难和非议，有独到见解的人，必定会被普通人误解，愚蠢的人连别人已经做成的事情都想不明白，而聪明的人却能事先预测到将要发生的事情。老百姓很难从一开始就与您一起谋划，但却可以与您一齐共享成功的乐趣。真正要追求最高道德的人是不会流于世俗的，而真正要做大事的人是不会跟普通人商量的。所以圣人认为只要能让国家富强，就没有必要仿效旧的规矩，只要能让老百姓得利，就没有必要遵循旧的礼制。"

秦孝公不由自主地点头说："说得好。"

但大臣甘龙却提出了反对意见，他说："不是那样的。以前的明君，并不改变民风习俗，却能对百姓施以教化，智者并不改变原有的制度，却能很好地治理国家，顺应民风民俗来教育百姓，不费多大力气就能取得成功，依照已有的法令来治理国家，不但是官吏感觉比较习惯，百姓也会非常安定。"

商鞅反驳说："你说的都是一般人的看法，普通人安于现状，读书人局限于他所看到的东西，这两种人让他们当官守法还可以，但不能与他们谈论现有制度之外的东西。夏、商、周三代，虽然制度不同，但却都能统一天下，春秋五霸虽然方法不一样，但却都能成为诸侯霸主。聪明的人制定制度，而愚蠢的人被制度约束，有才能的人改变制度，而没水平的人则拘泥于制度。"

大臣杜挚和甘龙在理念上属于同一阵营，都代表抵制变法的守旧一派，他说："没有百倍的利益，就不能改变现行的法令，没有十倍的功效，就不能更换正在使用的器物。遵循现有的法令不会有差错，保持原来的礼制也不会让人感觉不正常。"

商鞅同样反驳说："治理国家没有一成不变的模式，只要对国家有利，就不一定照搬以往的教条。所以汤武和周武王并没有沿袭过去的制度却也取得了天下，而夏桀和殷纣并没有改变旧有的礼制却也遭遇了灭亡。所以说，反对旧有的法令不应被苛责，而遵循旧有的制度也不应被赞赏。"

秦孝公非常高兴，极力支持商鞅，说："你说得太对了。"

杜挚和甘龙见国君支持，也不好再出言反对什么。

秦孝公任命商鞅为左庶长，负责制定变法的条文。这一年是公元前359年，离公叔痤之死两年，离吴起之死二十二年。

商鞅分别于公元前356年、前350年前后两次在秦国颁布变法法令，其主要内容有：

一、废井田，开阡陌。废除标志着奴隶主所有的土地阡陌封界，从法律上确立了土地私有制。允许人们开荒，也可以自由买卖土地，但赋税要按每个人所占土地的多少来分担。这在根本上破坏了奴隶制的生产关系，促进了封建经济的发展。

二、重农抑商，奖励耕织。以农为"本"，以商为"末"。生产粮食和布匹超过一定数量的，可免除本人的劳役和赋税。不重视农业而去经商或因懒惰而致贫者，全家罚为官奴。一户人家如果有两个儿子，成年后就必须分家，独立耕作，否则，就要收双倍的赋税。革除西戎旧俗，禁止成年的父子兄弟同居一室。这些政策的实施，极大地推动了人口的增长和繁衍，有利于国家征发徭役和户口税，促进了封建经济的发展。

三、统一度量衡。当时，就是秦国国内，各地的度量衡也不一样，为了保证国家的赋税收入、公平公正并方便交流贸易等，商鞅制造了统一的度量衡器。规定了斗、桶、丈、尺等的标准，要求秦国人严格执行，不得违反。

四、奖励军功，禁止私斗，废除世卿世禄制度。制定军功爵制，规定爵位依军功大小授予，公室没有立军功的不得列入贵族籍。有功劳的隆重表彰使之荣耀，而没有功劳的，即使家里很富有，也不得张扬。军功爵制到后来发展为著名的二十级爵，一级叫公士，二级叫上造，三级簪袅，四级不更，五级大夫，六级官大夫，七级公大夫，八级公乘，九级五大夫，十级左庶长，十一级右庶长，十二级左更，十三级中更，十四级右更，十五级少上造，十六级大上造，十七级驷车庶长，十八级大庶长，十九级关内侯，二十级彻侯（汉时因避武帝刘彻的讳，又名通侯或列侯）。爵位的升迁，依将士在战争中斩敌军首级的数量而定，斩敌首级一个，授爵一级。禁止私斗，凡奴隶主之间因争夺土地、财产等发生私斗者，依情节轻重，予以重罚。奖励军功，废除世卿世禄制，使秦国新型地主势力和军事力量得到了迅速发展，由于推崇战功，秦国军队的战斗力自此大幅增强。

五、燔诗书，明法令。燔（音凡，焚烧之意），为了排除复古思想的干扰，商鞅下令烧毁了除法家外大量儒家等其他学派的诗书典籍，并颁布了新的秦律。

不过这种高压政策虽然有利于新法的实施，却极端地压制了人民的思想，对中国古代文化的传承造成了极大的破坏。

六、设什伍连坐法。为加强封建专制统治，对百姓进行更严密的管理控制，商鞅将所有的百姓编入户籍，五家为一伍，十家为一什，将伍、什作为最基层的行政单位，责令乡民互相监督，一家有罪，九家必须连举告发，否则，十家同罪连坐。奖励对"奸"告密者，知而不告者处腰斩，告密者则可与斩敌同赏。藏匿奸人者与降敌同罚。旅店不能收留没有官府凭证的旅客，否则，店主要连坐。

七、推行郡县制。把村、镇并为县，以县为地方行政单位，废除分封制。县设县令为行政主官，设县丞辅佐县令，设县尉掌管军事刑罚等，县令由国君直接任命。通过这些设置，商鞅把贵族领地内的治权收归中央，加强了中央集权。

法令制定完备之后，商鞅并没有马上公布，他担心百姓不相信这些法令，影响新法的推行速度。为了取信于民，他想了一个办法，在国都集市的南门立了一根长约三丈的木头，告示说：谁能把这根木头从集市南门搬到集市北门，就赏给他十两黄金。百姓围观的非常多，但都觉得非常怪，没有一个人敢搬。商鞅说："莫不是百姓嫌赏金太少？"于是又把赏金提高到五十两。有一个人按捺不住好奇心，大着胆子把木头从南门扛到了北门。商鞅立即命人赏给这个人五十金，以示他说话算数，不失信于民。这件事情迅速在都城传播开来，秦国百姓都认为商鞅是个讲信誉的人，说过的话就必定会做到。

随后，商鞅颁布了法令，新法很快在全国得到推行。

新法实施差不多一年时间，国都抱怨新法不好的就有几千人。有一些贵族怂恿太子触犯了新法，借此给商鞅出难题，看商鞅究竟是在犯法的太子面前让新法搁浅，还是处罚太子给自己招来麻烦。谁知商鞅并没有太多顾虑，他大无畏地说："新法之所以不能顺利推行，就是因为有高层的人在不断触犯它。"于是决定按照新法的规定来处罚太子。但因为太子是储君，不能施以刑罚，商鞅就处罚太子太傅公子虔，并把负责给太子传授知识的太师公孙贾处以黥刑（黥，音情，古刑法的一种，在犯人的脸上刺字，也叫墨刑）。行刑的次日，秦国再没有人敢违抗新法。新法实施十年，秦国百姓都从这种公平而规范的新法中尝到了甜头，除上缴国家的赋税外，家家都能自足。黎民守法的意识也普遍增强，没有人敢到山林里去做贼盗，几乎达到了路不拾遗、夜不闭户的地步。因为奖励军功而严惩私斗，因此百姓一听到为国家打仗，都非常踊跃，而一听到要私下斗殴，都非常畏惧，民间的治安状况非常出色，可说是天下太平。那些刚开始说新法不好的人，这时候又来说新法是多么多么好，商鞅斥责他们说："都是你们这些人，在扰乱正常的秩序。"于是把这些人全部流放到了边疆。从此以后，再也没有人敢随便议论新法了。

因为变法成效显著，商鞅升任大良造（即二十级军功爵的第十六级大上造）。三年之后，秦国把都城从雍地（今陕西省宝鸡市凤翔县东南）迁到了咸阳（今咸阳东北），并继续推行新的政策（变法的法令是陆续推出的）。这一阶段推行的新法内容主要有：推行县制、统一度量衡、鼓励开荒、革除戎狄风俗等，这些法令推行了四年，很有成效。这时，公子虔又不慎触犯了新法，被处以劓刑（劓，音易，古代割掉鼻子的酷刑）。变法五年后，秦国国富兵强，综合国力大增，令天下诸侯闻之震恐。

公元前341年，魏国被齐国打败，大将庞涓被杀，元气大伤，商鞅趁机劝秦孝公伐魏。秦孝公同意了商鞅的提议，于是任命商鞅为将，率军攻伐魏国。魏国派公子卬（音昂，义同）带兵迎击。商鞅在魏国的时候，曾经与公子卬关系较为密切，公子卬甚至还在魏惠王面前推荐过商鞅，但魏惠王固执己见，就是没有任用商鞅。

两军对垒，不分胜负。商鞅为了速胜，就向公子卬写了封信说："您我之前关系非常好，今日因为国家的缘故在疆场相遇，不忍心互相攻伐，不如我们坐在一起商议一下，订个盟约，欢宴一场，然后各自收兵，班师回国，您看可好？"公子卬觉得很有道理，毫不怀疑商鞅的诚意，于是前来与商鞅会盟。双方盟誓完毕，坐下来饮宴。商鞅预先埋伏的甲士发动突然袭击，将公子卬抓了起来。之后，商鞅命公子卬手下降卒骗开魏军营寨，指挥秦军攻击失去统帅的魏军，魏军将士猝不及防，被秦军打得大败。商鞅得胜，带着公子卬班师回秦。

魏惠王因魏军前后败于齐、秦两国，国内空虚，无力再战，只得派遣使者，归还之前魏国攻占的秦国河西之地，向秦国求和。向秦献出河西之地后，魏国都城安邑（今山西运城市夏县）因此失去屏障，不得已迁都大梁（今河南省开封市东南），因为这个原因，魏惠王又被称为梁惠王。

商鞅回秦之后，秦孝公将商、於（今陕西省商洛市）这个地方的15座城封给他，商鞅因此号称商君。实际上也是从这个时候起，商鞅才能被称为商鞅，之前应该称他为卫鞅或公孙鞅。

商鞅在秦国当了十年的相国，秦国的旧贵族怨恨他的非常之多。有一个名叫赵良的贵族就来拜见商鞅，他毫不客气地将如今的商鞅和秦穆公时的百里奚做了个比较，指出百里奚是秦穆公听说他非常贤能之后，主动把他从楚国赎了回来，并任命他为执政。百里奚在秦国执政六七年时间，秦国大治，不仅得到了国际诸侯的尊敬，还得到了国内百姓的拥戴。百里奚出行的时候，没有车队随从，没有武士护卫，他死的时候，秦国百姓都为他伤心流泪，十分怀念他。而如今的商鞅呢，通过秦孝公的一个宠臣景监才见到了秦孝公，首先来头就不那么光彩。在秦国执政，并不是施德于百姓，而是用严刑峻法迫害百姓，秦国百姓畏惧商鞅超过畏惧秦国国君。自从被封在商地之后，又自称寡人，几乎每天都要惩罚秦国的贵族公子。如今，受到劓刑的公子虔闭门不出已经八年了，而商鞅又杀了祝欢（秦国贵族，因破坏新法被杀死），并对公孙贾施以了黥刑。所有的这些做法，都使商鞅失去了越来越多的人的支持，而他的仇敌却越来越多。商鞅出行的时候，光随从的马车就有十几辆，车上载的都是全副武装的士兵。而如果没有随从的车辆和卫兵，商鞅就不敢出门。

赵良因此劝商鞅赶快向国家交出受封的那十五座城，然后到乡里隐居起来。让秦孝公任用贤士，体恤百姓，施德于众人，如此一来，众人的怨气稍减，商鞅还可以安度晚年。如果商鞅继续贪恋权位，四面树敌，那么一旦秦孝公死了，秦国将要杀商鞅的人，那真是多得数都数不清。

商鞅也觉得赵良所说的话有几分道理，但一则，他尝到了从变法中获取威权的甜头，不甘心猝然失去手中的权力，二则，他自认为自己有大功于秦国，即使秦孝公死了，继任的国君也不会亏待他，还需要仰仗他来继续推行变法。因此，他并没有听从赵良的劝告。

但没有选择急流勇退的商鞅，这一次并没有像之前在魏国公叔痤死时料定魏惠王不会杀他一样，准确地预测事情的发展方向。仅仅过了五个月，秦孝公就死了，之前被商鞅处罚过的太子嬴驷继位，是为秦惠文公（又称秦惠文君，后称王，称秦惠文王或秦惠王）。公子虔等人一看机会来临，于是指使他们的手下诬告商鞅要谋反。拘捕商鞅的官吏马上被派了出来。商鞅得讯之后情知不妙，赶快逃亡。当他逃到边境函谷关的时候，天黑了下来，商鞅想在旅店里住一晚，旅店的店主不知道他是商鞅，就对他说："商君规定，没有身份凭证的旅客不能住店，否则，一旦查出来，店主就要与他一齐连坐。"商鞅一听，仰天叹息说："真没想到，新法的危害竟然到了这种地步。"（典故"作法自毙"的来历，比喻自己定的规矩，到头来使自己受害。）商鞅不敢住店，连夜出逃，跑到了魏国。魏惠王对之前商鞅用卑劣的诱骗手法俘虏魏公子卬并击败魏国军队使魏国丢了河西地区的往事耿耿于怀,不愿意收留商鞅。商鞅又想往其他国家跑,魏惠王说:"商鞅是秦国的叛贼,现在秦国非常强大,魏国不把他抓起来送给秦国,就一定会惹怒秦国。"商鞅听到后,只好又逃回秦国。他回到他的受封之地商邑,发动邑兵向北攻打郑县(其时郑国已被韩国吞并),想引发国际事件并争取更多的机会。但秦国那些受到新法激励的将士远比商邑的邑卒要训练有素,秦兵迅速到达郑县,击败邑兵,将商鞅擒获并杀死。商鞅的尸体被带回,秦惠文公命人将其车裂(后来俗称的五马分尸),并公告天下说:"你们千万不要学商鞅反叛,这就是反叛者的下场。"商鞅的族人也因此受到牵连,一起被灭族。

实际上,就算商鞅在秦孝公未死之时,听从赵良的劝说急流勇退,归隐乡下,也不见得就能善终,因为商鞅确实是太有才能了,如果商鞅是出于避祸的目的而归隐,那么就算秦国不用商鞅,别的国家就一定会用商鞅,这是秦国所不愿意看到的,所以那时候别说是秦惠文公,就是秦孝公也会除掉商鞅,商鞅实际上已经没有了退路。

伴随着新法根基的稳固与秦孝公的死,实际上商鞅和秦惠文公都成了秦国变法成果是否能够巩固的最大威胁。

从商鞅的角度来说,如果秦惠文公继续信任并重用他,那么商鞅就会继续推行新法,成为维护变法成果的正方力量。但如果秦惠文公不信任商鞅,那么商鞅就会成为新法的怀疑者甚至是阻碍者,他临死前"作法自毙"的哀叹就是明证,据此可以推断,如果商鞅不再掌权,他会同其他的贵族一样,发现新法对他来讲,是一种束缚,是一种压迫,剥夺了他的种种权力,那么商鞅一旦萌生了破坏新法的念头,可想而知,让制定新法的人来破坏新法,会是什么样的结果。

从秦惠文公的角度来讲,如果商鞅继续活着,那么他将会永远地活在秦孝公和商鞅的阴影之下,不能很好地实施他这个国君的权力,他将会成为一个傀儡,而这是他所不愿意看到的。新法的效果再好,而作为国君却不被人敬畏,说话不一言九鼎,在天下人面前没有威信,那么他还有什么理由要支持这个曾令他声名扫地的新法呢?但此时的秦惠文公已与当太子时的嬴驷不一样了,他作为一个明识能断的国君,已经敏锐地发现,商鞅的新法为秦国带来了什么样的财富和军事力量,他要坐稳君位,并与其他六国在争衡中不落下风,就必须继续依靠新法。可是矛盾就出现了,一方面,作为在变法中唯一能得到最大利益的国君,他希望保住新法为他带来的利益;而另一方面,只要商鞅活着,他就不能成为已成功实施的新法的真正执行者,这让他心理上很不畅快。因为在君主制下,法的象征只能有一个人，这个人就是国君。不除掉商鞅，秦国人到底是听商鞅的，还是听他这个曾经被商鞅处罚过的犯错者的？答案是不言而喻的。

所以当公子虔、公孙贾等人诬告商鞅之时，秦惠文公根本都用不着去核实，就直接派人去缉拿商鞅，此时不除掉商鞅，更待何时？

可是，除掉商鞅之后，秦惠文公还怎么能继续使用商鞅制定的新法呢？你秦惠文公都曾经触犯过新法，现在你打击报复，杀死了实施变法的商鞅，你还有什么脸面继续用人家制定的新法呢？就算秦国百姓再怎么不感恩商鞅，但在舆论上，此时的秦惠文公是站不住脚的。怎么办？非常好办！下令调查商鞅谋反一事。结果呢，自然是商鞅受到了陷害。

如果是在做太子之时，作为没有查明罪证就直接下令处死罪犯的嬴驷，那他是要为商鞅的死负一定的责任的，就算不是死，也会是重刑。可是现在呢，他是国君，调查清楚之后，不仅用不着为商鞅之死负任何责任，而且，还是维护公平正义的明君。所以说，地位不一样，对新法的好恶绝对不一样，新法到了国君手里，就成了不用为任何错误担责但却可以处罚任何人的工具，这样的新法，有什么理由不继续推行呢？

秦惠文公命人调查的结果是，公子虔和公孙贾诬告陷害商鞅，一律处死，两个人参与诬告陷害的党羽也一并被处死。随后，秦惠文公下令为商鞅平反。这样一来，继续使用商鞅的新法，变得顺理成章。

客观来说，秦惠文公仍然算得上是一位贤明的国君，不能因为他少年时代触犯过商鞅的新法就对他存有偏见，实际上，公元前338年秦孝公死时他才十七岁，当年触犯新法时可能连十岁都不到，他即位后，能在处死商鞅之后继续推行新法，就已经非常难能可贵。公元前330年，秦惠文公命大良造公孙衍在雕阴（今陕西省延安市甘泉县南）击败魏军，控制了六十年前被魏将吴起夺去的河西之地，魏国迫于无奈，只好遣使声明将河西之地割让给秦国，向秦国求和。自此，秦国以黄河和函谷关为界抵御东方六国，进可攻，退可守，占据了十分有利的战略位置。公元前324年，秦惠文公称王，自此，秦惠文公在历史上改称为秦惠文王或秦惠王。公元前316年，秦惠王采用大将司马错的建议，出兵灭蜀，随后又消灭苴（今四川省广元市昭化区东南）和巴（国都在今重庆市嘉陵江北岸），使秦国得到了富饶的巴蜀之地。公元前312年，秦国与韩、魏两国联合进攻楚国，占领楚国的汉中（今陕西省汉中市）六百里地，使秦国本土与巴蜀地区连成一片，成为秦日后统一中国稳定的战略大后方。

商鞅变法是战国时期一次较为彻底的变法，使秦国壮大了国力，实现了富国强兵，为一百多年后秦国统一中国奠定了基础，对中国历史的发展和社会进步起了非常重要的作用。但客观来讲，商鞅为了快速推行改革，采取了较为暴力的手法，不仅使他招致了许多人的非议，也为中国历史遗留下来了一些较为负面的影响，如重农抑商政策，在封建时代初期虽然推动了封建经济的发展，但后来为历代统治者所沿袭，则阻碍了商品经济的发展。还有连坐之法，使广大无辜的人民受到了非常严苛的迫害和摧残。燔诗书，实行文化专制和愚民政策，压制了人民的思维，扼杀了创新意识，不能不引起人们长时间的思考。

第四节　邹忌讽齐王纳谏、稷下学宫

相比之下，与商鞅同时代稍早的齐国邹忌，无论是改革的内容，还是改革的方法，都要温和得多。

却说田氏齐国的田和自公元前386年被周安王封为诸侯之后，在位两年而死，其子田剡（音眼）继位。公元前375年，田剡和他的儿子被其弟田午所杀，田午自立为国君，称为田齐桓公。公元前356年，田午死，其子田因齐继位。田因齐见越国这些小国的国君都加尊号为王，甚至早在百年前已灭亡的吴国国君也已称王，心中极为不服，感觉偌大一个齐国，难道还不如吴、越等小国，于是也僭号为王，自称为齐王，这就是历史上大名鼎鼎的齐威王。其时魏国的国君正是魏惠侯，闻讯之后，也很不服气地说，魏国难道还不如齐国？于是也僭号为王，自此改称为魏惠王。

齐威王即位九年，不过问政事，而是把政务全权委托给卿大夫处理（颇似即位三年不过问政事的楚庄王，而且有关他们的传说也相同，面对大臣不飞不鸣是什么鸟的隐喻，都表示是不飞则已，一飞冲天，不鸣则已，一鸣惊人。因这一段逸事与楚庄王之事大体相同，只是楚庄王是三年不理政，而齐威王是九年不问政，故此处不再赘述）。在这九年里，休道是魏、赵、韩这些三晋强国讨伐齐国边城，就是连鲁、卫这些小国也不时地侵扰齐国边境。

经过九年时间的暗中观察，哪些大臣勤政廉洁，哪些大臣怠政贪鄙，哪些大臣欺上瞒下，齐威王都有了非常清楚的了解。为了惩治懒惰贪腐的官吏，奖赏勤勉正直的官吏，整治吏治，整肃朝纲，齐威王事先命人大肆宣扬说，要大行赏罚，然后命镇守各城的大夫都前来国都。左右的近臣们都悄悄议论说："这一次，阿城大夫一定会受到重赏，而即墨大夫恐怕要倒霉了。"等到大夫们都到齐之后，齐威王大集群臣，升殿议事，他对镇守即墨城（今山东青岛市平度市东南）的大夫田种首说："自从你到了即墨，几乎每天都有人在我面前说你的坏话。但是我派人到即墨去察看，发现田地开辟，百姓富足，没有积压的公务，东方因此非常安宁。这都是因为你把心放在治理即墨上，而不愿意贿赂我左右的近臣替你说好话的缘故。你是一个称职的好大夫。"于是重赏了田种首。齐威王又对镇守阿城（今山东省聊城市阳谷县东北）的大夫说："自从你到了阿城，每天都有人在我面前赞美你，夸奖你。但我让人去阿城察看，发现田地荒芜，百姓贫苦，许多公务久拖不决。之前赵国攻打甄城，你没有能力救援，卫国夺取薛陵，你知都不知道。这都是因为你用重金贿赂我左右近臣替你说好话的缘故。"于是下令对阿城大夫处以烹刑（扔在开水锅里煮死的酷刑），又对那些平日里诋毁即墨大夫而赞誉阿城大夫的十多个近臣说："我把你们作为我的耳目，想让你们替我访察实情，甄别贤愚，明辨是非，谁知道你们却私受贿赂，颠倒黑白，一齐欺骗我，那我还要你们有什么用处呢？"于是命一并处以烹刑。左右近臣都悲泣哀号，向齐威王叩头求饶，齐威王余怒未息，并不宽恕，于是十多个亲信的近臣，全部被扔进大锅烹死。前来朝觐的各城大夫并诸大臣见了，无不震惊恐惧。自此以后，齐国再没有人敢欺上瞒下，文过饰非，全都尽心竭力，勤政爱民，为国尽忠。

齐威王决定也像魏国那样变法图强，求取贤才。有一个名叫邹忌的齐国人就来自荐，说听说大王喜好音乐，而他善于弹琴，所以特来拜见。齐威王召见了邹忌，发现他不仅琴弹得好，而且相貌非常英俊，齐威王很喜欢他，于是就让他住在了宫中的右室。过了一会儿，齐威王开始弹琴自娱，刚弹拨了几下，邹忌就推开门大声地说："大王的琴弹得好极了！"齐威王勃然大怒，要知道，他前些日子刚刚对一些颠倒黑白、阿谀奉承的近臣施以了烹刑，目的就是不想让别人欺骗他、蒙蔽他，现在他琴都还没有弹上一段，邹忌就说他的琴弹得好，这不是明显在欺君吗？齐威王把手按在宝剑上，质问邹忌说："你只是之前见了我的样子，还没有怎么认真听我弹琴，怎么就知道我弹得好呢？"邹忌说："大弦低沉有力而像春天那样温和，象征着国君；小弦清亮、明快而有序，象征着国相；手指勾弦有力，放弦舒缓，象征政令；发出的琴声和谐，大小配合相益，声音互不干扰，象征四时。我据此知道大王的琴弹得好。"齐威王口气缓和了一些："你很善于谈论音乐。"邹忌说："何止是谈论音乐，治理国家和安定人民都在其中啊。"齐威王不高兴地说："如果是谈论五音的象征意义，我相信没有一个人能比得上你。但是治理国家和安定人民，又怎么能在琴弦之中呢？"邹忌重复之前大弦象征国君、小弦象征官吏、琴声象征四时的论断，并说："琴声回环往复而不乱，是因为政治昌明；连续而轻快，是因为保存了将亡之国；治理国家和安抚人民，难道不和五音的道理很相像吗？"齐威王连连点头说："你说得太对了。"

邹忌渐渐获得了齐威王的信任，但是他看出齐威王性格刚烈，自尊心强，并不能直接听从他人的进谏，于是就现身说法，用自己的亲身遭遇对齐威王进行委婉的劝导（邹忌的这段经历，也有可能是邹忌为了劝谏齐威王而刻意杜撰的）。

邹忌身高有八尺多（战国时一尺约合今二十三点一厘米，八尺差不多有一百八十五厘米），形体匀称健美，相貌十分英俊。有一天早上，他穿好衣服照镜子，越照越觉得自己长得很帅。于是他就问自己的妻子说："我和城北的徐公相比，谁更帅？"他的妻子说："您帅多了，徐公怎么能跟您相比呢？"城北的徐公可是齐国有名的美男子，邹忌不相信自己会比徐公更帅，于是就又问他的小妾说："我和徐公，两个人谁更帅？"他的小妾回答说："当然是您帅，徐公怎么能比得上您呢？"邹忌还是将信将疑。到了第二天，家里来了一个客人，闲谈之中，邹忌问客人说："您说我和城北的徐公，两个人谁更帅？"客人不假思索地回答说："徐公没有您帅。"第三天，城北的徐公来拜访邹忌，邹忌仔细地看了看徐公的容貌，觉得自己比不上徐公，又对着镜子照，更觉得自己比徐公差远了。晚上睡下之后，邹忌就仔细地考虑这个问题，为什么现实与别人的评价会有这么大的反差，想来想去终于想明白了："妻子说我长得比徐公帅，是因为她偏爱我，小妾说我长得比徐公帅，是因为她害怕我，而客人说我长得比徐公帅，是因为他有求于我。"

邹忌对齐威王讲了自己的这段亲身经历，然后对齐威王说："我知道自己的相貌确实没有徐公英俊，可是我的妻子偏爱我，我的小妾畏惧我，来拜访我的客人有求于我，都说我长得比徐公英俊。如今齐国有纵横千里的土地，120座城池，宫中的妃嫔和近臣没有哪个不偏爱您，朝中的大臣没有哪个不畏惧您，齐国的百姓没有哪个不有求于您。由此看来，大王您受到的蒙蔽实在是太严重了。"邹忌因此劝齐威王奖励官民踊跃进谏，以广开言路。

邹忌这番以家比国，以家中之妻比国之妃嫔，以妾比官吏，以客比百姓的话，很有层次感，很有代表性，也十分有道理，齐威王听得非常入耳，于是他称赞邹忌说："您说得真是太有道理了。"于是在全国下令说："不论是朝中大臣、地方官吏还是黎民百姓，凡是能够当面提出君主过失的，得上等的赏赐；书面指出君主过失的，受中等的赏赐；在稠人广众之下议论君主过失能让我听到的，得下等的赏赐。"命令刚刚下达的时候，前来进谏的人络绎不绝，宫门前门庭若市，过了几个月，还有一些零零星星的人前来进谏，一年多以后，即使有人想进谏，也没有什么可说的了。

邹忌劝齐威王革新政治，考核官员，以选拔人才，辨别贤愚。轻徭薄役，训练士卒，以休养百姓，富国强兵。

邹忌又推荐檀子镇守齐、楚边境的南城，田肸（同肸，音西，晋有贤臣羊舌肸）镇守齐、赵边境的高唐（今山东省聊城市高唐县），黔夫镇守南部边境的徐州，以便齐国在恢复发展的这几年之中，不受其他诸侯国的侵扰。

邹忌的改革主张都得到了很好的施行，于是齐威王拜邹忌为相国，令其执掌国政；又任命田种首为司寇，专管刑法；任命田忌为司马，执掌军队。

由于齐国广开言路，虚心纳谏，用人得当，因此得到了大治，国力逐渐强盛。

邹忌拜相之初，稷下先生淳于髡（音昆）见邹忌凭着一番言语就被任命为相国，于是就带着一班学者来拜见邹忌，声言要向他求教。

简要介绍一下稷下学宫和稷下学宫中的著名学者。

稷下学宫是齐国官方在田齐桓公田午时创办的一所高等学府，由官方举办，私家主持，因地处临淄城稷门附近而得名为稷下学宫。稷下学宫在其兴盛时期，曾容纳了当时"诸子百家"中的儒、道、名、墨、兵、法等各个学派，会集有名的天下贤士达千人左右。著名的如孟子（孟轲）、申不害、慎子（慎到）、邹衍、荀子（荀况）等，尤其是荀子，曾三任学宫的"祭酒"（学宫之长）。齐国的国君十分优待这些学者，封不少学者为"上大夫"，享受上大夫之禄，也就是拥有相应的爵位和俸禄，并允许这些学者"不治而议论""不任职而论国事"。因为开明的政治环境，使稷下学宫真正成为战国时期"百家争鸣"的中心。

孟子名轲，字子舆，邹（今山东省济宁邹城市）人，相传是孔子之孙孔伋的再传弟子。孟子政治上主张"法先王"、行仁政，学说上推崇孔子，反对杨朱、墨翟。孟子也曾效法孔子，游历齐、宋、魏、鲁等国，推行自己的政治主张，但当时的诸侯国正对残酷的兼并战争应接不暇，因此孟子的学说被认为是"迂远而阔于事情"，没有人愿意重用他并实行他的学说。孟子是孔子之后儒家学派最著名的代表人物，与孔子并称"孔孟"，被后世尊称为"亚圣"。孟子在人性问题上主张"性善论"，与荀子相对。

因为孟子持"民为贵，社稷次之，君为轻"的思想，这为当时大多数的国君所不能接受，到了后世就更不能为一些统治者所容，明太祖朱元璋就曾恨恨地说："这个老家伙如果生在今日，还能活得下去吗？"下诏说孟子的不少言论不是做臣子的应该说的，命人删除了《孟子》中的有关民本思想，并命令将孟子逐出文庙，不再享受配享。其后因为一些大臣和天文官不断上书劝谏，朱元璋为了自己的江山社稷考虑，不得已才又收回成命。

因为孟子的主张不被他游说的国君所接受，所以孟子只好退居讲学，和他的学生一起著书立说。他和他的弟子万章共同编著的《孟子》一书，集中反映了他的言论和政治观点。《孟子》是儒家经典著作，与《论语》《大学》《中庸》合称为"四书"。孟子的经典作品《鱼我所欲也，熊掌亦我所欲也》《得道者多助，失道者寡助》《生于忧患，死于安乐》《王顾左右而言他》等，光看题目，也是脍炙人口、耳熟能详。

孟子有一个著名的观点是："君子远庖厨。"许多人为此理解为孟子轻视烹饪，其实这是一种误解。这件事情的真实情况是这样的：有一天齐宣王看到有一个人牵着一头牛从大殿里走过，于是就问牵着牛到哪里去？牵牛的人回答说："准备杀了它用它的血祭祀新铸的大钟。"齐宣王说："放了它吧。我不忍心看到它那因为害怕而战栗的样子，就像毫无罪过却被判处死刑的人一样。"牵牛的人问："那么不祭钟了吗？"齐宣王说："怎么能不祭钟呢？用羊来代替牛吧。"孟子因此批评齐宣王用羊来代替牛，只不过是因为齐宣王亲眼看到了牛即将被杀的样子，而没有亲眼看到羊即将被杀的样子罢了，并不是真正的仁慈。孟子因此总结说："君子之于禽兽也，见其生，不忍见其死；闻其声，不忍食其肉，是以君子远庖厨也。"就是说：君子对于飞禽走兽，见到它们活着，便不忍心见到它们死去；听到它们的哀叫声，便不忍心吃它们的肉。所以，君子总是远离厨房。所谓"君子远庖厨"，不过说的是一种不忍杀生的心理状态罢了。"眼不见为净"，所以君子远离宰杀鸡鸭的厨房，甚至也远离屠宰牛、羊的屠场。而这则故事中，齐宣王不忍心看见牛恐惧发抖的样子而下令以羊替换牛来祭钟，因此形成了一个词汇叫"替罪羊"，比较具有悲剧色彩。中国的"替罪羊"与西方《圣经》中亚伯拉罕用羊替换自己的儿子祭祀上帝的"替罪羊"有区别，但其实质却是毫无二致的。目前,世界各地都习惯于用"替罪羊"一词,比喻代人受过的人。

关于孟子,还有几则非常有趣的故事,分别是"孟母三迁""孟母不欺子""孟子受教免休妻"。

孟子幼年的时候,父亲就去世了,他的母亲守节没有改嫁。孟子的母亲非常重视对孩子的教育,对孟子管束很严,希望有一天孟子能够成才。最初,孟母带着孟子住在一块墓地旁边。因为周围经常有出殡的人,因此孟子就和邻居家的小孩儿一起学习大人跪拜、哭号的样子,做一些办丧事的游戏。孟母看到之后,不禁皱起了眉头:"不行,我不能让我的孩子继续住在这里了。"于是就带着孟子搬了家,这一次,搬到了一个集市。到了集市之后,孟子又和邻居家的小孩儿一起模仿商人做生意吃喝的样子。孟母说:"这个地方也不适合我的孩子居住。"于是又带着孟子搬了家。这一次,他们搬到了一个屠场的附近。孟子又和其他的小孩子学起了买卖屠宰猪羊的事。孟母发现后说:"这个地方仍然不适合我的孩子居住。"于是又带着孟子搬家。这一次,他们搬到了官府所办的学校附近。到了每月初一这一天,官员们都进入文庙,行礼跪拜,互相礼貌谦让,孟子看见,又跟着这些官员学习礼仪。孟母非常高兴地说:"这才是我的儿子应该住的地方啊。"于是就住在了学校旁边。

"孟母三迁"的故事,形容人应该要接近好的人或事物才能养成好的习惯,这和"近朱者赤,近墨者黑"是一样的道理,表明周围的环境对人成长的极端重要性。

孟子幼年时,有一天看到邻居家杀猪,就问母亲说:"邻居家为什么杀猪?"孟母当时正忙,便随口回答说:"杀了给你吃啊。"年幼的孟子听了非常高兴。结果孟母话出口之后就后悔了,深知做人要诚实,身教重于言传。她自言自语说:"我怀这个孩子的时候,坐席摆得不端正我就不坐,切肉切得不端正我就不吃,这是在对他胎教啊。现在孩子刚刚有了一点儿认知能力我就欺骗他,这是教他不诚实啊。"为了不失信于儿子,尽管家中十分困难,孟母还是拿钱到东边邻居家买了一块猪肉,让儿子吃了个痛快,以证明她没有欺骗孟子。

父母是孩子的第一个老师,在孩子面前必须注意自己的言行,如果想让孩子做一个诚实的人,那么自己就先要"言必信,行必果",为孩子做榜样。

有一天,孟子的妻子独自一个人留在屋里,孟子猛然进屋,发现妻子两腿分开坐在地上。这样的姿势当时叫作"箕踞",被认为是极不符合礼法的。因为当时正规的坐姿就是跪坐，臀部搁在脚跟上，上身挺直，以示对人的尊重。孟子看见妻子这个样子，就对他的母亲说："这个妇人不守礼仪，我要把她休了。"孟母问："发生了什么事情？"孟子说："她箕踞而坐。"孟母问："你怎么知道的？"孟子说："我猛然进屋时亲眼看见的。"孟母说："这就是你的不对了。《礼经》上不是这样说吗：将要进门的时候，必须先问屋里谁在里面；将要进入厅堂的时候，必须先大声传扬，让里面的人都知道；将要进屋的时候，必须眼往下看。《礼经》这样说，为的就是不让人措手不及，毫无防备。如今你到你妻子闲居休息的地方去，进屋的时候没有声音，因而让你看到了她蹲在地上的样子。这是你不讲礼仪，而不是你的妻子不讲礼仪。"孟子听了母亲的教导之后，心里非常惭愧，再也不敢提休妻的事情了。

想让别人遵守礼仪，那么自己就首先要遵守，自己违礼在先，却指责别人不守礼仪，这是行不通的。深明大义的孟母，通过她对礼法的深刻理解，维护了儿媳的合法权益，确实是一位非常了不起的女性。

荀子名况，字卿，赵国人，据载是晋国时中行氏荀林父的后裔。三家分晋前，中行氏被赵鞅击败后遭驱逐，一些中行氏族人为了避祸，又改回荀氏，这就是赵国荀氏的由来。

荀子在政治上主张"法后王"，与孟子的"法先王"相对。所谓"法先王"，就是效法古代圣明君王的言行、制度，推崇尧舜之道，过于理想化。所谓"法后王"，就是以后世开明君王的做法为规范，比较讲求实际。荀子认为"先王"的时代久远，事迹简略，不如近世的"后王"可靠，就算是要"法先王"，也必须通过"法后王"的途径才可以实现，因此批判一些俗儒以复古倒退为目的的"先王"观点。荀子虽然也是儒家代表人物，但他发展了儒家的思想，具有一定的法家思想，因此显得比孔、孟有一定程度的进步。

荀子在人性问题上，主张"性恶论"，即人性中生来就有恶的成分，必须注重后天的环境和教育，即强调道德教育的必要性和被动性。而"性善论"则认为人性中生来就有善的成分，因此要注重道德修养的自觉性，即强调道德修养的可能性和主动性。实际上孟、荀二人的这两种主张，只不过是人性中比肩共存的两个方面，既相互对立，也相辅相成。人性中既有恶，也有善，既要通过加强自我修养来弘扬"善"，也要通过遵守制度规范来克制"恶"，这二者是不可或缺的。

荀子的著名主张有："天行有常，不为尧存，不为桀亡。"意为大自然的运行有其自身规律，这个规律不会因为尧的圣明或桀的暴虐而有所改变。"天人相分"，即自然界和人类各有自己的规律和职分，天能生物，不能辨物，地能载人，不能治人；天有其时，地有其才，人有其治。每个朝代的治乱吉凶，这都是由人造成的，并不是上天降下了什么灾祸。因此在国家治理上，荀子主张"隆礼重法"，既重视道德礼仪的约束作用，也重视法律制度的强制作用，"隆礼尊贤而王，重法爱民而霸"。名言"青出于蓝而胜于蓝"，出自荀子的名篇《劝学》。

申不害被尊称为申子，原是郑国京邑（今河南郑州荥阳市）人，曾任郑国小吏，公元前375年，韩哀侯灭掉郑国，申不害于是成为韩国人，做了韩国的低级官吏。

在韩国为官的过程中，申不害表现出了过人的才干，被慧眼识金的韩昭侯重用并担任韩相，在韩国主持变法。申不害推行"术"治和"法"治，经过十五年时间的改革，加强了君主集权，稳定了国内局势，限制了贵族特权，改善了百姓生活，使韩国"国治兵强"，在他活着的时候，没有遭到其他诸侯国的侵伐。

申不害是春秋战国时期百家争鸣中的代表人物，也是战国时期法家的重要代表人物之一，以"术"著称。不过，申不害的"术"，主要取决于国君本人的才能，如果国君本人英明果断，运用"术"治就会使国家强盛，否则，就会使国家陷入混乱，并不能从根本上解决问题。所以，韩昭侯一死，韩国很快就转向了衰落，并没有像商鞅的"法"那样，在秦孝公和商鞅死后仍然使秦国继续保持强盛。不过，申不害"术"治思想却为其后历代封建帝王加强君主集权提供了理论和经验，也为一些人搞阴谋诡计开了先河。

慎到，尊称慎子，赵国邯郸人。曾长期在稷下讲学，是稷下学宫中颇具影响力的学者。慎到是从道家中分出来的法家代表人物，也是法家创始人之一。慎到提倡重"势"，认为君主只有掌握了权势，才能保证法律的执行。如果有了权势，即使像夏桀那样的昏庸残暴，命令也能得到执行。如果没有权势，即使像尧舜那样贤德，百姓也不听从命令。

在韩非之前，商鞅、申不害、慎到代表了法家的三派，即商鞅重"法"，申不害重"术"，慎到重"势"。所谓"术"，即人主操纵臣下、驾驭臣下、掌握政权的策略和手段，不动声色而辨别忠奸的"帝王心术"，让臣下感觉高深莫测、如履薄冰。所谓"法"，就是法治，以严刑和厚赏来推行法令，但凡遵守法令的人就重赏，但凡违犯法令的就重罚，以此来推行法令。所谓"势"，就是君主的权势，要独掌军政大军，把威权尽量扩大并集中在君主手里，以便压制臣下，防止犯上作乱，使臣下人人恐惧而听命。到韩非之时，因为他对"法、术、势"兼收并蓄，融为一体，所以说韩非是集法家的大成者。

邹衍，又作"驺衍"，被尊称为邹子，齐国人，稷下学宫的著名学者，战国时期阴阳家的创始人及代表，以研究黄老之术而闻名。邹衍曾历游魏、赵、燕等国，受到各国的尊重和礼遇，还曾担任燕昭王的老师。

邹衍最著名的理论是"五德终始"说，将春秋战国时代流行的"五行"之说，附会到社会历史变动和王朝兴替上，认为历史的变化发展是金、木、水、火、土"五行"之德转移循环，相生相克的结果。邹衍的这一学说，后来成为汉代谶纬学说的主要来源之一。此外，邹衍还提出了"大九州说"，试图阐释宇宙的问题，认为赤县神州（中国）只是天下八十一州中的一州，每九州有一个小海环绕，成为一个大九州，九个大九州之外有大海环绕，再往外就是天地的边际了。因为他说的都是些玄远的上天之事，因此当时的人们都把他与邹奭、淳于髡并称为"谈天衍，雕龙奭，炙毂过髡"。（高谈阔论的是邹衍，精心雕饰的是邹奭，智多善辩、滔滔不绝的是淳于髡。）

邹奭也是稷下学者，阴阳家，与邹衍、邹忌并称为齐之"三邹子"。因为他的作品注重雕琢修辞，"饰若雕镂龙文"，故人称"雕龙"。

而淳于髡，也是稷下学宫中的一名学者。

淳于髡出身贫贱，年轻时曾受髡刑（被剃去头发），再加上身材矮小，其貌不扬，因此后来入赘于齐，成了一个赘女婿。当时齐国风俗认为，家中的长女要在家里主持祭祀不能出嫁，否则会不利于家庭的兴旺。既然长女不能出嫁，那就只有招一个女婿进门，而家庭贫困无力娶妻的淳于髡，就顺应这个风俗当了一个赘女婿。

不过淳于髡虽为赘婿，但却为人滑稽幽默，很有辩才，成为稷下学宫的先生之后，曾受到田齐桓公、齐威王、齐宣王等几代齐王的信任和尊敬。齐威王最初不理朝政，就是他用"不飞不鸣的鸟"率先讽谏而使齐威王振作的。公元前349年，齐威王即位的第八年，楚国侵犯齐国。齐威王派淳于髡带黄金百斤，马车十辆，到赵国去求救。淳于髡非常夸张地仰天大笑，把帽子上的帽缨都笑断了。齐威王问："先生是不是嫌礼物太少了？"淳于髡说："怎么敢嫌少？"齐威王说："那你为什么要笑，总有个缘故吧？"淳于髡回答说："我刚刚从东边来，看到路边有一个农夫，手拿一个猪蹄、一杯酒在向田神祈祷说'高地上收获的谷物盛满笼,洼地里收获的庄稼装满车,五谷丰登,米粮满仓'。我见他拿的祭品非常少,但祈求的东西却很多,所以觉得非常可笑。"齐威王听了,于是让淳于髡带着千镒黄金、白璧十双、马车百辆,到赵国去搬救兵。赵肃侯见齐国送来这么贵重的礼物,再加上淳于髡又娴于辞令、能言善辩,于是非常高兴,派出精兵十万,战车千乘,跟随淳于髡赴齐作战。楚国听到这个消息,赶快连夜下令撤军回国。

齐威王非常高兴,在后宫设宴,召见淳于髡并赐他酒喝。齐威王问淳于髡:"先生您能喝多少酒才醉?"淳于髡说:"我喝一斗酒也醉,喝一石酒也醉(一石等于十斗)。"齐威王很奇怪,就问他说:"怪事,你既然喝一斗酒就能醉,那怎么能喝一石呢?"淳于髡回答说:"大王您当面赐酒给我喝,执法官站在旁边,御史站在背后,我胆战心惊,喝不了一斗就醉了。假如父母有贵客来到家里,我端酒敬客,屡次举杯应酬,喝不了两斗就醉了。如果是好长时间没见的老朋友,忽然之间见了面,高兴地叙谈,大约能喝五六斗酒。如果是乡里的聚会,男女混杂,握手言欢,眉目传情,就是喝上八斗酒,也不过三分醉意。到天黑时分,主人单单留住我,而起身去送别的客人,灯光昏暗,主人家年轻女子的短绸衣襟已经解开,微微能嗅到她们身上散发出的香气,在这个时候,我最高兴,能喝下一石酒。不过酒喝到这个分上,就非常容易出乱子,可说是乐极生悲。万事万物都是这个道理,都不能达到极致,否则,就会走向衰亡,所谓盛极必衰,就是这个道理。"齐威王从淳于髡的话中听出了讽谏之意,自此以后,不再彻夜欢饮,渐渐把心思用到了理政上。淳于髡也因此被齐威王任命为接待诸侯宾客的宾礼官。齐国公室设置酒宴,也常常邀请淳于髡作陪。

淳于髡凭着自己的才能和智慧,成为稷下先生中的代表人物。邹忌刚刚拜相的时候,稷下先生们对邹忌能否胜任相国一职有所怀疑,于是公推淳于髡来向邹忌问难。

淳于髡态度倨傲地进了相府,对邹忌说:"您真是一个善于游说的人,我有一些拙陋的看法,想在您面前讲一讲。"邹忌谦恭地说:"愿听教诲。"淳于髡说:"礼节周全就会完全成功,礼节丧失就会完全失败。"邹忌说:"我愿意听您的教诲,让这些言语时刻不离我的心间。"淳于髡说:"猪油涂在棘木车轴上,是为了润滑,但它不能在方孔中运转。"(这里解释一下,古时还没有发明橡胶轮胎,因此马车的车轮都是木制的,车轴也是木制的,那时没有现代高级的润滑油,所以用猪油等动物油来润滑。)邹忌回答说:"我接受您的教诲,我会顺应人情，恭谨地对待国君身边的人。"淳于髡说："胶抹在旧弓上，是为了使弓身黏合在一起，但是仍不能填补所有的缝隙。"邹忌说："我听从您的教诲，一定会亲附于万民。"淳于髡说："狐裘衣服破了，不能用黄狗的皮去补。"邹忌说："请放心，我一定会选择君子，而不会让小人混杂在其中。"淳于髡说："大车不进行校正修理，不能承载它应该承载的重量，琴弦不调，就不能发出正常的音调。"邹忌说："请先生放心，我会修订法律，监督偷奸耍滑的官吏。"

淳于髡听了，沉默了好一阵，然后快步走了出去。他对其他的稷下学者说："邹忌这个人，非常有才能，我对他讲了五句隐语，而他的回答就像回声那样迅速。他不仅有卓越超群的智慧，也有非常成熟的施政主张，相信过不多久，就一定会受到国君封赏的。"

时间不长，邹忌果然因功被封在下邳（今江苏省徐州市邳州市西南），号为"成侯"。而齐国也在邹忌等人的精心治理下日益强盛，其时楚、赵、魏、韩、燕五国，实力与齐国相比，都有一定程度的差距，于是公推齐威王为霸主，只有西面的秦国，因其时商鞅还未到秦，所以国力不济，也不被东方六国所重视。

被推为盟主的齐威王，不时与赵、魏等其他诸侯会盟。

公元前334年，魏惠王率领韩国等一些小国到徐州（今山东省枣庄滕州市东南）朝见齐威王，正式提出尊齐威王为王。其时周王室虽然衰微，周天子虽然已经权威丧失，但遵从周朝礼制的中原各诸侯国仍然不敢称王，而称之为公。但不遵从周朝礼制的楚国、吴国、越国等国在春秋时期早就僭越称王了，只不过没有得到中原各国的承认罢了。比如春秋末期吴王夫差在黄池与晋国会盟，晋国最后提出尊夫差为盟主的条件就是夫差必须去掉王号，以吴公的名义订盟，夫差在内忧外患之下为了达成所愿，最后只得屈服。

此前齐威王虽然僭越称王，但也没有得到其他诸侯国的承认。此时魏惠王提议尊齐威王为王，齐威王不敢独自称王，于是也承认魏惠王的王号，两国订立盟约，互相承认对方为王。从此以后，中原所剩的秦、燕、赵、韩等国纷纷称王。以此为分水岭，此前各国的国君都称为某某公，比如秦孝公、齐桓公、晋文公等，而从这个时候起，各国的国君都称为某某王，如秦惠文王、赵武灵王、韩宣惠王、燕易王等。

齐、魏两国互相承认为王，这就是战国政治史上著名的"徐州相王"事件。徐州相王事件，标志着周天子共主地位的彻底丧失，周王室不仅在实力上，而且在名号上也与其他诸侯完全一致了。

公元前333年，齐威王与魏惠王在齐、魏边境会盟并田猎。魏惠王就问齐威王说："齐国有没有宝物？"齐威王说没有。魏惠王就夸耀说："像我们魏国这么小的国家，尚且有十几枚直径一寸的夜明珠，这些夜明珠能照亮前后各十二辆车的距离。像齐国这样的大国，怎么能没有宝物呢？"齐威王回答说："原来你说的宝物是这个啊，我对宝物的理解与您的理解可能不一样。我有一个叫檀子的大臣，让他去驻守南城（齐国南部边境城邑），楚国就不敢进犯我国，泗水一带的十二个国家都来朝见齐国；我有个叫田盼的大臣，让他去驻守高唐，赵国人就不敢靠近黄河，连岸边捕鱼都不敢；我有个叫黔夫的大臣，让他驻守徐州，于是燕国人到燕都北门祭祀，赵国人到赵都西门祭祀，以祈求不要遭到齐国的攻打，追随黔夫迁居到齐国的百姓就有七千余家；我有个叫田种首的大臣，让他去负责刑法，则盗贼绝迹，路不拾遗。我这些大臣的光芒，足够照耀千里之远，岂是你那照射十二辆车的夜明珠能够相比的？"魏惠王听了，非常羞愧。

这是历史上著名的"齐威王论宝"的故事。齐威王以人才为宝，充分展示了作为一个大国国君所应有的风范，而魏惠王作为一国之君，在两国首脑会盟的外交场合，居然小家子气得像一个靠衣妆首饰来争风吃醋的深宫妒妇，从而沦为历史的笑柄。

从当时的客观史实来看，这一段记载并不是对魏惠王的刻意丑化。因为一度强大的魏国，就是在魏惠王的任期内走向了衰落。当商鞅在魏国得不到重用跑到秦国实施变法使秦国变得富强并击败魏国迫使魏国献出河西之地后，魏惠王曾悲愤地说："我真后悔没有听从公叔痤的劝告。"不知道后悔的是他没有听从公叔痤的话重用商鞅，还是没有听从公叔痤的话杀掉商鞅。从秦孝公死后商鞅逃亡魏国而魏国不愿收留的情况来看，应该是后一种可能性更大一些吧。

第五节　孙膑装疯、田忌赛马、围魏救赵

当然，魏惠王没有重用真正的人才，也不是他根本不重视人才，他本质上还是希望有真正的人才留在魏国的，只是由于他个人资质和鉴别力不高的缘故，才使他错失了真正的良才，而留下了难当大任的庸才。这一点从商鞅、孙膑等顶尖人才外流而差强人意的庞涓得到重用一事上完全可以看出来。

魏惠王在位之时，魏国的强大依然依赖于他的祖父魏文侯打下的根基，当他目睹齐国和秦国先后因变法而变得强大之时，他也意识到了人才的重要性。于是，他也学习齐、秦等国，出榜招贤。而庞涓就是在得到魏惠王重金招贤的消息之后，才迅速结束学业来到魏国的。

庞涓是魏国人，与来自齐国的孙膑一起来到鬼谷（位于今河南省鹤壁市淇县西南云梦山中），师从极具神秘色彩的鬼谷子，共同学习兵法。鬼谷子是春秋战国时期道家的代表人物、纵横家的鼻祖，因为他经常入山采药修道，隐居鬼谷，所以自称鬼谷先生。相传他是老子的弟子，在后世的许多演义小说中，他被描述成一个具备奇异才能的神秘人物。

在同学期间，孙、庞二人情谊笃深，并结为兄弟，孙膑为兄，庞涓为弟。

当魏惠王招贤的消息传来之时，庞涓面对功名富贵非常动心，于是辞别老师鬼谷子，下山前往魏国。临别之时，他向师兄孙膑承诺，如果他能在魏国得到重用，就一定向魏王举荐孙膑。

庞涓到了魏国之后，通过魏国大夫王错，见到了魏惠王。魏惠王见庞涓相貌魁伟，一表人才，内心颇有好感，于是就拿军国之事考察庞涓，庞涓到底是鬼谷

子的高足，就算才能略逊于孙膑，但就当时诸侯国的将领们之中，却也是出类拔萃的佼佼者。他面对魏惠王的考问毫不语塞，滔滔不绝地向魏惠王讲了他对天下大势的了解和掌握，他向魏惠王提出了先统一三晋，也就是吞并赵、韩二国，然后再灭齐、楚、燕，最后灭秦统一全国的战略构想。最后，他向魏惠王保证说："如果用我为将，则战必胜，攻必取，魏国称霸诸侯，兼并六国指日可待。"魏惠王见庞涓的分析有条有理，措施也比较有操作性，心里非常高兴，于是任命庞涓为上将，执掌魏国军权。

其时，魏国的军队仍然是吴起当年训练的武卒，战斗力非常强。庞涓率领训练有素的武卒，首先入侵魏国周边的鲁、卫、宋、郑等小国。这些小国哪里会是精锐武卒和庞涓的对手，被击败之后，立即前来朝见魏惠王，表示愿意归顺魏国。魏惠王十分得意，庞涓也因此骄傲自满，自以为天下无敌，不时向人夸耀。

而在这一段时间，仍在鬼谷学习的孙膑却从老师鬼谷子那里得到了他先祖孙武所著的《孙子兵法》，日夜研习，用心揣摩。他的才能和悟性本就在庞涓之上，这样一来，水平更是远远超过了庞涓。

庞涓当上了将军，实现了博取功名的愿望。但是，人毕竟是贪婪的，没有得到时想得到，得到了就想继续保持。此刻他当了魏国的将军，享有了荣华富贵，但他始终无法忘记一个人，这个人就是他的师兄孙膑。倒不是说他对临别前的承诺念念不忘，真的想在魏惠王面前举荐孙膑，而是他清楚地知道，孙膑的才能远在自己之上，孙膑只要还在这个世界上活着，他的地位就永远不可能稳固——因为孙膑早晚会取代他，并且在名声上超过他，而这是心胸狭窄的庞涓所不能容忍的。

思来想去，庞涓想出一计，他派心腹手下，诈称奉了魏王之命，到鬼谷去接孙膑。孙膑只道是庞涓好心，毫不提防，前去向老师鬼谷子道别，准备下山。

鬼谷子毕竟是老师，怎会看不出其中的端倪，他见庞涓派人来接孙膑，而只字不提对他这个老师的问候，已知这件事情并不怎么光明正大，庞涓那边，绝对有鬼。当然了，这也只是他自己的怀疑，并没有确凿的证据，再加上他看到孙膑欢呼雀跃，下山的心情十分迫切，不忍心让孙膑扫兴，于是最终没有劝阻孙膑。

孙膑到了魏国之后，立即被庞涓接进府中，他表面上对孙膑非常客气，声言要尽快向魏惠王推荐他，而实际上他却在寻找机会，准备除掉孙膑。但这期间发生的一件事情，却让庞涓改变了主意，原来有一天他与孙膑攀谈，发现孙膑把整部《孙子兵法》都背了下来，并且是经过鬼谷子详细注解过的。为了让孙膑把这部书默写出来提高自己的军事素养，庞涓决定不杀死孙膑，而对其施以刑罚，让孙膑永远见不得人，彻底地成为一个废人，这样一来，他庞涓的地位就永远不会被才能卓越的孙膑所取代。

作为颇受魏惠王信任的将军，庞涓要想给别人罗织个罪名，那简直可说是易如反掌。过不多久，庞涓就为孙膑捏造了一个"通齐"的罪名，使魏惠王大发雷霆，对孙膑施以了膑刑。孙膑的膝盖骨被剔掉，成了一个行走不便的残疾人。

而在表面上，庞涓仍然惺惺作态，对孙膑倍加关切，表示孙膑蒙冤受屈，而自己已经在国君那里尽了全力，虽然保全了他的性命，但却不免使孙膑遭受肉刑之苦。孙膑不知内情，反倒对庞涓十分感激，主动提出要为庞涓抄写经鬼谷子注解的《孙子兵法》。

但若要人不知，除非己莫为，因为世上没有不透风的墙，孙膑最终还是从庞涓的近侍那里得知了自己被陷害的实情，他痛恨庞涓的无义，仇恨的怒火立时在胸中燃烧，但是，只要他一日在庞涓府上，生命就一日没有保障，更别说是向庞涓复仇了。

想来想去，孙膑想出了一个脱身之计，他用装疯来对付庞涓。庞涓自然是不相信，他用了种种办法来试探孙膑，甚至把孙膑拖进猪圈，让人给孙膑喂泥土狗屎，以此观察孙膑到底是真疯还是假疯。孙膑知道这都是庞涓的诡计，他忍着屈辱，把那些污秽的东西吃了下去，从而使庞涓确信，他是真疯了。面对不露丝毫破绽的孙膑，庞涓渐渐失去了耐心，放松了对孙膑的监视。

恰巧这个时候，齐国的使者来到了魏国。孙膑得知消息后，趁着夜黑，悄悄地来见齐国使者，并把自己的遭遇向齐国使者说了一遍。齐国使者经与孙膑谈论，发现孙膑是一个世间少有的奇才，于是想尽办法，把他藏在车中，偷偷地带到了齐国。

回到齐国之后，齐国的大将田忌十分赏识他，于是把他留在府中，以门客待之。

田忌空闲的时节，经常与齐国的贵族公子们包括齐威王设赌赛马。但因为他的马比不上齐威王等人的优良，所以每次都输给别人。

有一天赛马，田忌带着孙膑一齐去了，田忌照例又是没赢，垂头丧气地准备离开。孙膑拦住他说："您的马跑得并不慢啊。"

田忌没好气地说："没想到您也来取笑我。"

孙膑认真地说："我不是取笑您，您可以与他们再赛一次，我保证您一定能赢。"

田忌有些不相信地说:"如果您有办法让我赢,我就禀报齐王,每次下千金的赌注。"

孙膑说:"您只管去向齐王禀报。"

田忌看孙膑的样子不像是在开玩笑,再加上他知道孙膑奇计百出,于是就相信了孙膑,跑去对齐威王说:"和大王赌射这么久,我一直都是输,明天我愿尽出家财,以千金为赌注,和大王再赛一次,请大王允许。"

齐威王觉得十分好笑,于是就答应了。

到了第二天赛马的时辰,齐国的贵公子们都来到了赛马场,周围的百姓听说从来没有赢过的田忌居然下了千金的赌注要与齐威王赛马,都觉得非常新奇,全都跑来看热闹。

田忌对孙膑说:"您昨天说我今天一定能赢,现在你可以告诉我该用什么办法去赢得比赛了吧?一场千金的赌注,这可不是闹着玩的。"

孙膑对田忌说:"您想啊,齐国最好的马都集中在大王的马厩里,您的马想与大王的马比,那是不可能的。不过,我发现您们每次赛马时都把马分为三个等次,一等马对一等马,二等马对二等马,三等马对三等马。而不管是哪一等马,您的马总是比大王的马稍慢一点儿。今天您可以换个方式,把您的下等马装扮成上等马,去跟大王的上等马比赛,用您的上等马,去跟大王的中等马比赛,用您的中等马,跟大王的下等马比赛,这样一来,您虽然会输掉第一场,但却会赢得后两场。总体算下来,还是您赢。"

田忌恍然大悟,高兴地说:"真是妙计啊,我怎么没有早一点儿想到呢?"于是,他叫人按照孙膑的吩咐把赛马的出场次序调换了一下。

第一场比赛,田忌的下等马对齐威王的上等马,结果可想而知,田忌比前几次输得还惨,前几次他的马好赖只比齐威王的马落后一个马头,现在可好,足足落下了几个马身。那些贵族公子和围观的百姓都哄笑起来,齐威王也大笑不止。

田忌说:"大王先别笑,这只是第一场,如果我后面两场全都输了,您再笑我不晚。"

这一次,是田忌的上等马对齐威王的中等马。开始的时候,两匹马还不相上下,但渐渐地,田忌的马冲到了前面,并始终保持着领先状态,一直到了终点。田忌赢了第二场。

齐威王大吃一惊,其他的贵族公子也都感觉很不可思议,百姓们全都目瞪口呆，不明白一直都输的田忌怎么会突然赢了比赛。

第三场比赛开始，起初，两匹马仍然是不分上下，但很快，田忌的马又超过了齐威王的马。齐威王坐不住了，站起来为他的马加油，但是非常可惜，他的马终究是追不上田忌的马，齐威王又输了。

田忌兴高采烈地命人将自己原有的千金收回，又向齐威王请赏自己赢得的千金。齐威王很不服气，就问田忌说："我很不明白，前几次你的马一直跑不过我的马，今天怎么会突然赢得比赛，而且连赢两局，这是怎么回事？"

田忌向齐威王禀报说："启奏大王，今天我能够赢得比赛，并不是我的马与之前有什么不同，而是孙膑先生为我出的计谋。"并把孙膑建议他调换赛马次序的事如实地告诉了齐威王，并趁机向齐威王推荐孙膑。

齐威王赞叹说："就是赛马这样的小事，孙膑都能用智取胜，由此可见他的谋略是多么出众。"经与孙膑交谈，齐威王发现孙膑果然熟谙军事，胸怀奇计，是个难得一见的奇才。于是重赏孙膑，厚加抚慰，打算有合适的机会，再委以重任。

以上是著名的"田忌赛马"的故事。

再说庞涓，自从不见了孙膑，还以为孙膑疯癫之下落水而死，也不再去追查孙膑的下落，只管安心地当他的魏国将军。

早先魏武侯在做太子的时候，魏文侯派他去镇守被乐羊攻取的中山。魏文侯一死，魏武侯赶快回国接替国君之位，赵国就趁着这个机会夺取了中山，魏国为此非常痛恨赵国，与赵国结怨。其后魏国国内多事，一直没有时机夺回中山（吴起倒是有这个能力，可惜魏武侯到后期已不怎么信任他）。此时魏惠王见庞涓军事才能出众，在对周边的鲁、卫、宋、郑等小国用兵作战中，都取得了胜利，再加上他比较信任庞涓，因此认为收复中山的时机已经成熟，于是召来庞涓，与他商议收复中山事宜。

谁知庞涓听了，却提出了更为宏伟的设想："赵国人前面夺去我中山，最近又夺去我属国卫国，此仇不可不报。不过我们可不急于收复中山，因为中山离我们魏国非常远，但却距赵国非常近，与其劳师远征去夺取中山，不如就近攻打赵国的都城邯郸。如果攻下邯郸，还不能报赵人夺我中山之仇吗？"魏惠王想了想，似乎也觉得没有什么不妥，于是就同意了。

对魏国的这次出兵稍做分析，就会发现庞涓和魏惠王都做出了错误的决策。第一，中山虽远，但如果去攻打中山，那是夺回本属于自己的地盘，师出有名，道义上能站得住脚。第二，收复失地，能获得国际舆论的支持，其他诸侯国不便插手。第三，攻打中山，赵国人招架不住，只有放弃，而无颜到其他诸侯国去求救。所以说，以此时魏国的实力，夺回中山，其实是上计，因为这等于是为以后进攻赵国安插了一个战略据点。可是现在呢，直接进攻赵国的首都邯郸，这明摆着是要灭人家的国家，魏国的胃口太大了，而且也表现得太急躁了。人家剁了你一个脚指头，你就要砍人家脑袋，这报复得有些太过分了，会让其他诸侯国看不下去。而最重要的是，此时的魏国并不具备吞并赵国的实力。再说了，就算是有这个实力，那也得事先送出重金，与魏国周边的国家订结盟好，不要让人家中途插手才行（后来秦国灭六国之时，就采取远交近攻之策，因此取得了成功），否则，只要有一个国家出兵救援赵国，魏国就会陷入两线作战的不利境地，所有的辛苦都会化为一场泡影。只可惜，庞涓和魏惠王没有重视这一点。

这一年是公元前354年，庞涓率精兵八万围攻赵国的邯郸（今河北省邯郸市），赵国苦苦支撑一年，再也无力抵挡，于是向齐国求救。齐威王于是召集大臣们商议是否救援赵国，相国邹忌说："齐国耗费钱粮去为赵国打仗，对齐国没有好处，不如不救。"而一个名叫段干朋的大夫却提出了反对意见，他说："赵国既然向我国求援，如果不出兵，那么就会使我国背上见死不救的不义之名。而且，如果魏国击败了赵国，对我们齐国也不利。"齐威王问："为什么？"段干朋说："魏国与齐国，本来不相上下，但如果魏国吞并了赵国，那么魏国就会更加强大，齐国将不再是魏国的对手，这必然会对齐国不利。不如我们答应赵国，坚定赵国抗魏的信心，而我们延迟出兵时间，等到赵国和魏国打得两败俱伤的时候，再出兵救赵，这样一来，就可以大获全胜。"

齐威王大为赞赏，于是回复赵国使者，答应救赵。

再说相国邹忌，他与大将田忌素来不和，且互相猜忌，此时见齐威王答应要救援赵国，很可能会派田忌为将，而如果田忌得胜归来，则威望必定会超过自己，邹忌为此十分担忧。有一个叫公孙阅的大夫看穿了他的心思，于是就对他说："您何不建议大王派田忌出征，如果田忌得胜了，那么是您谋划有力，荐人得当。而如果田忌不胜，那么不是死在战场上，就是回来枉死在军法之下。您还有什么可担心的呢？"

邹忌非常赞同，于是向齐威王上表，转而支持出兵伐魏救赵，并建议任命田忌为将。决策得到相国的支持，齐威王非常高兴。但是，在任谁为将这件事情上，他还有他的考虑，因为相比于田忌，孙膑毕竟更有才能。不过，孙膑一则形体残废，为将多有不便；二则初来齐国，他的奇计不为更多的人所知晓，猝然为将，恐怕众心不服。而任用田忌就不存在这些问题，一来他是齐国公族，二来他久在军旅，威望素著，再者他有恩于孙膑，让孙膑辅佐他，孙膑也不会有什么意见。

主意打定，于是召集田忌、孙膑等人，商议出兵事宜。不过，为了表示对孙膑的尊重，表面上的客套还是必不可少的，于是齐威王提议让孙膑领兵出征，然后征求孙膑的意见。

如果说，在去魏国受到庞涓的迫害之前，孙膑对这些人情世故还较为懵懂的话，那么现在，他已经对这一切了然于胸，对齐威王这些礼节性的谦让怎不会一眼洞穿？别说是自己身体残疾，就是自己四肢健全，此时初来乍到，也不能抢在田忌的前面担任主将。基于这些原因，孙膑推辞说："我是一个受过刑罚的废人，如果让我担任将领，就会显得齐国无人，白白让敌国所笑，还是请田忌担任主将比较合适。"看到孙膑十分支持田忌，齐威王更为高兴，将帅和睦，就会更加增添战争的胜算。于是拜田忌为大将，任孙膑为军师，命二人带兵出征。因为孙膑被挖去了膝盖骨，不能行走，于是他就坐在一个有帐篷的车中，暗中替田忌出谋划策，而不对外公布他的名字。

出征的命令一下达，田忌就准备带着八万大军前往邯郸。孙膑劝阻他说："想解开乱成一团的丝线，就不能生拉硬拽，想劝开两个正在打架的人，就不能自己也参与进去一起打。而是要抓住争斗者的要害，争斗者因为形势所限，就不得不自行松解。现在魏国以必欲灭亡赵国之势进攻邯郸，那么攻打赵国的军队就必然是魏国的全部精锐，而留在魏国国内的，就一定是老弱病残。将军您不如避实就虚，带领齐国军队向魏都大梁迅速进发，扼守交通要道，攻打魏国空虚的地方，那么，魏军就一定会放弃攻打赵国，撤兵回救。这样一来，我们不就解赵国之围了吗？"

田忌十分赞赏，于是按照孙膑的计策，带领齐、卫、宋等国军队进入魏国境内，派宋、卫两国军队及部分齐军攻打魏国襄陵（今河南商丘市睢县），而主力则向大梁东面的军事重镇平陵（今山东省菏泽市定陶区东北）进击。平陵城池虽小，但管辖的地区却很大，人口也多，战斗力很强，是魏都大梁以东的战略要地。平陵南面是宋国，北面是卫国，进军的途中有一险要所在，很容易被切断粮道。佯攻此城，能最大限度地迷惑庞涓，给庞涓造成齐军主将指挥无能的错觉，从而隐蔽了齐军最终进攻大梁的目的。到达平陵后，为了进一步麻痹庞涓，孙膑建议田忌派军事才能不佳的临淄、高唐二都大夫带领一部分军队进攻平陵城，而齐军主力则继续向着魏国都城大梁进发。临淄、高唐二都的大夫作战水平不高，攻打平陵不胜，尽皆战死。消息传出，庞涓更加骄傲自满，认为齐军战斗力不强，等他攻克邯郸后再来消灭齐军也不晚。而赵国方面，听到齐国出兵的消息，则是坚定了抗敌的决心。就这样，赵、魏两军，一方坚守，一方猛攻，双方的消耗都非常大。当年十月，邯郸城被魏军攻陷，消息传来，田忌和孙膑立即带领齐军出现在大梁附近，大肆宣扬要进攻魏都大梁。魏惠王闻讯十分恐惧，命令前方的庞涓火速回军救援。庞涓接到消息，留少量兵卒镇守邯郸，顾不得魏军人困马乏，立即赶来解围。在回军途中，庞涓不时遇到小股齐军前来接战，但都不堪一击。其实这都是孙膑和田忌刻意做出的安排，为的就是引庞涓上钩。庞涓回军途中所向披靡，果然犯了轻敌的大忌，他据此确信齐军战斗力极差，于是抛下大车辎重在后，自己率领小部分轻装部队，日夜兼程回大梁。田忌和孙膑估算魏军的行军速度，在魏军回都的必经之路桂陵（今河南省新乡市长垣市西）设下埋伏。当魏军到达桂陵的时候，截击的齐军同时出击，疲惫的魏军难以抵挡以逸待劳的齐军，几乎全军覆没，庞涓被当场活捉。

这一场战斗因为发生在桂陵，因此被称为"桂陵之战"。在桂陵之战中，孙膑成功运用"围魏救赵"之法，避实就虚，攻其必救，从而成为军事史上袭击敌人后方据点而迫使敌军撤退的著名战术。桂陵之战，也因此而成为中国军事史上的著名战役。

庞涓被齐军生擒，按照一般人的心态，此时的孙膑，应该可以将庞涓碎尸万段，挫骨扬灰，以泄心头之恨，但实际上，他没有这个权力，俘虏如何处置，那得听国君的。战争永远是政治的延续，而私人的恩怨，自然也可以成为谈判桌上的筹码。因为桂陵之战并没有消灭魏军的全部军队，而魏都大梁也安然无恙。魏惠王得知魏军兵败，庞涓被擒，急调韩国军队包围了围攻襄陵的齐、卫、宋联军。迫于无奈，齐国只好请楚国出面调停。在楚国的斡旋下，魏、赵、齐三国最终达成协议，魏军撤出邯郸城，并放了被包围的齐、宋、卫国军队，而作为交换条件，齐国放回了擒获的魏将庞涓。

庞涓回到魏国，仍旧担任魏国的大将。因为赵国曾经被魏国攻伐，最后迫于形势牺牲了许多国家利益与魏国结盟，终是感到心中不快，因此萌生了要联合韩国共同进攻魏国的念头。谁知赵国的使者刚刚来到韩国，会谈还没有取得实质性的进展，消息就已传到了魏国。魏惠王闻讯大怒，于是派庞涓为将，率军进攻韩国。弱小的韩国自然不是强大的魏国的对手，万般无奈之下，只好也向齐国求救。

齐威王接到韩国求救的国书，再次召集群臣，商议是否要出兵救援。此时的齐威王，经过上次救赵一事，对救韩可说是兴趣不大。因为上次救赵，虽然齐国在桂陵战胜魏军，但却也损折了不少兵马，耗费了不少钱粮，且最终打来打去，得到齐国帮助的赵国却选择了与魏国结盟，胜利的果实被魏国拿走，齐国得到的好处微乎其微，可说是得不偿失。有了上次的这个教训，所以齐威王不主张去救韩国，他提出自己的看法，然后征求大臣们的意见。

田忌主张去救援韩国，理由是如果不救韩国，魏国击败韩国，实力增强，下一个目标势必就会是齐国。其他大臣有说救的，有说不救的，众说纷纭，莫衷一是，只有孙膑默不作声。齐威王就问他说："军师您怎么不说话，难道救也不对，不救也不对？"

孙膑由于上次出奇计击败魏军并生俘庞涓，因此威望非常高，大臣们都停止争论，听他的意见如何。孙膑回答说："我们既不能不救，也不能立即去救。现在韩、魏两国刚刚开战，如果我们现在立即去救，那就是替韩国遭受魏军的攻击，这会使我们蒙受不小的损失。如果我们不去救，魏国灭了韩国，就一定会乘胜进攻齐国。我们不如厚待韩国的使者，许诺救援韩国，让韩国坚守。等到韩、魏双方战到精疲力竭之时，我们再趁机出兵攻打魏军，到那个时候，魏军一定抵挡不住。那么，我们就既保存了将亡的韩国，也打击了骄横的魏国。岂不是一举两得。"

孙膑的主张几乎就是之前段干朋救援赵国作战计划的翻版，大臣们都非常佩服他的洞察力，齐威王也深表赞同，于是答复韩国使者，声称齐国决定救韩，让使者先回国报信，齐国救兵马上就会派出。

韩昭侯接到消息非常高兴，于是倾尽全力，抵抗魏军。但韩军与魏军前后交锋五六次，都以失败告终。韩军士气低落，眼看招架不住，韩昭侯急了，再次派出使者，前往齐国催促救兵。

齐威王看看火候已到，于是再次派田忌为主将，田盼、田婴为副将，孙膑为军师，出兵救韩。这一次，齐军再一次采取孙膑的"围魏救赵"之计，率军直扑魏国的都城大梁。魏惠王接报之后，极为恼怒。魏国上次进攻赵国，就是齐国从中作梗，致使魏国的战略意图没有实现。这次进攻韩国，又是齐国前来捣乱，让眼看将要攻下韩国的庞涓不得不回师救援。魏惠王决心要给齐国点儿颜色看看，他任命太子魏申亲自担任上将,庞涓为大将,率十万魏兵,前去迎击齐军。齐军闻讯,即刻按照既定方略,进行战略性撤退,准备再次诱使魏军追赶。

庞涓等人也不是傻瓜,上次追击上了一次当,这次可不能再犯轻率冒进的错误,他们小心翼翼地追赶,生怕再次遭到齐军的伏击。只想着把入侵的齐军赶出魏国国境,就算是完事大吉。

但孙膑之所以是孙膑,就因为他有办法让魏军来追赶。经过和田忌商议,派遣不怎么服从田忌指挥的另外两都兵马,避开追赶的庞涓大军,前去袭击魏国大梁。(战国时大部分的诸侯国已实行郡县制,而齐国实行都县制。齐国有五都七十二县,五都分别是:临淄、位于今泰安市东平县一带的平陆、高唐、即墨、莒。都的长官称为大夫,既是行政长官,又是军事长官。五都均设有常备军,为齐国的主要军事力量,称之为"五都之兵"。遇有战事,根据战争规模,五都大夫根据国君的征调带领一定数量的兵马开赴疆场。)

其时太子申和庞涓带兵在外,而齐国两军突然前来攻击大梁,魏惠王大惊失色,急令守城的魏军迎击,并责令太子申和庞涓回军围剿。这样调度的结果是,齐国的这两都军马被尽数消灭。魏国虽然取得了都城保卫战的胜利,但太子魏申却遭遇了前所未有的危机,魏惠王对他领兵在外却不能追击齐军,导致齐军出现在眼皮子底下的事情极度不满,准备下令要废掉魏申的太子之位。魏申闻讯惶然大恐,立即和庞涓开始追击齐军,准备挽回对己不利的局势。

听说魏军开始追击,孙膑对田忌说:"魏军一贯骁勇善战,而且看不起我们齐国的士兵,认为齐国的士兵胆小而怯战。善于作战的人,就应该充分利用一切有利的条件,运用各种方法来取得胜利。兵法上说,长途跋涉几百里路去攻打别的国家,那样的军队就一定会损失他们的上将,经过几十里路去攻打别的国家,士兵们恐怕就会有一半的人逃亡。我们现在深入魏境,且已有两都兵马被击败,不如正好向魏军示弱,以此引诱魏军尽力来追。"田忌问:"示弱该用何计策?"孙膑说:"我们用减灶之计。今天开凿可供十万人吃饭的灶,明天开凿可供五万人吃饭的灶,后天开凿仅三万人吃饭的灶,魏军将领看到,就一定会认为我们的士兵害怕作战,已经逃亡了有一半以上。这样一来,魏军就一定会派轻骑兵昼夜兼程来追赶我军。等到魏军追上我军,就一定会人疲马乏,到那个时候,我们再设计破他不迟。"

田忌深以为然,于是立即命人按照孙膑所说的去做。

再说魏申和庞涓,窝着一肚子火,憋着一肚子气,前来寻找齐军主力决战,却因行军速度慢的原因，总是追不上撤退的齐军。在追击的过程中，庞涓察看齐军曾经扎营的地方，偶然发现齐军每天开凿的灶，都比前一天用过的要少。为了验证自己的发现，他又命人去仔细清点，发现确实就是那样，庞涓大喜过望，对太子魏申说："托大王的洪福，我们胜利在望了。"魏申表示难以置信："我们现在连齐军的后队都还没有追到，您就说我们将要取胜，这不是太离谱了吗？"庞涓回答说："我早就知道齐兵素来胆小，不敢打仗，如今进入魏境时间不长，就已经逃亡过半了，还怎么跟我们对阵？"

太子申可不像庞涓那样骄傲自负，他提醒庞涓说："齐国人素来多诈，将军还是要多加小心。"庞涓冷笑道："我这次一定要生擒田忌，以雪桂陵之耻。"于是选拔两万精锐骑兵，与太子申每人带一队，不分昼夜地追击齐军，而让步军和辎重在后面慢慢跟进。

魏军疾追的消息被齐军探马及时报知田忌，孙膑经过大略计算，估计魏军到天晚的时候，一定会到达马陵（今山东省菏泽市鄄城县西北）。马陵道路狭窄，两山夹谷，四周地势险要，是个设伏的好地方。孙膑命军士将谷中一棵大树上的树皮刮掉，上面用黑煤写了六个大字"庞涓死此树下"。又命军士们将其他的树木砍倒，用来阻塞魏军的前进之路。接着，抽调一万名弓弩手，埋伏在四周，吩咐傍晚只要看见魏军点火，就一齐朝着火光放箭。

埋伏设定，孙膑自与田忌带大队屯扎在远处，又命田婴带三万精卒，在距马陵不远处埋伏，只等魏军进入马陵道，就从后掩杀，截断魏军归路。

果然不出孙膑所料，到了傍晚，庞涓调遣的轻骑兵追到了马陵，由于树木阻塞，不能前行，只得下马等候。其时天色昏暗，几名魏军士兵隐约看到前面一棵树上发白，似乎写着几个大字，近前看了看，立即面面相觑，赶快退了出来。再说庞涓，率领亲兵随后赶来，却发现前锋士兵三三两两地在谷口徘徊，感到非常奇怪，就责问为什么停了下来？士兵们躲躲闪闪不敢回答，只说是一棵大树上有字，写得非常恶毒。庞涓大怒，立即带领亲兵前去察看，夜色中朦胧看不清楚，庞涓于是命亲兵点起火把，看上面究竟写的是什么字。随从的军士点起火把，替庞涓照亮，当庞涓看到树上写的字，立即大惊失色说："我中了孙膑那小子的计了。"于是赶快下令撤退。但是，一切都晚了，设伏的齐军弓弩手见到魏军点火，立即拈弓搭箭，四周的箭就像飞蝗一样向魏军将士射来。庞涓的亲兵都被乱箭射倒，其余的四散奔逃，但因道路不通，后路被截，皆被射杀。庞涓身中数箭，知道败局已定，无法逃脱，只好拔剑自杀。临死前，他恨恨地叹息说："没想到我庞涓成就了孙膑那小子的名声。"

庞涓昔日设计陷害孙膑，而此时中伏将亡，首先想到的不是忏悔，而仍然是虚无缥缈的名声，功名心也实在是太重了。真是可悲可叹啊。

再说魏太子申，他带着另一队轻骑在后，听说庞涓所带的前军中伏，赶快喝令停止前进。谁知田婴带领的齐军猛然从后面杀来，魏军猝不及防，无不惊慌失措。其时孙膑和田忌带着大军也来接应，魏军寡不敌众，再加上疲惫不堪，因此全都不敢应战，尽皆夺路四散奔逃，太子申无路可走，被齐军生擒。齐军随后进击并掩杀，乘胜将后方押送辎重的魏军步兵全部击溃，魏国十万大军除少量逃走外，绝大部分被歼。

这一年是公元前341年，离桂陵之战已经过去了整整十二年。这一场战争因为发生在马陵，因此被称为"马陵之战"。马陵之战是一场著名的伏击歼灭战，在此役中，孙膑灵活地运用"能而示之不能，用而示之不用""以利动之，以卒待之"等兵法原理，用减灶之计，诱使魏军轻骑来追，从而设伏将魏军全歼。马陵之战中大将庞涓自杀，太子申被俘后也自杀，国本动摇。十万精锐被歼灭，曾经横行天下的"魏武卒"，自此退出了历史舞台。这一场战争使魏国实力大损，也成为魏国由盛而衰的标志和转折点。更使魏国雪上加霜的是，秦国听到消息后，由商鞅带兵乘虚而入，用诡诈之术，俘虏了魏公子卬，使魏国丢失了河西之地。以至于后来使魏惠王十分惭愧地对孟轲等人说："我实在是才智浅薄，军队三次损折在外，太子当了俘虏，上将战场自杀，国内空虚，人民疲困，真正是羞对祖宗，太丢人了！"

齐军用计击败强大的魏军，从而使孙膑名扬天下，他的《孙膑兵法》，也因此受到世人的热捧。齐国也因此取代魏国，成为东方六国中最强大的国家。但遗憾的是，立下卓越功勋的田忌和孙膑，却并没能安全地回到齐国，因为他们打了胜仗，威望太高，相国邹忌担心田忌会威胁到自己的相位，于是设计排斥他们。

邹忌经与公孙阅商议，定下了一条计策。公孙阅派出一个心腹，假装是田忌的家人，带着十斤黄金大摇大摆地来到闹市，在一个卦摊前停了下来，然后对算卦的人说："我们的将军田忌，是齐国的公族，如今我们将军大败魏军，杀死庞涓，生擒魏太子，名震天下，准备回国图谋大事，请你占卜一下，是吉利还是不吉利。"卜者一听吓坏了，赶快推辞说："这等谋反的事情，我不敢为你占卜。"假扮田忌家人的公孙阅心腹威胁卜者说："你不肯占卜也就罢了，但最好不要说出去。"说完就溜走了。那个时候的人都十分迷信占卜，因此卦摊前围的人非常多。就算卜者不说，谁能保证围观的人不说。算卦的人觉得祸事临头，刚要准备逃走，谁知邹忌派出的公差已经到了，立马把卜者抓了起来，并径直扭送到了齐威王面前。

邹忌奏称田忌和孙膑要谋反，并拿占卜者的供词做证据。齐威王本就对孙膑和田忌在魏国为了削弱政敌而故意牺牲两都兵马的举动心存不满，如今听说打了胜仗、手握重兵、名扬天下的田忌要在孙膑的辅佐下谋反，果然疑心大起，立即派出暗哨一路探察田忌等人的动静。田忌班师回国的路上做了些什么，每天都有数拨人马报到齐威王面前。

田忌和孙膑在胜利班师的路上，听到朝中发生的这些事情，都感到非常气愤。孙膑就问田忌说："将军有意要做一番大事吗？"田忌感到非常迷惑，不知道孙膑在暗示什么。孙膑说："将军您最好不要解除武装返回齐国，而是让那些疲惫老弱的士卒来把守临淄城西南的主地。主地的道路狭窄，不易通行，让这些士卒把守，也足可阻挡数万兵马。然后将军背靠泰山，左依济水，右有高唐，兵马可直冲国都临淄的雍门。这样一来，邹忌必定会出逃，齐王就会由手握大权的将军您来辅佐了。如果不这样做的话，您是绝对不可能回到齐国的。"但一向对孙膑言听计从的田忌这次却并没有听从孙膑的劝告，他认为齐威王正是由于怀疑自己谋反才派人监视自己，而现在自己带兵去攻打临淄，不就正好坐实了邹忌等人对自己的诬陷吗？他权衡利弊，丢下大军跑到了楚国。

而孙膑，史书中没有交代他的去向。不过，按照孙膑与田忌多年的交情，田忌逃亡之时，不可能丢下孙膑不管，那么孙膑，也有可能随着田忌一齐去了楚国吧。

田忌等人逃到楚国之后，得到楚宣王的优待。邹忌十分担心田忌会凭借楚国的势力再次返回齐国，谋士杜赫就对他说："您派我到楚国去出使，我有办法为您把田忌留在楚国。"邹忌同意了。杜赫到达楚国之后，对楚宣王说："邹忌之所以不愿意同楚国交好，是因为担心田忌会依靠楚国的势力重新返回齐国。大王不如把楚国的江南之地（今长江以南的地区）封给田忌，以表明田忌不会返回齐国，那么邹忌就一定会举全齐国之力，恭恭敬敬地侍奉楚国。田忌是个逃亡在外的人，如果得到大王的封赏，那么就一定会感激大王，就算日后能回到齐国，也一定会首先考虑楚国的利益。这就是巧妙利用田忌和邹忌二人之间的矛盾，来为楚国谋利益的好办法啊。"楚宣王听了杜赫的话，觉得有道理，于是把江南之地封给了田忌。

田忌在江南生活了长达二十二年之久，一直到公元前318年，在齐威王和邹忌都死了以后，才被即位两年的齐宣王田辟疆召回齐国。

齐宣王还是在做太子时就知道田忌和孙膑被邹忌诬陷的事情，所以田忌一到齐国，齐宣王就为他恢复了名誉，孙膑这个时候似乎没有返回齐国，因为史书没有明确记载。孙膑有个儿子叫孙胜，字国辅，后来做了秦国的将领，他有个孙子叫孙盖，字光道，曾任秦国的汉中太守。三国时东吴的孙氏，就是孙膑的后代。孙膑身残志坚，被庞涓陷害受刑后不消极沉沦，而是积极寻找机会，奋发图强，终于两战击败仇人，实现了自己的抱负，并将一部兵法传世，受到了后人的高度称赞。

第六节 无盐氏劝谏、滥竽充数、苏秦刺股、张仪受笞

召回田忌的齐宣王，公元前319年至公元前301年在位，是田齐历史上一个较著名的国君。齐宣王还是在做太子时，看到秦国因任用商鞅变法而富强，心里非常仰慕。等到自己即位之后，他不惜耗费巨资，招致天下的学者来到齐国的"稷下学宫"，著名的如阴阳家邹衍、亚圣孟轲、道法家慎到等七十余人，都先后被封为上大夫，享受俸禄，孟轲在稷下停留长达三十余年，而荀子荀况，则三为祭酒，稷下学宫进入最鼎盛的时期。这些学者在稷下辩论讲学，著书立说，也因此创造了我国光辉灿烂的先秦文化。

不过，同所有的国君一样，齐宣王刚开始也犯了骄傲自满、沉溺酒色的毛病，他大兴土木，修筑宫殿，又终日宴饮，不理朝政，任用王欢等佞臣，忠良之臣尽皆离朝。有一个相貌丑陋的女子就来向他进谏。

宫门前的卫士见这个女子额头宽阔，眼窝很深，高鼻梁，大喉结，粗脖子，驼着背，手又粗，脚又大，头发乱得像草，皮肤黑得像炭，相貌真是要多丑有多丑，没有一点儿美感。卫士们就拦住她问："你是什么人，怎么就敢见大王？"

女子回答说："我是齐国无盐邑的人氏，复姓钟离，名春，今年四十多岁了，还没有找到夫婿，听说大王在这里欢宴，所以特地来求见大王。情愿到大王的后宫，做些端茶倒水打扫卫生的事情。"

钟离春最后说的那句话，情愿到齐宣王后宫，做些端茶倒水打扫卫生的事情，换成当时的文言文就是"愿执箕帚，以备洒扫"。古人比较谦虚，也比较含蓄，所以这句话一般不能乱说，因为那是有一定的寓意的。比如说当年的晋文公

到了秦国，秦穆公想把怀嬴许配给他，就劝晋文公说"如果不嫌怀嬴貌丑，请为公子执箕帚"，最后晋文公娶了二婚的怀嬴；三国的曹丕去抢袁熙的老婆甄氏，袁绍的妻子刘氏为了保命就对曹丕说："不是您不能保全我们家，愿意献出甄氏为世子执箕帚。"结果曹丕就纳了甄氏。所以说，执箕帚就成了谈婚论嫁的专用代名词，如今这个相貌丑陋的钟离春居然说要为后宫佳丽如云的齐宣王执箕帚，怎不令王宫的卫士们哑然失笑。

但卫士们笑归笑，还是要向齐宣王如实禀报。齐宣王听了卫士的报告，觉得十分新奇，于是命令将钟离春召进大殿。钟离春进殿，文武大臣和左右侍从见她相貌丑陋，无不捂着嘴偷笑。

齐宣王问她说："我宫里的妃嫔宫娥已经够了，你相貌这么丑陋，在乡里都找不到夫婿，怎么就想起要找我来了，你是不是有什么常人没有的特殊才能啊？"

钟离春说："我也没有什么特殊的才能，我只擅长设谜语让人猜。"

齐宣王说："那你出个谜语让我猜，如果出得不对，就要重重地责罚你。"

钟离春听了，于是睁大眼睛朝远处看，又张嘴露出牙齿，举起手挥了几下，又在膝盖上拍了几下，然后大声喊叫说："危险啊，危险啊。"

齐宣王和文武大臣面面相觑，没有一个人知道是什么意思，齐宣王只好说："你到跟前来，跟我说说，这到底是什么意思？"

钟离春说："大王您赦免我的死罪，我就敢说。"

齐宣王说："赦你无罪，你只管说。"

钟离春说："我睁大眼睛，是替大王看清面临的危机，露出牙齿，是替大王惩罚拒谏之口，举手挥手，是替大王清退谗佞奸臣，拍打膝盖，是为大王拆毁游宴的高台。"

齐宣王非常生气："我怎么会犯这么多错误，你这个乡下女人，真是胡说八道。卫士们，拉出去斩了。"

钟离春镇定地说："请求大王让我说明你犯的这些错误，然后再杀死我，我也心甘情愿。如今的秦国，通过商鞅变法，国力强盛，过不多久就会发兵东侵，与齐国争斗，而大王没有良将为您守边，所以我睁大眼睛，为您看清这些危机；在齐国内部，大王您沉溺酒色，终日纵情于声色犬马，不听忠臣的进谏，所以我露出牙齿，就是要为大王惩罚那些阻止进谏的人；大王您内不理国家之政，外不修诸侯之礼，贤臣良将隐入山林，奸佞之臣充斥朝堂，所以我举手挥手，为您赶走这些谄媚奸臣；大王您修筑宫殿园林，使国库空虚，人民疲敝，所以我拍打膝盖，为您拆毁这些亭台楼榭。大王有这么多的失误，非常危险，所以我冒死前来进谏，如果大王能够听得进去，就是我死了，也没有什么遗憾了。"

齐宣王起初还像是在听笑话那样在听，但听着听着，就发现钟离春说得句句都是事实。这些话，之前他从来都没有听到过，一则是没有人敢对他说，二则是就算有人敢说，也不敢说得这样直白。齐宣王叹息说："如果不是钟离春，我都不知道齐国面临着这么多的危险。"于是立钟离春为王后，即日下令罢去女乐，拆毁亭台，斥退奸佞，理朝听政，齐威王时代的强盛因此得以巩固。

齐宣王将无盐邑（今山东省泰安市东平县东）封给钟离春家，钟离春也因此被称为无盐氏或无盐君，或名钟无盐、钟无艳。齐宣王能够纳相貌丑陋而自荐枕席的钟离春为后，其主要的原因，实际上还是为了向天下人宣示，连这么丑陋但却能向我直言进谏的女子，我都能让她贵为一国之后，其他的忠臣良将只要来齐国，我也一定会重用他们，实际上仍然是象征意义远大于实际意义。

齐宣王在中国历史上留下的最著名的典故莫过于"滥竽充数"。说是齐宣王喜欢听人吹竽，每次都要三百人一齐吹。南郭先生本来不会吹，听到这个消息后，也来请求为宣王吹竽，齐宣王非常高兴，于是让他和那三百人一齐吹竽，给的待遇也和那三百人一样。而等到齐宣王死后，齐宣王的儿子齐湣王即位，吹竽的演奏方式变了。齐湣王不喜欢让三百人一齐吹，他喜欢听独奏，让一个一个地吹，没办法，南郭先生只好逃走了。

与齐宣王有关的另外一个典故，则是"有事钟无艳，无事夏迎春"。据传齐宣王虽然纳钟离春为后，但他的后宫，仍然有数不清的美人。所以说，如果遇到难以解决的事情，他就跑去找钟离春商量，而没有事情的时候，就去找美人夏迎春行乐。这种做法与之前的齐景公有事找晏婴、司马穰苴解决，无事找梁丘据享乐是一个道理，讽刺了那些遇到困难则想起贤才，而渡过难关则忘诸脑后的薄情之人。

齐宣王军事上最大的成就，莫过于夺取燕国十城并趁乱灭亡燕国的行动。而这两次军事行动，都与一个名叫苏秦的人有着十分密切的联系。

苏秦，东周洛邑人（今河南省洛阳市）。苏秦和他的师弟张仪都师从鬼谷子，学习纵横游说之术。学成之后，张仪回了故乡魏国，而苏秦自然也是回了老家洛阳。到家之后，苏秦与父母商议，准备变卖家产，作为外出游说诸侯求取富贵的盘缠。

苏秦的老母亲和嫂子、妻子都劝他说:"周人的习惯是在家种田或者是做生意,如今你不把心思用在务农和经商上,赚取微薄的利润以养家糊口,而是想利用你的口舌求取富贵,万一游说失利,败光了家业,无法维持最基本的生活,你说你该怎么办?"

苏秦知道自己没办法说服这些没有见识的女流,于是就做两个弟弟苏代和苏厉的思想工作,想让他们支持自己。

两个弟弟一则对苏秦不抱多大的希望,二则也为了不至于使苏秦太难堪,于是就劝苏秦说:"如果大哥您果真善于游说,那么周天子就在洛邑,又何必舍近求远,远走他乡呢?"

苏秦想想也对,于是就去拜见周天子,以怎样使东周强盛为要旨,游说周天子。此时的周天子是周显王,周显王是周安王的儿子,周烈王的弟弟。那个时候的东周,实际上仅能苟延残喘,苏秦在周显王面前夸夸其谈,说有办法使东周强大起来,估计周显王自己听了,都会觉得哭笑不得。周显王一来对东周国小兵微缺乏信心,二来也颇受蛊惑很想一试,一时拿不定主意,于是就让苏秦暂时住在馆驿里面,等候宣召。但没过几天,他就把苏秦给忘到脑后了。当时的东周就那么大,实际上也就一个洛阳城,苏秦什么来头,朝中的大夫早就把他的家底打听得清清楚楚。实际上无论什么时候,一个人的出身如何,都会成为别人衡量他能力水平如何的最原始标尺。因此,出身于农家的苏秦自然受到了这些世袭大夫的轻视,他们都不愿意在周显王面前举荐苏秦,因为如果布衣出身的苏秦得到重用,岂不是反衬出他们尸位素餐没有才能吗?苏秦等了好长一段时间,始终不见周显王召见,知道周天子没有聘任自己之意,于是赌气回家,把家中属于自己的那一部分财产尽数变卖,筹备了百镒黄金(镒,古代重量单位,一镒等于二十四两),然后购置车马仆从,名贵衣物,周游列国。

苏秦先来到秦国,游说秦惠文王,这个时候的秦惠文王,刚刚杀了商鞅,对各国前来游说的客卿骨子里怀有一种厌恶之情,所以任凭苏秦说得天花乱坠,他却始终没有任用苏秦之意。苏秦在秦国迁延数年,所带的钱已全部花完,没有办法继续待下去,只好卖了车马和仆从,勉强筹措了一些路费,然后狼狈地回到了家中。苏秦的父母见状,忍不住将苏秦臭骂一番,他的妻子正在织布,看见他之后,竟然理都没有理睬,仍旧坐在织机旁。苏秦饿得头晕眼花,哀求嫂子为他做一顿饭,谁知他的嫂子却说:"这会儿没柴了,等傍晚捡回了柴草再说。"苏秦禁不住泪如雨下,叹息说:"我如今贫困到这个地步,妻子不以对待丈夫的礼节对待我，嫂子不以对待叔叔的礼节对待我，父母不以对待儿子的礼节对待我，这都是我自身的过错啊。"于是回到自己的房间，仍旧发愤读书，夜以继日，通宵达旦，感觉到瞌睡了，就拿锥子刺自己的大腿，用疼痛来驱赶睡意，好让自己继续保持清醒（"头悬梁、锥刺股"典故的来历）。

就这样又过了一年多时间，苏秦感觉这一次的自己，比起以前水平又有了很大程度的提高，只要在这个时候去游说诸侯，就绝对没有不成功的道理。于是苏秦就去争取两个弟弟的支持，他对苏代和苏厉说："凭我现在的学问，说服一个国君简直可说是易如反掌，求取功名富贵，就像是去拿回我原本放在别人那儿的东西一般。两位贤弟一定要助我一臂之力，给我资助一些路费，如果我当了哪个国家的相国，就一定不会忘记你们，早早提携让你们也做官，以光耀苏家的门楣。"然后拿自己领悟到的道理为两个弟弟讲解，两个弟弟听了，也觉得苏秦讲得非常有道理，于是就为苏秦凑了些路费，资助苏秦再次周游列国。

一朝被蛇咬，十年怕井绳。之前在秦国吃了闭门羹，苏秦不敢再往秦国，于是就来到了赵国。这个时候的赵国国君是赵肃侯，赵肃侯让他的弟弟公子成当相国，号为安平君。苏秦于是就先来谒见公子成，希望能在公子成的荐引下见到赵肃侯，但公子成很不喜欢苏秦。没办法，苏秦只好又来到了燕国，希望能见到燕国国君。

其时的燕国，在春秋时期齐桓公称霸时的燕庄公之后，又经历了十八君296年（前657年—前362年），分别是：燕襄公在位四十年，燕前桓公在位十六年，燕宣公在位十五年，燕昭公在位十三年，燕武公在位十九年，燕前文公在位六年，燕懿公在位四年，燕惠公在位九年，燕悼公在位七年，燕共公在位五年，燕平公在位十九年，燕前简公在位十二年，燕献公在位二十八年，燕孝公在位十年，燕成公在位十六年，燕闵公在位二十四年，燕后简公在位四十二年，燕后桓公在位十一年。

燕后桓公死后，其子燕文侯（又叫燕后文公）即位，而此时苏秦前来燕国希望见到的，就是燕文侯。

但来到燕国之后，苏秦也遭遇了最初在秦国时的情景，因为没有人在燕文侯面前举荐他，苏秦再一次陷入困厄之中。万般无奈的苏秦，已经彻底顾不得什么脸面还是自尊，他趁着燕文侯出游的时候，不顾一切地拦在了路上。说来也巧，之前苏秦跑到秦国游说秦惠文王，虽然没有成功，但他为秦惠文王上万言书的事情却传到了燕文侯耳中。燕文侯一听拦路自荐的人是苏秦，不禁大喜过望，他立即驾车回朝，然后召见了苏秦。

苏秦对燕文侯说："燕国的东边有朝鲜和辽东，北边有林胡和楼烦，西边有云中（今内蒙古呼和浩特市托克托县）和九原（今内蒙古包头市西），南边有滹沱河（滹，音乎）和易水。国土纵横有两千余里，军队有几十万人，战车六百乘，战马六千匹，储存的粮食足够全国百姓用好几年。燕国的南面有碣石和雁门（雁门关在今山西省忻州市代县北）那样肥沃的土地，北面有大枣和栗子等特产，就算是燕国的百姓不去耕作，光是大枣和栗子也够百姓们吃的了。这就是所谓的天府之国啊。

"如果说起安居乐业，看不见军队战败和将领被杀，没有哪个国家能跟燕国相比。大王知道为什么会是这样吗？燕国之所以不受别国的侵伐，都是因为赵国在燕国西边，为燕国起了屏障作用的缘故啊。秦国和赵国打了五次仗，秦国胜了两次而赵国胜了三次。秦、赵两国相互争斗，相互制衡，而大王却可以用整个燕国牵制他们，这就是燕国不会受到其他国家进攻的原因。再者说了，秦国如果要攻打燕国，就必须越过九原、云中、代郡（郡治在今河北省张家口市蔚县代王城）、上谷（今河北省张家口市怀来县境内，因建在大山谷上边而得名）这几个地方，长途跋涉数千里，就算是占领了燕国的城池，秦国也绝对没办法守住它。但如果是赵国要攻打燕国，那可就不同了。用不了十天时间，赵国的几十万军队就能到达我国的东部边境东垣（音原，今河北省石家庄市正定县），轻易地渡过滹沱河和易水之后，只需四五天时间，就可以到达燕国的都城。所以说，秦国攻打燕国，那是在千里之外作战，而赵国攻打燕国，那是在百里之内作战。现在大王你不担心百里之内的灾祸却在为千里之外的敌情担忧，再没有比这更错误的想法了。基于这些原因，我希望大王您能够与赵国联合起来，建立较为亲密的关系，各国结为一个整体，这样一来，燕国就没有什么可值得忧虑的事情了。"

燕文侯说："你说得很有道理，但我们燕国毕竟弱小，西面是强大的赵国，南面是强大的齐国，如果你确实能令各国合纵，让燕国从此安定，我愿意把整个燕国托付给你。"于是拜苏秦为相国，为苏秦准备了金帛车马，让苏秦前往赵国出使，商量合纵事宜。

这个时候的苏秦，已经贵为一国之相，且以外交使者的身份来到赵国，他与赵国国君能否见面已不再取决于公子成个人的好恶，赵肃侯亲自接见了他。

苏秦对赵肃侯说："天下不论是王公大臣还是布衣百姓，都非常敬仰您，认为您英明仁义，早就想听从您的命令，向您效忠了。但是因为安平君嫉贤妒能而您又不理朝政，所以天下的贤士都不敢前来向您袒露心声，今天我有幸见到大王，为了赵国的安宁，就算是得罪了安平君，我也要把我不成熟的想法向您讲一讲。

"我私下替国君您考虑，没有什么能比百姓安居乐业，国家太平安宁更重要的事情了。让百姓安居的根本，取决于要跟哪一个国家结盟，如果盟国选择得好，那么国家太平，百姓安定；如果盟国选择得不好，那么国家外患不绝，人民骚动不安。请允许我说一说赵国的外患吧：无论是赵国与齐、秦两国为敌，还是结交秦国而与齐国为敌，抑或是结交齐国而与秦国为敌，都不能使国家和人民得到安宁。所以要想算计别国的国君，攻打别人的国家，常常会苦于找不到公开声明与别国断绝外交关系的借口，希望您小心谨慎，不要轻易把这些话说出口。让我为您分析一下这极为分明的利害关系吧，如果您真能接受我的建议，燕国一定会献出盛产毡裘狗马的土地，齐国一定会献出盛产鱼盐的海滨，楚国一定会献出盛产橘柚的田园，韩、卫、中山等这些国家，都可以为您献出沐浴的资费，您的亲戚和父兄都可以裂土封侯了。而获得割让的土地，享受特有的权利，这正是春秋五霸不惜全军覆没、将领被俘的代价去追求的；使贵戚封侯，正是商汤、周武王之所以起兵并流放甚至是弑杀他们原有的君主而极力去争取的。如今您安然高坐，就可以得到这两样好处，而这正是我所寄希望于您的。

"如果您亲近秦国，那么秦国一定会想法削弱韩、魏两国，如果您亲近齐国，那么齐国必定会设法削弱魏、楚两国。魏国失利就会割让河外之地，韩国失利就会献出宜阳（今河南省洛阳市宜阳县西），而宜阳一旦成为秦国领土，那么上郡（郡治肤施县，今陕西省榆林市东南）就会陷入绝境，而割让了河外之地，交通要道就会被秦国控制，同时，衰弱的楚国也无法再为赵国提供援助，这三个方面，您不能不认真地加以考虑啊。

"如果秦国攻下轵道（今陕西省西安市东北），韩国的南阳（今河南省焦作市沁阳市，不是今河南省南阳市）就会成为危城；如果秦国攻占南阳，包围周都，那么赵国就赶快要拿起武器自卫；如果秦国占据卫国，攻取卷城（今河南省新乡市原阳县），那么齐国一定会臣服于秦国；秦国既然已经在山东得志，就一定会向赵国进犯。如果秦军渡过黄河，越过漳水，占领番吾（今河北省邯郸市磁县），那么秦、赵两国在邯郸城下交兵，将是在所难免。这就是我为您感到忧虑的原因啊。

"而在当前这个阶段，山东境内的国家没有哪个国家能比赵国更强盛，赵国疆域纵横两千余里，雄兵数十万，战车千乘，战马上万匹，粮食足可供数年之用。西有常山，南有黄河和漳水，东有清河（今河北省邢台市清河县），北有燕国。燕国，本来就是个弱国，根本不足为虑，秦国最担心的其实就是赵国，但秦国却一直不敢举兵伐赵，这是什么缘故，这都是因为害怕韩国和魏国袭击他的大后方啊。既然如此，那么韩、魏两国当然可以算是赵国南边的屏障了。秦国如果进攻韩国和魏国，因为没有险要的山、河阻挡，他就会逐步蚕食，直到逼近两国的都城为止。到那个时候，韩国和魏国不能抵抗秦国的进攻，就一定会向秦国投降。秦国解除了韩、魏两国暗算的后顾之忧，立即就会将赵国作为下一个目标，这正是我替您感到忧虑的原因啊。

"我听说唐尧没有分到过三百亩的土地，虞舜也没有得到过一尺的封地，但他们却拥有了整个天下，夏禹最初聚集的民众不足百人，却成了诸侯的首领。商汤和周武王的卿士不足三千人，战车不足三百乘，兵卒没有超过三万人，却最终成为天子。这些人之所以能够成功，是因为掌握了夺取天下的方法。所以说，贤明的君主在外能够预料敌国的强弱，在内能够掌握军队战斗力的大小，用不着两军对垒却对胜负早就了然于胸，根本不会被他人胡乱的议论左右而做出昏聩的决定。

"我曾经暗暗考察过天下的地形地势，各诸侯国的土地，加起来差不多是秦国的五倍，而诸侯国的兵力，加起来是秦军兵力的十倍都不止，如果六国能结为一个整体，同心协力，一齐向西攻打秦国，那么秦国一定会被击败。如今不利用这样的优势，反而向西侍奉秦国，臣服于秦国。请问打败别人与被别人打败，自己向别人称臣与别人向自己臣服，怎么能相提并论、同日而语呢？

"那些主张连横的人，都想让诸侯国把土地割让给秦国。秦国一统天下，他们就可以修建雄伟的宫室，观赏醉人的舞乐，出行有华美的马车乘坐，饮宴有艳丽的美人陪伴，至于各诸侯国所遭受的侵害，他们却一点儿也不放在心上。所以他们才会倚仗着秦国的强大恐吓诸侯，让各国向秦国割地。所以请大王一定要认真考虑。

"我听说贤明的君主能够杜绝迟疑，排斥谗佞，屏蔽流言飞语的途径，堵塞结党营私的门路，所以我才有机会在您面前陈述使国君尊崇、使国土增广、使军队强大的计策。我私下替大王筹划了一下，不如让韩、魏、齐、楚、燕、赵六国结为一个整体，用来对抗秦国。让天下的将士聚集在洹水（今河北南省安阳市）之上，相互交换人质，杀白马为盟，订立盟约说'如果秦国攻打楚国，齐、魏两国就分别派出精锐部队助战,韩国切断秦军的粮道,赵军渡过黄河和漳河支援,燕国固守常山以北,作为大后方;如果秦军攻打韩国或者是魏国,那么楚军截断秦军的后路,齐国出精卒助战,赵国仍然是渡河救援,燕国仍然固守云中;如果秦国进攻齐国,那么楚军绝其后,韩国和魏国阻断其通行道路,赵军渡河支援,燕国派精卒前往助战;如果秦国进攻燕国,那么赵国守常山,楚国兵出武关,齐军渡过渤海,韩、魏两国派精锐部队支援;而如果秦国攻打赵国,那么韩国从宜阳出兵,楚国从武关出兵,魏国从河外出兵,对秦军形成包围之势,燕国出精锐部队助战。假如有诸侯不遵守盟约,那么其余五国就可以合兵共同讨伐'。六国合纵共同抵抗秦国,那么秦国就绝对不敢出函谷关而进犯东方六国了。这样一来,大王您的王霸之业不就成了吗?"

赵肃侯听完苏秦这一番颇为鼓动人心的长篇大论,心悦诚服地说:"我年纪尚轻,即位时间又短,未曾听到过让国家长治久安的计策。如今先生有意让天下安定,让各诸侯国得以保全,我愿意倾国相从。"于是赐给苏秦装饰华美的革车一百辆,黄金一千镒,白璧一百双,绸缎一千匹,让他去游说各国诸侯加入合纵的行列。

正当苏秦刚要起程,准备前往韩、魏、楚、齐等国实施游说之时,却突然传来了秦军进攻魏国,魏将龙贾被擒,魏军五万人被杀,魏城雕阴(今陕西省延安市甘泉县)被占的消息。赵王闻讯大惊失色,担心秦军挥师向东攻打赵国,于是让苏秦想办法退走秦军后再离开。

苏秦得知消息后也十分震惊,要是在游说诸侯的这个节骨眼儿上,魏国和赵国先后向秦国输诚,那么六国合纵的计策就必然会搁浅,想来想去,他想到了师弟张仪,于是选一个心腹家人,授以计策,化名贾舍人(为叙述方便,后文就将苏秦的这个家人称为贾舍人),到魏国去寻找张仪。

再说张仪,他自从与苏秦分别后,也回了魏国,但却没有受到魏惠王的重用,张仪无奈,只好带着妻子前往楚国。

此时的楚国国君是楚威王,令尹是昭阳,张仪来到楚国之后,就给昭阳当门客。

昭阳是楚国名将,公元前334年,他带领楚国军队打败越国军队并杀死好大喜功、不自量力的越王无疆,将越国国土并入楚国版图,曾经于勾践时代称霸的越国,自此成为历史。其后,勾践的子孙互相争夺权位,有的称王,有的称君,零零散散地分布在东南沿海地区,全部臣服于楚国。公元前323年,为了送流亡在楚的魏公子高回魏当太子，昭阳又率军攻打魏国，夺取了魏国的襄陵（今河南省商丘市睢县）等八座城池。这一场战争在古代军事史上影响非常大，被称为"楚魏襄陵之战"，威震秦、赵、魏、韩、燕、齐六国。随后，昭阳又移兵向东伐齐，齐威王十分忌惮。这个时候，纵横家陈轸正好为秦国出使齐国，齐威王于是向他请教说："该怎么办？"陈轸说："大王不要忧虑，请让我为您退去楚兵。"之后前往楚军营中去见昭阳。

陈轸见到昭阳之后，先是祝贺他取得胜利，然后问他说："按照楚国的军法，打败敌军，斩杀敌将，接受赏赐会得到什么样的官职和爵位？"昭阳说："官拜上柱国，爵位为上执珪。"陈轸说："还有比这更尊贵的官职和爵位吗？"昭阳说："那只有令尹了。"陈轸说："令尹最尊贵了，可是，楚王绝不会设置两个令尹的。请允许我给您打个比方好吗？楚国有个人，祭祀祖先以后，把一壶酒给了他手下的门客们。这些门客商量说'这壶酒给我们几个人喝，显然不够；但是给一个人喝，却绰绰有余。不如让我们在地上画一条蛇，看谁先画成，谁就喝这壶酒'。有一个人最先画好了蛇，他拿起酒壶准备喝，于是就左手拿着酒壶，右手又继续画蛇，说'我能给蛇添上脚'。蛇足还没有添完，另一个人的蛇画好了，他夺过这个人手里的酒壶说'蛇本来没有脚，你现在给它添上脚，它就已经不是蛇了'。说完就拿起酒喝了下去。那个给蛇添足的人，最终没有喝到酒。您现在身为楚国令尹，带领大军进攻魏国，打败魏军，斩杀魏将，夺得八城，又要调兵进攻齐国。就算您战胜了齐国，楚国也没办法再赏赐您。因为令尹之上，再不能为您加官晋爵了。但如果您不懂得适可而止，万一打了败仗，将会有杀身之祸，爵位也会被剥夺，还会给楚国带来灾难，就好像画蛇添足一样。"昭阳听了以后，认为陈轸说得很对，于是撤军回楚。

楚国对此次大胜魏军非常重视，特意在史书上留下记载："大司马昭阳败晋师于襄陵之岁。"为了表彰昭阳的功绩，楚威王之子楚怀王把原越国国土——"古勃海之地"（即今江苏省泰州市兴化市一带）封为昭阳的食邑，又把楚国传国之宝"和氏璧"赐给了昭阳，以示无上的尊宠。

这里简单介绍一下和氏璧。楚厉王末年（楚厉王是楚武王的哥哥，正史中他并不叫楚厉王，而是叫蚡冒，因为那时候楚国国君还没有称王，楚武王夺位后才僭号称王，因记载和氏璧故事的《韩非子》中称蚡冒为楚厉王，所以此处为了叙述方便，统一称之为楚厉王），楚国的琢玉巧匠卞和在荆山脚下（今湖北襄阳市南漳县内）发现了一块玉璞，凭经验判断，他认定能从玉璞中琢出一块世所罕有的宝玉来，他自己不敢擅琢，于是就拿着这块未经琢磨的玉璞去向楚厉王进献。楚厉王没有专业的相玉知识，无法识别这块璞中到底能不能琢出玉，于是让宫里的玉工鉴定，谁知玉工看了看之后却说这是一块普通的石头，不是玉璞。楚厉王大怒，认为卞和欺君，于是命人对卞和施以刖刑，砍掉了卞和的左脚。卞和被砍掉一只脚之后，并不气馁，因为他坚信自己的判断，那真的是一块好玉。楚厉王死后，楚武王即位，卞和又拿着这块玉璞去献，楚武王也叫来玉工相玉，结果玉工看后仍然说这是一块石头。楚武王也认为卞和欺君，于是命人砍掉了卞和的右脚。楚武王死了之后，楚文王即位，卞和又想去献玉，但他想到前几次献玉时的情景，担心玉璞再次被玉工说成是石头，于是就抱着玉璞在荆山脚下大声哭泣，连哭几日，消息传到了楚文王的耳中。楚文王以为卞和是因为被砍掉了双足而哭泣，于是就派人质问他说："天下被砍掉双脚的人那么多，你为什么没日没夜地哭泣？"卞和回答说："我不是因为被砍掉了双足而悲伤，我所悲伤的是，好玉被人说成是石头，忠贞之人被说成是欺君的囚徒，我没办法为自己洗清冤屈，所以感到非常悲伤。"楚文王听到后，于是命人剖开这块璞，果然得到了一块举世无双的美玉。楚文王感念卞和的忠诚，于是赐给卞和大夫的俸禄，并特意把这块价值连城的宝玉命名为"和氏璧"，用以纪念卞和。

此时楚国将如此珍贵的和氏璧赐给昭阳，由此可见楚国对昭阳功勋的极度嘉奖和高度认可。昭阳也把这块玉随身携带，非常看重。

有一天，昭阳带着手下的百余名门客出外游乐，酒至半酣，宾客们一则好奇，二则在酒精的驱使下，胆子渐渐大了起来，提议要看一看和氏璧，一饱眼福。此时的昭阳春风得意，宾客们请求赏玉，实际上在另一个层面来说，正是对昭阳功绩的再一次赞颂，昭阳焉有不同意之理？于是命人取出和氏璧，让门客们观赏。门客们接玉在手，挨个儿观赏，一个个赞不绝口，正在赏玩之际，旁边有人说："哎呀，山下的潭里好大的一条鱼啊。"昭阳听到之后，立即起身去看，门客们也陆续起身跟着去看，看了一会儿，仍旧回到亭子里就座，保管和氏璧的仆从准备把玉收回来放进箱子，谁知问了几遍，却发现和氏璧不见了。昭阳失玉十分气恼，命人挨个儿追查究竟是谁偷了和氏璧，但查来查去，就是查不出来。有门客对昭阳说："张仪这个人，一则家境贫寒，二则品行不端，门客们之中，他是最有可能偷盗玉璧的人。"昭阳觉得有理，于是就命人把张仪抓起来严刑逼供，要他招认偷了和氏璧。张仪一则没偷，二则就算屈打成招，也实在是没办法把和氏璧给人家变出来，只好死扛着。最后被打得遍体鳞伤，奄奄一息。昭阳见张仪死不招认，再打下去怕闹出人命，无奈只得放了张仪。（按：此时张仪来楚应在公元前328年之前，而昭阳得赐和氏璧在公元前323年之后，所以，此处昭阳所失之璧，应为其他玉璧，不是和氏璧。）

张仪被人抬回家之后，他的妻子悲愤地流着泪说："您看您，都是因为读书游说惹的祸，如果您在家里安心务农，怎么会摊上今天这样的祸事？"谁知张仪却张开嘴问他的妻子："你看我的舌头还在不在？"他的妻子忍不住苦笑说："当然在了，不在您怎么能跟我说话呢？"张仪说："那就对了，只要我的舌头还在，我的本钱就在，总有一天，我会出人头地的。"

发生了这样的事情，张仪很显然再没有脸面在楚国待下去了，等到伤愈之后，离开楚国回到了魏国。

这个时候，受苏秦委派的贾舍人通过暗暗寻访找到了张仪的家，他装作不经意的样子出现在张仪的家门之外，然后与张仪攀谈了起来。张仪早就听说苏秦在赵国当了相国，于是就向自称是从赵国来做生意的贾舍人打听苏秦的情况，贾舍人将苏秦在赵国任职的情况简单介绍了一下，当听到张仪介绍说他是苏秦的同学时，便怂恿张仪说："既然先生与苏相国有同窗之谊，为什么不去赵国，让苏相国推荐您出仕呢？"张仪早有此心，于是对贾舍人表示愿意往投苏秦。贾舍人说："正好我的生意也做完了，如果您要去赵国，可以坐我的车，我们也好做个伴。"

贾舍人这个刻意编造的谎言对正愁没有路费的张仪来说，可说是正中下怀，于是张仪就答应了，与贾舍人一起来到了赵国。

到达赵国之后，贾舍人借口要去忙生意，于是两人辞别。贾舍人走后，张仪向相府递交了名刺，求见苏秦。

苏秦接到贾舍人的报告，知道张仪已来到赵国，于是故意怠慢张仪，吩咐下人刁难张仪，拖着不肯见他，一直等了好多日子，直到张仪很不耐烦的时候，方才召见了他。苏秦用非常傲慢的礼节对待张仪，吃饭的时候，给张仪上的是仆人吃的饭菜，张仪非常愤怒，就问苏秦说："我只因为和您有同窗之谊，才远道而来投奔您，谁知您却这样侮辱我，却是什么道理？"苏秦回答他说："以你的才华，你本应该早早出将入相才是，没想到你这么没出息，沦落到这种地步。我推荐你倒也并不是没有可能，但你这个样子，就算是我推荐了你，只怕是也要受你的连累。"

张仪怒气填胸，他赌气说："大丈夫自己就能取富贵，谁还在乎你的推荐？"

苏秦挖苦他说："既然你能自取富贵，那你跑来找我干什么？念在同窗一场的分上，我送你几两黄金，拿上自找门路去吧。"

张仪自尊心受到了极大的打击，他掷金于地，怒气冲冲地离开相府，然后回到了旅舍。

张仪走后，苏秦立即叫来贾舍人对他说："张仪非常有才华，我比不上他。只有他才能获得秦王的重用并执掌秦国的权柄，并让秦国不要攻打东方六国。但是张仪家境贫寒，没有机会见到秦王，我又担心他贪图小利，不能成就大的事业，所以故意羞辱他，以激发他的进取之心。你帮我一路上照顾他，直到他顺利到达秦国见到秦王得到重用为止。一路上张仪需要什么，你就提供什么，花多少钱，你都如数支付，不要吝惜。"之后付给贾舍人大量金帛，然后打发他去找张仪。

贾舍人受苏秦派遣，装作刚刚做完生意的样子，到旅店里来看望张仪。他假装不知道张仪在相府受辱的事情，然后问张仪说："我这几天一直在忙，没来看望您，不知道您见到苏相国了没有？"

不提这话也就罢了，一提起这话，张仪立即气愤难忍，大骂苏秦不讲情义，是个势利小人，然后把相府的遭遇向贾舍人说了一遍。

贾舍人听完之后，不停地向张仪道歉说："真是对不住，之前是我建议您来赵国寻找苏相国的，谁知不仅没帮上您的忙，反而倒是连累了您。我愿意替您结算住店的钱，然后备好车马，仍旧把您送回魏国，您看怎么样？"

此时的张仪，满腔都是对苏秦的仇恨，他每时每刻想的，都是怎样才能报复苏秦。而在诸侯国之中，比赵国更强大的，只有秦国。张仪立即萌生了前往秦国的念头。他对贾舍人说："我也无颜再回魏国了，我想前往秦国，只恨没有路费。"

贾舍人故意激将张仪说："先生想去秦国，难道是秦国也有您的同学？"

张仪愤愤地说："秦国并没有我的同学，只是因为在诸侯国之中，唯有秦国最强，如果我能在秦国得到重用，就可以向苏秦报这场被辱之仇了。"

贾舍人故作惊讶地说："咦，这么巧，如果先生您想去别的国家，我还真没办法陪您去，要说去秦国，我正好也要到那边去做趟生意。如果先生不嫌弃，还坐我的车怎么样？"

张仪大喜过望，对贾舍人说："谁知道世上还有像您这样重情重义的人，苏秦如果知道，足以让他羞愧而死。"于是和贾舍人八拜之交，结为异姓兄弟。贾舍人资助张仪来到秦国，向秦惠王左右侍从大肆行贿，求为张仪通报。

再说秦惠王，自从上次拒见苏秦之后，得知苏秦倡议六国合纵，立时吃惊不浅，明白游说之士如若不被秦国所用，就一定会成为秦国的敌人。秦惠王在懊悔之余，对游说之士的偏见有所改观。正好这个时候张仪来到秦国，左右近侍收到贿赂，都替张仪说好话，这使秦惠王颇为心动，立即召见了张仪。

秦惠王经与张仪交谈，发现张仪果然对天下大势了若指掌，且能言善辩，颇有见地。于是拜张仪为客卿，与他商议攻伐其他六国事宜。

贾舍人见张仪如愿以偿执掌秦国权柄，于是前来向张仪辞行。张仪十分不舍，他拉住贾舍人的手动情地说："之前我陷于困厄之中，全凭您对我的帮助，才使我有了今天。我刚准备报答您，您怎么就说要离开呢？"

贾舍人笑着说："现在我可以告诉您了，帮助您的人其实是苏秦苏相国，并不是我。"

张仪立即愕然："明明是您一直在出资帮助我，怎么又跟苏秦扯上关系了呢？"

贾舍人回答他说："苏相国刚准备说服六国合纵，考虑到秦国如果攻打赵国，那么他的计划就必定会落空，想来想去，认为能够执掌秦国朝政的，非先生莫属。所以预先派我假扮成商人，然后把先生骗到赵国。他又担心先生会满足于眼前一些小小的成就，所以故意怠慢先生，以此激怒先生。先生盛怒之下，果然萌生了要来秦国的念头，于是苏相国交给我大笔资金，嘱咐我一路上照顾好先生，必须让先生在秦国得到重用之后才可以回去。如今我已完成苏相国交给我的任务，要回去向他复命了。"

张仪如梦初醒，叹息说："我掉进苏秦设计的圈套之中，却一直没有察觉，我的才能实在是比不上苏秦啊。请您回去替我向苏相国致谢，只要他在赵国一天，我就绝对不会让秦国攻打赵国，以报答他对我的恩惠。"

张仪说到做到，在苏秦有生之年，都没有攻打过赵国。

再说苏秦，接到贾舍人的回复之后，知道秦国不会加兵于赵，于是上奏赵肃侯说："秦国不会攻打赵国，我可以前往韩、魏等国了。"

苏秦到达韩国之后，以"宁为鸡口，无为牛后"说韩宣王。宁为鸡口，无为牛后，意思是宁愿做一个小小的鸡头，也不能当看起来挺大的牛屁股。寓意就是宁愿在一个小地方当家做主，也不能跑到一个大地方任人差遣。说得韩宣王勃然大怒，立即表示不愿再侍奉秦国，愿意加入合纵的行列。

苏秦又先后来到魏、齐、楚三国，从三国的实际利益出发，劝说三国国君加入合纵行列。魏惠王、齐宣王、楚威王都被苏秦说服，于是加入合纵，相约六国共同抗秦。六国国君尊苏秦为合纵的纵约长，让苏秦兼佩六国相印。一时之间，苏秦权势赫赫。

于是苏秦向北返回赵国，向赵肃侯复命。路过洛阳的时候，诸侯们都派使臣为苏秦送行，锦旗林立，前呼后拥，跟随的大车有几百辆，前后绵延二十余里，几乎胜过了诸侯出行时的阵势。

周显王得知苏秦当了六国国相，想起之前对他的冷落，感到非常害怕，听说苏秦要路过洛阳并回家省亲，他赶快派人预先洒扫道路，设置驿宫，然后亲自到郊外迎接苏秦。洛阳城中，几乎是万人空巷，都来一睹苏秦的风采。

等应酬完周显王与王室的大夫们，苏秦终于来到了自家门口。苏秦下车一看，几乎惊呆了，只见他的兄弟、妻子、嫂子全都跪在地上，目光低视，不敢抬起头来看他。苏秦感慨万千，让亲人们进屋，亲人们都弓着腰低着头侍奉他吃饭，不敢多说一句话。苏秦忍不住打趣他的嫂子说："嫂子，为什么你之前对我那么傲慢，现在又对我这么恭顺呢？（嫂，何前倨而后恭耶？成语'前倨后恭'的来历）"他的嫂子像一条蛇那样匍匐在地上，向他请罪说："因为叔叔您现在地位尊贵，钱财又多。"苏秦忍不住慨叹说："当一个人落入贫困的时候，他的父母都不把他当儿子，当他取得功名富贵之时，亲戚们都非常敬畏他，那么一个人活在世上，地位和富贵这些东西，又怎么能够忽视不顾呢？"（苏秦千古名言：贫穷则父母不子，富贵则亲戚畏惧，人生世上，势位富贵，盍可忽乎哉？）

通过这一件事情，苏秦看透了世态炎凉，明白了人情世故，他把自己在六国受赏所得的千金钱财全部赏赐给了自己的亲戚故旧。之前苏秦不得志的时候，为了去燕国，向一个人借了一百铜钱做路费，现在富贵了，于是给那个人还了一百两黄金。又把平时曾经帮助过他的人一一进行了报答。唯独有一个跟随他多年的人没有得到赏赐，随从忍不住上前问他说："苏相国，我跟随了您这么多年，您怎么把我给忘了呢？"苏秦回答他说："我并没有忘记你，你还记得吗？之前与你一起去燕国的时候，到了易水边上，你几次三番地说要离开我。而在那个时候，正是我最困难最绝望的时候，我多么希望你能够给予我更多的支持，让我继续树立起信心，但你却并没有这样做。因为这件事情，我对你感到十分不满，把你放在最后，就是要告诉你这个道理。不过现在，你也可以领到一份赏金了。"

苏秦成功让六国建立了合纵联盟，回到赵国向赵肃侯报告，赵肃侯对苏秦所付出的努力感到非常满意，于是封苏秦为武安君。苏秦把六国合纵抗秦的盟书递交给秦国，秦国惶然大恐，不敢再轻易向函谷关以东的六国发起进攻，这样的局面维持了差不多有十五年之久。

第七节　苏秦之死、燕王哙让贤、张仪欺楚

东方六国合纵起来抗秦，秦国当然也不能坐以待毙，秦惠王于是和相国公孙衍（另有说法：因公孙衍在魏国曾就任过一个名叫犀首的官职，因此后人又把他称为犀首）商议，怎样才能拆散六国的合纵联盟。

公孙衍说："首先倡议六国合纵的是赵国，如果我们出兵伐赵，哪个国家先来救赵，就先移兵攻打哪个国家，这样一来，六国感到害怕，合纵之约自然也就到瓦解的时候了。"

而这个时候的张仪，已经答应了苏秦，只要苏秦在赵国一天，就一天不攻打赵国。于是劝秦惠王说："六国刚刚合纵，不是一下子就能拆散得了的。现在的形势，与秦国最近的是魏国，而与秦国最远的是燕国和齐国，不如将公主许配给燕国太子，结好燕国，再送还之前攻占的魏国土地，与魏国结好，再向齐国送一份厚礼，与齐国结盟，这样一来，诸侯疑心大起，合纵之约自然就名存实亡了。"

秦惠王非常赞同，于是将女儿嫁给燕文侯的儿子，与燕国结好，又许诺要归还之前侵占的魏国土地，拉拢魏国。魏国贪图眼前利益，于是将公主许配给秦国太子，两国结盟。又向齐国送出重礼，提请结盟，得到了齐国的响应。

赵肃侯听到魏、燕、齐三国相继与秦国结盟，于是责备苏秦说："你倡议六国合纵，共同抗秦，如今时间不长，魏、燕、齐三国就已破坏盟约，背信弃义，这个合纵我看实在是靠不住，万一秦国进攻赵国，魏、燕、齐三国还会来救援吗？"

苏秦感到非常恐惧，于是请求出使燕、齐等国，他向赵肃侯保证说，一定要让魏、齐、燕三国受到惩罚。而苏秦一离开赵国，六国的合纵实际上已经是行将就木了。

这个时候，魏国的魏惠王和燕国的燕文侯都死了，继位的分别是魏襄王和燕易王，燕易王的王后就是秦惠王的女儿，此时称之为易王后。苏秦来到燕国之后，燕易王就把他任命为相国。因为燕易王刚刚即位，国丧未除，根基未稳，齐宣王看准机会，乘丧伐燕，夺取了燕国的十座城池。

燕易王十分震怒，免去苏秦的相国之位并对他说："先君在世的时候，对您言听计从，资助您去游说各国，推行合纵计划，如今先君尸骨未寒，齐国就兴兵伐燕，夺取了我国十座城池。合纵的盟约到底还算不算数，您能给我一个解释吗？"

此时的苏秦，实际上已经是焦头烂额了，他向燕易王保证说："让我出使齐国，我让齐国把十座城池原封不动地还回来。"

燕易王虽然对苏秦很有成见，但他还是同意了苏秦出使齐国的请求。

苏秦来到齐国，先是向齐宣王表示祝贺，然后就向齐宣王表示哀悼。齐宣王非常奇怪，就问他说："为什么哀悼和庆贺之间来得那么迅速呢？"

苏秦说："大王，我听说一个人不管他怎么饥饿，也不会去吃毒药，因为毒药虽然能够暂时充饥，但却会让人死得更快。现在燕国虽然弱小，但燕王却是秦国的女婿，大王您虽然看到了夺取燕国十城的好处，但却没有看到得罪强大的秦国的坏处。如果秦国在背后悄悄支持燕国让燕国发动进攻，而自己却在后面掩护，并召集其他诸侯国的精兵来进攻齐国，齐国恐怕就危险了。那么这样看来，齐国夺取燕国十城的行为岂不就是靠吃毒药充饥的行为吗？"

齐宣王一听果然有些担心，于是问苏秦说："那该怎么办？"

苏秦说："我听说古代善于掌控大局的人，一定会把握有利时机，转不利为有利，转灾祸为福气。如果大王果真能听从我的建议，那就把十座城池归还给燕国。燕国并没有费多大周折就从齐国得到十座城池，就一定会感激齐国，而秦国听到齐国归还燕国十城，一定认为齐国是因为顾及秦国的面子才这么做的，也一定会非常高兴。这样一来，齐、燕、秦三国就成了盟国，燕国和秦国也会因此而待奉齐国。大王您就可以号令天下，天下诸侯，谁敢不听。大王您只不过是在表面上尊敬秦国，但实际上却用十座城池赢得了整个天下，这可是足以令您称霸诸侯的功业呀。"

齐宣王非常高兴，于是就把十座城池归还给了燕国。

齐国的大夫们担心苏秦会在齐国受到重用威胁他们的利益，于是对齐宣王说："苏秦不过是一个摇摆不定、反复无常的小人，留在齐国，他终会犯上作乱。"苏秦听到这些谗言后，担心齐宣王会降罪给他，于是找借口离开齐国，回到了燕国。

但苏秦回到燕国之后，燕易王并没有恢复他的官职。苏秦就对燕易王说："我不过是东周的一介平民，之前并没有夺取一尺一寸土地的功劳，但大王却拜我为相国，并在朝廷里对我恩礼有加。如今我为大王说服齐国，让齐国还回了十座城池，按理说大王应该对我更加亲近才对啊，但现在我回到燕国，大王却并没有让我官复原职，这肯定是有人在大王面前说了我的坏话，说我不讲信义。而实际上，我不讲信义，正是大王您的福气啊，我听说忠诚信义的人，一切都为了自己，而奋发进取的人，一切都为了别人。实际上就算是我游说齐宣王，我也并没有欺骗他。我把年迈的老母亲一个人留在东周，不是为了我自己，而是为了替大王谋福祉啊。如果现在有这样三个人来为您效力：一个像曾参那样孝顺，一个像伯夷那样廉洁，一个像尾生那样讲信用，大王您认为怎么样啊？"

苏秦列举的这三个人，都是古代在某个方面操守非常出众而得到大家公认的人物，所以燕易王想都没想就回答说："有这三个人就足够了。"

苏秦立即追问说："如果是曾参，他孝顺得连离开父母到外面住一晚都不愿意，大王您又怎么能让他离开家乡，千里迢迢地到弱小的燕国来为您效力呢？如果是伯夷，他谦让不愿意当孤竹国国君的继承人，武王灭商之后，不愿意做周朝的臣子，还不吃周朝的粮食，最后饿死在首阳山。这样廉洁的人，大王您怎么能让他步行千里到齐国去为大王游说呢？还有那个尾生，他与一个心仪的女子相约在桥下相会，谁知女子爽约没有来，桥下的水却涨了起来，尾生很守信义，抱着桥下的柱子不愿离开，最后被水淹死在桥下。这样讲信用却不知变通的人，大王您怎么能让他到齐国去说服强大的齐国让齐王退兵呢？而实际上，我正是因为太讲忠信但却不像曾参、伯夷、尾生他们那样迂腐，所以最后才得罪了大王您啊。"

燕易王觉得苏秦非常狡诈，而且在诡辩，于是就责难他说："你本就不是一个忠诚信用的人，还说什么因为讲忠信而受到了误解。"

苏秦回答说："大王，话不能这么说，其实有很多时候，忠信真的会被人看成是一种过错。我听说过这样一件事情，有一个人，他在很远的地方做官，他的妻子因此与别人私通。等他回来的时候，与他妻子私通的人非常担心，但他的妻子却说'别怕，我自有办法杀了他'。等了三天，这个人果然回来了，于是他的妻子就让女仆端着一杯下了毒药的酒给他送去。这个女仆知道女主人做了什么事情，女仆想把酒里有药的事情告诉男主人，又怕男主人会赶走女主人，她如果不把酒里有药的事情告诉男主人，又怕会害死男主人，想来想去没有办法，于是假装摔了一跤，打翻了毒酒。不知内情的男主人非常生气，把她狠狠地打了一顿。所以说，这个女仆摔了一跤，既救了男主人，也救了女主人，但她却最终受到了责罚，不就是因为她太讲忠信了吗？我的罪过，不也正好跟这件事情相类似吗？"

燕易王听了这个故事深受感触，于是重新让苏秦做了相国，并且对他比起以前来更好。

燕易王的母亲是燕文侯夫人，燕文侯死后，她寡居深宫。文侯夫人非常仰慕苏秦的才华，于是叫左右侍从把苏秦召进宫中，因此与苏秦私通。燕易王知道之后，不仅没有责怪苏秦，反而对苏秦更好。苏秦非常恐惧，担心有一天燕易王会诛杀自己，于是与燕国重臣子之结好，并让弟弟苏代与子之结为儿女亲家，打算为自己留条后路。文侯夫人经常召苏秦进宫，苏秦更加害怕，于是对燕易王说："从长远看，燕国和齐国终究会相互吞并，现在我待在燕国，已经不能为燕国带来任何的好处，请让我到齐国去，为大王在齐国施反间计。"

燕易王问："你打算怎样在齐国施反间计？"

苏秦回答说："我假装得罪燕国，然后出逃到齐国，齐国就一定会重用我，到那个时候，我想方设法败坏齐国的朝政，齐国国势日减，最终不就成了燕国的土地了吗？"

燕易王认为苏秦说得有理，于是借故收了苏秦的相印，苏秦假装非常不满，跑到了齐国。而实际上，苏秦跑到齐国之后，不仅没有使燕国得到任何便宜，反而为燕国招来了灭国之祸。

因为苏秦在诸侯国中非常有名气，所以跑到齐国之后，齐宣王就用他为客卿。苏秦劝宣王日事田猎，饮酒作乐，又大兴土木，广选美色以充实后宫，以此败坏齐国的朝纲，为燕国攻齐制造机会，齐宣王不仅没有意识到这是苏秦的诡计，反而对苏秦更加信任。国相田婴、客卿孟轲极力劝谏，但齐宣王都不听。

齐国的一些贵族大夫本就对苏秦十分嫉妒，于是私募死士，谋刺苏秦。刺客的匕首刺中了苏秦的胸部，刺客见凶器刺中要害，立即逃走了。苏秦用手捂着伤口,赶快去找齐宣王。齐宣王命人擒拿刺客,但刺客早就逃得无影无踪了。苏秦于是对齐宣王说:"我死了之后,请大王对我施以车裂之刑,并号令于市说'苏秦为了燕国来齐国当间谍,如今幸亏被杀,如果有知道详情的人前来告发,将赏以千金'。刺杀我的主谋听到这个消息之后,就一定会来向大王邀功请赏,大王就可以趁机抓住他们。"说完之后,苏秦就死了。

齐宣王听了,觉得苏秦的提议不失为一个找出凶手的好办法,于是就按苏秦说的去做。果不其然,有四个人自称是杀死苏秦的主谋,跑来向齐宣王请功。齐宣王核实清楚之后,对这四个人说:"千金赏金,你们四个人,每人二百五。"四个人点头称是,齐宣王大怒:"来人,把这四个二百五给我拉出去灭族处死。"传说这就是俗语"二百五"的来历,用来讽刺那些做事不经考虑,行事愚蠢鲁莽的人。

苏秦死后不久,他为燕国施反间计的事情被他的门客泄露,齐宣王得知后十分震惊,也对苏秦辜负他的信任为燕国谋利之事感到异常痛恨。虽然他已对已死的苏秦施以了车裂之刑,并向天下人宣告了苏秦的罪行,但之前的假意到底难抵此时的真恨,之前是为了替苏秦报仇而假惺惺地将苏秦五马分尸,心中满是同情和不忍,可如今呢,面对苏秦确实是燕国间谍的事实,难道还要再一次把苏秦从土里挖出来五马分尸一回不成?显然不行!齐宣王为自己被苏秦愚弄而感到愤恨不已。那么既然齐宣王已经知道了苏秦是燕国奸细的内情,那么历史对苏秦,自然也就有了一个非常明确的评价:反复不忠!苏秦因此受到了后世的嘲笑。

追根溯源,苏秦的悲剧,起于文侯夫人。苏秦面对诱惑,缺乏高度的自制力,很难相信他对寡居寂寞深宫的文侯夫人是出自真心爱慕,但他以此为富贵牵线搭桥的意图,却是非常明显的。客观来讲,绝大多数的男人,内心深处都对美色有着极度的渴望,不过有的人自制力强,而有的人自制力弱,文侯夫人之所以是文侯夫人,那么她的相貌就不应该受到任何的怀疑。但是,有很多的诱惑,实际上是致命的毒药,苏秦劝齐宣王不要靠吃毒药充饥来维持生命,而实际上他却做的正是这样的事情。如果苏秦与文侯夫人之间没有私情,那么他的后半生绝不会因此套上道德的枷锁,死守信如尾生的誓言,为了燕国而束缚自己的性灵,从而在齐国丢掉自己的性命,并为自己背上千古骂名。面对文侯夫人的威逼或是利诱,苏秦不敢拒绝的真实原因,应该是他不想因为文侯夫人的缘故而影响到自己已有的地位和富贵。但他也应该意识到,从他不能抗拒诱惑而放任自己的那一刻起,他便丧失了自己人格的独立性和思想行动的自主性,道德的阵地一旦失守,便不再有任何底气和信心可言，因为他会怀疑到处都是传播流言飞语的口，到处都是在背后戳脊梁骨的人。从而变得疑神疑鬼，敏感脆弱，失去正常的判断力、鉴别力，并进而失去创造力。

之前燕易王知道他与文侯夫人私通而没有发难，一则是投鼠忌器，二则是认为苏秦还有点儿用处。如若文侯夫人头一天死，那么苏秦很有可能就会在第二天被处死。

当然了，后面这一切只不过都是假设，而人生，却从来容不得任何一次假设。因为苏秦死在了燕易王之后，燕易王就算是在活着时想杀他，也拿远在齐国的苏秦毫无办法。苏秦与张仪是战国时纵横家的代表人物，他们开创了一个只用口才就可以获取官职的时代。苏秦主张合纵，让崤山以东的六个国家联合起来抗秦，而张仪则主张连横，游说六国事秦，分化瓦解六国的联合。他们从某一个政治观点出发，利用自己的学识，对国君进行游说，没有哪里不能去，也没有哪个人不被他们说服。他们的功绩和风采，令后世的许多士人非常仰慕，他们的言行，对中国后世的影响也非常大。

苏秦的间谍身份暴露，令燕国即位不久的燕王哙（燕易王之子）坐立不安。苏秦的弟弟苏代建议燕王哙向齐国主动请和，燕王哙同意了。燕王哙派一个公子到齐国去做人质，让苏厉陪同。齐宣王深恨苏秦，准备囚禁苏厉，苏厉大声叫屈说：“新即位的燕王想和秦国结盟，是我们苏氏兄弟极力劝阻，认为与其归顺千里之外的秦国，不如归顺近在咫尺的齐国，燕王听从了我们的劝告，所以派我前来纳质请和，大王您怎么能因为怀疑我已经故去的兄长，而准备降罪于还活着的我呢？"齐宣王听了也觉得有些不妥，再加上同去的燕国公子也替苏厉说情，于是齐宣王就赦免了苏厉，让苏厉与燕国公子一同为质，在齐国担任大夫。

却说燕国国相子之，因为做事果断，善于考核监督官吏，因此在燕易王之时，就已受到重用。等到燕王哙即位，子之发现燕王哙对当国君并不是特别感兴趣，却对古代传说中的那些贤人特别仰慕，热衷于做个贤人，于是渐渐起了不臣之心。苏厉与燕国公子入齐为质之后，子之为了打探齐国的消息并窥察燕王哙的动静，于是就以探望在齐为质的燕国公子为名，派亲家苏代前往齐国出使。出使任务完成以后，苏代回朝向燕王哙复命。

燕王哙就问他说：“听说齐国的孟尝君非常贤能，齐王在他的辅佐之下，能不能称霸天下？"

这里简单介绍一下孟尝君。前文曾经提到，齐国有一个名叫田婴的人，曾经以副将身份随孙膑和田忌参加齐、魏马陵之战，并取得了胜利，这个田婴是齐威王的小儿子，齐宣王同父异母的弟弟。后来因功被封在薛地（今山东省枣庄滕州市东南），号靖郭君，并担任齐国国相。田婴有四十多个儿子，有一个侍妾所生的儿子名叫田文，因为是农历五月初五（端阳日）出生的，因此田婴非常不喜欢他。当时的北方，古人认为五月五日是"恶月恶日"，且有"不举五月子"之俗，即五月五日所生的婴儿无论是男或是女都不能抚养成人，一旦抚养则男害父、女害母。理由是这个月阳气极盛，孩子在此月出生，精炽热烈，将会对父母带来危害。因此民间有"避五毒""躲端午"等习俗。田文生下来之后，田婴就让侍妾把他给扔了，但毕竟是自己的亲生儿子，侍妾不忍心扔掉，所以就偷偷地养了起来。等长到五岁的时候，侍妾带着田文去见田婴，田婴非常生气，觉得这个侍妾违抗他的命令，准备责罚侍妾。年仅五岁的田文就站出来问田婴说："父亲为什么非要扔掉我？"田婴说："人们都说，五月五日是个凶日，这一天出生的孩子等长得跟门一样高的时候，就会克死父母。"田文回答说："人的命运是由上天决定的，怎么能是由门的高低来决定的呢？既然有人认为门的高低能够决定一个人的命运，那么为什么不把门修得高一些呢？"田婴听了大吃一惊，觉得这个孩子刚刚五岁就能说出这样的话来，认为他是一个很不简单的人，从此刻意地留意起他来。

有一次，田文问他的父亲田婴说："儿子的儿子是什么？"田婴回答说："是孙子。"田文又问："那么孙子的孙子呢？"田婴说："是玄孙。"田文再问："玄孙的玄孙又是什么呢？"田婴没办法回答，当然也觉得很不耐烦，于是就说："那我就不知道了。"田文就说："您在齐国，前后担任将军、国相，齐国的国土没有增加一寸，而您的家里却积累了万金家财，门下也不见一个贤能的人。我听说将军家的后代肯定还能当将军，相国家的后代还能当相国。如今您的侍妾们浪费践踏绫罗绸缎，而有才能的人却穿不上粗布衣服；您的仆人们有剩余的精肉，而有才能的人却在吃糠咽菜。您热衷于积累越来越多的财富，但您连孙子的孙子是谁都不知道，也不知道这些财富将来会留给谁，可是您为之服务的国家在一天天衰落，您作为国相却从来不知道去过问，我感到非常奇怪。"田婴听了这些话，心里暗暗吃惊，越发觉得这个儿子不简单，从此对他更加看重。等到田文长到十多岁的时候，就能在家里以周到的礼节招待宾客，宾客们都非常喜欢这个小孩子，不住地在田婴面前夸奖他。诸侯的使者们到了齐国，都以能见到这个神童为幸事。田婴经过自己的观察，也发现田文确实有才能，于是就立田文为世子。田婴死后，田文继承了他的爵位和封地，号为孟尝君（田文字孟，尝是他原来的封邑，在薛地旁边，所以称为孟尝君）。

孟尝君自承袭父爵之后，舍弃家财，大筑馆舍，招揽宾客，凡是前来投奔他的人，不论是否有才能，孟尝君都能给他们很好的待遇，以至于许多戴罪逃亡的人，也来聚集在他的门下。据记载，光是藏匿在孟尝君封地薛邑的豪侠盗匪，就有六万多家。这些人长期盘踞在薛邑，极大地改变了当地的民风和习气，使当地民众变得极为凶猛好斗。

孟尝君虽然是个贵公子，但每次却与他的宾客们吃同样的饭。有一次，孟尝君在晚上招待几位新来的门客，有一个人不小心把蜡烛遮住了，有位门客以为他与孟尝君吃的东西不一样，非常生气，于是放下碗筷就要离开。孟尝君觉察到了那位门客要离开的原因，于是赶快坐起来，把自己的碗端到那位门客面前让他看，那位门客看到孟尝君的饭菜和他的一样，禁不住非常羞愧，于是自刎而死。孟尝君过意不去，亲自为这位门客举行葬礼，并且哭得非常伤心。天下的贤士听到后，都争相前来投奔他。因为他的门客众多，因此号称有三千食客。

由于孟尝君在诸侯国中有着非常大的名气，所以诸侯们都认为齐国在他的辅佐下，称霸的可能性将会非常大。此时的燕王哙问苏代，也确实是想了解一下孟尝君的为人，看他是否名实相副，齐国在他这个贤士的辅佐下，到底会有怎样的一个改观。

可谁知，苏代听了燕王哙的问话之后却淡淡地说："齐国肯定不能称霸。"

燕王哙非常不解，就问："为什么不能？"

苏代说："因为齐王虽然知道孟尝君贤能，但却不能完全信任他，不把权力完全交给他，怎么能称霸呢？"

燕王哙说："只恨我燕国没有孟尝君这样的人，如果有，我一定会放心地把政务完全交给他来处理。"

苏代等的就是燕王哙的这句话，他为了相国子之，可说是煞费苦心，苏代立即说："相国子之非常干练，勤于政事，这就是我们燕国的孟尝君哪。"

燕王哙听了，觉得自己绝不能跟"昏庸"的齐宣王一般见识，于是就把国务全权交给相国子之处理。

忽然有一天，燕王哙问大夫鹿毛寿说："古代的国君那么多，为什么人们单单对尧、舜这几个国君称赞有加，认为他们是明君贤君？"

鹿毛寿早就被相国子之收买，他立即回答说："尧、舜之所以被称为圣人，是因为尧能把天下禅让给舜，舜能把天下禅让给禹。"

燕王哙又问："那么为什么大禹偏偏把王位传给了自己的儿子？"

鹿毛寿说："大禹也曾想把王位禅让给伯益，但他只让伯益处理政务，而并没有废黜他儿子启的太子之位，所以等大禹死后，太子启竟然杀死伯益夺取了天下。所以今人都认为大禹的德行浅薄，比不上尧、舜这些贤君。"

燕王哙听得饶有兴趣，对尧、舜这些明君的禅让故事非常向往，也希望自己成为一个像尧、舜那样的明君、贤君，受到世人称赞。于是他问鹿毛寿说："我想把王位禅让给相国子之，您看能不能行？"

鹿毛寿回答说："大王如果真能这样做，那您就是现今的尧、舜，将会受到人们的世代传颂。"

燕王哙大喜，于是召集群臣，宣布将王位禅让给相国子之，并将俸禄三百石以上官员的印绶全部收回，改由子之任命。如此一来，子之便通过任命，得到了绝大多数燕国贵族的效忠。而苏代、鹿毛寿等人俱被封为上卿。

这一年是公元前318年，燕国发生的这件事情，不仅使当时的诸侯国君瞠目结舌，也使此后所有读到这段历史的人瞠目结舌。

原本是臣子的子之成了国君，而原本是国君的燕王哙则成了臣子。而燕王哙的太子姬平呢？自然，也成了子之的眼中钉、肉中刺。

不过，燕王哙还活着，燕国人都在睁眼看着，受禅的子之是贤人，他自然不能猝然之间做出丧尽天良的事情，将燕王哙和太子平在一夜之间秘密处死。他需要一个机会，但他却不能首先跳出来。

子之在尽力争取人心，而太子平则在韬光养晦，他们两个人，都知道对方想干什么，所以一方面互相提防，另一方面则在互相寻找着对方的破绽。这个破绽首先由子之露出，并被太子平牢牢地抓住了。

子之受禅之后，颁布了一些新的政令，以表明他确实是一个贤能的国君，然而事与愿违，这些政令过于急躁，不仅没有起到预想中的效果，反而引发了社会动乱。太子平看到机会来临，于是立即和支持他的将军市被聚众攻打子之。而这个时候，距子之受禅过去了两年多的时间。

在起兵之前，为了取得国外的援助并增加胜算，太子平派使者秘密前往齐国，寻求齐国的支持。齐宣王为了挑起燕国内乱而乘机渔利，于是诓骗太子平的使者说："我早就听说了您的义举，您要整顿燕国的朝纲，让燕国的统治重归正统，让君归君位，臣归臣位，我绝对会支持您。虽然我们齐国兵微将寡，但只要您一声令下，我们一定会依令而行。"太子平得到回报，立即与市被率军攻打子之，但子之的实力也不容小视，攻打几个月，双方不分胜负，进入胶着状态。齐国的救兵不到，太子平焦急万分，但更令局势雪上加霜的是，太子平竟然与市被反目成仇，市被带领百姓，掉转枪口攻打太子平。城内的子之得到消息，立即组织力量进行反攻，太子平与市被均被乱军所杀。燕国的这一场动乱，几乎把燕都的全城百姓卷了进去，前后数万人死亡，无以计数的财物被毁，燕国国力大损，人心尽叛。

因为有燕太子平的求救，所以在动乱之初，齐国的一些大臣就主张趁着这个机会赶快出兵，但齐国出兵的火候永远拿捏得是那么恰到好处，这是军事家孙膑留给他们的绝世秘籍——不到双方两败俱伤之时，绝不出手。就连亚圣孟轲都看得焦急万分，万一燕国内乱平息，那么齐国就会永远地失去这次机会——不是救太子平的机会，而是灭亡燕国的机会。孟轲劝谏齐宣王说："现在攻打燕国，就像是周文王和周武王攻打殷纣那样的好时机啊，千万不可错失良机。"经过综合判断，齐宣王知道出兵齐国的时机已经成熟，于是派匡章为大将，率五都之兵约十万人，从渤海出发。这一年是公元前314年。

其时的燕国百姓，对子之已恨之入骨，面对前来的齐国军队，毫无反抗之心。因此齐军兵不血刃，很快到达燕国都城蓟（音既，今北京城西南），燕都的百姓打开城门，迎接齐军。子之的党羽见齐军来势凶猛且人数众多，吓得不敢接仗，赶快溜之大吉。子之知道自己无地可逃，于是与鹿毛寿等人带领所剩不多的亲兵，与齐军在大街上展开决战，齐军到底在数量上占优势，子之的亲兵死的死，逃的逃，鹿毛寿战死，子之被生擒。

而让"贤"退位之后的燕王哙，眼见禅让之后导致国家动乱，生灵涂炭，才知道自己的让贤之举是多么愚蠢，及见太子平与子之争斗不息，引得齐军长驱直入，导致国破家亡，真是追悔莫及。燕王哙自缢而死，苏代趁乱逃往东周。

从齐军出兵到占领燕都，总共用了差不多五十天的时间。匡章率兵捣毁了燕国的宗庙，并将燕国的所有宝物收运一空，连同被俘的子之一起，先送往临淄献功。齐宣王向天下宣告子之的罪行，并对其施以醢刑（剁成肉酱），以告诫天下怀有不臣之心者。

匡章带兵驻扎在燕都，燕国大部分国土，都被齐军占领。之前早已被灭的中山国此时由中山桓公复国并渐渐恢复了元气，竟然也趁火打劫，占领了燕国的几百里土地，且得到了周王室和诸侯的祝贺。

齐军占领燕都之后，渐渐横行不法，开始劫掠欺凌百姓，激起了燕国人民的反抗，各诸侯国也谋划着要救援燕国。齐宣王对是否要长期占领燕国拿不定主意，于是就征求孟子的意见说："有的人劝我占领燕国，有的人劝我从燕国退兵，你说齐国和燕国，都是拥有上万辆战车的大国，可如今齐国攻打燕国，只用了五十天时间就大获全胜，这是光靠人力不可能做到的事情。如果我不取燕国，那么一定会拂逆上天的旨意，你说我们该怎么办？"孟子回答说："如果燕国人民欢迎齐国军队，那么我们自然要占领，如果燕国人民对齐国军队非常不满，那么我们最好还是撤出来。之前燕国子之不仁，燕民处于水火之中，所以我们齐国出兵，燕国百姓都认为我们是前去帮他们的，箪食壶浆前来迎接我们的军队。可如今呢？齐军到处杀戮，欺凌燕民，焚毁人家的宗庙，掠走人家的重宝，可想而知，燕国百姓对我们是什么态度了。如今其他的诸侯都对齐国占领燕国感到不满，而我们兼并了燕国的土地，却不知道施行仁政，安抚燕国民众，这等于是把齐国树为了全天下的敌人啊。事到如今，大王您不如赶快下令，让匡章放弃占领，约束军队，然后与燕国人谈判，为他们立一位国君，齐国军队撤回本国。这样一来，诸侯国就没有出兵攻打齐国的理由了。"

但齐宣王盲目自信，不以为然，认为齐国兼并燕国大势已定，但孰不知，燕国军民的反抗一天比一天强烈，再加上齐国如果真的灭亡燕国，那么齐国就会更加强大，这是其他诸侯国不愿意看到的，所以秦、赵、魏、楚各国拒不承认齐国对燕国的占领，并不断出兵援助燕国。燕王哙的次子公子职在韩国当人质，赵国的赵武灵王就把公子职迎立为燕王，并派军队把他护送回了燕国。公子职就是大名鼎鼎的燕昭王。燕国军民在燕昭王的带领和诸侯军队的帮助下奋起反抗齐军，各地已经投降齐军的官吏，听到燕国立了新的国君，再加上齐军残暴不仁，于是全部叛齐归燕。匡章带领的齐军被秦、魏联军击败，无奈之下只得败退回国，燕国光复。齐宣王见状悔恨地说："我没有听从孟轲的劝告，真是感到愧对于他。"

而齐宣王愧对孟子的还不仅限于齐国军队的战败，由于他不听孟子劝告，不严格约束军队并及时从燕国撤兵，不仅让齐国顷刻间从燕国的恩人变成仇敌，而且招致了其他诸侯国的忌恨。三十年后，燕国在其他五国的支持下，采取大规模军事行动进攻齐国，齐国反过来遭遇灭国之祸，真是冤冤相报何时了。追根溯源，刚开始苏秦从燕国来到齐国，在齐国从事间谍活动，阴谋泄露而使齐国对燕国的行为极为愤恨，如今齐国借口为燕国平定内乱长时间驻军燕国，招致了燕国百姓的仇恨和各诸侯国的嫉妒。所以说，齐、燕两国先后遭此惨祸，都与苏秦有着难以切割的联系。

苏秦已逝，那么他的同学张仪呢？在秦国又建立了哪些功绩呢？

张仪被秦惠王拜为客卿之后，想起之前昭阳对他的怀疑和侮辱，于是就写了封信对昭阳说："之前我投奔你的时候，并没有盗你的玉璧，而你却命人鞭打我。如今你要守好你的国家，因为我要盗走你的城池。"意思是要对楚国进行报复，一时之间，楚人惶惶不可终日。

张仪刚到秦国不久，他与司马错之间即发生了先灭蜀还是先伐韩的争论。张仪认为先伐韩国，理由是蜀国非常偏远，秦国即使兼并了蜀国，也得不到什么实际的利益。而如果攻打韩国，就可以威逼周天子献出九鼎，挟持周天子来号令天下诸侯。但司马错却提出了反对意见，司马错认为，韩国是齐国的盟国，如果攻打韩国和周国，韩国和周国就会与其他诸侯合谋，共同来算计秦国，那样秦国会什么东西都得不到。况且周天子是天下所有诸侯的共主，如果攻打东周，会被天下人认为是不讲仁义。而蜀国国内局势混乱，派兵去攻打蜀国，不用费多大力气就能扩大秦国的地盘并夺取蜀国的财富。秦惠王听了司马错与张仪的争论，最后采纳了司马错的意见。果然，秦军一战而平蜀，使蜀地成为秦国后来统一天下的大后方。

秦惠王十年（公元前328年），秦惠王派公子华和张仪包围魏国的蒲阳（今山西省临汾市隰县），蒲阳降秦。张仪劝说秦惠王把蒲阳还给魏国，并让公子繇到魏国去做人质，而自己作为使者前去送公子繇。张仪劝魏襄王说："秦国对魏国这么好，攻下的城池都原封不动地给你们送了回来，还把公子送来当人质，以示两国结好，魏国可不能对不起秦国呀。"魏襄王听了十分感动，于是把魏国的上郡（今陕西东部，榆林市）和少梁（今陕西省渭南韩城市南）献给秦国，以此表达对秦惠王的感谢。秦惠王非常高兴，于是罢免公孙衍，让张仪担任秦国的相国，并把少梁改名为夏阳。

张仪在秦国当了四年相国，然后支持秦惠王称王。一年后，张仪担任秦军主将，率军夺取了陕邑（今河南省三门峡市陕州区），并在上郡建立了要塞。

接下来的两年时间，张仪作为秦国使者，与齐、楚两国的使者在啮桑（今江苏省徐州市沛县西南）会盟。而这个时候，苏秦刚好因惧祸而从燕国跑到了齐国。张仪知道苏秦的合纵之约马上就会瓦解，于是回去辞去相国之职，自请前往魏国。秦惠王感觉很奇怪，就问他为什么要这样做。

张仪说:"六国都被苏秦所迷惑,加入合纵之约,联合起来对付秦国,如果我能成为魏国的相国,一定要让魏国脱离合纵并侍奉秦国,让其他的五国效仿魏国。"秦惠王同意了。

而张仪到魏国之后,果然被魏襄王任命为相国。张仪劝说魏襄王说:"魏国的国都大梁处在楚、赵、齐、韩的四面包围之中,却没有险要的地形做屏障,早晚会被这几个国家瓜分。不如一心一意侍奉秦国,魏国才会安宁。"魏襄王上次听了张仪的蛊惑,把上郡和少梁献给秦国,本就十分郁闷,这次说什么也不肯听张仪的。张仪来时在秦惠王面前夸下了海口,可此时魏襄王并不上当,张仪无计可施,于是悄悄写信给秦惠王。秦惠王大怒,派兵攻取了魏国的曲沃(今山西省临汾市曲沃县)和平周(今山西省晋中市介休市),并暗中厚赐张仪。张仪没有实现既定的目标,反而受到秦王的优待,心里十分惭愧。

公元前317年,齐国在观津(今河北省衡水市武邑县东南)击败魏军。秦国想趁机攻打魏国,为了扫清进军的障碍,派兵先攻打韩国将领申差带领的韩国军队,韩军战败,韩军将士八万余众被杀,诸侯闻讯非常恐惧。

张仪再一次劝说魏襄王归顺秦国,魏襄王权衡再三,于是背弃了合纵盟约,准备与秦国连横。魏襄王派张仪为使,前往秦国商议此事。这个差遣可说是正中张仪下怀,张仪回到秦国,仍旧担任秦国的相国,不再回魏。三年后,魏国背弃秦国,重新加入了合纵,秦惠王立即派军攻打魏国,魏国不得已,只好再一次倒向秦国。

公元前313年,楚国与齐国合兵,夺取了秦国从魏国那里占领的曲沃,并包围了秦国的于中(今河南省南阳市西峡县东)。秦惠王对齐、楚联盟非常忌惮,于是派张仪前往楚国,离间齐、楚两国的关系。

张仪来到楚国之后,先找到楚国的上官大夫靳尚,并向他送上了一份厚礼,希望他能在楚王面前代为美言(此时的楚国国君是楚威王的儿子楚怀王)。靳尚为人谄佞奸猾,楚怀王早年的时候,比较信任左徒屈原,任命屈原修订法律,改革变法。但屈原为楚怀王秘密修订的变法初稿《宪令》刚刚成形,靳尚就向屈原索要,想把屈原的智慧成果据为己有。他这种无耻行径会理所当然地遭到了屈原的拒绝,自此以后,他不时地在楚怀王面前说屈原的坏话,陷害排挤屈原,最终使楚怀王将屈原贬谪为掌管祭祀教育等没多大实权的三闾大夫,并渐渐疏远了他,而楚国宫廷留下来的,大多是一班宵小。

楚怀王听说强秦的使者张仪来到楚国,立即准备了上等的馆舍,并亲自到馆舍内为张仪安排饮食起居。楚怀王对张仪说:"楚国只不过是一个非常偏僻的国家,不知道先生到楚国来,有什么东西可以教我呢?"张仪说:"如果大王果真能够听从我的意见的话,那么请与齐国断绝来往,并解除合纵之约。我回去之后,让秦王把秦国商於一带的六百里土地献给楚国,并把秦国的公主许配给您。秦国和楚国相互娶妇嫁女,永远结为兄弟之国。这样一来,不但齐国被削弱,大王您又得到了土地,没有比这更好的事情了。"楚怀王非常高兴,他贪图商於之地的富庶,当场就答应了张仪的提议。群臣都向楚怀王祝贺,但唯有客卿陈轸在一旁放声大哭,说要向楚怀王吊唁。楚怀王十分生气,他斥责陈轸说:"我没有出动一兵一卒却得到了商於六百里的土地,群臣都向我祝贺,只有你在这里哭丧,请问是什么缘故?"陈轸回答说:"事情根本没有大王您想象的那样好,在我看来,您不但得不到秦国的商於六百里土地,反而会促成秦国和齐国的联合。而秦国和齐国一旦联合,那么楚国的灾难也就到了。"楚怀王问:"你给我讲出个道理来。"陈轸说:"秦国之所以如此重视楚国,就是因为楚国与强大的齐国是盟国。楚国一旦和齐国断绝关系,那么楚国就会陷于孤立无援的境地。到那个时候,秦国又怎么会拿出自己的六百里土地,来送给一个已经孤立无援的国家呢?张仪回到秦国之后,肯定不会兑现他向大王许下的诺言,这样一来,我们就不仅与齐国断绝了关系,而且还会招来秦国的攻击,齐国和秦国肯定会联合起来对付楚国。为今之计,大王您不如暗中与齐国联合,而表面上与齐国断绝关系,然后再派人与张仪一齐到秦国去。如果我们能够得到商於六百里土地,那时再与齐国绝交也不晚,而如果秦国不把六百里地交给我们,我们也不会失去齐国这个盟国。"楚怀王哪里听得进去,他对陈轸说:"从今天起,你要闭上你的嘴,不要再在我面前说一句话,你就看我是怎么得到商於六百里土地的吧。"

楚怀王把楚国的相印交给张仪,给了他大量的金帛财物,然后派了一位将军,跟随张仪前往秦国受地。随即,楚国遣使与齐国断绝了关系,废除了合纵盟约。

张仪回到秦国之后,当着楚国将军的面,假装不小心从车上摔下来,受了伤,然后一连三个月都没有上朝。楚怀王等得焦急,听到张仪不去上朝,于是说:"张仪这么做,莫不是怪我跟齐国的关系断绝得不够彻底?"于是派勇士到宋国,借了宋国的符节,到齐国去大骂齐王。齐宣王大怒,折断了符节,之后派出使者,前去与秦国商议结盟事宜。

等到齐、秦两国结盟,张仪才假装伤愈上了朝。他对随他前来的楚国将军说:"我有秦王赐给我的六里封地,我愿意把这六里地献给楚王。"楚国将军十分惊愕:"我接受楚王的命令,前来接受的是商於六百里地,而不是六里。"张仪说:"楚王一定是听错了,秦国的土地都是经过秦军将士身经百战取得的,就是一尺一寸也不能送人,更何况是六百里呢?"楚使无奈,只得回去向楚怀王报告。楚怀王闻报大怒,立即准备发兵攻秦。陈轸在这个时候站出来说:"现在我能开口说话吗?"楚怀王十分惭愧地说:"你说吧。"陈轸说:"事情既然已经到了这个地步,现在与其发兵攻打秦国,不如割让一些土地来贿赂秦国,然后和秦国一起攻打齐国。虽然我们失去了一些土地,但却可以通过夺取的齐国土地得到补偿。这样一来,我们也不会有太大的损失。"楚怀王虽然昏聩,但还不像这些辩士一样毫无节操,他拒绝陈轸说:"欺骗楚国的不是齐国,而是秦国。我如果联合秦国攻打齐国,全天下的人都会笑话我。"于是赶快派出使者,前去向齐国谢罪,再度与齐国联合。并命屈匄为大将,加强了对秦国于中的进攻力度。再命柱国景翠为主将,包围秦国的盟国韩国的雍氏(今河南省许昌市禹州市东北)。齐国也同时出兵,联合宋国包围了秦国的盟国魏国的煮枣(今山东省菏泽市东明县南)。兵来将挡,水来土掩。秦惠王发兵三路,一路由魏章(即之前商鞅诱俘的魏公子魏卬)率领,救援于中;一路由甘茂率领,进攻楚国的汉中,一路由樗里疾(樗,音出)率领,联合韩、魏两军,反击齐、楚联军。

公元前312年,樗里疾率领的秦、韩联军击败楚将景翠,与魏章部会师。随后,秦、韩联军与楚军在丹阳(今河南省南阳市淅川县丹水和淅水交汇处一带)交战,楚军大败。楚军主将屈匄及七十多名偏将被俘,屈匄被杀。秦军乘胜夺取了楚国的汉中六百里土地,并在那里设置了汉中郡。秦军又联合魏军攻打围困魏国煮枣的齐、宋联军。秦国通过拉拢宋国,与宋康王缔结了盟约,致使宋军中途退出战场,樗里疾率秦军迅速进驻宋军阵地,将齐军打得大败。齐将声子被生擒,主将匡章带领残兵狼狈溃逃。其后,秦、魏联军乘胜攻打驻扎在燕国的齐军,齐军无法立足,全部撤退回国,燕国全境光复。

楚、齐联军大败于秦军,楚怀王恼羞成怒,不胜之忿。起倾国之兵,再度与秦军交战,两军战于蓝田(今陕西省西安市蓝田县),楚军再次被秦军打得大败。楚国无力再战,悲愤不已的楚怀王无计可施,只得向秦国割让两座城池,向秦国求和。秦国借此要挟楚国,想得到楚国的黔中之地(今湖南省湘西吉首市一带),提出要拿武关以外的商於之地来交换。楚怀王很有些哭笑不得,心想你还真以为我是三岁小孩儿,骗一次两次也就罢了,接二连三地前来行骗,有个下限没有？由于他深恨张仪，于是他对秦国使者说："我也不要你们的商於之地，如果你们把张仪交给我，我愿意献出黔中之地。"

楚怀王满以为秦国说什么也不会让张仪来楚国，楚国就可以借此拒绝秦国的要求。但他太高估秦国人的道德水准了，因为以苏秦和张仪为代表的两个纵横家，都不讲道德，不讲信义，而秦国的历代国君则堪称是他们的祖师，只认地，不认人，只要能骗到诸侯的土地，就根本不会去讲什么信义，也不会再顾及哪一个人。秦惠王一听大喜，准备就要让张仪去楚国，不过，他又不好意思直接说出来。张仪早就看穿了秦惠王的心思，因为他就是吃这碗饭的，他能看透国君的心思，并随即做出妥当的应对，所以他才能出将入相。就如同之前在楚国的陈轸能看穿他是个政治骗子一样。

张仪向秦惠王主动请缨，要到楚国去。秦惠王假惺惺地说："楚王因为你欺骗他而对你恨之入骨，恨不得立刻抓住你，现在你前往楚国，恐怕是凶多吉少。"张仪说："秦国强而楚国弱，我和楚国大夫靳尚的关系非常好，靳尚很得楚王宠姬郑袖的信任，而楚王则对郑袖百依百顺。再说，我奉大王的命令前去楚国，楚国怎么敢杀死我。退一万步讲，就算是楚国杀死了我，那么秦国也能得到楚国的黔中之地，那就正好是我最大的愿望。"于是张仪去了楚国。张仪到楚国之后，楚怀王见状大喜，马上把他囚禁起来，准备杀掉他。

靳尚就跑去对郑袖说："您知不知道您马上就要失去大王的宠信了？"郑袖非常吃惊，就问："为什么？"靳尚说："秦王非常器重张仪，肯定会救他出来。我听说秦国要把上庸（今湖北省十堰市竹山县西南）等六座城池献给楚国，并把秦国公主嫁给楚王，让宫中能歌善舞者为媵妾。您也知道，大王非常看重土地，再加上他非常畏惧秦国，那么他就一定会宠爱秦国女子而冷落您，到那个时候，楚国不是就没有您的位置了吗？您不如劝大王放了张仪，那样秦国就不会把公主许配给大王，也就没有人能在大王面前跟您争宠了。"郑袖信以为真，当天晚上就哭哭啼啼地对楚怀王说："每一个当臣子的，都是各为其主，如今大王您还没有把黔中之地交给秦国，秦国就已经把张仪派来了，这是秦国对大王的尊重啊。如今大王不仅不回礼，反而要杀死张仪，秦王一怒之下，一定会发兵攻打楚国。我请求大王把我们母子迁到江南，不要等哪天被秦兵给俘虏了。"楚怀王耳根子软，特别看不得女人在耳边哭泣，听郑袖这么一说，立即忘掉了他对秦国的仇恨，然后赦免了张仪，就像张仪最初来到楚国时那样厚待他。

张仪出狱之后，还没有离开楚国，就听到了苏秦的死讯。张仪于是对楚怀王说:"秦国的土地占全天下的一半,秦国的军队能够抵挡四方的国家。秦国国富兵强,早晚会吞灭各国。所以说,最后归顺秦国的国家肯定会最先灭亡。再者说,那些主张合纵的人,何异于赶着羊群去攻打凶猛的老虎?大王您不与猛虎结盟而与羊群结盟,我私下认为大王您做出了错误的决定啊。

"如今天下的强国,除了秦国就是楚国。秦、楚两国势不两立。大王如果不归顺秦国,那么秦国就会联合韩、魏两国一起攻打楚国,秦国进攻楚国的西部,而韩、魏进攻楚国的北部,楚国怎么能安稳呢?

"楚国之前与秦国在汉中交战,楚国战败,楚国列侯死了七十多位,汉中也丢了。大王您因此大怒,发兵再次攻秦,与秦军战于蓝田,这就是所谓的两虎相争啊。如果秦、楚两国斗得两败俱伤,而韩、魏两国突然出兵攻打楚国的北部,那么楚国就真的危险了。请大王认真地加以考虑。

"苏秦负责六国合纵,被封为武安君,担任了燕国的相国。却阴谋与燕王谋伐齐国,妄图得到齐国的土地。假装得罪燕王而逃到齐国,齐王因此让他担任了相国,阴谋败露后,被齐王车裂于市。像苏秦这样不讲诚信奸诈虚伪的人,却来主持诸侯的合纵大计,合纵结盟能成功吗?绝对不可能成功!

"如今秦国与楚国国土接壤,从地理位置上来说,更应该相互亲近。大王如果真能听我的,我回去让秦国的太子到楚国来当人质,楚国的太子也到秦国去当人质,秦国的公主嫁为大王的侍妾,再拿出一座万户之邑为嫁妆,永远结为兄弟之国,不再相互攻伐,世上再也没有比这更好的了。"

楚怀王忘记了上次被张仪欺骗的事情,居然再一次被说动,最终答应与秦国结盟。

张仪离开楚国后,出使齐国的屈原回到了楚国,他得知楚国再一次与秦国结盟,禁不住向楚怀王进谏说:"大王,您之前被张仪欺骗了一回,教训还不深刻吗?这次张仪来,我以为大王一定会对他施以极刑,谁知大王不仅没有杀他,反而再次听信了他的花言巧语,并选择了与秦国结盟,我真是替大王感到羞愧啊。"

楚怀王被屈原说得下不了台,他强辩说:"答应和秦国结盟,就可以保住黔中,目前来说这是对楚国最有利的事情。再说我已经签订了盟书,你让我出尔反尔,这岂是作为一国之君所能做的?"

屈原说:"就算结盟的事不能反悔,那杀死张仪,总可以吧?"

楚怀王一听也觉得有理,于是赶快命人去找张仪,但张仪何等精明,早就从楚国溜走了。

张仪离开楚国之后，来到韩国，说服韩宣惠王归附秦国。秦惠王听到后非常高兴，赏给张仪五座城池作为他的封邑，并封他为武信君。张仪又来到齐、赵、燕三国，成功说服三国与秦国结盟。张仪还没有返回秦国，秦惠王就死了，秦惠王的儿子秦武王即位。

秦武王还在当太子的时候，就非常不喜欢张仪，等到他即位，那些嫉妒张仪的大臣都在他面前说张仪的坏话："张仪素来不讲信义，是个反复小人，秦国如果继续重用张仪，恐怕会让天下人笑话。"消息传出，诸侯听说秦武王不信任张仪，于是都背叛秦国，重新加入合纵的行列。

之前张仪游说齐宣王的时候，齐宣王以为赵、魏、韩三国都已与秦国连横，所以也就答应与秦国结盟，等他答应之后，才发现张仪又去了赵国，所以非常痛恨张仪对他的欺骗。等到秦武王即位，齐宣王立即约会其他各国，共同合纵抗秦。并悬赏说，谁能抓住张仪，就赏给他十座城池。

秦国大臣不停地在秦武王面前诋毁张仪，齐国也派使者前来责备张仪。张仪担心会被诛杀，于是对秦武王说："我有个好计策，愿意献给大王。"秦武王说："什么计策？"张仪说："站在秦国的立场上考虑，如果山东六国发生动乱，那么秦国就会趁机攻占更多的地盘。如今齐王非常痛恨我，我到了哪个地方，他就要派兵攻打哪个地方，那么我请求让我到魏国去。齐王听说我去了魏国，就一定会兴兵攻打魏国。魏、齐两国长时间征战不下，大王您就可以趁机进攻韩国，占领宜阳，这样，周都洛阳就在眼前。如果您控制了周天子，得到周朝的九鼎，那么就一定会号令诸侯，建立王霸之业。"秦武王虽然不喜欢张仪，但对张仪这番颇具诱惑力的说辞还是非常心动，于是就为张仪置办车乘，让张仪去魏国。张仪成功脱身，来到魏国，重新担任了魏国的国相。齐国听到张仪去了魏国，果然兴兵伐魏。魏襄王非常害怕，张仪对他说："大王别担心，我自有办法让齐国退兵。"张仪让他的舍人冯喜前往楚国，然后又从楚国去了齐国，对齐宣王说："大王非常痛恨张仪不假，但大王这次出兵攻魏，却是在替张仪干好事。"齐宣王很奇怪，就问为什么。冯喜说："张仪离开秦国之前，对秦王说，他到哪个国家，大王您就肯定会攻打哪个国家，等到齐国和另外一个国家打得难解难分的时候，秦国就会趁机攻打韩国，占领宜阳，挟持周天子，建立王霸之业。秦王认为他说得有道理，于是就让他去了魏国。如今张仪到了魏国，大王果然派兵攻打魏国。大王这么做，不是明摆着要证明张仪料事如神，让他重获秦王的信任吗？"齐宣王听了之后说："对啊，确实就是这么回事啊。"于是就退兵了。

这一次，张仪只在魏国当了一年相国，就病死了，这一年是公元前309年。

第八节　聪明的甘茂、秦武王举鼎、楚怀王客死、冯谖市义、鸡鸣狗盗、屈原自沉

张仪死在了魏国，而秦国的秦武王却对张仪离开秦国前说过的话念念不忘，希望能打通三川（因韩国境内有黄河、洛河、伊河三条河而得名），到洛阳去看一看。于是就叫来右丞相樗里子，与他商议。樗里子就是前文所说的樗里疾，是秦惠王同父异母的弟弟，他的母亲是韩国人。因为他的家乡在渭南阴乡樗里（今陕西省渭南市境内），所以人们尊称他为樗里子。樗里疾因为之前与魏章共同击败楚国，杀死楚将屈匄并夺取楚国汉中，因功被封在蜀郡严道县（今四川省雅安市荥经县严道镇），号称严君。在秦国，樗里疾被秦国人尊称为"智囊"，意思是非常有智谋。张仪出走魏国之后，秦武王也想在秦国设置相国这一职位，但又不想与东方六国类同，于是特意命名为丞相，并让樗里疾担任了右丞相，让甘茂担任了左丞相。

樗里疾对秦武王打通三川的提议极为反对，他说："大王如果要去洛阳，就必须攻打韩国，夺取韩国的宜阳。而通往宜阳的路不仅远，而且非常险要，秦军劳师远征，未必能迅速获胜，一旦两军相持不下，赵、魏两国再派出救兵，那后果不堪设想，所以我认为绝对不可行。"

秦武王很不甘心，于是又叫来甘茂商议。甘茂是楚国下蔡人（蔡国被灭前属蔡国），曾拜下蔡的著名学者史举为师，学习百家学说。甘茂之前通过张仪和樗里疾见到了秦惠王，秦惠王召见他之后，经与他交谈，认为他很有才能，于是任命他为将军，叫他协助魏章攻打楚国的汉中之地。而他之前的上司魏章，此时见他进位为左丞相，十分不满，赌气离开秦国，跑回了魏国。

甘茂之所以能在很短的时间内超越魏章等人成为左丞相，就在于他能恰如其分地迎合国君的愿望，并能通过自己的努力帮助国君实现这些愿望。当秦武王问

他能否让自己实现游历中原的梦想之时，甘茂毫不推辞，就答应秦武王说："您让我出使魏国，说动魏国共同攻打韩国。"秦武王非常高兴，于是派甘茂为使，前往魏国。

甘茂到了魏国，很快就做通了魏襄王的思想工作，使魏襄王答应协助秦国攻打韩国。甘茂知道右丞相樗里疾与自己持不同意见，于是就先派他的副手向寿回秦向秦武王报告说："魏国已经同意协助秦国了，但虽然如此，我还是劝大王不要攻打韩国的好。"秦武王对甘茂这前后矛盾的话感到十分费解，于是就亲自前去迎接他。等走到息壤（秦国东部城邑）这个地方的时候，遇到了归国的甘茂。秦武王就问他说："丞相您答应为我联合魏国攻打韩国，如今魏国已经答应了，您却又劝我最好不要攻打韩国，请问这是为什么？"甘茂回答说："韩国的宜阳，那是一个大县。长期以来，韩国把上党和南阳的物资都运往宜阳储备，宜阳虽说是一个县，实际上却是一个郡。如今我们的军队越过函谷关和崤山，不远千里去攻打宜阳，这不是几个月甚至是几年时间就能攻得下的，过程肯定会非常艰难。以前，曾参居住在费地的时候，鲁国有一个和他同名同姓的人杀了人。有人告诉曾参的母亲说'曾参杀人了'。曾参的母亲根本不相信，继续在织机上织布。不一会儿，又有一个人跑来对她说'曾参杀人了'。曾参的母亲还是不相信，仍旧继续织她的布。但没过多久，又有一个人跑来对她说'曾参杀人了'。曾参的母亲听了，立即扔下织机上的梭子，翻过院墙逃跑了。以曾参的品行和他母亲对他的信任，有三个人来说他杀了人，他的母亲都不敢再相信他。如今我的修养比不上曾参，大王对我的信任也比不上曾参之母对他的信任，而怀疑我的人，却不止三个。所以我非常害怕大王会像曾参的母亲那样，丢下梭子啊。之前张仪带兵向西吞并了巴蜀之地，向北得到了西河之地，向南夺取了上庸之地，天下的人不因此赞美张仪，却都认为是先王贤明。魏文侯命乐羊攻打中山，用了三年时间才攻打下来，乐羊回朝之后非常倨傲，夸耀自己的功劳，魏文侯就给了他一筐诬蔑他的奏章。吓得乐羊赶快向魏文侯拜谢说：'这不是我的功劳，而是大王您的功劳啊。'如今的我，只不过是一个从外地来的客卿，樗里丞相和公孙奭（音是）肯定会在大王面前不停地说攻打韩国的坏处，大王就一定会相信他们并下令撤兵，而秦国一旦撤兵，大王您就会落下欺骗魏国的坏名声，我也会得罪韩国的相国公仲侈。"

秦武王立即明白了甘茂的用意，他对甘茂说："我不会听信他人谗言的，我可以跟你起誓。"于是命甘茂率兵五万攻打宜阳。甘茂攻了五个月，也没有攻下宜阳，樗里疾和公孙奭果然在秦武王面前说甘茂的不是，并罗列了一大筐不该攻打韩国的理由。秦武王动摇了，于是就派人传命给甘茂，准备撤兵。甘茂什么话也没说，只是写了一封信，信的内容只有两个字："息壤"。秦武王看到回信中"息壤"二字，立即想起了甘茂在息壤跟他说过的那些话和自己立誓时的情景，他惭愧地说："是我辜负了甘茂啊。"然后增派五万大军，增援甘茂。得到大军增援的甘茂信心倍增，立即加大了攻城力度，先后斩杀韩兵六万，最终夺取了宜阳城，并渡过黄河，驻扎在武遂（今山西省运城市垣曲县西）。韩襄王战败，只得派相国公仲侈入秦求和。

秦武王非常高兴，答应了韩国的求和，然后命甘茂班师回秦，留向寿镇守宜阳。又命樗里疾引兵开道，自己带着一班亲信，启程前往洛阳。

秦武王的身材极为强健，是个大力士，他非常喜欢与别人摔跤游戏，因此凡是气力巨大的勇士，都会得到他的偏爱。秦国的任鄙、来自齐国的孟贲，都以勇力见称，秦武王非常宠信他们，都让他们当了秦国的将军。此次秦武王前往周都，任鄙和孟贲自然在随行之列。

这个时候的周天子是周赧王，周赧王在公元前314年也就是齐宣王发兵灭燕的那一年即位，他的祖父是周显王，父亲是周慎靓王。周赧王听到秦武王来到洛阳，赶快亲自准备了馆舍，准备前去迎接他。但秦武王是前来游玩的，不是来和周天子叙旧的，他表示不想见周天子，只想看一眼周朝的传国之宝九鼎。

秦国势大，周赧王不敢不答应，只好命人带着秦武王前去观看。九口大鼎一字排开，看上去非常庄重。秦武王看了之后，突发奇想，于是问周朝守鼎的官吏："这鼎有多重？有没有人曾经举过它？"

守鼎的官吏回答说："这些鼎自从到了这里，就从来没有移动过，听说每口鼎均重达千钧（合今一万五千斤），谁能举得起来？"

秦武王于是转身问随行的任鄙和孟贲："两位爱卿非常有勇力，能不能把这口鼎举起来？"任鄙知道秦武王凭着自己的一身好力气，特别爱争强好胜，如果胜过了他，秦武王肯定不高兴，而如果激得秦武王逞强举鼎，那么举这千钧之鼎，万一有个闪失，谁来担这个责任？于是赶快推辞说："我的力气，只能举起百钧重的东西，这鼎千钧之重，我怎么能举得起。"而孟贲则是个莽夫，他哪里会想到这些，于是他卷起袖子上前说："我试着举一下，如果举不起来，还请大王不要取笑。"

孟贲命人把粗绳系在鼎耳上，绾成几个结，然后勒紧腰带，站稳脚跟，把胳膊伸进绳套，猛地一提，巨鼎离开地面差不多有半尺左右，孟贲气力用尽，只得丢了下去。由于用力过猛，孟贲的眼角都睁裂了，不住地流血。秦武王嘲笑他说："你费了这么大的力气，才把鼎举这么高。你能举得起来，难道我还不如你？"

任鄙一听吓坏了，赶快上前阻拦说："大王您万乘金躯，可千万不要轻易举鼎啊。"

秦武王根本不听，他卸下锦袍玉带，同样也勒紧腰带，挽起袖子，准备举鼎。任鄙上前拉着他的胳膊极力劝阻，但秦武王哪里肯听任鄙的劝谏，他斥责任鄙说："你自己举不起来，就忌妒我吗？"任鄙一听，吓得不敢再劝。

秦武王也把胳膊伸进绳套内，心里想：孟贲刚刚举起半步，我不仅要举起来，还要走上几步，这才显得我比他强。于是屏住呼吸，猛一用力，也把鼎提了起来。他刚想向右转步，谁知道气力早就用尽，胳膊支撑不住，巨鼎一下子掉在地上，准准地砸在他的右脚上面。只听得"咔嚓"一声，足骨被砸得粉碎。秦武王失声大叫"痛死我了"。就昏了过去。左右人等赶快上前，合力搬开巨鼎，赶快把秦武王扶回馆舍。秦武王足部重伤，血流不止，太医束手无策，当天晚上，秦武王就死了。

周赧王闻讯大惊失色，赶快准备上好的棺木，亲自前往哭吊。樗里疾将秦武王的尸体运回到咸阳之后，因为秦武王没有儿子，他的几个弟弟争位。赵国的赵武灵王派代地的相国赵固从燕国迎立秦武王的异母弟嬴稷（又名嬴则），是为秦昭襄王（又名秦昭王）。

新君即位之后，樗里疾追究致使秦武王横死的责任，孟贲被车裂并灭族。因为任鄙能劝谏，任命为汉中太守。樗里疾本就与甘茂不和，于是命人四处宣扬说："当初怂恿让先王去洛阳的，正是甘茂。"要给甘茂罗织罪名。甘茂听了，心里非常恐惧。

秦昭王的母亲是楚国人，名叫芈八子，号称宣太后，宣太后有个异父同母的弟弟，名叫魏冉，在秦国颇有势力。秦武王死的时候，秦昭王正在燕国当人质，宣太后在魏冉的大力支持下，通过种种努力，最终使秦昭王经赵武灵王接应，顺利回国继承了王位。秦武王的死讯传到楚国，楚怀王怨恨当初秦国进攻楚国的时候韩国没有出兵救援，于是发兵攻打韩国的雍氏。韩国无力抵挡，只好派相国公仲侈前往秦国求救。秦昭王由于刚刚即位，而宣太后又是楚国人，所以不愿意救援韩国。她不仅不救，还对韩国使者说了一通足以令年轻人羞红脸的话："当年我侍奉先王的时候，先王把腿搭在我身上，我就感觉身体疲倦不能承受。可是当他把整个身体压在我身上的时候，我却并不感觉到沉重，为什么？因为那样会让我感觉比较舒服。如今秦国要援助韩国，每天耗费千金之巨，这会让秦国感觉到疲困，而对我和秦国却没有一点儿益处。"宣太后的言外之意，就是说，秦国救援韩国，没有什么好处，如何能得到整个韩国，这才是令她感到非常舒服的事情。公仲侈的才能可以胜任相国之职，又怎么会听不出这点儿弦外之音，只得辞别宣太后去找甘茂。甘茂见到他之后就问他说："韩国的情势难道还不危急吗？你怎么如此慢条斯理？"公仲侈说："确实还不紧急。"甘茂冷笑说："秦国对韩国的形势了如指掌，形势到了什么程度，我们全都知道。可你如今却说情势还不危急，到底是什么意思？"公仲侈说："韩国如果真到了非常危急的时候，就会投降楚国，所以我说现在还不危急。"甘茂一听，马上说："先生你再不要说了，我全知道了。"于是立即前去找秦昭王。甘茂对秦昭王说："韩国和公仲侈正是以为能够得到秦国的救援，所以才敢抗击楚国。如今楚军包围了雍氏，而秦国却不发救兵。那么公仲侈以后就不会再来朝拜秦国了，他会让韩国归顺楚国，楚国和韩国结为同盟，魏国就不敢不听楚国的，那么楚、魏、韩三国联合伐秦的局面就会形成。请问大王，等待别人前来进攻与主动前去进攻别人之间，哪一个更有利呢？"秦昭王听了，觉得甘茂说得有理，于是派兵助韩。楚军闻讯而退。

秦昭王国事初定，就派樗里疾和甘茂攻打魏国的皮氏城（今山西省运城市河津市西）。镇守宜阳的向寿是宣太后的亲戚，再加上是秦昭王小时候的玩伴，所以得到了秦昭王的重用。向寿想攻打韩国，韩相公仲侈就派苏代去游说他。苏代建议向寿听从甘茂的提议，把武遂还给韩国，并让宜阳的百姓返回本土，以此与韩国结好。向寿还没有打定主意，甘茂就向秦昭王进言，建议把武遂还给韩国，以巩固秦、韩之间的同盟关系。向寿和公孙奭极力反对，但秦昭王还是听从了甘茂的劝说，最终把武遂还给了韩国。向寿和公孙奭非常怨恨甘茂，于是在秦昭王面前说甘茂的坏话，甘茂非常害怕，于是放弃攻打魏国蒲坂（今山西省运城市永济市），并逃亡国外。樗里疾得知消息，只好与魏国讲和，退兵回国。

甘茂逃离秦国，来到齐国，遇到了苏代。这个时候的苏代正准备去出使秦国，于是甘茂就对他说："我得罪了秦国，因惧祸而出逃，无处容身。我听说穷人家的女儿与富人家的女儿一起纺线，穷人家的女儿说'我买不起蜡烛，而你的烛光却用不尽，你可以分我一些烛光，你的光亮并不会因此减少，却能给我行个方便'。如果我处境艰难，而先生却正要去出使秦国，正是权重之时。我的家人在秦国，麻烦先生帮忙搭救一下。"苏代答应了他。到秦国之后，苏代对秦昭王说："甘茂是个非常有才能的人，他在秦国待了那么长时间，对秦国的地形非常熟悉，如果他在齐国约韩国和魏国共同攻打秦国，那将会对秦国不利。"秦昭王一听，赶快问："那怎么办呢？"苏代说："大王您何不好好待他的家人，再用高官厚禄引诱他回秦，等到他回到秦国之后，立即把他囚禁起来，这不就行了吗？"秦昭王连连称是，于是下旨封甘茂为上卿，命人持相印随苏代到齐国去迎接甘茂。

甘茂知道自己在这个时候根本不适合回秦国，于是他拒绝回秦。苏代于是对齐宣王说："甘茂是个贤能的人，如今秦国封他为上卿，持相印来迎接他，但甘茂感激大王您的恩德，希望能成为您的臣子，所以拒绝了秦国。大王您何不礼待甘茂？"齐宣王于是封甘茂为上卿。秦国得知消息后，也厚待甘茂的家人，希望借此拉拢甘茂，不要让他与秦国为敌。

秦昭王即位之初，宣太后因为是楚国人，所以力主秦国与楚国和好。秦昭王于是送厚礼给楚怀王，并将一位美貌的秦国宗室女子送给楚怀王，两国缔结姻亲关系。因为楚国背齐亲秦的行为，齐宣王于是让甘茂出使楚国，劝楚怀王与秦国断绝关系，重新与齐国结盟。楚怀王刚刚娶了秦女并与秦国结盟，所以没有答应齐国。秦昭王听说甘茂出使楚国，于是派人对楚怀王说："希望您能把甘茂送回秦国。"楚怀王拿不定主意，就问大臣范蜎（音渊）说："我打算让甘茂当秦国的丞相，你觉得怎么样？"范蜎回答说："甘茂非常贤能，不能让他当秦国的丞相，他当了秦国的丞相，只会让秦国更加强大。而向寿从小与秦王一起长大，很得秦王的宠信，这样的人当了丞相，才会把秦国搞乱，而楚国才有机可乘。"楚怀王听了，拒绝把甘茂送到秦国，而是派使者请求任命向寿为丞相，秦昭王于是任命向寿为丞相。甘茂无法回到秦国，当然也因没能完成出使任务，无颜再去齐国，只好逃往魏国，最后客死魏国。

公元前304年，秦昭王即位的第三年，秦昭王与楚怀王相会于黄棘（今河南省南阳市新野县东北），两国再次缔结盟好，秦国把之前夺取的上庸等地交还给楚国，以示诚意。屈原因反对秦楚结盟，被楚怀王流放。

楚国与秦国结盟引起了齐国的极大不安，齐国于是联合韩国和魏国，大举进攻楚国。韩国和魏国本来是秦国的盟国，但秦国却不时地攻打他们，韩国的宜阳、武遂，魏国的皮氏城、蒲坂，都先后被秦国攻占。

在公元前303年孟尝君成为齐国的相国之后，因为他在诸侯国中有着很高的声望，所以诸侯们渐渐倒向齐国，孟尝君抓住这个机会，率军攻打与秦国结盟的楚国。楚国得讯十分惊慌，于是赶快将太子熊横送到秦国当人质，请求秦国出兵救援。秦国立即出兵相救，孟尝君听到秦国出兵，立即引三国之兵撤退。

  但秦、楚两国的盟约仅仅又过了一年就再没有维持下去。原因是在秦国当人质的太子熊横因为私事与秦国的大夫发生争斗，杀死秦国的大夫跑回了楚国，秦楚联盟破裂。齐国抓住时机，于公元前301年再次联合魏、韩两国攻打楚国。齐宣王派匡章为主将，与魏将公孙喜、韩将暴鸢（音渊）率军进攻楚国的方城（今河南省南阳市方城县）。楚怀王派大将唐眜率军迎敌。两军在沘水（即今唐河支流，发源于今河南省驻马店市泌阳县的泌水）两岸扎下营寨，隔河对峙。因为齐、魏、韩三国联军不了解沘水的深浅，不敢贸然渡河，所以前后相持了差不多有半年时间。正在这个节骨眼儿上，齐宣王死了，即位的齐湣王派人用极为严苛的措辞催促匡章尽快与楚军交战。主将匡章觉得自己谨慎指挥还遭此非难，感觉非常委屈，他对齐湣王的使者说："对我来说，齐王免我的职，杀死我，甚至是杀死我全家，这是他能够做到的，但在时机不成熟时强令我出战，这是他不能做到的。"当然，匡章话虽这么说，还是得想办法打赢楚军。他派人寻找可以渡河的地方，但却都被楚军的弓箭射回。有一个樵夫就告诉他说："要想知道河水的深浅太容易了，凡是楚军重兵把守的地方，就是水浅的地方，凡是楚军防守薄弱的地方，就是水深的地方。"匡章大喜，于是立即选拔精兵，于当天晚上从楚军重兵防守的地方渡过沘水，向楚军发动了突然袭击。楚军在垂沙（今河南省南阳市唐河县境内）被打得大败，两万多将士被杀，主将唐眜战死。随后，联军攻占了宛城（今河南省南阳市）和叶城（今河南省平顶山市叶县）。宛城和叶城随后被魏、韩两国瓜分。

  楚怀王大惊失色，迫于形势，只得让太子熊横到齐国当人质，向齐国求和。

  楚怀王的反复无常让秦昭王非常生气，为了教训楚国，秦昭王于公元前300年派兵攻楚，楚将景缺战死，两万楚兵被杀。第二年，秦国再次出兵攻打楚国，占领了楚国的八座城池。秦昭王写信给楚怀王说："之前我与您在黄棘会盟，结为兄弟，贵国的太子也到我国当人质，两国建立了非常友好的关系。可是太子欺凌并杀死我的重臣，也不向我道歉就逃回楚国，我非常生气，所以派兵侵伐了贵国的边境。我听说您又让太子入齐为质，想与齐国结盟，不知道是不是这样的？我国与贵国国土接壤，所以缔结了婚姻关系，友好相处已经好长时间了。如今秦、楚两国不和，就没办法号令诸侯。我想与您在武关（位于今陕西省商洛市丹凤县东武关河的北岸）相会，当面再一次订立盟约，两国共同遵守，这可是我最大的愿望。"

楚怀王收到秦昭王的来信，感到非常为难，去吧，害怕再一次被秦国欺骗，不去吧，又担心惹怒秦国。令尹昭雎劝他说："大王绝对不能去，应该派军队加强对边境的防守，秦国有吞并天下的野心，不能轻易相信他们。"但楚怀王的儿子子兰却因为娶了秦国女子的缘故，极力主张楚怀王前去与秦国会盟，认为不应因此而失去秦国的欢心。楚怀王最终采纳了子兰等人的主张，决定前去与秦昭王相会。秦昭王听到楚怀王前来，让一位将军诈称是秦王，然后在武关之外设下埋伏。楚怀王到达武关之后，立即被秦军劫持，并被送到了咸阳。到了咸阳之后，秦昭王在章台会见楚怀王时，竟然用对待臣属藩国的礼节对待楚怀王。楚怀王非常愤怒，后悔没有听昭雎的劝告，然而此时，却是说什么也晚了。秦国把楚怀王扣留下来，要挟让楚国割让巫郡（今重庆市巫山县）和黔中郡的土地给秦国。楚怀王人在屋檐下，不得不低头，于是就提出先结盟，再割地。但秦昭王却不同意，坚持要让楚国先割地，再结盟。楚怀王最后的一点儿自尊顷刻之间爆发了，他悲愤地说："秦国欺骗了我，还强迫我割地，我是说什么都不会答应的。"决绝地拒绝了秦国。秦国自然也就不放他回国。

楚国的大臣们得知消息后坐不住了，他们相互商议说："如今大王被秦国扣留，太子又在齐国当人质，如果秦国和齐国联合起来攻打楚国，那么楚国可就危险了。"于是准备立楚怀王在国内的儿子为王。昭雎反对说："大王和太子都被困在国外，如今我们却要违背大王的意愿拥立他的庶子为王，这是不合适的。"于是派使者前往齐国，谎称楚怀王已死，请求太子回国。齐湣王想借此要挟楚国给齐国割地，他对楚太子横说："如果您愿意把楚国东北五百里的土地割让给齐国，我就放您回去，否则，您还是待在齐国吧。"太子横感觉比较为难，只好向他的老师慎子求教，慎子告诉他说："如果您回不到楚国，当不了楚王，那么楚国的一寸土地也不会属于您，而如果您能够回国顺利即位，那即使损失五百里的土地，也是值得的。况且，如果因为爱土地而不去为死去的父亲送葬，那将是非常不孝的。不如答应齐国的要求。"孟尝君也劝导齐湣王说："如果我们不放楚太子回去，楚国就会立其他的公子为王，那我们就会白白地扣留一个毫无用处的太子，而且还会在诸侯国中留下不义之名。"齐湣王听了孟尝君的劝告，认为非常有理，再加上他得到了太子横割地的允诺，于是就让熊横回了楚国。

楚太子熊横回国之后，被楚国人立为新王，是为楚顷襄王。楚国派人通知秦国说:"多蒙神灵保佑,楚国又有新王了。"

秦昭王接到楚国的国书,不禁又气又怒又恼,气的是齐国孟尝君竟然敢公然跟秦国作对,劝齐湣王放走了太子横;怒的是楚国竟敢无视秦国的存在,真的立了新的国君;恼的是秦国如意算盘落空,白白扣留了楚怀王,背上了不义之骂名。恼怒之下,秦昭王派兵出伐楚国,大败楚军,杀死五万楚兵,夺取了淅地(今河南省南阳市淅川县)的十五座城池才收兵。而对于楚顷襄王曾经向齐国割地的承诺,秦国不愿意眼看着让齐国实力增强,也派兵加以干涉,而楚国则正好以此为借口,不向齐国割地。同时,为了报复齐相孟尝君,秦昭王派人到齐国散布流言说:"齐国的相国孟尝君名闻天下,诸侯只知道齐国有孟尝君,而不知道有齐王,孟尝君马上就要取代齐王自立了。"

齐湣王一则因为听了孟尝君的劝告放走楚顷襄王得不到地,二则因为秦国派人四处造谣,于是深信孟尝君仗着他的名声欺君专权,有不臣之心,于是就罢免了孟尝君。

孟尝君被免去相国之职,只好前往自己的封邑薛地。

早先的时候,有一个名叫冯谖的人来投奔孟尝君,孟尝君曾问他有什么特长,冯谖表示一无所长,只是因为太穷了,过不下去日子,所以前来投靠。孟尝君置之一笑,于是让他住在了传舍。当时因为孟尝君的食客较多,为了方便管理,于是就把食客分为三等,上客住的地方叫"代舍",意思是这些门客水平高,某些时候可以代表孟尝君去做某件事情,中客住的地方叫"幸舍",意思是这些门客已经颇受孟尝君的信任,下客住的地方就叫"传舍",也就是说,这些人才能一般,最多也就只能让他们做一些传个话送个东西之类的事情。冯谖来了之后不久,孟尝君就问管理传舍的舍长说:"新来的冯谖在做什么?"传舍长如实回答:"冯先生非常贫困,只带着一把剑,每天都在弹那把剑说'长剑啊,我们回去吧,吃的饭菜没有鱼'。"孟尝君听了,于是就命人让冯谖搬到幸舍里去,然后嘱咐幸舍的舍长注意观察冯谖的动静。过了几天,孟尝君就问冯谖在做什么?幸舍舍长回答说:"冯先生每天都在弹着长剑唱歌'长剑啊,咱们回去吧,出入没有车'。"孟尝君听了,皱了皱眉头,又吩咐让冯谖搬进了代舍。再过几天,孟尝君再问代舍长,问冯谖在做什么,代舍长回答说:"冯先生又弹剑唱歌说'长剑啊,咱们回去吧,没有自己的家'。"孟尝君非常生气地说:"这个人也太贪得无厌了吧?"于是不再理睬冯谖,而冯谖见孟尝君没有理睬他,也就知趣地不再弹剑唱歌。

因为门下的食客比较多，所以孟尝君的日常开支非常大，颇有些入不敷出，于是就想让一个可靠的人代他到薛地收债。他问身边的人谁可以胜任这项工作，管理门客食宿的人就回答说："那个冯谖，看上去非常有才能，而且看上去像个慈善长者，让他去收债，应该比较合适。"孟尝君于是把冯谖请来说："宾客们不认为我不才，到我这里来的有三千多个，我封邑的收入已不足以支付宾客们的伙食费用，所以在薛地放了债。但薛地的收成不好，所以百姓们都不愿付利息。现在宾客们的伙食费恐怕无以为继，所以我想麻烦先生代我到薛地去收债。"冯谖问他说："收了债之后，回来时需要买些什么东西吗？"

孟尝君说："您看我这里缺什么，就买些什么吧。"

冯谖到了薛地之后，把凡是借了孟尝君债务的人全部召集在一起，然后收了十万钱的利息。他用这些钱买了大量酒肉，然后通知那些能够付得出利息的也来，付不起利息的也来，要求来时带上借据，以便一一核对。等大家都聚齐了，冯谖于是摆上酒席，让众人吃肉喝酒。等到大家喝得差不多的时候，冯谖开始拿着借据一一核对，能够付得出利息的，约定还钱的期限，实在穷得无法还利息的，冯谖就烧了他们的借据。众人都非常不解，冯谖就向他们解释说："孟尝君之所以给你们借钱，是为了帮助你们中间没有本钱的人从事生产劳动；之所以要收利息，是因为他有许多的宾客需要养。现在能还得起利息的人，给你们一个期限，还不起利息的人，烧了你们的借据，债务一笔勾销。现在你们放下心来开怀畅饮吧，遇上这么好的封邑主人，大家可千万不要背叛他啊。"所有的债主都十分高兴，站起来向冯谖拜谢。

冯谖还没有回到临淄，他烧债券的事情却早就传到了孟尝君的耳中。等冯谖到了之后，孟尝君非常生气地质问他说："我门下有三千食客，我现在已无力供养，所以在薛地放了债。如今让你去收债，我听说你不但把之前收的十万钱买了酒肉，反而还把好多人的借据给烧了，请问这是不是真的？"冯谖回答说："是真的。我不摆几桌酒席，借了钱的人就来不齐，我也就没办法知道究竟谁能还得起钱而谁还不起钱。能还得起钱的人，与他约定了还款的期限，而还不起钱的人，就是把他催上十年，他也还是还不起，等把他逼急了，弄不好他就会逃亡他乡。到那个时候，大王和其他的大臣会认为您过于看重金钱不知道体恤百姓，而薛地的百姓则对您充满怨恨。如今我烧了那些没有用的借据，舍弃那些得不到的利息，而让薛地的百姓感谢您的恩德，宣扬您的善举，请问我做得有什么不对呢？再者说我走的时候曾问您需要买些什么东西回来，您说买些这里没有的东西，我看这里最缺的就是'义'，现在我把它买回来了。"

孟尝君气得一句话都说不出来，但冯谖说的却都是大道理，他心里虽然不快，但因为平时他就是凭着这些大义取信于天下并招揽这些门客的，所以他无论如何也不能反驳，无奈之下只好向冯谖拱手致谢。

等到此时听说孟尝君被罢相，三千门客无一例外地选择了离开孟尝君，只有冯谖没有走。他赶着马车载着孟尝君回到薛地，薛地的老百姓尤其是之前那些被冯谖免除债务的人听说孟尝君回来了，老远就扶老携幼地前去迎接他，孟尝君非常感慨地对冯谖说："我这才知道先生您之前替我买的'义'是怎么回事了。"冯谖对孟尝君说："狡兔三窟，也仅仅是为了能逃命，如今您只有一窟，请让我为您再凿两个窟。您给我一辆车，让我到秦国去，我能让您在齐国更加显贵并得到更多的封地，您看可以吗？"孟尝君已经从这件事情上领教了冯谖的高明之处，现在还有什么不相信他的呢？于是给冯谖准备了五十辆马车，五百斤黄金，让他到秦国去。

冯谖到秦国后对秦昭王说："天下的游说之士驾车向西来到秦国，无一不是为了让秦国更加强大而让齐国更加衰弱；驾车向东前往齐国的，无一不是想让齐国更加强大而趁机削弱秦国。秦、齐两国都是大国，势不两立，谁先胜出谁就能雄霸天下。"秦昭王就问他说："那么怎样才能让秦国在与齐国的争衡中胜出呢？"

冯谖反问他说："大王是否知道齐国罢免了相国孟尝君的事情？"

秦昭王说："这我听说了。"

冯谖说："使齐国名重天下的，就是孟尝君啊。如今齐国国君听信谗言，罢免了孟尝君，孟尝君心里非常怨恨，必定会背叛齐国。如果他能来到秦国，那么齐国的地理、军事、人事等详细情况，都会尽数被秦国所掌握。您要是派兵攻打齐国，消灭整个齐国都不在话下。您为什么不派使者悄悄地前往齐国去迎接孟尝君呢？这个机会一旦失去，齐王万一哪天醒悟过来，重新起用孟尝君，那么秦、齐两国，又将会不分雌雄，最终谁胜谁负，还说不定呢。"

秦昭王之前被孟尝君打搅了好事，本来十分痛恨孟尝君，不过听冯谖这么一说，他又觉得孟尝君确实人才难得，毕竟桀犬吠尧，各为其主，孟尝君之前在齐国，肯定要为齐国着想，那么现在如果来到秦国，为秦国出力不也会变得顺理成章吗？想到这里，秦昭王觉得非常高兴，于是派使者驾着十辆马车，带着百镒黄金，前往齐国迎孟尝君入秦。

冯谖告别秦昭王之后，抢在秦国使者之前回到了齐国，他对齐湣王说："如今齐、秦两国，不分雌雄，秦强则齐弱，齐强则秦弱。我听说秦国派使者前来我国，准备迎孟尝君去秦国当相国。如果孟尝君不去也就罢了，但如果他去了秦国，那么秦国就一定会称霸诸侯，到那个时候，齐国可就危险了。大王为什么不在秦国的使者到来之前，赶快让孟尝君官复原职并增加他的封邑，以此来向孟尝君道歉呢？如果您这样做了，孟尝君一定会非常高兴地接受，秦国虽然是强国，但他也不可能跑到一个国家并强行接走人家的相国吧。"齐湣王听了嘴上说好，但心里却半信半疑。他派人到边境上去探听虚实，看秦国是否真有前来迎接孟尝君的使者。齐湣王的使者刚到边境，就看到秦国的车辆熙熙攘攘地前来，一打听，说是来齐国迎接孟尝君的，于是立即飞马赶了回来，并向齐湣王报告。齐湣王得知消息属实，于是立即派人前往薛地迎回孟尝君，恢复了他的相国之职，并为他增加了一千户的封邑。秦国的使者还没到达薛邑，就听说孟尝君已经官复原职，于是掉转马头，回秦国去了。

那些之前弃孟尝君而去的门客，听到孟尝君重新当了相国，全部又回来准备为孟尝君当食客。孟尝君颇有些生气地对冯谖说："我素来特别敬重宾客，从来不敢慢待他们，所以有了三千宾客，先生这您是知道的。可是这些宾客一旦看到我被免去官职，就全部离开了我，没有一个顾念我的。如今我凭着先生您的努力才恢复相国之位，那些离我而去的宾客，还有什么脸面再来见我呢？如果有哪一个再跑来见我，我一定会把口水唾在他的脸上，并狠狠地羞辱他一番。"

冯谖听了，立即停下马车，下车向孟尝君行礼。孟尝君赶快下车向他还礼说："先生您是在为那些宾客道歉吗？"冯谖说："我并不是替宾客们道歉，而是您的话说得不对。这个世上的每一件物品，都有它的最终结局，每一件事情，都有它的内在规律，您明白这个道理吗？"孟尝君说："我不知道您想用这个来说明一个什么样的道理。"冯谖说："一个人活着，他就一定会有死的时候，这是个必然结局；富贵的人多宾客，贫贱的人少朋友，这也是一个自然规律。您没有见过那些赶早市的人吗？早晨的时候，他们都侧着肩膀寻找空隙往市场里挤，而到了傍晚之时，经过市场时却连头都不回。不是因为他们喜欢早晨而不喜欢傍晚，只是因为早市上有他们需要的东西而傍晚却没有了的缘故啊。之前您当相国，宾客们都蜂拥而来，因为您这里有他们需要的东西，之后您失去了官职，宾客们也都离您而去，因为这里没有了他们需要的东西，而这一切，都是符合客观规律的呀，所以，您不能因为怨恨他们，就拒绝他们再次投奔您。希望您还像以前一样，善待每一位宾客。"孟尝君想了想，也确实如此，于是他向冯谖致谢说："您说得太对了，我一定照您说的去做。"

而秦昭王被冯谖这么一愚弄，倒是更加坚定了不见孟尝君誓不罢休的决心。因为秦国就像是一头猛虎，在他熟睡的时候，你拿一块肥肉去招惹他，但当等他醒来的时候，他就一定要想方设法吞掉这块肥肉，不达目的不罢休，这就是秦国的性格，也是秦昭王的性格。这个时候秦国的相国樗里子刚好死了，秦昭王急需要一个有才能的人来秦国当相国，而他首先想到的，就是孟尝君。为了表示诚意，秦昭王特意让他的弟弟泾阳君到齐国做人质，表示一定要让孟尝君到秦国来。孟尝君的门客听了，都劝孟尝君不要去，但孟尝君却一意孤行，并拒绝再让门客前来劝阻。这个时候的苏代刚刚出使归来，他就对孟尝君讲了一个故事说："我刚刚从外面来，路上看到一个小泥人和一个小木人说话，小木人对小泥人说'天马上就要下雨了，你将要被泡成泥水了'。小泥人说'我本来就是从土里来的，泡成泥水也还是会回到土中，等于是回到了故里。而你呢，大雨一来，你随波漂流，我不知道你会被大水冲刷到哪里去了'。秦国是虎狼之国，楚王就是因为过于轻信，结果被秦国扣留。如果您去了秦国却无法返回，岂不是被那个小泥人笑话吗？"孟尝君听了深有感触，于是打消了前往秦国的念头。

而秦国之所以是秦国，就在于其不达目的誓不罢休，孟尝君不去，秦昭王就接二连三地向齐国施压，齐湣王无法，只好派孟尝君前往秦国。为了不得罪秦国，齐湣王好人做到底，表示不敢让泾阳君在齐国当人质，于是顺便让孟尝君把泾阳君送回了秦国。

孟尝君本来在齐湣王手下当相国就觉得有点儿窝火，并且他之前也很想去秦国，此时接到齐湣王的命令，于是就带着他的数千门客来到了秦国。秦昭王见到孟尝君非常高兴，与他彻夜长谈不息，大有相见恨晚之感，于是立即任命他为相国。孟尝君有一件白色的狐皮大衣，作为私人礼物，进献给了秦昭王。秦昭王非常喜爱，当天晚上就穿着这件白狐裘去了他宠爱的燕姬那里，并向燕姬夸耀。燕姬说："不就是个普通的狐皮大衣吗，有什么可夸的？"秦昭王说："这个狐皮大衣可不是普通的狐皮大衣所能比的。狐狸活不到几千年，毛色不发白，而今天这个狐皮大衣，都是用狐狸腋下发白的那一小块皮毛一块一块地缝起来的，非常珍贵。齐国是山东大国，狐狸较多，估计也只有齐国才会有这么贵重的东西。"燕姬刚开始对白狐裘非常不屑，但等此时听说白狐裘如此珍贵，心里立即非常艳羡，可是她见秦昭王非常喜欢的样子，又不便开口向秦昭王索要，只好遗憾作罢。因为当时正值天暖，秦昭王便命人把白狐裘锁进库房，准备天冷了再穿。

再说孟尝君，当了秦国的相国不久，秦国就有人嫉妒他，并在秦昭王面前说他的坏话说："孟尝君是齐国人，他来我们秦国当相国，无论做什么，首先想到的肯定是齐国，其次才会是秦国。以他的才能，再加上他这么多门客的智谋，如果他要借秦国的权力为齐国谋利益，那我们秦国的处境可就危险了。"

秦昭王思虑再三，觉得很有道理，于是就免去孟尝君的相国之职，并把他软禁了起来，准备杀掉他。

再说曾经到齐国当人质的泾阳君，他在齐国时曾经受到孟尝君的厚待，返回秦国之前，孟尝君又送给他许多贵重礼物，因此他对孟尝君非常感激。此时见孟尝君被囚，立即前来探望并设法营救。孟尝君刚来秦国，人生地不熟，于是就问泾阳君可有什么办法脱身。泾阳君说："后宫的妃子里面，有一个叫燕姬的，最得大王的欢心，大王对她百依百顺、言听计从。相君前来的时候，一定带有齐国的宝物，我拿着去献给燕姬，让她帮忙在大王面前替您美言，大王就一定会将您释放回国。"

于是孟尝君命人拿出玉璧两对，让泾阳君带着去找燕姬。谁知燕姬听明来意，对玉璧根本就不感兴趣，她对泾阳君说："我非常喜欢穿白狐裘，听说只有他们齐国有，如果能给我找来一件，我又何必吝惜说句话呢？玉璧我这里多的是，我不稀罕。"

泾阳君无可奈何，只好带着玉璧回来见孟尝君。孟尝君听了燕姬的回话，禁不住叫苦连天："我就只有那么一件白狐裘，已经献给了秦王，再到哪里去为她找一件呢？"他望着身边的众多门客，问他们说："您们谁有办法把那件白狐裘弄回来？"

众食客都不敢答话，过了半晌，传舍的一位门客应声说："我能把白狐裘拿回来。"

孟尝君很有些不相信，就问他："您打算用什么办法拿回来？"

那位门客说："我可以装成狗的样子，去把那件白狐裘偷回来。"

孟尝君哭笑不得，但事情到了这个地步，又没有其他更好的办法，于是就让那位门客去了。泾阳君早就把秦昭王的库房位置打探得一清二楚，并告诉了那位门客，到了晚上，那位门客装成狗的样子，悄悄地通过狗洞爬进了秦王的仓库。仓库的主管听到有屋外有响动，立即出来察看，门客见状，便煞有介事地像狗那样叫了几声，声音模仿得惟妙惟肖，主管以为真的是狗，便不再怀疑，回到了房内。到了深夜，门客等仓库的主管睡熟了，悄悄地溜进睡房，偷了仓库的钥匙，把白狐裘取了出来。

孟尝君拿到白狐裘，赶快交给泾阳君，泾阳君又转交给燕姬，燕姬得到梦寐以求的白狐裘，心里非常高兴。

当天晚上，秦昭王恰巧来到燕姬的住处，燕姬趁着秦昭王高兴，便向秦昭王吹枕边风说："大王，我听说齐国的孟尝君是个非常有才能的人。孟尝君本来在齐国当相国，不想来秦国，是大王硬把他请了过来。现在他来到了秦国，大王不想任用他也就罢了，为什么要杀了他呢？再说杀了孟尝君，大王就会背上害贤的恶名，恐怕以后有才能的人，都不敢来秦国了。"

秦昭王听了之后，立即出了一身冷汗，是啊，如果杀了孟尝君，那以后哪个有才能的人还敢到秦国来啊，于是就答应释放孟尝君。到了第二天，秦昭王即命人准备车马和通关文书，然后释放孟尝君，让他回齐国。

孟尝君得到赦令喜出望外，赶快对他的门客们说："我今天因为燕姬的一句话，侥幸被释放，万一秦王反悔，那我就死无葬身之地了。"他的门客中，有一个擅长制造假文书的人，差不多类似现今造假证的，把释放文书中孟尝君的名字改成一个假名，然后趁夜离开咸阳，风驰电掣地赶往函谷关。

当他们到达函谷关的时候，才是半夜。孟尝君生怕秦王派兵追来，心中焦急异常。而函谷关开关闭关都有固定的时辰，通常都是傍晚无人时关门，第二天凌晨鸡鸣时开门。孟尝君和他的门客们挤在城门之下，一个个心急火燎，但却束手无策。突然之间，人群中发出一声响亮的鸡鸣，孟尝君十分惊讶，循声望去，才发现是传舍的一个门客，他能模仿鸡的叫声。

有了这一声鸡叫，周围农户家的公鸡都开始跟着打鸣。守关的官员听到鸡叫声此起彼伏，以为天马上就要亮了，于是打开城门，查验出关文书。孟尝君和他的门客凭着秦王发给的通关文书，轻而易举地离开秦国，迅速往齐国方向赶。

路上，孟尝君对那两个学狗爬和学鸡叫的门客说："我今天能够虎口脱险，全靠了你们鸡鸣狗盗的技能啊。"鸡鸣狗盗因此成了一个成语，比喻微不足道的技术或能力。

那些代舍和幸舍的食客都默默自惭，从此以后，再也不敢小瞧传舍的门客了。

再说秦昭王，把孟尝君放了之后，立即就后悔了，于是立即派人去追。追兵追到函谷关，领兵的将军索来登记旅客出入的花名册查阅，并没有发现孟尝君的名字，以为孟尝君还没有到达函谷关，于是就在关前等候。但足足等了半天时间，也没见孟尝君前来，于是就对守关的官员描述了孟尝君的相貌，问这个人是否出关。守关的官员说："原来是这个人啊，今天早上刚刚鸡鸣的时候，第一个出关的就是他。"将军再问："你估计一下，我们能不能追得上他？"守关的官员回答说："他们出了关就把马车赶得飞快，现在距函谷关大概有上百里了，说什么也追不上了。"负责追赶的将军只好返回，向秦昭王报告，秦昭王无可奈何地说："孟尝君果然有些本事。"

等到后来天凉，秦昭王向仓库主管要他的白狐裘，谁知主管翻遍了仓库，却发现白狐裘居然不翼而飞。秦昭王也是个明察秋毫的贤君，看仓库主管不像是监守自盗的人，于是暂时放过不提。等几天后他到燕姬那里，却无比惊奇地发现燕姬竟然穿着那件白狐裘，于是就问怎么回事，燕姬知道瞒不过去，于是就把白狐裘的来历讲了一遍。秦昭王得知白狐裘是被孟尝君的食客所盗，无比感慨地说："孟尝君的门下，就像一个大都市的集贸市场一样，可说是无所不有，这不是我们秦国所能相比的。"于是做个顺水人情把那件白狐裘赐给了燕姬，也不再追究仓库主管的失盗之罪。

再说被秦国扣留的楚怀王，也许是受了孟尝君鸡鸣狗盗的启发，他也于被扣的第三年，孟尝君逃走后的第二年，即公元前297年，趁秦国看守他的兵士不注意，乔装打扮从秦国逃了出来。守卫发觉后，赶快禀报秦昭王，秦昭王闻讯，立即命人在通往楚国的道路上严查。楚怀王不敢往楚国方向跑，只好通过小路跑到了赵国。而这个时候，赵国的国君是赵肃侯的儿子赵武灵王，赵武灵王又把王位传给了他的小儿子赵惠文王，自己则当了太上皇，前往代地巡游。由于赵武灵王不在国内，赵惠文王不敢擅自做主收留楚怀王，楚怀王无法，只好往魏国跑。但是晚了，秦国的追兵已经到了，又把楚怀王带回了秦国，从此看守得更加严密。

经过这场变故，楚怀王知道自己要想离开秦国，是说什么也不可能的事情了，忧愤之下一病不起，不到一年就死了。楚怀王死后，秦国把他的尸体送回了楚国。楚国百姓都非常同情楚怀王，就像自己的亲人死去了那样悲伤。各诸侯国也非常鄙视秦国的所作所为，纷纷跟秦国断绝外交关系，然后合纵抗秦。

然而，别人的同情和愤怒并不能唤醒楚国执政贵族的崛起和奋进。楚顷襄王即位后，任命他的弟弟子兰为令尹。而楚国百姓早就对子兰嗤之以鼻，认为就是因为他的极力怂恿，才使楚怀王被秦国扣留并最终客死异乡。

顷襄王即位的第六年，即公元前293年，秦国命大将白起进攻韩国，杀死韩兵二十四万，天下为之震动。秦昭王就向顷襄王写了一封恐吓信，信中说："楚国背叛了秦国，秦国一定会率领诸侯讨伐楚国，希望您好好整顿您的军队，然后我们痛痛快快地打一仗。"顷襄王接信之后，吓得肝胆欲裂，赶快表示愿意重新归顺秦国。前292年，顷襄王迎娶秦国宗室女子，再度与秦结盟。三闾大夫屈原痛心疾首，极力反对顷襄王与秦结盟，并指责令尹子兰对楚怀王的死负有直接责任。屈原向顷襄王进言，希望顷襄王能亲近贤臣，疏远小人，选拔将领，训练士卒，一则为楚怀王报仇，二则使楚国变得强大。面对屈原的指责，子兰恼羞成怒，他指使上官大夫靳尚在顷襄王面前诋毁屈原说："屈原现在大肆向人宣扬说，大王您不为先王报仇，是个不孝之子，而我们这些大夫，不主张进攻秦国，是不忠之臣，想必屈原仅仅是对我们这些大臣有意见，为了使大王不再受无端的指责，还是请大王把我们免了吧。"顷襄王早就对屈原说话不留情面感到无比恼羞，闻听此语立即勃然大怒，下令免去屈原的官职，将他再度流放。

屈原回到他的家乡，意志非常消沉。屈原有个姐姐，听说屈原被流放，于是专程赶来看望他，安慰他，鼓励他振作。为了纪念他这位贤惠的姐姐，楚国人把屈原的故乡改名为"姊归"，寓意姐姐归来省亲之意。"姊归"后来演变为"秭归"，即今湖北宜昌市秭归县。

从公元前285年开始，顷襄王连续三年与秦昭王会盟，然而仅仅又过了二年，秦国就开始大举进攻楚国，楚国战败，割让上庸、汉北（汉水以北的地方）等地给秦国。前279年，秦军攻占西陵（今湖北省武汉市新洲区）；前278年，秦国大将白起攻破郢都，放火焚烧楚国先王位于夷陵（今湖北省宜昌市夷陵区）的墓葬。郢都被攻破，预示着楚国即将覆败的危机。

遭到流放的屈原得知郢都被破的消息，他对楚国的前途彻底失去希望，悲愤交加自投汨罗江而死。乡里的乡亲们听说屈原投水，赶快争先恐后驾着小舟来救，但说什么也晚了，别说是活人，连尸体都找不到了。乡邻们于是把包起来的米团扔进江里，以防鱼虾啃食屈原的尸首。传说这一天是农历五月初五，为了纪念屈原，人们把这一天定为端午节，并通过赛龙舟、包粽子来纪念这位伟大的爱国者。

屈原的爱国行为也通过他的文学作品得到了反映。屈原的文学作品，比较著名的如《离骚》，还有《九章》《九歌》《天问》等，名句如"路漫漫其修远兮，吾将上下而求索""长太息以掩涕兮，哀民生之多艰"等，可说是耳熟能详。屈原在他的诗中，抒发了强烈的爱国热情，表达了对昏聩的楚国贵族的痛斥和对苦难的楚国人民的同情。屈原是我国古代浪漫主义诗歌的奠基人,他在楚国民歌基础上创造的新的诗歌体裁——楚辞,在中国文学史上有非常重要的地位。《离骚》与《诗经》并称为"风骚",对后世的影响极大。

公元前263年,楚顷襄王死,而此时距楚国的彻底灭亡,也仅剩下四十年时间。楚顷襄王的一生,与他的父亲楚怀王一样,也是十分屈辱的一生。心怀杀父之仇,但却不得不选择与秦国结盟,但结盟之后,又屡次被秦国攻打,实在打得不行了,才又断绝关系,但随即又在秦国的拉拢之下倒向秦国。顷襄王之所以没有大的作为,一方面,是个人能力欠缺的问题,而另一方面,则是整个楚国贵族阶层腐败的问题。当然,与天下将要趋于一统的大势也有关系。

楚顷襄王在位三十六年,在政治上没有多大建树。不过,由于楚国政治的腐败没落,这一时期楚国的文学倒是取得了相当大的成就,屈原之外,比较著名的还有辞赋家宋玉等。宋玉相传是屈原的学生,他曾任楚顷襄王的文学侍从,《神女赋》《高唐赋》等名篇,都出自他的笔下,"下里巴人""阳春白雪""曲高和寡"等典故,也出自他的作品。宋玉在他的《高唐赋》(因楚王梦游位于今重庆市巫山县城西的高唐观而得名)和《神女赋》中,描写了楚怀王、楚顷襄王与巫山神女梦中相会相爱的故事,从而使"巫山神女"这个文学形象深入人心,而"巫山云雨"或"云雨"等词,也成为后世男欢女爱的专用代名词。

宋玉塑造的另一个文学形象,则是"登徒子"。宋玉在他的《登徒子好色赋中》这样写道:

有一个名叫登徒子的大夫对楚顷襄王说:"宋玉长得非常英俊,口才又好,还特别好色,大王您要防着他,不要让他出入后宫。"顷襄王听了,就把宋玉找来问话。宋玉辩解说:"相貌英俊,这是父母给的,口才出众,这是跟老师学的,这我都认账,但说我好色,却是没有根据的事情。天下的美人,没有哪个能比得上楚国的,而楚国的美人,又没有哪个能比得上我家乡的。而我家乡最美的女子,要数我东边邻居家的那位小姐。她的身材要是加一分就太高了,要是减一分就太矮了;她的皮肤要是擦一点儿粉就太白了,而涂一点儿朱又显得太红了;眉毛就像鸟的羽毛那样黑亮而整齐,肌肤就像冰雪那样洁白而光滑,腰身就像束了一根带子那样纤细而婀娜,牙齿就像贝壳那样晶莹而光亮,她只要一笑,就会让阳城(今河南省郑州市登封市)和下蔡(今安徽淮南市寿县、凤台县)一带的男人们全部为之倾倒。但就是这样一位绝色美女,趴在我家的东墙上偷偷地看了我三年,我至今都没有答应要和她交好。可是登徒子呢,他的老婆长得蓬头垢面，耳朵弯曲，嘴唇外翻，牙齿不整，弯腰驼背，走路一瘸一拐，还患有皮肤病和痔疮，这么丑陋的女人，登徒子居然非常喜欢她，并一连和她生了五个孩子。大王您说，究竟是我好色呢，还是登徒子好色呢？"

顷襄王听了，似乎觉得宋玉说得有道理，于是认为登徒子好色。

因为宋玉的这篇文章，后世都把好色者称为登徒子，"登徒子"也成为好色之徒的代名词。

登徒子虽然是宋玉虚构的一个人物，但每每有人提起这个文学作品中的人物，都会在忍俊不禁之余为他鸣不平，说他其实是个好男人。就连毛泽东都忍不住替登徒子翻案，认为宋玉用这些颠倒黑白的诡辩之词，把一个爱情专一的模范丈夫诬蔑成了一个好色之徒。

楚顷襄王死了，带着世人对他的千古唾骂死了，也带着他终生未报的杀父之仇死了。战国时期的楚国迅速走向衰微，就是始于憋屈而死的楚怀王之时。

第九节 胡服骑射、饿死沙丘宫、杀美谢客、孟尝君失位

前文提到楚怀王曾经乔装打扮逃出秦国前往赵国,但因为赵武灵王不在国内,而赵惠文王不敢收留,最终导致楚怀王仍被秦兵抓了回去。那么那个时期的赵国,同一时间怎么会出现两个国君呢?来一齐看看那段时间赵国发生了什么事情。

公元前326年,赵肃侯死,其子赵雍即位,是为赵武灵王。赵武灵王刚刚即位的时候,年龄还非常小,委政于老臣肥义。赵武灵王娶韩国女子为夫人,生下长子赵章。赵章十一岁的时候,赵武灵王有一天晚上梦见一个美貌的少女边弹琴边唱歌,歌声非常美妙。过了几天,赵武灵王在饮酒的时候,趁着心情高兴,就把这件事情说了出来,说非常想见梦中的那个少女。谁知道,有说话的,就有应声的,大夫吴广说他有个女儿叫孟姚,就跟赵武灵王所讲的那个少女一模一样,赵武灵王听了,于是召来孟姚,发现确实很像他梦中梦到的那个女子,又让孟姚弹琴,也弹得非常好。于是将孟姚纳入后宫,号称吴娃。吴娃生了一个儿子,名叫赵何。过不几年,韩后死了,赵武灵王于是立吴娃为后,是为惠后。同时废掉赵章的太子之位,改立赵何。

赵武灵王对赵国当时的内忧外患有着非常清醒的认识,虽然从他拥立秦昭王之后,赵国便很少受到秦国的进攻,但是赵国军队战斗力落后于秦、魏等国却是有目共睹的事实。经过视察赵国北边的胡地,赵武灵王发现胡人穿着短衣窄袖的服装,行动非常灵活,骑马打仗速度较快,机动性强,战斗力也比赵国军队要高。赵武灵王于是萌生了要让赵国军队改穿胡服的想法。他相继召集相国肥义和

大臣楼缓，与他们商议改穿胡服的事情。楼缓支持赵武灵王的想法，但其他的大臣都不同意。

赵武灵王就向肥义讨教说："当年简子和襄子两位先主就是吸取了胡人有益的经验，从而取得了很大的成就。我决心向两位先主学习，让国人改穿胡人的衣服，学习骑马和射箭，但世人肯定会议论我，您说该怎么办？"

肥义说："大王既然已经决定要承受改变旧风俗的名声，那么就不要再顾及天下人的议论。愚蠢的人往往连事情做成了都不知道是怎么成功的，而聪明的人往往在做一件事情之前，就可以预料这件事情的结果，既然您觉得改穿胡服确实对赵国有利，您又有什么可忧虑的呢？"

听了肥义的话，赵武灵王下定决心，穿起了胡服。为了争取更多人的支持，赵武灵王派人劝说朝中重臣——他的叔父公子成说："我已经改穿了胡人的衣服，并且准备穿着它上朝，希望叔父您也能穿上胡人的衣服上朝。在家您是长辈，我听您的，但于国我是国君，您得听我的。我下令改穿胡服并不是为了个人享乐，而是为了建立更大的功业，请您一定要支持我，穿上胡服。"

公子成认为赵国作为中原的文明礼仪之邦，放着华贵的东西不用，反而向荒蛮之地的胡人学习，认为这是离经叛道的事情，所以坚决不同意。赵武灵王就亲自上门劝他说："衣服本来就是方便人穿着的，而礼仪也是为了方便人行事的，每个国家都有不同的习俗和礼仪，但都在随着实际情况的变化而变化。之前的时候，就连小小的中山国，也依仗着强大的齐国军队，侵略我国，欺凌我民，并包围了鄗城（今河北省邢台市柏乡县），鄗城差一点儿就失守，先王为此感到非常羞愧。如今我们穿胡服，练骑射，近可以守卫上党，远可以攻打中山。叔父您坚持原有的习俗而不愿意变通，害怕背上改变习俗的恶名而忘了国耻，这并不是我所寄希望于您的。"公子成被说服，同意穿着胡服去上朝。

赵武灵王于是下达了穿胡服的命令，并让军队练习骑马射箭。"胡服骑射"的法令推行了一年多的时间，赵国的军事实力就得到了很大程度的提高。赵武灵王亲自率领赵国军队，攻打中山国，先后用了五年的时间，攻占了被魏国灭国之后又复国的中山国，把赵国的疆域向北扩张到燕、代一带，向西扩张到了云中和九原一带。

公元前299年，赵武灵王大集群臣，把王位传给了年仅十岁的太子赵何，赵何就是赵惠文王。老臣肥义担任相国，同时担任赵惠文王的师傅，赵武灵王则自称为主父，也就是后世所称"太上皇"的意思。

赵武灵王想让赵惠文王独立地治理国家，于是自己穿着胡服，带着一些大臣前往西北胡地视察，想从云中和九原向南直接袭击秦国。为了打探秦国的底细，他诈称是赵国的使者，来到了秦国。秦昭王虽然是他九年前所拥立，但二人却从没有见过面。不过那个时候的诸侯国国君，如果不是为了比如会盟等重要国事，一般都不直接见面。赵武灵王来秦国的目的一则是为了察看秦国的地形地势，二则也是想看看他拥立的这个秦昭王，到底是一个什么样的人。到了秦国之后，秦昭王把赵武灵王当作赵国使者进行了接见，但到了晚上之后，秦昭王回想起这件事情，越想越觉得不对，感觉这个使者相貌魁伟，谈吐不凡，不像是一般的人臣。到了第二天，秦昭王立即命人去追。但赵武灵王早就出关回到了赵国，使馆里只剩下几个为了麻痹秦人而特意留下的随从。秦昭王命人审问随从，才知道之前的使者就是赵武灵王。秦昭王非常惊惧，秦国人也非常害怕，在好长一段时间里都谈论着这件事情。因为别的人都畏秦如虎，楚怀王就是在这一年来到秦国被软禁，孟尝君在这一年靠"鸡鸣狗盗"才逃离秦国，而赵武灵王居然敢自己送上门来，真是有着超群的胆略。

赵惠文王即位的第三年，在赵武灵王的帮助下，灭掉了中山国，并使北方的少数民族全部臣服于赵国。班师回朝之后，为了表示庆贺，赵武灵王大行封赏，大赦天下，与群臣一连宴饮了五天时间。这个时候的赵武灵王，已经实现了他最初变俗、强兵、灭中山、平胡地的战略意图，表面上看起来可谓是意气风发、豪迈非常。但实际上，此时的赵武灵王心情一点儿也不舒畅，为什么，因为他建立了这么大的功勋，但回到朝中之后，却突然发现，他说话不怎么算数了，群臣都在围着赵惠文王打转，而一旁只剩下无人理睬的赵章和他自己。之前他长时间在外统兵、游历，这种感觉还不怎么明显，但在与赵惠文王同时在场的时候，这种感觉却异常强烈。每个人都希望高高在上，一言九鼎，但是，他现在虽然名义上是主父，但大臣们却并不买他的账。赵武灵王原以为立一个十岁的儿子，无疑就是自己的影子，朝中还是自己说了算，但政治有政治的法则，一山不容二虎，一国不容二主，一个国家，就如同一个宇宙一样，只能有一个核心，其他人都要围绕着这一个核心运转，这才是正常的，但如果同时出现了两个核心，那岂不就政出多门，全乱套了？这个道理，他自己明白，他的大臣们也非常清楚。赵武灵王非常后悔，他决心要从儿子手中，拿回原属于自己的权力。但权力这东西，交出去的时候容易，要想再拿回来，就几乎是难于登天。因为赵惠文王在老臣们的辅佐下，已经形成了新的核心，并且在周密地运转着。

但赵武灵王也有他的把握，他在朝中还是有着非常高的威望，他说话，别人听不听另当别论，赵惠文王在表面上至少还得听。这个时候的吴娃也已经死了，赵武灵王渐渐淡忘了对她和她儿子赵何的爱，而转而分外留意起被废的大儿子赵章来。赵章之前无故被废去太子之位，又见赵武灵王传位于赵惠文王，心里非常不服，他对赵惠文王充满怨恨。而此时的赵武灵王，心中对小儿子赵惠文王也是非常嫉妒。赵武灵王和赵章这一对父子，此时可说是难兄难弟，同病相怜。为了夺回失去的权力，赵武灵王打算分三步走，第一步，分封，通过分封为赵章培植势力；第二步，分国，将赵国一分为二，让赵章当代国的国君，第三步，通过赵章和赵惠文王的内斗，自己以主父、中间人、调停人的身份，趁机收回最高权力。

主意打定之后，他立即封赵章为安阳君，并让大臣田不礼作为相国辅佐他。私下里，他找到相国肥义，向他吐露了自己准备重新执政的心声。肥义感到非常吃惊：是这个人，叮嘱要让他忠于赵惠文王，也还是这个人，要让他背叛赵惠文王。当然，他非常理解赵武灵王的想法，毕竟权力这个东西，一旦尝到它的甜头，就再也不愿意放下，如今赵武灵王刚刚尝到了权力失去的痛苦，就马上准备夺回来，这真是再正常也没有了。但肥义对赵武灵王表示了断然的拒绝，他规劝赵武灵王不要铤而走险，现在象征着赵国最高权力的人是赵惠文王，而不是他赵武灵王，谁要是动赵惠文王，那谁就是谋反，即使是他这个太上皇也不行！当然了，肥义作为赵武灵王曾经最信任的老臣，他也感到非常为难，赵武灵王是他之前的国君，而赵惠文王是他现在的国君，并且是赵武灵王一手托付给他的，你说他该忠于谁？他只能忠于这个国家！此刻谁代表赵国，他就要向谁效忠。

赵武灵王在肥义那里碰了一鼻子灰，只得暂时放下这些念头。

再说大臣李兑，他与相国肥义的关系非常好，他敏锐地觉察到了赵武灵王的心思，于是跑来对相国肥义说："安阳君现在正值壮年且心高气傲，他的党羽众多，野心非常大，他难道没有私心吗？田不礼这个人，非常残忍而且傲慢，这两个人如果联合起来，必然会图谋不轨，犯上作乱。您作为相国，一定会首当其冲。您何不称病不朝，让公子成来当相国，而不要使自己成为赵章等人发动政变的牺牲品。"

肥义回答说："不行啊，之前主父把大王托付给我的时候，郑重地叮咛我说，一定要一心一意地辅佐好新王，直到我离开人世。我已经答应了主父，怎么能因为害怕田不礼等人作乱而背弃自己的誓言呢？谢谢您对我的忠告，但我还是要信守我对主父许下的诺言。"此时的肥义,真可以说是有苦难言,他向人许下了诺言,但曾经让他许诺的那个人现在却又希望他违背誓言,他该怎么办?李兑见无法说服肥义,只好流着泪告辞,他对肥义说:"既然您不愿意改变您的初衷,那您就尽力而为吧。但只怕是到了明年,我就再也见不到您了。"李兑告别肥义后,又赶快去找公子成,与公子成秘密商议对策。

　　肥义越来越意识到事情的严重性,但他非常为难,他既不能出卖赵武灵王,还要保护好赵惠文王,他要尽他所能,尽量不要让赵国因内讧而走向分裂甚至是灭亡。他叫来赵惠文王的侍卫长高信说:"安阳君与田不礼的行为非常让人担心,我非常担心他们会假借主父之命做出格的事情。为了以防万一,从现在起,如果主父要召见大王,你一定要先告诉我,我先去看看,如果确实没有什么危险,然后才能让大王去。"高信非常赞同肥义的提议,于是就答应了。

　　公元前295年,赵惠文王即位的第四年,赵国的大臣们都来朝王,赵武灵王坐在赵惠文王的旁边,看到安阳君赵章精神十分颓废,已经成年的他,却要站在下面,向只有十四岁的弟弟朝拜,顿起怜悯之心。赵武灵王进而联想到已经失去权力的自己,禁不住黯然神伤,再次萌发了之前的夺权之念。当然,这个时候,他只能退而求其次,一步一步来。退朝之后,他悄悄地拉住肥义,试探性地问:"你有没有留意到安阳君,他站在臣列,向自己的弟弟朝拜,看上去很不自在。我想把赵国一分为二,让赵章去做代王,你觉得怎么样?"肥义再一次提醒他说:"主父您之前已经做错了,现在只能继续按错的办,如今君臣的名分早就定下来了,如果您再想有什么变动,我怕赵国会因此而产生内乱。"赵武灵王气急败坏地说:"怕什么,决策权不是还在我的手里吗?"肥义不便再说什么,于是两人不欢而散。

　　不能再拖下去了,时间拖得越久,赵惠文王的势力就会越巩固,防范就会越严密,赵武灵王决定尽早动手。经过再三思虑,赵武灵王找了一个外出游玩的借口,要求赵惠文王陪着他一起去。赵惠文王不好拒绝,只好同意了。他们去的地方名叫沙丘(今河北省邢台市广宗县境内),到了晚上,赵武灵王和赵惠文王分别住在了两处行宫。赵章和田不礼也在随行之列,赵章的馆舍,刚好就处在两处行宫的中间。机不可失,时不再来。赵章与田不礼立即着手发动政变。赵武灵王的使者被派出,前去召赵惠文王前来觐见,而赵章和田不礼则摩拳擦掌,准备在半路上袭杀赵惠文王。赵惠文王的侍卫长高信接报之后,按照此前与肥义的约定,立即前来找肥义。肥义怎么会不知道这个深更半夜的召见意味着什么?该来的终于来了,对于肥义,他已经没有了别的路可走,他只能以身殉国,以死明志。肥义叮嘱赵惠文王待在宫中,不要随便走动,又吩咐高信等人严守赵惠文王的宫门,保护好赵惠文王的安全,自己则带着数名随从前往赵武灵王的行宫。半路设伏的赵章及田不礼等人在夜色中见数骑疾驰前来,以为是赵惠文王,立即下达攻击命令,伏击的甲士上前围住乱砍,肥义当场被杀死。田不礼点起火把,查验死者身份,当他发现死者是肥义之时,立即惊得面无人色,他意识到他们的阴谋已经泄露了,但到了这个地步,只能是一不做,二不休。田不礼与赵章赶快发动兵士,前去围攻赵惠文王的行宫。

但因为赵惠文王早有提防,再加上高信等人严阵以待,所以赵章与田不礼攻打了好一阵子,也没有攻进赵惠文王的行宫。

留在国都的公子成和李兑接到消息后带领大军赶来,赵章兵少寡不敌众,很快被大军杀散,田不礼被杀,赵章见势不妙,赶快夺路而逃,但公子成的大军在后紧追,赵章无路可走,只好躲进赵武灵王的行宫。事到如今,赵武灵王还能说什么呢?他寄全部的希望于赵章和田不礼,默许赵章和田不礼的一切行为,而自己则装作什么也不知道的样子,以保留最后的发言权。但是,赵章和田不礼最终让他失望了,谈判桌上的筹码,与战场上的战斗形势紧密相连,当战场上输得一败涂地的时候,也就永远失去了上谈判桌的资格,更别说是在谈判桌上发言了。

公子成和李兑带兵围住赵武灵王所住的沙丘宫,随后进宫向赵武灵王索要赵章,但赵武灵王拒不交出。公子成与李兑于是强行入宫搜捕,最终将赵章抓获,并当场处死。

望着赵章被砍下的血淋淋的脑袋,赵武灵王禁不住痛哭失声,万念俱灰,完了,一切都完了,一切都成泡影了,他失去了最后一个,也是唯一一个可以借力并与赵惠文王角逐的据点。他不甘心,但是,这就是他的宿命,他自己最初做出的错误决定,就必须由他来承担这个责任。

公子成和李兑杀死赵章之后,两人商议说:"我们因为赵章而包围主父的行宫,日后如果主父追究起来,那可都是灭族的大罪。如今大王年纪还小,不如我们自己做决定好了。"于是命大军继续围困赵武灵王的行宫,然后向宫内传话说:"在宫里面的人,先出来的一律免罪,后出来的就是安阳君的同党,一律灭族。"赵武灵王的侍从们何罪,他们都是有家有室有父母妻儿的人,靠侍奉国君来拿一些微不足道的俸禄,如果被当成是叛贼夷灭宗族,那该是多么冤枉。于是他们立即从行宫里走了出来,最后只剩下赵武灵王一个人。

赵武灵王见随从们全都出了宫，也想迈步出宫，但却被门口的军士拦住了。赵武灵王出宫出不得，叫人又没有一个人理睬。宫里的食物吃完，再没有吃的了，他只好在宫里四处搜寻，麻雀已经在荒凉的宫里筑巢，并在巢里孵出了幼雀，饿急了的赵武灵王，只好抓住幼小的还没有长出翅膀的麻雀来吃。而幼雀也很快吃完了，赵武灵王饿得奄奄一息，斜靠在行宫内的墙壁上，绝望地盯着那扇说什么也叫不开迈不出的大门。

或许在这个时候，他才意识到，他犯了多么大的错误，就本质上来说，他在自己还壮年的时候，传位给自己的儿子，与燕国的燕王哙禅位给相国子之，并没有什么区别，因为在政治法则这个残酷而强大的机器面前，所有的亲情或者是什么友谊，都会显得异常渺小、微乎其微。违反了政治应有的规律，那就注定了会是宫廷喋血、你死我活。而这里面，不管牵涉进去的是什么人，是父子，抑或是兄弟。所不同的是，燕国的内乱导致了燕国的衰败，而赵国此时的内乱，则由于公子成和李兑果断狠辣的处置，平稳地得以过渡。

赵武灵王在宫中大约坚持了一个多月之后被饿死，他死后的谥号是"武"和"灵"。"武"是美谥，而"灵"是恶谥。"武"用来表彰他胡服骑射强大赵国平定胡地的功勋，而"灵"则否定他导致赵国内乱的昏乱之举。

公子成和李兑不敢确定赵武灵王是否已死，所以一直不敢打开宫门，足足将沙丘宫围了三个多月，之后才打开宫门察看，而那个时候，赵武灵王的尸体都已经干枯了。

而赵惠文王呢，他未尝不知道他的父亲被困在沙丘宫里面，缺乏食物，缺乏任何的生活用品，正常人三日不食都会饿得气若游丝，三个月不吃饭，那是什么概念？但是，他并没有开口，他选择了沉默，因为年仅十四岁的他已经从这残酷的政治斗争中悟出，在最高权力这个邪魔面前，谁要是松口，谁要是心软，谁就会死无葬身之地，最终尸骨无存。

三个月之后，当公子成和李兑向他报告主父已经死了的时候，他立即赶赴沙丘宫察看实情，当他看到那个已经枯瘪的尸首之时，他立即放声大哭起来。这不是猫哭耗子假慈悲，这是发自内心的情感宣泄。于公，这个人是他政治上的死敌，这个人曾令他心惊肉跳彻夜难眠，如今他死了，他终于可以安心地当他的国君了；于私，这个人是他曾经慈爱的父亲，他再怎么冷酷，但面对一个已经逝去的亲人，他没有理由不感到伤心。

司马迁在他的《史记》中，选择了一以贯之的"为亲者讳、为尊者讳"的手法，对于赵惠文王的表现，他的解释是赵惠文王年幼，公子成和李兑专权，赵惠文王不敢过问，怕被弑杀。是的，不好的都是臣子，所有的罪名确实都得由臣子来承担，而国君永远都是仁慈的、正确的。赵武灵王也没有支持发动叛乱，而是赵章和田不礼想图谋不轨，赵武灵王最后收留赵章，只不过是出于对儿子的怜悯。但事实真的是这样吗？不是的，就是选择了这么写的司马迁，也为后人悄悄地留下了证据。这个证据就藏在肥义对高信所说的话中："自今以来，若有召王者必见吾面，我将先以身当之，无故而王乃入。"一个"召"字，泄露一切天机。赵惠文王是国君，地位比他低的人要见他，只能用"觐""谒"或者是"朝"等字，只有地位比他高的人要见他，才能用"召"字，而在赵国，当时地位比他高的人，除了赵武灵王，还能有谁呢？

赵武灵王死了，取得胜利的赵惠文王一方开始分割胜利果实，公子成被任命为相国，封安平君，而李兑则被任命为司寇，封奉阳君。

过不多久，公子成死，李兑接替他任相国，李兑死后，赵惠文王的弟弟赵胜接替他任相国。

赵胜受封于东武（今山东省德州市武城县），号称平原君。在当时，赵国作为一个独立的诸侯国，已经经过了一百多年，大部分的宗室子弟都养尊处优，游手好闲，沉湎于声色犬马之中。有比较就会有区别，相比于那些纨绔子弟，平原君赵胜就显得格外贤能。他与孟尝君一样，也喜好宾客，门下的食客有数千人。

平原君的府第邻近民宅，所以站在平原君府中的高楼上，就可以居高临下，看到民宅里的一举一动。一所民宅里住着一个腿有残疾的平民，有一天，这个平民到井边去打水，因为走路一瘸一拐，很不稳当，平原君的一个小妾在楼上看到了，觉得非常滑稽，便大声地笑了起来。那个平民听到不怀好意的笑声，抬头一看，发现是平原君的小妾，禁不住非常生气，因为任何人都是有尊严的，而残疾人在这方面就显得更为敏感，你不能随便取笑他，即便是任何能够引起误会的言行，也不应该出现。第二天一早，这个人便登门前来拜访平原君。他对平原君说："听说相君您非常爱才，所以贤士不远千里前来投奔您，这都是因为相君您能够敬重贤才而轻视女色的缘故啊。下臣我不幸从小患病，落下这个残疾的毛病，可是您后宫的美人却望着我大声取笑，我想请您杀了她。"平原君听后觉得非常好笑，于是就随口应了一句："好吧。"

等那个跛腿的邻居走了以后，平原君用极度戏谑的语调对众人说："这个乡巴佬儿，竟然因为我的美人笑了他一下，就想让我杀掉美人，难道不是太过分了吗？"过了几天，也就把这件事情忘到了脑后。

但过不多久，平原君却突然发现，自己府里的门客竟然走了有一大半，他百思不得其解，于是就赶快问这些门客："我平时对你们非常恭敬，似乎也没有什么不周到的地方，为什么会有这么多的人离开我了呢？"有一个门客就对他说："因为您没有处罚那个取笑跛者的美人，所以大家都认为您重色而轻士，所以就离您而去了。"平原君不得已，只好杀了那个小妾，然后亲自提着小妾的头，到那位跛腿的邻居那里去道歉。

平原君的跛腿邻居，着实是一个不简单的人，他身有残疾，被平原君的小妾取笑，心里自然是非常生气。估计在被取笑之后的那一个晚上，他整晚都没有睡着觉，然后想到了该用怎样的措辞去跟平原君交涉，就绝对能达到他预期的目的。尽管那个时候的女性社会地位非常低，但因为这个小妾取笑了他一下，他就要取这个小妾的项上人头，也难怪像平原君所说的那样，确实有些过分了。但这个邻居就是看准了平原君叶公好龙、虚荣爱士的一面，才提出了这样一个虽然过分但却最终达到目的的要求。如果平原君不杀小妾，那么他就会落个爱色而轻士的名声，再没有人来捧他的场，国君也不再会重用他，他将失去他的地位、他的财产、他的所有一切，包括眼前这个美人，而杀死了这个美人，其他一切都可以保住，其他的美人还会源源不断地到他的府里来。平原君权衡再三，不得已只好草菅人命，杀死了小妾。这个事例的教训是非常惨痛的，奉劝那些肢体完整且拥有漂亮外表的人，对那些肢体残疾或者相貌欠佳的人多一些同情和体谅，不要取笑他们生理上的缺陷，如果因为你因一时的轻浮而伤了他们的自尊，那么，他们一定会动用他们的才智，让你付出极为惨重的代价。被平原君的美人取笑的跛者，因为是一介平民，所以他最终只杀死了一个人，而往前回溯三百年，齐顷公的母亲萧同叔子因为取笑了晋国残疾的上卿郤克，最终在两国之间引发了一场战争，就连国君齐顷公，都差一点儿当了晋军的俘虏，数万无辜的将士，因为这件事情，把他们的性命丢在了战场之上。

平原君杀死取笑邻居的美人向门客赔罪的轶事，在历史上被称之为"杀美谢客"。等他杀死小妾并向邻居致歉之后，原来出走的食客们才又陆陆续续地回到了他的府上，然后转而称赞起他的贤能来。

后世有人就评论说：等到平原君发现门客离他而去才被动地杀了美人谢罪，其实一点儿也算不上贤能，而与他同时代稍早的孟尝君，则比他更有才德。

再来看逃出秦国的孟尝君。

孟尝君逃出秦国之后，与他的门客路过赵国，赵国人素闻孟尝君大名，都争相观看孟尝君是个什么样的人，但当他们看到孟尝君身材矮小、其貌不扬之时，都取笑说："之前我们还以为孟尝君有多么高大魁梧呢，谁知道今天见了面才知道，不过是一个矬子。"孟尝君在马车内听到之后，禁不住怒气冲天，他的门客们全都从车上跳下来，杀死那几个取笑孟尝君的人不说，又接连砍杀了几百个人，毁掉了一个县城之后，才离开赵国。

前文刚见平原君的小妾取笑跛腿邻居丢了性命，此时又见因取笑孟尝君而被杀的数百百姓。笑人所短，其祸可谓惨矣。两千多年后欧洲大陆有一位矮个子的将军说："我的个子是比你矮一点儿，但如若你因此而蔑视我的话，我会马上砍下你的头，消除这个差别。"他的名字叫拿破仑，人称战神。这个世界上没有哪一个人会让人平白无故地取笑，所以如果有谁仍然希望去取笑别人，那就最好提着自己的脑袋去见被取笑的人。

听到孟尝君在秦国险遭不测，齐湣王感到非常过意不去，因为之前就是他决定让孟尝君去的秦国。孟尝君回到齐国之后，齐湣王仍旧任命他为相国，让他总理齐国朝政。

孟尝君回到自己的大本营，心里充满对秦国的怨恨，于是他联合韩、魏两国，并亲自带领军队，前去攻打秦国。宋国和中山国这两个小国听到消息之后，也派出军队，前往函谷关，听从孟尝君的号令。联军攻势凶猛，很快打到了秦国的门户——函谷关。但是，在这个时候，孟尝君却因为误听辩士的游说，在函谷关偃旗息鼓，在三年时间里只围不打，直到公元前296年，才又恢复了对秦国的进攻，并很快攻破了函谷关。秦昭王为了摆脱不利局面，只好归还了以前攻占的魏国的河外、封陵（今山西省运城市芮城县风陵渡），韩国的河外和武遂，并派出说客四处游说，与齐、魏、韩三国讲和，孟尝君才引兵退去。

这是战国时期强大的齐国所创造的唯一一次可以打垮秦国的机会，但是，孟尝君却轻易地放弃了，等到十二年后，齐国被秦、赵、魏、韩、燕五国联军打得一蹶不振，秦国因此一家独大，并最终消灭了东方六国，一统天下。真是天与弗取，反受其咎啊。

齐军撤回之后，因为秦国的盟国燕国攻打中山国（中山国在之前齐灭燕的战争中趁火打劫侵占过燕国的国土），于是齐军便去攻打燕国。秦国因为距燕国特别远，不方便救援，于是派使者到盟国赵国，让赵国出兵帮助燕国。但因为早年赵国受到魏国攻打时，曾经屡次得到齐国的援助，所以赵国也不方便直接与齐国发生正面冲突。缺乏别国干涉的齐军大败燕军，杀死燕军十万，俘虏两员大将，攻打中山的燕军几乎全军覆没。而赵国，则因为放任齐国攻打燕国，所以也在攻打中山国时得到了齐国的默许甚至可以说是支持，最后彻底地灭掉了中山国。

  孟尝君因为率军攻破秦国的函谷关并大败燕军，因此名扬天下，投奔他的食客就更多了。门客的伙食费仍然是困扰他的一大问题，孟尝君再不敢派冯谖去为他买"义"，于是派一个姓魏的门客前往薛邑收地租。但这个魏姓门客也跟着冯谖学，他去了三次，却没有收来一文钱。孟尝君问他是什么缘故，这个门客回答说："我替您收了地租后，发现有一个贤士日子过得非常贫困，我就把这些钱全部给了他，所以没有带回来一文。"孟尝君气得不知道该说什么才好，一怒之下辞退了这个食客。

  公元前294年，齐国贵族田甲武装劫持齐湣王，事情败露后被杀。有人在齐湣王面前说孟尝君是幕后主谋，齐湣王也颇为怀疑，准备把孟尝君抓起来。孟尝君闻讯赶快逃向他的封地薛邑。那个曾经接受孟尝君魏姓门客救助的贤能之士听到之后，于是向齐湣王上书为孟尝君辩解，说孟尝君并未参与谋反，并在齐湣王的宫门前自杀，以死来为孟尝君争取清白。齐湣王非常吃惊，于是命人详细调查，结果发现孟尝君确实没有谋反的迹象，于是准备将孟尝君官复原职。接连经历了数次被免，孟尝君对齐湣王可说是心灰意冷，他假称自己生了重病，拒绝了齐湣王的再次征召。他请求齐湣王允许他在薛地养老，齐湣王同意了。

  但孟尝君可不是一个轻易服输的人，同时也是一个非常爱面子的人，之前从秦国逃归，他都可以联合韩、魏两国大肆进攻秦国，以报复秦昭王；此时齐湣王再次罢免他，让他在门客面前失了面子，他岂可善罢甘休。在孟尝君的心中，国家利益根本不占重要地位，而他的名声和威望才是最重要的。基于这个出发点，孟尝君凭借自己的影响，积极与赵、魏、秦等国秘密接触，准备联合外兵攻打齐国，为自己出这口恶气。齐湣王对孟尝君的所作所为略有耳闻，心里非常厌恶，但碍于孟尝君手下有许多亡命之徒，所以姑且隐忍不发。

第十节　在地愿为连理枝、燕昭王求贤、乐毅伐齐、情定法章、田单复国

而在孟尝君被齐湣王猜忌的这段时间里，秦国却加紧了统一天下的步伐。

公元前294年，秦左庶长白起率军攻打韩国，攻占韩国新城（今河南省洛阳市伊川县西），白起因功连升两级，任左更。公元前293年，韩国以公孙喜为大将，联合魏国，起大军二十四万攻打秦国。秦昭王再次任用白起为元帅，与韩、魏联军战于伊阙（今河南省洛阳市区南，因两山对峙，伊水中流，如天然门阙，所以叫伊阙）。秦军兵力不到韩、魏联军的一半，但由于韩、魏两家为了保存实力，都不愿意率先与秦军交战，白起抓住这个机会，采取各个击破的战术，先用疑兵稳住韩军，而后猛攻魏军，一举消灭魏军主力，杀死魏军主将。随后，白起集中优势兵力，从秦军阵地和原来的魏军阵地两面夹击韩军，韩军大败溃逃。秦军趁势掩杀，俘虏联军主将公孙喜。白起因功连升四级，任国尉（秦昭王所设，位于第十六级大良造之下）。

这一场战役，秦军斩杀韩、魏联军二十四万，韩、魏两国的主力至此丧失殆尽，再也无力抗击秦国的进攻，被迫割地向秦求和。而经此一役，占领伊阙五城的秦国，因为打开了韩、魏两国的门户，其向东方扩张的势头，已不可阻遏。

前291年，秦军攻占韩国宛城（今河南省南阳市）。

前290年，魏国割让黄河以东四百里地，韩国割让武遂二百里地。

前289年，升任大良造的白起和司马错再度率军攻魏，攻陷魏国大小六十一座城。

……

战无不胜的秦昭王，觉得此时仍然称王，已经不足以显示他的功绩，于是决定称帝。但他又不敢一个人称帝，于是就致信齐湣王，相约共同称帝，秦昭王称西帝，齐湣王称东帝，并联合起来攻打赵国。

齐湣王考虑再三，觉得如果贸然称帝，就会招来韩、赵、魏、燕等国的进攻，而他当时的战略部署是先要吞并宋国，而要想攻打宋国，就不能招致天下诸侯的怨恨，而且还不能让秦国插手干涉。基于这些原因，齐湣王放弃称帝，而是选择了与赵国联合，并游说韩、魏、燕等国，联合起来共同攻打秦国。

由于齐湣王攻打秦国的初衷是希望通过与其他四国联合来压制秦国，从而实现自己攻打宋国的战略意图，而其他四国，也各有各的打算，所以五国联军心怀鬼胎，貌合神离，并没有向秦国发起一次像样的进攻，而是驻军不前。但即便如此，秦昭王还是感受到了来自五国的压力，他不得已废除帝号，并把之前侵占的部分土地归还给了魏、赵等国，向联军求和。

五国伐秦，就这样流产。一些史学家由此评论说，齐湣王急于灭宋得小利而再度放弃削弱秦国的大好机会，犯了战略性的大错。齐国灭宋之后，秦国趁着其他国家都对齐国不满，反过来与韩、赵、魏、燕四国联合攻齐，大败齐军并几近灭亡齐国，齐国国力大损。从此以后，东方六国再没有一个国家能够与秦国抗衡。

来看看齐灭宋之战。

这个时候的宋国国君是第三十五任国君宋王偃。宋王偃相貌堂堂，一表人才，且气力巨大，能徒手把铁棒拧弯，与跟他同时代的秦武王非常相似。宋王偃崇尚武力，他对宋国长期以来积贫积弱的现状感到非常不满，下决心振兴宋国。他革除积弊，推行较为有效的政治措施，又亲自训练士卒，整饬军队，过不几年，小小的宋国竟然成为一个军事强国。宋王偃带领他的军队，向东进攻齐国，夺取了五座城池，向南进攻楚国，拓宽了三百里土地，向西进攻魏国，占领了两座城池，又消灭了滕国（今山东枣庄滕州市），把滕国并入宋国的版图之内。宋国的这些举动，自然而然地引起了周边大国的嫉妒和怨恨，他们总想找个机会，来教训一下这个不知天高地厚的弹丸小国。而且与所有取得显赫武功且在位时间较长的国君一样（宋王偃公元前329年赶走他当国君的兄长取得国君之位，公元前319年自立为王），宋王偃也犯了骄傲自大的毛病，在国内变得独断专行，对待自己的大臣和百姓比较暴虐。为了刻意打造自己的神威形象并恐吓百姓，他命人将大量牛血装进牛皮袋里，然后悬挂在高处，引弓去射，弓箭射破皮袋，皮袋里的血从天而降，他手下的人就四处散布说："宋王射天取得了胜利。"他又非常喜好酒色，但却拒谏饰非，凡是有向他进谏的大臣，他都用随身携带的弓箭，扬手就是一箭，时间长了，大臣们都不敢再进谏。

基于他的这些性格因素，东晋的干宝在他的《搜神记》中，虚构了一则《韩凭妻》的凄美爱情故事，用以反衬宋王偃的好色残暴。传说宋王偃有个舍人叫韩凭，韩凭的妻子名叫息露，长得非常貌美。宋王偃有一天出游，遇见了采桑的息露，立即被她的容貌所倾倒。宋王偃对息露念念不忘，后来叫人打听，才知道她是韩凭的妻子。宋王偃就把息露强夺了过来，并把韩凭抓起来，施以了城旦之刑（这种刑罚实际出现于之后的秦朝，城旦，顾名思义，晚上修筑长城，白天站岗放哨）。息露并不屈从于宋王偃的淫威，她暗中送信给韩凭，以示自己宁死不屈的决心。韩凭接信之后，伤心之余自杀而死。宋王偃见韩凭已死，于是加大了对息露的进逼，息露说："让我登上高台，拜祭完我的丈夫，然后我就嫁给您。"宋王偃同意了。息露暗中把自己的衣服放在阴暗潮湿的地方，使衣服朽蚀不堪，到了约定拜祭丈夫的时日，她穿着这件衣服登上高台。宋王偃自然不放心她，命左右随从死死地看着她。息露在台上拜祭完丈夫，纵身向台下跳去，左右随从赶快伸手去拦，但因为息露的衣服腐朽，一抓即破，息露于是跳下高台，以死殉情。息露在她的衣带中给宋王偃留下一封信，信中说："大王您希望让我活着，而我却希望我死去。希望我死之后，大王把我和韩凭埋葬在一起。"

宋王偃暴怒不已，他没有从息露那里得到满足，又哪里会答应她的请求，于是他故意命人把息露和韩凭埋进了两座坟，两座坟之间隔了一段距离。他愤恨不已地说："既然你们夫妻这么恩爱，那么如果你们的坟能合在一起，我就不再阻拦你们。"可谁知说也奇怪，过不几天，就从两座坟里各长出了一棵梓树，越长越大，两棵树的根在地下相互交错，树枝在空中相互交错。又有两只鸳鸯，一公一母，在树上早晚交颈悲鸣，声音非常伤感。宋国的百姓听了，都说那对鸳鸯是韩凭夫妇的精魂所化，而那两棵梓树，则被称为"相思树"，这就是"相思"一词的由来。白居易《琵琶行》中的爱情名句"在天愿作比翼鸟，在地愿为连理枝"中的"连理枝"，即由此化句而来。

韩凭与他妻子的不幸遭遇，只是干宝模仿《孔雀东南飞》一诗的虚构，但宋王偃在当时激起了周边诸侯国的共愤，却是不争的事实。为了彻底抹黑宋王偃，他们都把宋王偃称为"桀宋"，意思是他跟夏朝末代君主桀一样残暴，用来为自己攻打宋国争取道义上的支持。

公元前286年，齐湣王联合魏、楚两国，大举进攻宋国。宋国向秦国求救，秦国一边知会赵国进行干涉，一边准备派兵助宋。齐湣王一面派人结好赵国专权的李兑，承诺灭宋之后将宋国的富庶之地陶邑送给李兑，争取赵国的支持；一面派苏代去劝说秦昭王说："宋王素有'桀宋'的恶名，如今齐王兴兵伐宋，天下人都很高兴，而秦国却要助纣为虐，恐怕天下人都要指责秦国了。"秦昭王听了，只好打消了助宋的念头。

由于缺乏秦、赵等大国的干涉，再加上宋国百姓对宋王偃也不再拥护，所以齐、魏、楚联军得以长驱直入，直抵宋国都城商丘。宋王偃见势不妙，赶快仓皇出逃，逃到魏国的温邑（今河南温县）时，被追兵擒杀。宋国作为商微子启的封国，自此灭亡并退出历史舞台。

灭宋之后的齐湣王，为了独占宋国土地，不惜撕毁之前与魏、楚两国缔结的三分宋地的盟约，并乘胜派兵攻打楚国，夺取楚国淮北数百里土地，并屡次攻打魏、赵、韩等国。齐湣王的这些霸道做法，自然而然地引起了魏、赵、韩等国的极大反感，他们秘密与秦、燕两国串联，准备联合起来攻打齐国。而被齐湣王罢免的孟尝君，则在这个时候表现得极为活跃，与秦、赵等国的使者频繁接触，准备引军袭齐。

齐湣王在消灭宋国之后，他的声望达到了顶峰，他无法再容忍齐国有孟尝君这样一个威望与他不相上下但却阴谋出卖齐国利益的人，于是派兵去捉拿孟尝君，孟尝君闻讯之后非常害怕，赶快逃亡到了魏国。此时魏、齐两国已成敌国，因此孟尝君到魏国之后，立即被魏昭王任命为相国。孟尝君有了用武之地，立即开始利用他的影响积极活动，派人前往秦、燕、赵、韩等国，策划联合伐齐事宜。

这个时候的齐湣王，已经被胜利冲昏了头脑，他没有在灭宋之后，迅速采取有力的措施，对内休养生息，恢复因连年征战而带来的国力下滑、国库空虚、百姓疲弊等不利局面，对外与诸侯结好，让诸侯承认齐国占领宋地的合法性、正当性，反而以更加蛮横无理、骄傲自满的态度，把齐国推到了其他六国共同的敌对方。

在其他六个国家之中，撇开其他的国家不说，其中的燕国，可说是对齐国怀有刻骨的仇恨，因为三十年前，齐国打着铲除子之为燕国正君臣之位的幌子出兵燕国，几乎将燕国灭亡，此后又多次以各种借口出兵攻打燕国，燕国人对齐国的仇恨，可说是不共戴天，几乎没有一刻不思量着该怎样向齐国报仇雪恨。

而燕国的燕昭王自即位以后，忍辱负重，励精图治，对外不惜向敌国齐国委曲求全、虚与委蛇，对内不惜重金悬赏、招贤纳士，从而使燕国在很短的时间内，迅速成为一个军事强国。

燕昭王的母亲是易王后，秦惠王的女儿，燕昭王在燕国内乱之后回国即位时，曾得到秦国的鼎力相助，因此，燕昭王即位之后，即成为秦国忠实的盟国。

战后的燕国满目疮痍，燕昭王对燕国遭受的内乱感到痛心疾首，也对齐国的趁火打劫感到愤恨异常，他下决心要让燕国成为诸侯之中的强国，但苦于没有杰出的人才辅佐自己，于是就问老臣郭隗该怎么办。郭隗就给他讲了一个故事说："从前有一个国君，非常喜爱千里马，于是就派人四处去找。一个侍臣听说某一个地方有千里马，于是就向国君要了千金去买马。可是等他赶到那个地方的时候，千里马已经死了，侍臣就用五百金把马骨买了回来。国君见侍臣花了五百金买回一堆马骨，就斥责他说'让你买的是千里马，谁让你买无用的马骨，还白白花了五百金子'？侍臣回答说'如果别人听到您愿意花重金买死马，那还不争先恐后把活马送到您这儿来吗？'国王听了觉得有理，于是就留下了马骨，不再责备侍臣。果然，不到一年，就有人向他敬献了三匹千里马。如今大王想招纳贤才，可又不知道贤才身居何处，那么何不把老臣我当作死马的骨头权且一试呢？"

燕昭王深受启发，于是立即以对待老师的礼节对待郭隗，并为郭隗修建了一所精美的住宅，每天像学生请教老师那样恭敬地去侍奉他。并修筑了一座高台，将千金置于台上，准备赏赐给前来燕国的贤能之士。这座高台被后人称为"黄金台"，以象征对人才的重视。而燕昭王则卑身下士，吊死问伤，与百姓同甘共苦发展生产，努力使燕国的政治、经济、社会恢复正常的秩序。各国有才能的人听说燕昭王非常重视人才，立即争相前来燕国，如魏国的军事家乐毅，齐国的阴阳家邹衍，赵国的纵横家剧辛，等等，而这些人中，又以乐毅最为著名。

乐毅的先祖是魏国魏文侯时代攻打过中山国的乐羊，乐羊因功被封在灵寿（今河北石家庄市灵寿县）。乐羊的子孙便世代居住在这里。中山国后来复国，乐羊的儿子得到中山国重用，但后来中山国又被赵武灵王所灭，所以乐羊的子孙也就成了赵国人。乐毅从小就非常聪明，并喜好兵法，积累了非常深厚的军事素养，乡邻们非常尊敬他。赵国发生沙丘之变后，乐毅来到魏国当了大夫。当燕昭王求贤之时，他正好替魏国出使燕国。燕昭王经与乐毅交谈，发现他非常有才能，于是恳请他留在燕国。乐毅身负大才，但在魏国也没有得到重用，面对燕昭王的深情厚谊，乐毅盛情难却，于是选择了留下。燕昭王当即拜乐毅为亚卿，让他执掌燕国的军事。乐毅从提高燕军的战斗力入手，对燕国的军事进行彻底的改革。他仿照赵国的军事建制，为燕国组建了骑兵部队，然后把燕国的军队划分为步兵、骑兵、对付骑兵的重装步兵等几个专业兵种，然后根据各兵种不同的特点对他们进行专门的训练。同时，乐毅用锋利的铁制兵器代替了笨重但不够尖利的青铜武器，用厚重结实的青铜盾牌代替了不够坚固的木制盾牌，并配备全军。之后，乐毅开始采用秦、魏等一些国家的先进战术来训练士卒，燕军的战斗力得到了极大的提升。

燕国经过燕昭王与众贤臣的励精图治，国力迅速增强，百姓富庶，将士用命，而齐国则由于占领宋国之后，国内民生凋敝，国外诸侯离心，陷于内忧外患之中。燕昭王认为攻打齐国的时机已经成熟，于是就征求乐毅的意见。乐毅在进行全面分析之后，认为齐国是老牌强国，地广人多，基础雄厚，并且曾经出现过孙膑这样的军事家，实力不容小视。就算是目前齐国内部不稳，在国际上也被诸侯孤立，但如果仅凭燕国一家的力量，恐怕不易战胜齐国。乐毅为燕昭王制定了联合魏、韩、赵、秦、楚五国共同进攻齐国的方略，号称"举天下而攻之"的伐齐战略，燕昭王深表赞同，于是派乐毅前去联合赵国，并向其他国家分头派出了使者。

这个时候的诸侯们，都对齐湣王的霸道行为感到不满，再加上被不守信用的齐湣王欺凌，因此都愿意与燕国联合起来攻打齐国。而长期以来比起齐湣王有过之而无不及的秦昭王，则非常幸运地把诸侯们对秦国的不满转嫁到了齐国一边。

公元前284年，燕昭王拜乐毅为上将军，命他率领燕、秦、魏、赵、韩五国兵马，浩浩荡荡地杀奔齐国。齐湣王刚开始不以为意，以为联军只是在边境劫掠一番就会退走，谁知道联军势如破竹，竟然攻入了齐国腹地。齐湣王大惊失色，于是悉起国内大军，前往迎击。齐军与五国联军在济西（古济水之西，今山东省济南市之西）对峙。齐军由于连年征战，没有得到休整，因此士气低落，毫无战心。齐湣王不了解前方敌情，误以为联军仍然是心怀鬼胎，同床异梦，非常容易对付，于是督促齐军主将触子尽快与联军进行决战，试图迅速把联军赶出齐国领土。触子的意见是联军来势凶猛，不宜硬抗，不如暂时坚守，等到联军粮草无以为继，再趁机发动奇袭迫使联军撤退。但齐湣王根本不听，他派出使者羞辱触子说："如果你不用心作战，我就将你灭族，并把你的祖坟掘平。"触子非常愤怒，决定要让这个不义之君尝尝失败的滋味。他率军与联军交战，但两军刚刚短兵相接，他就鸣金收兵，齐国大军立即溃败。乐毅指挥联军趁乱进攻，而触子却驾着一辆车，不知道去了哪里。齐军主力被消灭，齐军副将达子收拾残兵退守临淄，准备保卫京都。

乐毅为了避免重蹈之前齐湣王灭宋之后与盟军引发矛盾的覆辙，生怕联军灭齐之后，秦、魏、赵等国也要与燕国瓜分胜利果实，于是命秦、韩两国的军队回归本国，然后命赵国军队向北进攻河间（今河北省沧州市献县东），命魏国军队进攻被齐军占领的宋国国土，而自己则率领燕军主力继续向齐都临淄进击。

剧辛不赞成乐毅的做法，他认为联军既然已经大败齐军，那么燕国逼齐国割地求和就可以达到预期目的，何必要孤军深入，前往临淄呢？就算是要攻打临淄，那也不应该遣返其余四国的军队，而应该联合起来攻打才是。而乐毅则认为齐国的精锐已经丧失殆尽，国内人心不附，燕军乘胜追击，势在必得。

燕军追至齐都临淄，齐湣王派达子率军拒敌。达子见参战的军士都疲惫不堪，且大部分带伤，于是就派人向齐湣王请求犒赏军士，以激励士气。谁知齐湣王却辱骂他说："你们这么没用，怎么能给你们赏金？"拒绝了达子。达子无奈，只好率领齐军迎击燕军，结果被燕军一战击溃，达子战死。

齐湣王得知前线战败，赶快带领亲随从临淄仓皇出逃。他先来到卫国，卫国国君向他称臣，并把自己的宫殿让给他，然而败逃之时的齐湣王，仍然以大国之君自居，对待卫国国君十分傲慢，引起卫国大臣的强烈不满，他们在卫国国君的默许下，将齐湣王驱逐。齐湣王不得已，又先后来到邹国和鲁国，但邹国和鲁国见齐湣王十分倨傲，也拒绝收留他。齐湣王在奔逃之中，听说莒地没有被攻破，于是逃往莒地。

乐毅攻克临淄之后，将临淄的财物宝器全部运回了燕国，那其中就包括三十年前齐国从燕国劫掠的一些国宝。燕昭王得知燕军大捷非常高兴，亲自到济水劳军，犒赏将士。为了表彰乐毅为燕国报仇并使燕国强大昌盛的功绩，他将乐毅封在昌国（在今山东省淄博市淄川区东南），号昌国君。燕昭王带着战利品回燕国，乐毅则留下来继续攻城略地。

乐毅采取三十年前与齐军占领燕地后截然不同的做法，他严明军纪，严禁军士劫掠齐国百姓，并施行较为宽松的政策，废除残暴的法令和苛捐杂税，尊重当地的风俗习惯，并优待齐国的名流贤士，因此齐国的绝大多数百姓都放弃了抵抗，各地守将也望风而降。仅六个多月时间，燕军就攻占了齐国的七十余城，仅剩莒、即墨两都没有攻克。

齐湣王逃到莒城之后，立即派人前往盟国楚国求救，许诺把之前侵占的淮北之地全部归还给楚国。楚顷襄王接信之后，命令大将淖齿（淖，这里念卓）率军二十万前去救援齐国。临行之前，他嘱咐淖齿说："你去之后，如果发现方便救齐，就救，如果不方便，你就见机行事。"淖齿心领神会，受命而行。

楚国大军的到来，使齐湣王倍感欣慰，他非常感激淖齿，把全部的希望都寄托在楚军身上，并任命淖齿为相国，幻想着让楚军帮他赶走燕军。但齐湣王应该清醒地认识到，那个时候的诸侯国之间，相互尔虞我诈，毫无信义可言，如果这个国家足够强大，那么请来的援军就有可能是雪中送炭的救星，而反之，请来的救兵则很有可能是打家劫舍的强盗。他齐湣王之前与魏、楚两国合兵攻宋，消灭宋国后不仅不履行盟约，反而对出过大力的盟军大打出手。如今他落难了，却希望让别人白白地替他效劳，这可能吗？

淖齿来到齐国不久，就发现燕军非常强大，楚军要想击败燕军几乎是毫无可能，想来想去，他就想与燕军联合起来，共同灭亡齐国后让燕国人立自己为齐王。只是不知道燕国人什么态度，于是提笔向乐毅写了一封信。

乐毅接到淖齿的来信，觉得如果能够借此稳住楚军，避免燕、楚两军的正面对抗，保存燕军的实力，等齐、楚失和之后再借机行事，也不失为一件好事情。他于是向淖齿回信说："如果您愿意替天行道杀死齐王，这是全天下都会感激您的大好事，您的提议，我们完全同意。"

淖齿收到乐毅的回信之后非常高兴，于是他诈称要请齐湣王阅兵，然后在楚军阵前抓住了齐湣王，淖齿宣布齐湣王亲近小人、疏远忠良、欺凌诸侯、傲慢无礼等数款大罪之后，竟然活活地将齐湣王抽筋之后挂在了屋梁上。齐湣王痛楚难当，哀号不绝，艰难地挨了三天之后，悲惨地死去。

在齐国鼎盛时期登上王位的齐湣王，不反思创业的艰辛和守业的艰难，也不知道休整军队和体恤百姓，而是骄横跋扈，结怨诸侯，疏斥良贤，任用奸佞，致使强大的齐国从辉煌的顶峰顷刻间跌落低谷，也为自己招来了身死国灭的惨祸。战国末期秦、齐两强争锋的平衡局面被彻底打破，从此秦国一家独大，东方的六个国家，再没有任何一家具备与秦国对抗的实力。

淖齿杀死齐湣王之后，又想杀死齐湣王的儿子法章，但法章早就逃走了，淖齿只好作罢。他写了一封奏章，希望乐毅能转送给燕王，拥立他当齐王。乐毅收到他的来信，冷笑半晌，丢在一旁不予理睬。

再说齐国有个名叫王孙贾的大夫，年仅十五岁，齐湣王在世的时候，因为他的父亲早亡，出于对他的怜悯，就让他当了大夫。齐湣王从临淄逃跑的时候，王孙贾也跟着齐湣王一齐出逃，结果到了卫国之后，与齐湣王失散了。王孙贾找不到齐湣王，只好又跑回齐国。他的母亲见他一个人回来，就问他说："齐王呢？"王孙贾回答说："我和他到了卫国，结果半夜里大王就逃走了，我不知道他去了哪里。"王孙贾的母亲斥责他说："你早上出门，到晚上还不回来，我就靠在门边上望你回来；你傍晚出门到半夜还不回来，我就站在巷口望着你回来。而国君对臣子的期望，就像母亲对儿子的期望。你作为齐王的臣子，现在正是齐王寄希望于你的时候，你怎么还有颜面一个人跑回来？"

王孙贾非常羞愧，于是赶快辞别母亲，出去寻找齐湣王。

找寻了好多日子，才打听到齐湣王跑到了莒地，于是他又赶快前往莒地。可是等他赶到莒地的时候，齐湣王已经被淖齿杀死了。王孙贾非常愤怒，于是跑到闹市之中，光着他的左臂大声呼喊说："淖齿担任齐国的相国却弑杀了他的国君，他是一个不忠不义的奸贼，理应受到严厉的惩罚，谁愿意和我一起去讨伐，就请和我一样，露出你的左肩。"

闹市上往来的齐国百姓本来心里也对淖齿充满怨恨，但由于没有人去组织，没有人去发动，所以一直把他们的愤怒埋在心底。此时见这么个十来岁的小孩子居然在闹市里大叫，他们心中的正义感立即被唤醒，仇恨之火立即被点燃，一时之间全都露出左肩，表示愿意和王孙贾一起去攻打淖齿。

楚兵虽有二十万，但却全部驻扎在城外，而留在城内的，只是淖齿和他的一些亲兵。所以当王孙贾和几百名市民杀入宫中的时候，正在寻欢作乐的淖齿毫无防备之下难以招架，竟然被一帮百姓砍为肉泥。

王孙贾带人将淖齿的随从尽数杀死，然后紧闭城门，加强守卫。楚兵群龙无首，军心涣散，有的逃回楚国，有的投降燕军。

再说齐湣王的太子法章，听到齐湣王被淖齿所杀，害怕自己也横遭不测，于是立即乔装打扮，伪装成一个普通百姓，从莒城的宫里跑了出来。平时贵为太子，突然间离开王宫，居然不知道该去何处，他在街上转悠了好长时间，来到一个大宅子跟前，一打听，是退隐还乡的大夫太史敫（音角）的府第，于是他就在太史敫的府中当起了用人。每天勤勤恳恳，做些出力气的杂活儿，倒也没有暴露身份。

而识破一个男人身份的，最有可能的就是女人，反之亦然。为什么，因为异性相吸，异性观察异性，所处的角度都非常独特。像法章这一类贵族子弟，他们最初立国的祖先的相貌可能没办法自我选择，或许英俊，或许丑陋，或许一般，但到后来，他们的继承者大多都会为自己选择一个貌美的女子做妻子，这样一来，因为基因遗传的缘故，他们的子孙后代，男的便越来越英俊帅气，女的便越来越美貌漂亮，所以许多演义小说上说，某某国君有龙凤之姿，天日之表，龙睛凤目等，一眼看上去就像个帝王，那确实并不是信口胡诌，而是有一定的遗传学依据的。

太史敫有个女儿，当时年方十五岁，已经到了出嫁的年纪。有一天她偶然游园，猛然之间就看见了当用人的法章。你说在一个退隐归乡的士大夫的府中，突然之间出现了一个相貌异常英俊，眉宇异常清秀，气度异常不凡的青年男子，作为一个见过大世面的大家闺秀，太史敫的女儿，她心里会作何感想？她的第一感觉就是，这个人不是一般人。加上临淄城被燕军打破后许多贵族子弟流落到莒城的前提，太史敫的女儿对法章的身份早已有了一个大致的判断。于是她悄悄地派侍女去问法章的来历，但法章害怕为自己招来祸患，所以守口如瓶，坚决不肯吐露自己的真实情况。太史敫的女儿倒是非常有见识，她既然认定了法章不是一般人，就决定善待这个人。于是时常派自己的侍女给法章送一些衣服和食物，一来二去，和法章渐渐熟了，也取得了法章的信任，于是法章就把自己的真实身份告诉了太史敫之女。太史敫之女本就对法章一见倾心，此时见法章果然来历不凡，于是与法章私订终身，结为夫妻，并时时幽会。而太史敫等人，全都被蒙在鼓里。

再说齐国的那些大臣，也陆陆续续地逃亡到了莒和即墨。他们知道太子法章就在莒城，于是与王孙贾一起，四处寻访法章。法章刚开始不敢相信这些人，担心他们会把自己抓住后出卖给燕国人，等到后来听说了王孙贾等人赤手空拳抢夺兵器杀死淖齿的壮举，才确信这些大臣确实是前来帮助自己的，于是托人向王孙贾报信。王孙贾等大臣们在朝中见过法章，到太史敫府中一辨认，确实就是齐国太子，于是立即把他拥立为新的齐王。法章就是齐襄王。

齐襄王派人前往即墨送信，约定莒和即墨互相援助，共同抗击燕军，待机会成熟之时，再大举反攻。

而此时的即墨城中，却又是另外一番情形。原来，即墨城的守将死了，朝廷却没办法派来新的守将。非常之时，必有非常之举，于是，即墨城中那些怀有爱国之心的属官，便让百姓们推荐有才能的人。这一推荐，一个名叫田单的人便被推荐了出来。

田单是田氏齐国的宗室子弟，他智计过人，也深通兵法，但在齐湣王时期，他只是临淄一个很不起眼的小官，所以根本不被齐湣王所知晓，就算是知道了，依齐湣王的骄横，也不一定能重用他。在燕军攻破临淄城的时候，临淄城的富户纷纷逃亡，田单和他的族人也加入了逃难的队伍。逃到安平（今淄博市临淄区境内）之后，田单命人将他们马车车轴的两头全部截得跟车轮一样平，并在外面包上了铁皮。安平城中的人看见，无不嘲笑他们画蛇添足，多此一举，但田单却根本不去理睬这些人的嘲笑。过不多久，燕国的大军就打到了安平，安平城中的富户争先逃窜，但因为马车太多，而这些马车的车轴又全部露在外面一大截，所以轴与轴相撞，哪个都跑不快，更有甚者，因为撞击太猛而导致车轴折断马车倾翻，全部被燕军抓了俘虏。唯有田单和他的族人们，因为轴头不露在外且裹了铁皮，所以马车受到撞击也完好无损，得以很快地逃出安平城，并最终跑到了即墨城中。

这个时候即墨城中推荐守将，一些与田单同时逃难的人便自然而然地想起了他，于是共同拥立他为将军，让他带领众人镇守即墨城。田单被人推举为将军之后，倒也并不谦让，他与士卒同甘共苦，一起挖土，一起筑墙，并把他的宗族子弟和妻妾全部编入军队，与其他士卒一起守城，即墨城中的百姓看见，无不对他肃然起敬，田单的威望因此越来越高。

乐毅把即墨和莒城围了三年也没有攻克，这个时候，乐毅或许也应该意识到过早地遣返诸侯联军所带来的兵力不足的弊端了。但事已至此，已经没有办法补救。况且他在齐国已经下达了不得掳掠、不得屠城的命令，那么他就不能再用较为野蛮激进的方法来攻城。基于这个原因，乐毅对莒城和即墨采取围而不攻的攻心之策，打算让这两座城池的守将主动出降。

但世事难料，因为发生的一件事情，在很大程度上引发了齐国人的抵抗之心。乐毅的军队到达画邑（今临淄区高阳乡）的时候，他听说这是齐国老臣王蠋（音烛）的故乡，因为齐湣王后期刚愎昏聩，许多忠良被斥退，王蠋因此也归隐乡里。王蠋在齐国有较高的威望，如果能让王蠋归降燕国，那么对于收服齐国百姓的心，将会是一件非常有利的事情。因此乐毅严令军队，环画邑之乡三十里不许入内，然后派人带着重金去拜访王蠋，希望他能够为燕国效力。王蠋不愿意向燕国投降，他借口说自己年纪大了，已经动不了了。谁知乐毅的使者却威胁他说："乐上将军有令，如果大人您能为燕国效力，就任命您为将军，如果您不愿意，他就率兵踏平画邑。"王蠋愤怒不已，他叹息说："忠臣不事二主，烈女不事二夫，齐王疏远忠良，不听臣谏，所以我不得已告老还乡。如今齐国已破，齐王奔逃，我作为臣子，却不能为国家出力。现在你们用武力来胁迫我，我宁可坚守我的节义死去，也不会为了苟活而向你们投降。"说完之后，朝着一棵树枝用力一撞，折断了自己的脖颈儿。使者见王蠋自杀，禁不住大吃一惊，他赶快回去向乐毅报告，但人死不可复生，乐毅叹息不已，命人厚葬王蠋，并为他树起"齐忠臣王蠋之墓"的石碑。

王蠋的死亡令齐国正直的士大夫们感到异常愤慨，他们不住地奔走呼告，号召百姓抗击燕军，但因为乐毅率领的燕军设守严密，所以一时之间根本就找不到任何机会。

但找不到机会，并不代表就没有机会，因为任何事物都不是一成不变的，万事万物都在时刻运行变化着。看似弱小的一方，正在慢慢地恢复并变得坚强，而看似强大的一方，却正在慢慢地出现裂痕。燕昭王对乐毅自然是无比信任，但别的人就不一定了，羡慕他的，嫉妒他的，不满他的，就像曾经的乐羊对魏文侯、甘茂对秦武王所说的那样，领军在外的将领能够取得胜利，根本就不是将领的功劳，而是国君的功劳，如果失去国君的支持，将领轻则损兵折将，重则殒命沙场，更有甚者，会以各种莫须有的罪名被诛杀，甚至是灭族。

燕国有一个名叫骑劫的大夫，他也非常勇猛，且喜欢谈论兵法。刚开始，他见乐毅非常容易地就攻下了齐国的七十多座城池，感到简直不可思议，对受封昌国君的乐毅是既佩服又嫉妒；但到后来，他见乐毅对莒和即墨久攻不下，甚至是只围不攻，立即就表示出了极度的不屑。对他来说，攻下齐国的七十多座城池，这他没有把握，但如果是让他去攻打仅剩的两座孤城，那他的自我感觉就是手到擒来。

战略家与莽将之间的区别，或许就在这里吧。

骑劫与燕昭王的太子关系比较好，正好太子曾经与乐毅产生过矛盾，于是骑劫就去找太子说："齐王已经死了，齐国没有被攻占的城池，只有莒和即墨二城，乐毅能在六个月的时间里，攻下齐国的七十多座城池，但现在用了三年多的时间，却攻不下仅剩的两座城池，您难道不觉得这里面有文章吗？我听说，他之所以不攻下这两座城，就是为了收买齐人之心，以方便他日后当齐王。"太子心里早就对乐毅不满，听了骑劫的话，于是就去找燕昭王，向燕昭王说了同样的话。燕昭王一听大怒，他斥责太子说："除了昌国君，没有哪个人能替我报先王的大仇，就算昌国君想当齐王，依他立下的大功，难道还不配吗？"当着大臣们的面，把太子狠狠地打了二十鞭，并派出使者，带着自己的符节到齐国，要拜乐毅为齐王。

乐毅见到燕昭王的使者大惊失色，他对着使者流泪不止，表示自己死也不会背叛燕昭王，对于燕昭王要拜他齐王一事，则更是坚决不从。使者回报，燕昭王对大臣们说："我早就知道乐毅是什么样的人，他绝对不会辜负我的。"

客观来说，燕昭王如果对乐毅连一丝一毫的怀疑也没有，那是不可能的，燕昭王这么做，很大程度上其实还是刘备摔阿斗——收买人心（请允许提前用典故），这跟后来的刘备托孤时对诸葛亮说"刘禅能辅佐就辅佐，不能辅佐你就代他为帝"，逼着诸葛亮发毒誓是一样的道理。趁我还活着，狠狠地将你一军，让你自己发毒誓，自己钻进自己设置的道德圈套，死也无法挣脱。

当然了，燕昭王对乐毅，更多的其实还是信任，他知道乐毅在做什么，他期待着乐毅为他带来更丰硕的战果，那就是——不仅仅是对齐国军事上的占领，而是永远地将齐地并入燕国的版图。

只是非常可惜，燕昭王没能等到这一天，而历史，也永远没有等到这一天。公元前279年，燕昭王死，太子即位，是为燕惠王。

再说齐将田单在即墨城中，每隔几天就要派出间谍前往燕国刺探情报，当他听到太子因为毁谗乐毅被燕昭王鞭打之时，不由得哀叹说："看起来，齐国要想复国，不等到新的燕王即位是不可能的了。"

机会的大门永远都为有准备的人敞开着，等到燕惠王即位，田单马上意识到机会来临，他派人到燕都四处造谣说："乐毅很想当齐王，只是因为受了燕国先王的厚恩，不忍心背叛罢了。他之所以对莒和即墨只围不攻，就是等待着先王谢世之后在齐地称王。只因为齐国民心不附，所以才借攻城之名等待时机。齐国人现在最怕的，就是燕国派别的将领前来替换乐毅。"

燕惠王听到这些流言与之前骑劫所说的一般无二，再加上他早就怀疑乐毅，于是命骑劫前去替换乐毅，并命令乐毅回国。燕惠王此举，真可以说是愚不可及，如果乐毅真有二心，那么他这么做可以说是正中乐毅下怀，为乐毅反叛制造了口实；但是，如果乐毅没有二心呢，他这么做就会让所有为国尽忠的忠直之士感到寒心。

乐毅接到燕惠王让他返回的命令之后，担心回国之后会被燕惠王降罪处死，于是他对使者说："我是赵国人，赵国才是我的祖国，我要回赵国去了。"抛下他在燕国的家人，跑到了赵国。赵惠文王听说乐毅来赵，禁不住喜出望外，他封乐毅于观津，号称望诸君。赵惠文王这么做，是为了利用乐毅强大的威望，警告燕国和齐国不要轻举妄动。

骑劫到齐国之后，即率领燕军攻打即墨城。实际上，之前乐毅指挥下的燕军与即墨城的较量，就像一个大力士把一根弹簧压到了最低点，如果你一直压着它，随着时间的推移，这个弹簧的弹性就会慢慢消除，那么即使松开了手，它也不会再反弹，反之，如果你在弹簧还没有失去弹性之时就猛然用力，要么弹簧被压到底，要么弹簧猛然反弹前功尽弃。而骑劫遇到的情形，就恰恰属于后一种。

乐毅逃往赵国之后，燕国将士都为他受到无端猜忌而感到无比愤怒。

乐毅逃走之后，田单知道齐军的机会来了，于是立即部署破燕大计。

田单命令城中的百姓在吃饭之前必须在院子里摆一些食物祭祀祖先，那些飞鸟见了食物，都飞下来啄食。城外的燕军将士看到大批的飞鸟在即墨上空盘旋，都感到非常奇怪。田单因此命人四处传言说："天神将要下来帮助我们了。"他又对城中的百姓说："我夜晚梦到天帝对我说，齐国马上就要复国，燕国马上就要被打败，天帝马上就会为我们派一个军师下来，我们一定会战胜燕军的。"有一个聪明的小卒悟出了田单的话中之意，他走过去悄悄对田单说："我可以做您说的军师吗？"说完之后转身就走。田单立即走下将台，把那个小卒拉住，然后让他坐在尊长坐的位置上，然后郑重其事地向他行拜师礼。那个小卒吓坏了，他小声对田单说："大人，我其实什么都不会，我欺骗了您。"田单阻止他说："这我知道，还希望你不要说破，你只管照我说的去做就行了。"于是就拜这个小卒为神师，每当发布军令的时候，都说是神师的旨意。为了激发齐军将士对燕军的仇恨，田单又故意派人到燕军阵地散布消息说："齐国人最害怕的就是燕军把俘虏的齐军士兵割掉鼻子，并让他们走在前面来与齐军作战，这样的话，齐军将士就全都吓破胆了。"骑劫听说后，也不仔细考量，就命人把俘虏的齐军士兵全部割掉鼻子，然后把他们押在前面去攻城。即墨城中的军民看到被俘的同胞遭到这样的虐待，禁不住怒气填胸，也害怕会被燕军活捉，因此更加坚定了守城的决心。田单又命人在燕军中造谣说："齐国人最担心的就是燕军挖掘他们在城外的祖坟，羞辱先人的尸骨。"骑劫听到后，于是命燕军士兵掘墓焚尸。城内的齐军士兵看见，无不悲愤交加，痛哭流涕，纷纷请求出战。

田单知道将士的斗志已经被最大程度地激发，可以与燕军交战了，于是他对燕军进行最后的麻痹与示弱。田单命令精卒藏于城下，而让老弱妇女站在城上，然后派人到燕军那里去，假称要向燕军投降，骑劫等以为是真，全都欢呼不已。

田单又从百姓家中收集千镒黄金，让即墨城中的富户拿着去贿赂城外的燕军将官说："即墨马上就要投降了，请不要掳掠我们的族人和妻妾，让他们在城中继续安居。"燕军将领大喜，就答应了。他们自以为齐军投降已成定局，所以警戒越来越松，根本不再把即墨城中的齐军当一回事。

田单见反攻的最佳时机已经来临，于是命人在即墨城中收集了一千多头牛，然后给牛穿上深红色的绸衣服，上面画上五彩的龙纹，在牛角上绑上尖刀，并把浇透油脂的芦苇扎在牛的尾巴上。趁着黑夜，田单命士兵们把城墙挖开了十多个大洞，然后把点燃尾巴的牛从洞里赶了出去，牛的后面跟着五千精兵。出城之后的群牛，由于尾巴上的芦苇越烧越旺，疯了似的冲向燕军大营。

燕军士兵从睡梦中惊醒，见一千余头庞然大物在营中横冲直撞，尾巴上的火光照得夜空亮如白昼，身上的花纹五彩斑斓，被它冲撞的不是死就是伤，联想到之前即墨城中天神下凡的传言，以为这些火牛全是天上下来的怪兽，全都吓得不知所措。即墨城中，不论老幼都在敲锣摇鼓，声音惊天动地，那五千名随火牛出击的壮士，也趁机在后掩杀，黑夜之中，正不知有多少兵马。燕军将士又惊又怕，回过神来之后，赶快朝着即墨城的反方向逃窜。几十万燕国大军，顷刻之间土崩瓦解，骑劫死于乱军之中。

由于燕军主将死亡，群龙无首，再加上田单率领齐军在后紧追，所以燕国军队来不及整合队伍反击，全都没命地向本国方向逃窜。齐军乘胜追击，所有路过的城邑，听到燕军溃败，全都脱离燕国，回归齐国。齐军一直把败逃的燕军追过齐、燕边境，方才胜利班师。被燕军占领的七十多座城池，原封不动地回到了齐国。

齐襄王被田单从莒城护送到临淄，安葬齐湣王之后，他便开始升朝理政，论功行赏。田单因功被封为安平君（因为田单最初成名于安平），王孙贾因功被拜为亚卿。齐襄王又从莒城迎回太史敫的女儿，然后封她为王后（史书上称她为君王后，因后面还要出现，此处不再详述）。只到这个时候，太史敫才知道女儿跟齐襄王私订终身，他生气地说："你不经过父母之命，媒妁之言，就私自嫁人，我没有你这样的女儿。"发誓不再与君王后相见。齐襄王封他官职，太史敫也尽皆推辞不受。父母不认子女，子女焉能不认父母，贤惠的君王后只好不时地派人探望父母，以尽孝道。

再说在魏国的孟尝君见齐湣王已死，齐襄王即位，于是保持中立的态度，表示不再隶属哪个国家。齐襄王畏惧孟尝君的势力，想与孟尝君结好，他派出使者前去迎孟尝君，想拜他为相，但心中有愧的孟尝君说什么也不愿回来。不过为了对齐襄王的厚意有所回报，他尽他的努力，为齐、魏两国恢复了友好的外交关系。孟尝君就这样在齐、魏两国之间来回奔走，最后死于魏国。孟尝君死后，他的几个儿子争夺继承权，闹得不可开交，最后齐国和魏国见状，共同出兵灭亡了薛地，孟尝君的几个儿子尽数被杀，孟尝君因此绝嗣。

燕军大败而归，燕惠王才知道乐毅是多么贤能，他非常后悔用骑劫替代乐毅，致使燕军一败涂地损兵折将并丧失了攻占的齐国土地。燕惠王不从自己身上找原因，却怨恨起降赵的乐毅来，他担心赵国会任用乐毅趁机攻打战败的燕国，于是派人去赵国指责乐毅，同时向乐毅致歉说："先王在世的时候，把整个燕国委托给将军，将军为燕国战败齐国，替先王报了大仇，天下人没有不感到震惊的，我哪里有一刻敢忘记将军的大功呢？但非常不巧的是，先王在这个时候抛弃了我们，我刚刚即位，不明就里，误听了近臣们的胡言乱语。所以我派骑劫前去代替将军，主要是考虑到将军长年在外，风餐露宿，所以想让将军您暂且回来休息一下，并与您共商大计。谁知道将军听信传言，误以为与我之间的关系不再亲密，就抛弃燕国归附了赵国。如果将军是为了替自己打算，那倒是可以理解的，但是，这又怎么能对得起先王对您的知遇之恩呢？"

乐毅对燕惠王混淆是非为自己强辩且倒打一耙的做法感到气愤，当然了，即使是面对一个昏庸的国君，他仍然是个臣子，于是他向燕惠王写信并委婉地驳斥他的说法：

"下臣愚钝，不能恭敬地听从您的命令，来顺从您左右近臣的意愿，我担心回国会发生不愉快的事情，既有损于先王的英明，也无益于您的高义，所以才逃到赵国。现在您派人来指责我的罪过，我怕您的近臣们不能体察先王收留并信任我的缘由，又不明白我事奉先王的忠心，所以才敢向您写下这封回信。

"我听说圣明的国君会对立下大功的人进行赏赐，对能力出众的人进行重用，而不会把爵禄留给自己宠信的人。所以先考察才能之后再授给官职的，是能够成就大事的君主。考察品行然后再交往的，是能够树立威信和声誉的贤士。我曾暗中观察先王的举动，发现他有超出一般人的志向，所以我才借为魏国出使之际来到燕国，亲自来接受先王的考察。先王对我过于抬举，也没有和宗室的父兄大臣商议，就任命我为亚卿。我自己也缺乏自知之明，自认为只要执行命令接受教导，就可以侥幸免于犯错，所以就接受了任命而没有推辞。

"先王曾对我说他与齐国有仇，希望能向齐国报仇雪恨。我向他献上联合其他四国共同讨伐齐国的策略，先王认为我说的有理，于是让我拿着符节去赵国。很快我回国向先王复命，并与赵、魏等国的军队一起，在济水西岸打败了齐军。齐王只身一人逃向莒城，临淄的珍宝和器物全部缴获并送回燕国，齐国的祭器摆在燕国的大殿，之前被齐国掠去的燕国宝鼎又回到了燕国的宫室。自五霸以来，功业没有比得上先王的，先王认为自己的愿望得到了满足，于是赏赐给我一块地方，使我能与小国的诸侯相比。

"我听说，善于开创的不一定善于完成，而善于开局者也不一定会得到一个好的结果。之前伍子胥的主张被吴王阖闾采纳，阖闾一直带兵攻下了楚国的郢都；吴王夫差不采纳伍子胥的建议，还逼他自杀并把他的尸骨装进袋子扔进江中。夫差不明白之前伍子胥的主张可以建立卓越功绩，所以他逼死伍子胥而不感到后悔；而伍子胥因为不能早一点儿预料国君的气量，所以被逼自杀而死不瞑目。

"让自己免遭杀身之祸并建功立业，彰显先王的光辉事迹，这是我最大的愿望；遭到侮辱以及诽谤，进而毁坏先王的名声，这是我最担心的事情。面临难以预测的杀身之祸，侥幸得免却还想借此谋利，这是正义的人所不愿意做的事情。

"我听说古代的君子，即使和人绝交，也不会说别人的坏话；忠贞的臣子离开自己的国家，也并不为自己鸣冤叫屈。我虽然愚钝，但也曾多次接受君子的教诲。我担心大王的侍从听信左右近臣的谗言，不体察被疏远者的想法和行为，所以我才敢献上这封信，把我真实的想法向您讲一讲，希望您能认真地加以考虑。"

燕惠王看完乐毅的来信，知道自己理亏，他虽然恼羞，但碍于乐毅杰出的才能，因此不敢加害乐毅的亲属和族人。为了拉拢并结好乐毅，他让乐毅的儿子乐间承袭了昌国君的爵位。燕惠王这样的做法，多少使乐毅在心理上得到了些许安慰，在感情上也能转过弯来，于是乐毅积极努力，为燕、赵两国之间建立了友好的外交关系，燕、赵两国因此都把他封为客卿，乐毅最后死在了赵国。

第十一节　完璧归赵、将相和

那么在乐毅前来投奔的这段时间里，赵国国内的情况又是怎样的呢？

赵国自赵武灵王胡服骑射以来，无论是综合国力还是军事实力，都有了很大程度的提高，在战国后期的东方六国中，也是数一数二的强国。在这一段时间里，秦昭王或许是感念赵武灵王间接协助他登上王位的恩德，或许是对赵武灵王竟敢假扮使者来到秦国与他近距离相会仍感心有余悸，或许是对赵国胡服骑射以后军事实力究竟如何不明底细，以至在赵武灵王有生之年，甚至是赵武灵王死后的近13年里，都没有发兵攻打过赵国。

但秦国兼并东方六国的既定目标从来不曾变过，不论是对他有恩的国家还是对他有仇的国家，都是他进攻的目标，所以赵国自然也不可能例外。

公元前284年，东方六国中最强大的齐国就像一座朽蚀的古塔，几乎在一夜之间轰然倒塌，这使一向蛮横无理的秦国，从此显得更加肆无忌惮。当然了，对于赵国这个国家，秦昭王仍然感觉到陌生和神秘。但秦昭王却没有过多的时间来等赵国自己露出的破绽，因为他的耐心非常有限。齐国被燕国占领之后，秦国很想借机攻打楚国，但却不知道赵国会不会插手干涉，所以就想找个借口试探一下赵国。

而这个借口非常容易地就被秦昭王找到了。前文曾经提到过，楚国有一块世所罕有的宝玉和氏璧，但在相国昭阳出游之时，无意中遗失了。谁知道这块玉璧，时隔不久，竟然出现在了赵国的宫廷。

秦昭王听到后，就派使者对赵惠文王说："我听说您得到了天下至宝和氏璧，非常想看一看，当然我也不能白要，我想拿十五座城池与您交换，您看如何？"

秦昭王的这封来信，立即在赵国宫廷引起了一场轩然大波。赵惠文王左思右想，觉得无论是给还是不给，都非常为难。把和氏璧给秦国吧，很明显这是秦国设的圈套，根本不可能给赵国十五座城池。不把和氏璧给秦国吧，就必然会得罪秦国，而得罪秦国是什么下场，赵惠文王还是非常清楚的。

赵惠文王于是召集大臣们商议此事。这个时候，赵国的大臣之中，最著名的就是廉颇。廉颇曾于公元前283年率赵国军队深入齐境，攻取齐国的阳晋（今山东省菏泽市巨野县西），从而威震诸侯，而此时的赵国，也成为继齐国之后东方六国中最强大的国家。廉颇回朝，因功拜爵上卿。秦国不敢贸然进攻赵国，也正是因为廉颇在赵国的缘故。

赵惠文王召集廉颇等大臣们商议，看是否要答应秦国的要求，把和氏璧送到秦国。大臣们有说送的，有说不送的，议论纷纷，莫衷一是。有人说："如果能找一个智勇双全的人，拿着和氏璧去秦国，如果秦国能给我们十五座城，那就把和氏璧交给秦国，如果秦国不割让十五座城池，那就仍把和氏璧带回来，这样一来，既不得罪秦国，也不怕被秦国欺骗。"

赵惠文王觉得有理，于是就瞅着廉颇，看廉颇的反应，其他的大臣们也都看着廉颇，看廉颇是什么意见。但廉颇对此还是有相当的自知之明，他不是那种特别擅长外交辞令的人，让他带领赵国军队与秦国军队激战，这他不怕，但让他拿着这么一块玉璧到秦国去，把秦国诘难得哑口无言，这不是他的强项。因此廉颇低头不语。

赵惠文王感觉有些失望，就又把目光投向四周的其他人，看是否有人帮他劝劝廉颇或是出个其他更好的主意。这时，站在他几案旁的宦官头目缪贤躬身向他进言说："大王，我有一个名叫蔺相如的门客，不仅非常有勇气，而且特别有智谋，如果大王确实一时找不到合适的人选，不如就派他到秦国去。"

赵惠文王心中略为宽慰，但他很不相信缪贤的推荐，因为之前从来没有听说过这个人，于是他问缪贤说："这个蔺相如是什么人，你怎么知道他有勇有谋，你详细地说来我听听。"

缪贤说："下臣我曾经犯下重罪，就想逃出赵国。蔺相如拉住我问道'您要到哪里去'？我告诉他说'我要去燕国，投奔燕王'。蔺相如就问我说'您和燕王关系非常好吗？这么有把握千里迢迢地前去投奔他'？我告诉他说'前几年的时候，我曾经与大王一齐到赵、燕边境与燕王相会。燕王悄悄地握着我的手对我说，愿意和我交个朋友。因此我知道燕王非常看重我，所以我要去投奔他'。蔺相如阻止我说'这您就大错特错了，之前的时候，赵国强而燕国弱，燕王想与您结好，并不是看重您个人，而是因为他知道赵王非常信任您，想通过您在赵王面前为燕国说好话。可是现在呢，您得罪了赵王逃亡到燕国，燕王害怕赵国会借此攻打燕国，必定会把您抓起来送回赵国并借此讨好赵国。您去燕国，实在是太危险了'。我听了他的话觉得非常有理，于是赶快问他说'那你说怎么办'？蔺相如说'您犯的罪又不是什么不可饶恕的大罪，不如您趁着大王还不知道，主动去向大王请罪，大王就一定会赦免您的'。我听了他的话，来向大王您请罪，大王果然赦免了我。通过这件事情我发现，蔺相如确实深谋远虑，是个难得一见的人才。"

赵惠文王非常高兴，于是命缪贤把蔺相如召来并问他说："秦王给我来信说，想要拿15座城交换我国的和氏璧，先生您觉得应不应该答应秦王？"

蔺相如回答说："秦国强而赵国弱，不答应不行。"

赵惠文王说："如果把和氏璧送到秦国，秦国却不把十五座城交给我国，怎么办？"

蔺相如说："秦国提出用十五座城交换大王的和氏璧，他们的条件不可谓不优厚，如果赵国不答应，理亏的就是赵国；赵国先把和氏璧送到秦国，而秦国如果不给赵国十五座城，那么理亏的就是秦国。"

赵惠文王说："我们也是这么想的，现在我想让一个人带着和氏璧到秦国去，既不有损于赵国，也不得罪于秦国，能不能麻烦先生您到秦国走一趟？"

蔺相说回答说："如果大王确实一时没有其他更合适的人选，那么我愿意带着玉璧前往秦国走一趟。如果秦国能把十五座城交给赵国，那么我就把璧交给秦国，否则，我就把玉璧完好无损地拿回来。"典故"完璧归赵"即出于此，比喻物品完好无损地归还原主人。

赵惠文王非常高兴，于是拜蔺相如为大夫，让蔺相如带着和氏璧前往秦国。

秦昭王听说赵国把和氏璧送来了，非常高兴，于是坐在章台之上，大集群臣，然后宣赵国使者觐见。蔺相如不慌不忙，带着和氏璧来到大殿，献给了秦王。

秦昭王把和氏璧拿在手中仔细观看，只见玉璧晶体洁白，光滑润泽，雕琢细腻，十分精致。秦昭王非常赞叹，于是又把和氏璧传下去，让大臣们也挨个儿观看。大臣们挨个儿看完之后，又命传进后宫，让后宫的美人们赏玩。左右侍臣见了，无不高呼万岁。一直过了很久，和氏璧才被送了出来，仍旧放在秦昭王面前的案几上。而在这期间，秦昭王却绝口不提给赵国十五座城的事情。

蔺相如知道秦国根本不想拿十五座城来换璧，于是想了个办法，他对秦昭王说："大王，您有没有发现，这和氏璧上其实有个斑点，让我给您指出来。"

秦昭王一听，于是就命侍从们把和氏璧拿给蔺相如。

蔺相如把玉璧拿到手中之后，后退几步，靠近大殿的柱子，大声地对秦昭王说："和氏璧是天下的至宝，大王想得到这块璧，所以致信赵国，要拿十五座城来交换。我们赵王接信之后，立即召集君臣商议，大臣们都说秦国非常贪婪且素来不讲信义，劝赵王不要答应秦国拿城换璧的要求。是我对我们的大王说'普通的百姓之间，尚且互不欺骗，更何况是秦国这样的大国呢？再者为了一块玉璧得罪强大的秦国，实在是得不偿失'。于是我们的大王斋戒了五天，之后让我带着璧来到秦国。为什么要这样做？就是为了表达对大王您的尊敬并提高秦国的威信哪。可是我今天到了秦国，大王您对我非常傲慢不说，还把这么贵重的宝物传给后宫的美人们赏玩，这不仅是对宝物的亵渎，也是对我们赵国的侮辱。我看大王根本就没有把十五座城交给赵国的诚意，所以我特意设法拿回了这块璧。如果大王您一定要强迫我交出这块璧，那么我就把我的头和这块璧一齐撞碎在这个柱子上。"蔺相如说着，把和氏璧高高地举起，斜视着柱子，做出就要往柱子上撞的动作。

秦昭王担心蔺相如过激之下，真的撞碎了和氏璧，于是赶快向蔺相如道歉，并命人拿来地图，装模作样地指着说，哪里哪里的十五座城池割让给赵国。蔺相如看秦昭王的神情，根本就不是真的，于是对秦昭王说："和氏璧是稀世之宝，大王您提出要拿城交换，我们赵王不敢不答应。赵王在我带着和氏璧来秦国之前，足足斋戒了五天，今天大王想得到和氏璧，也应该斋戒五天，安排最隆重的礼仪庆典，我才敢献出和氏璧。"

秦昭王知道自己不能下令在众目睽睽之下从蔺相如手中强夺和氏璧，于是答应斋戒五日，并让蔺相如到馆舍中去休息。

蔺相如见秦昭王虽然答应了斋戒，但依秦国的一贯做法，绝对不会把十五座城池交给赵国，于是命心腹随从，换了衣服，带着和氏璧抄小路悄悄地回了赵国。

五天时间转眼就到，秦昭王召集群臣，安排庆典，要蔺相如献璧。蔺相如空着两只手前来，镇定自若地对秦昭王说："秦国自穆公以来，二十多个国君，没有一个是能讲诚信的。我害怕受到大王的欺骗而辜负了赵国，所以命人拿着宝璧已经回了赵国。秦国强而赵国弱，大王您的使者一到赵国，赵国马上就送来了和氏璧。秦国如果先把十五座城交给赵国，赵国还敢把和氏璧留下得罪大王您吗？我知道自己犯了欺君之罪，所以早就做好了被大王处死的准备，接下来怎么办，就请大王与您的大臣们认真考虑吧。"

秦昭王和大臣们面面相觑，侍从们准备把蔺相如带下去斩首。秦昭王挥手制止他们说："现在杀了蔺相如，不仅得不到和氏璧，反而会坏了秦、赵两国之间的友好关系，不如厚赏蔺相如，让他回赵国，赵王难道会因为一块璧的缘故欺骗秦国吗？"于是在大殿上用隆重的礼节接待了蔺相如，并让蔺相如回了赵国。

蔺相如回到赵国之后，赵惠文王认为他既保全了和氏璧，也保全了赵国的尊严，于是拜蔺相如为上大夫。此后，秦国再没有提起给赵国十五座城的事情，而赵国自然也就没把和氏璧交给秦国。

实际上，秦昭王的心思根本就不在那一块玉璧上，翻开战国后期的历史，从来都是秦国想方设法从其他国家中骗取土地或是侵占土地，而从来没有说拿秦国已有的土地与其他国家做交易的先例，如果有，那也是为了整体的战略利益或是被其他国家合起来围攻，不得不暂时做出的妥协。蔺相如出使秦国，使老谋深算的秦昭王从他的一系列举动中，准确地判断出了赵国国内的局势，那就是，赵国的实力没有秦国强大，并且，赵国非常畏惧秦国。

有了这个判断，秦昭王立即发兵攻打赵国。公元前282年，秦军攻打赵国，夺取了赵国的两座城池；前281年，再次攻打赵国，攻陷了赵国的石城（今河北省石家庄市）。

前280年，秦军兵分两路，同时对赵、楚两国用兵，大将白起攻赵，攻陷赵国代郡（今河北张家口市蔚县）光狼城，杀死赵兵两万余人；大将司马错攻楚，攻陷楚国黔中，迫使楚国割让汉水以北及上庸等地向秦国求和。公元前279年，也就是燕军被齐国田单击败、乐毅奔赵的这一年，秦将白起再次攻打楚国，攻占了楚国的鄢城（今湖北省襄阳宜城市）、邓县（今襄阳市）、西陵等地。

军事上的节节胜利，使秦昭王意识到，楚国已经不堪一击，而接下来他要攻打魏国，就必须稳住赵国。于是，他派出使者，邀请赵惠文王在渑池（今河南省三门峡市渑池县境内）会盟，让秦、赵两国修好。

赵惠文王非常害怕，担心去了之后秦昭王会像扣留楚怀王和孟尝君那样扣留自己，所以打算不去。廉颇和蔺相如商议之后对他说："大王您如果不去，就会显得赵国非常弱小且畏惧秦国，传出去会让诸侯笑话。先前鲁国的鲁定公与齐国的齐景公在夹谷会盟的时候，孔夫子就曾说过，有文事者必有武备，有武事者必有文备，在齐、鲁边境驻兵严阵以待，从而免遭齐国劫持。如今大王要去会盟，我们也要在赵国边境盛设大军，让秦国不敢轻举妄动。"赵惠文王于是决定前去赴会，让蔺相如陪同，让廉颇等人安排警戒。廉颇把他们送到赵国边境，与赵惠文王约定说："大王前去与秦王会盟，按行程计算，来回不会超过三十天，万一大王三十天之后还不回来，那么我请求立太子为王，以断绝秦国人的不义之念。"赵惠文王答应了廉颇，并与蔺相如前往渑池与秦昭王相会。

到了渑池，秦昭王与赵惠文王见面并相互致意之后，便开始宴饮。在席间，秦昭王借着酒兴，对赵惠文王说："我听说赵王非常爱好音乐，请赵王为我弹奏一曲吧。"赵惠文王不好推辞，于是就弹奏了一首琴曲。秦国的史官立即拿着竹简上前记录并口中念念有词说："某年某月某日，秦王与赵王会盟饮酒，命令赵王弹琴。"蔺相如见秦昭王故意羞辱赵惠文王，于是上前对秦昭王说："赵王听说秦王善于演奏秦地的音乐，现在献上秦地的缶（缶，音否，当时秦国一种瓦质的打击乐器），请秦王演奏一下，两国国君也正好借此娱乐。"

秦昭王没想到蔺相如会这么快就想出回击的策略，他气得脸上变了颜色，拒绝了蔺相如的要求。蔺相如于是捧着一只缶，跪请秦昭王演奏击缶，秦昭王仍然不肯击缶。蔺相如威胁他说："现在我距大王只有五步远，如果大王不同意，那我就和大王以死相拼。"秦昭王的侍卫们准备要上前杀死蔺相如，蔺相如瞪大眼睛，大声斥责这些侍卫，侍卫们被蔺相如的胆气所折服，只好退了下去。秦昭王很不高兴，但他担心蔺相如会真的对他不利，撕破脸皮有所闪失，于是非常不快地拿起筷子在缶上敲了一下。蔺相如赶快叫过赵国的史官说："某年某月某日，秦王为赵王击缶。"秦国陪同的大臣们见秦昭王没有占到一点儿便宜，于是大声提议说："请赵国献给秦国十五座城池，为秦王贺寿。"蔺相如大声说："请把秦国的都城咸阳献给赵国，为赵王贺寿。"

就这样，直到酒宴结束，秦昭王自始至终没有占到赵国任何便宜。一些秦国将领密劝秦昭王扣留赵惠文王和蔺相如。秦昭王早就听到廉颇带领大军严密布防的事情，所以他不仅不打算为难赵惠文王和蔺相如，甚至还主动提出，要让次子安国君的儿子嬴异人到赵国去当人质。秦国的大夫们都很不解，认为秦国提出和赵国和好就已经高看赵国了，为什么还要送人质呢？秦昭王向他们解释说："送人质到赵国，赵国就会一心一意跟秦国结盟，这样一来，我们才能集中力量攻打楚、魏等国。"群臣叹服。于是秦、赵两国缔结盟好，两王各归本国。

回国之后，赵惠文王认为蔺相如立下大功，拜为上卿，位居廉颇之上。廉颇非常不服气地说："我为赵国攻城略地，守卫疆土，立下不世之功，而如今蔺相如仅仅是动了几下嘴，就得到了比我高的职位。而且蔺相如刚开始只不过是一个宦者的门客，出身微贱，我羞于与他为伍，不甘心自己的位置在他之下。"廉颇四处对人说："如果我遇到蔺相如，一定要狠狠地羞辱他。"蔺相如听到后，尽量避免与廉颇见面，每次上朝，也假称有病，不愿和廉颇争位次。

有一天，蔺相如坐车外出，远远看见了廉颇的马车，于是命车夫把车停到偏僻的小巷中，避开廉颇。

蔺相如的门客们见状，就一齐劝他说："我们之所以抛家舍业前来追随您，就是因为听说您非常有名望。如今您与廉颇职位相同，廉颇对您恶言相加但您却处处退缩，看上去非常害怕的样子，普通的人面对这样的情景都会感到羞愧，更何况是位居上卿的您呢？我们实在是没有水平，请您允许我们离开您吧。"蔺相如坚决地挽留他们并问他们说："在你们看来，廉颇和秦王谁厉害？"门客们说："当然是秦王厉害。"蔺相如说："以秦王的威风，我尚且敢在大殿上大声地驳斥他，羞辱他的大臣，并在酒宴上让他击缶，我虽然不才，怎么会独独畏惧廉颇将军呢？在我看来，强大的秦国之所以不敢大规模地进攻赵国，就是因为有我和廉颇将军在啊。如果我和廉颇互相争斗，那么就必定会两败俱伤。我之所以要处处避让廉颇将军，是因为国家的安危远比私人的恩怨要重要啊。"

消息传到廉颇的耳中，廉颇十分惭愧，他脱去上衣，背着荆条，然后来到蔺相如的门前谢罪。他对前来搀扶他的蔺相如说："我是一个粗鄙的人，没有想到您会这么宽容，请原谅我之前对您的冒犯吧。"蔺相如也赶快谦虚地致歉，廉颇十分感动，于是和蔺相如结为生死之交。

这一段感人至深的故事，历史上称之为"将相和"。

但赵国的将相和，并不能对其他的国家带来任何的帮助。公元前278年，也就是秦、赵渑池之会的第二年，秦国派大将白起大规模进攻楚国，攻陷楚国郢都，焚烧其先王的坟墓夷陵，楚国战败，无力再抵抗，只好迁都到陈丘（原来的陈国都城，今河南省周口市淮阳区），并让大夫黄歇陪太子熊完入秦为质，向秦乞和。爱国诗人屈原就是在这一年自投汨罗江殉国。

楚国乞和之后，秦国不断派兵攻打魏国，韩国派兵救援魏国，也被秦军击败，魏不得已割地求和。秦国想加快兼并韩、魏的速度，但碍于赵国的强大，决心出兵攻打赵国。

公元前270年，秦国以赵国不履行之前两国交换三座城池的协议，派中更胡阳率兵攻打赵国的阏与（今山西省晋中市和顺县）。阏与守将不敌，赶快派人前往邯郸求救。

赵惠文王接到阏与的求救，赶快召集大臣们商议，看是放弃阏与，还是派兵救援。蔺相如、廉颇等人都说阏与道路险阻，无法救援，只有将领赵奢没有吭声。赵惠文王就问他说："你认为是否应该救援阏与？"赵奢回答说："阏与距邯郸非常远，且又道路狭窄，就像两只老鼠在洞里争斗，哪个更勇猛，哪个就会获胜。"

赵惠文王本来就不想放弃阏与，听赵奢这么说，知道他有一定的把握，于是就让他带兵去救阏与。

赵奢本来是赵国一个征收田租的小官。在收租税的时候，平原君的管家不愿意交税，赵奢不畏权势，依照法律，杀了平原君家管事的九个人。平原君大怒，要杀死赵奢。赵奢就对他说："您是赵国的贵公子，如果您一味纵容您的家人，那么赵国的法纪就会流于形式。国家的法令不行，那么赵国就会衰弱，赵国衰弱，诸侯就会派兵攻打赵国。到那个时候，赵国要是灭亡了，哪里还会有您的富贵呢？以您的地位和富贵，如果您能带头遵纪守法，那么百姓就不会违犯法律，国家就会太平无事，赵国就会变得强大。到那个时候，您作为赵国的贵公子，您的地位难道还不更加尊贵吗？"平原君听了非常佩服，觉得赵奢这个人很有才能，于是就把他推荐给了赵惠文王。赵惠文王让赵奢管理全国的税收，赵奢管理得非常公平合理，不仅人民富庶，国库也非常充足，赵国因此国力大增。

赵奢带兵离开邯郸三十里，就下令安营扎寨，不再前行。他为了不使自己的战略意图暴露，特地下令说："凡是有进谏谈论军事的，一律斩首。"而秦国为了围城打援，施疑兵之计，派出一部兵力驻扎在武安（今河北省邯郸武安市西南）之西，不住地擂鼓呐喊，摆出一副想要攻打武安的样子，想诱使赵奢去救援武安。一个不明战争大势的小校前来劝说赵奢援救武安，立即被赵奢斩首。赵奢传令坚守军营，只是一味地修筑防御工事，一直在原地停留了二十八天。秦国的间谍混进军营，赵奢也假装不知道，而是好酒好肉款待之后把他送了出去。秦国的间谍出去向胡阳报告，胡阳非常高兴地说："赵奢离开国都三十里就不再前进，且在原地修筑工事，这明摆着是不去救援阏与了。"于是放松了对赵国援军的戒备。

而赵奢呢，自秦军间谍走后，立即率军悄悄进发，经过两日一夜的急行军，到达阏与城外五十里的地方，并安下了营寨。

再说胡阳，正攻阏与不下，突闻赵奢率援军到来，禁不住大吃一惊。于是立即率军前来攻打赵奢军。赵奢军中有个叫许历的军士求见赵奢，赵奢于是问他有什么事。许历说："秦军没有想到赵国援军会突然之间出现在这里，他们既然前来攻打，来势就一定非常凶猛，请将军一定要集中兵力，严阵以待，不然的话，就会被秦军击溃。"赵奢说："你有哪些建议，不妨说说看。"许历却说："将军，您之前曾下令但凡有进谏者死，现在我违犯了您的军令，我请求接受死刑。"赵奢说："那是我之前下的命令。"许历于是对赵奢说："将军您有没有发现，在秦、赵两军即将交战的战场北面有一块高地，那是这里地势最高的地方，足可以控制整场战争的胜败。谁能先占北山高地，那么谁就可以居高临下，窥伺对方的一举一动。所以说，先占北山者胜，后来者败。"赵奢听了，觉得非常有道理，于是分兵一万，令迅速占领北山高地。秦国军队随后赶来，发现赵军已占领有利地形，于是与赵军争夺北山高地，但北山既已被赵军占领，就不会那么容易被夺去。赵奢凭借地理优势，指挥大军从山上猛冲而下，秦军无法抵挡，只好大败而走。于是解了阏与之围。

阏与之战是数年来战无不胜的秦军所遭受的第一次惨败，极大地挫动了秦军的锐气，并提高了赵国的国际威望。赵奢得胜回朝，赵惠文王封他为马服君，军士许历因功升任国尉。赵奢由此被人称为名将，得以与廉颇、蔺相如等人并列。

基于阏与的战略重要性，第二年，秦国再一次派兵攻打阏与，想夺取阏与，但仍然没有攻克，最终放弃了攻打阏与的打算。

第十二节　范雎相秦、睚眦必报、魏有信陵

此后数年，秦国不敢再对赵用兵，这样的状态一直维持了四年之久。但到了公元前265年，秦国却因为某一个人的缘故，一反常态派出大军围攻赵国，赵国形势一度危急，直到齐国的援兵到来，才迫使秦军撤退。

引发这场战争的人，名叫范雎（雎，音居），当时，他是秦国的相国。那么，秦国为什么会因为范雎而发兵攻打赵国呢？来看看这件事情的来龙去脉。

范雎，字叔，魏国人。他非常有才能，想凭自己的主张游说魏昭王，争取有一番作为，但因为他家境非常贫寒，没办法打点魏王身边的人，所以根本就见不到魏王。于是先到魏国中大夫须贾的门下当门客，这门客一当，就过了好几年。

魏安釐王（魏昭王之子）即位之后，为了与曾经被魏国攻打过的齐国修好关系，须贾作为魏安釐王的使臣前往齐国出使，范雎也在随行之列。

齐襄王对之前魏国在齐湣王时代与燕国一齐进攻齐国感到难以释怀，于是在朝堂上当场质问须贾，须贾张口结舌，不能回答。范雎在旁边代他回答说："大王您说得未免有些以偏概全，早先的时候，我们听从贵国的命令，与你们一齐讨伐宋国，事先约定灭宋后三分其地，但灭宋之后，贵国却背弃了承诺，不仅不把应该属于我国的那部分土地交给我们，反而派兵攻打我们，这是贵国首先失信于我国呀。后来，各诸侯国都派兵攻打贵国，我国也并不是太过分，在济西之战后，就赶快撤军回国了，对贵国也算得上是仁至义尽。如今大王既登大位，洗雪先王之恨，我们的大王以为您一定能创造出像齐威王时代那样的光辉业绩，也可以借此修复齐湣王时代所带来的忧患和创伤，所以派大夫须贾前来结盟修好。可

如今大王只知道指责我国，却不知道自我反省，恐怕齐湣王时代的祸患，又为期不远了。"

齐襄王听了大吃一惊，于是赶快问范雎是什么人？须贾代为回答说："这是我的舍人范雎。"

齐襄王非常敬佩范雎，吩咐厚待范雎一行。他暗中派人劝范雎留在齐国，但范雎却拒绝了，他对齐襄王的使者说："我与魏国的使者一齐来到齐国，如果不回去，就会显得毫无信义可言，以后还怎么为人处世？"齐襄王更加敬重他的人品，于是派人赐给他黄金十斤及牛肉美酒。范雎推辞不愿接受，使者再三向范雎致齐襄王之意，表示如果范雎不收下，他就没法回去复命，范雎无法，只好把这件事情报告须贾，问他该怎么办？须贾听说范雎受赏，一来嫉妒，二来怀疑，所以感到非常生气，他以为范雎把魏国的机密泄露给了齐国，所以才得到这些赏赐。但此时他们身在齐国，不宜大动干戈，于是他命令范雎收下牛肉和美酒，向使者退还了金子。

回国以后，须贾把这件事情告诉了魏国国相。其时的魏国国相是公子魏齐，他听说范雎里通外国，勃然大怒，于是将范雎抓起来，命人用板子狠狠地打，不仅打断了范雎的肋骨，也打落了范雎的牙齿。范雎疼痛难忍，只好假装死了过去。魏齐命人将他卷进一张席子，然后放进厕所里，宾客们喝醉了酒，如厕的时候就都把尿撒在他的身上。魏齐这么做的目的，就是想杀鸡儆猴，不要让其他的门客做出卖国家利益的事情，而实际上，范雎并没有做他们想象中的那些事情。

范雎在厕所的席子里，听到周围再没有别人，于是对看守他的卫兵说："我现在快要死了，如果您能让我死在家里的话，我家里有几两黄金，一定全部拿出来酬谢您。"卫兵答应了，于是前去向魏齐报告说："厕所里的死人快要发臭了，要不扔出去吧？"魏齐喝醉了酒，也没有多加考虑，于是就说："那就扔到野外，让野狗吃这个卖国贼的肉。"范雎于是得以逃脱。第二天，魏齐酒醒之后，非常后悔把范雎扔了出去，于是又命人去四处察看，只见卷过范雎的席子还在，但范雎却不见了，又命人到范雎家中去看，发现范雎的家人都在号哭着为范雎办丧事，于是才放下心来。

再说范雎有一个好朋友名叫郑安平，他接到范雎的求助之后，就赶快把受伤的范雎带出去藏了起来。为了避免走漏风声，范雎改了自己的名字，对外假称张禄。

过了一段时间，秦昭王派使者王稽出使魏国，郑安平假装驿卒，去侍奉王稽。王稽就问他说："魏国有没有特别有才能且愿意到秦国去的人？"郑安平回答说："我们乡里有一个名叫张禄的先生，他想拜见您，与您谈论天下大事。但他因为有仇人，所以不敢在白天来见您。"王稽说："那就晚上你们一块儿来。"

到了晚上，郑安平带着范雎一起去见王稽，话还没有谈完，王稽就发现范雎特别有才能，于是他对范雎说："您在魏国边境的三亭（今河南省开封市尉氏县西）南边等我，我过境的时候，带着您一齐去秦国。"于是范雎就和郑安平藏在了三亭之外。

王稽在魏国完成出使任务，过境的时候，把范雎和郑安平藏在了车中。路过湖邑（今河南省三门峡灵宝市西北）的时候，范雎看见远远地有马车过来，于是问王稽说："这会儿来的是什么人？"王稽回答说："是丞相穰侯。"范雎说："我听说穰侯在秦国擅权，非常厌恶从诸侯各国来的客卿，我怕他来侮辱我，所以还是在车里暂时躲避一下。"

过了一会儿，魏穰来了，他与王稽互致问候，然后问王稽说："东方六国有什么变化吗？"王稽说："没有。"魏穰又问："你没有带着诸侯国中的客卿一起来吧？这些人没有什么用处，只会扰乱我们秦国罢了。"王稽连忙回答说："不敢。"魏穰将信将疑，然后就走了。

魏穰走了之后，范雎说："我听说穰侯是个非常有智谋的人，但他考虑问题比较缓慢，刚才他就怀疑车里有人，只是忘了搜查，过一会儿他一定会派人前来搜查的。我最好还是下车躲避一下。"于是和郑安平一齐下了马车。

走了差不多十里路，穰侯果然派人骑快马前来检查王稽的马车，看到车里确实没人，才放过了王稽。等穰侯的使者走后，王稽便放心地带着范雎和郑安平来到了咸阳。

王稽向秦昭王报告了出使的情况之后，对秦昭王说："魏国有一个名叫张禄的先生，非常有才能。他说'秦王的国家非常危险，就像垒起来的鸟卵，如果秦王能够重用我，国家就可以安如磐石'。于是我就把他带来了。"秦昭王根本不相信，于是让范雎住在下等门客住的馆舍里，以等待召见。但范雎在秦国足足等了一年多，秦昭王也没有接见他。秦昭王之所以不愿召见范雎，是因为自他即位以来，他向东与其他四国击败了东方的强国楚国，向南击败楚国占领了郢都，并屡次攻打韩、魏、赵等国，他认为这些客卿并不能为他带来实质上的帮助，只会帮着说一些如果秦国攻打哪个国家就会为自己招来更大的祸患等一些对秦国无益的话。他这种想法可说是与魏冉如出一辙，在一定程度上受了魏冉的影响亦未可知。

在当时的秦国，因为宣太后专权，所以培植了巨大的势力。秦昭王刚即位时，因为年幼，所以由宣太后主政。当时宣太后的同母异父弟魏冉在朝中掌握实权，担任将军保卫都城咸阳，宣太后在魏冉的支持下，杀死了秦武王的母亲惠文后和秦武王的弟弟公子壮、公子雍，并把秦武王的王后驱逐到了她的娘家魏国，一举肃清了反对秦昭王的势力，并在魏冉的辅佐下掌握了实权。

宣太后在主政期间，还诱灭了义渠国，一举解除了秦国的西部之患。

义渠是当时活跃于泾水北部至河套地区的一个古少数民族政权，国都在现今的甘肃省庆阳市宁县。义渠从商代立国起，到战国时期渐渐变得强大，长期与秦国发生战争，给秦国制造了非常大的麻烦。秦昭王即位后，义渠王前来咸阳朝贺，宣太后于是用怀柔、腐蚀之策麻痹义渠王。她请义渠王长期住在甘泉宫，并与他私通，前后生下两个儿子。秦昭王成年后，与宣太后日夜密谋消灭义渠。公元前272年，宣太后引诱义渠王前来咸阳，然后在甘泉宫杀死了他。之后，秦国大举发兵攻打义渠，义渠国被灭，领土并入秦国，义渠人融入华夏。秦国在义渠故地设立了陇西（郡治狄道，今甘肃省定西市临洮县）、北地（今庆阳市西南）、上郡（郡治仍在肤施，义渠部分地区纳入该郡）三郡。

宣太后重用穰侯魏冉、华阳君芈戎、高陵君、泾阳君当权，其中芈戎也是宣太后的同父异母弟，而高陵君和泾阳君则都是宣太后和秦惠文王的儿子、秦昭王的弟弟。这四个人之中，穰侯当丞相，其他三人当大将，每个人都有自己的封邑，他们的财富加起来比秦昭王的还要多，号称"四贵"，可谓是权势赫赫。宣太后及"四贵"的专权极大地限制了秦昭王的权力，造成了秦国国内只知有宣太后和"四贵"，而不知有秦王的局面。

魏冉的封地在陶邑（今山东省菏泽市定陶区），他为了扩大自己的封邑，就想越过韩国和魏国去攻打靠近陶邑的齐国刚城（今山东省泰安市宁阳县北）、寿张（今泰安市东平县）两座城。他的考虑是，如果打下来了，秦国也不可能去守千里之外的地方，只会把这两座城也封给他。

范雎抓住这个机会，向秦昭王写了一封信，他在信中说：

"我听说圣明的国君，会赏赐那些有功劳的人，会重用那些有才能的人，所以无能的人不可能当职，有才能的人也不会被埋没。如果您认为我说的话有几分道理，那就希望您采纳我的建议，如果您认为我说得一点儿也不正确，那就请您赶走我好了。俗话说，'平庸的国君赏赐自己宠幸的臣子，而惩罚自己厌恶的臣子；英明的国君则不一样，赏赐一定会加给那些真正有功劳的人，而惩罚也一定会降于那些真正有罪过的人'。如今我一个躯体伤残的无用之人，又怎么敢拿没用的话来搪塞大王呢？虽然您可能因为我出身卑贱而看不起我，但您也应该多少留意一下推荐我的人的意见吧。

"宋国的结绿和楚国的和氏璧，都是稀世之珍，它们自然而生，都曾为优秀的玉工所不识，但它们却最终成为闻名天下的宝玉。而大王您所忽视的人，难道就不足以为国家带来任何的好处吗？

"我要同大王谈论的国家大事，不敢在信里面写出来，因为写出来就会泄露机密；而写得简单一些，又隔靴搔痒，根本不起任何作用。我请求大王在空闲的时候召见我，如果您认为我有一句话说得不对，那就请您立即处死我。"

秦昭王看了范雎写的信之后，既有几分感动，也有几分高兴，于是召见了范雎。

范雎到宫中去拜见秦昭王，到了宫门口，他假装不知道那是王宫，就要直接闯进去。恰巧这个时候秦昭王来了，太监们看到范雎这样冒失，生怕秦昭王看见责备他们，于是驱赶范雎说："大王来了，你在这个地方不能待。"范雎假装糊涂说："秦国哪里有什么大王啊，秦国只有太后和穰侯。"想以此激起秦昭王的自尊心。秦昭王听到他和宦官的争论，于是亲自把他迎进宫中，并向他致歉说："本来我早就应该向您请教了，但是因为义渠的事情非常紧急，我每天早晚都要向太后报告。如今义渠的事情已经完了，所以我才能赶来向您请教。"范雎也赶快向秦昭王还礼。这一天见到秦昭王召见范雎的人，都无不脸上变色，对范雎肃然起敬，因为之前秦昭王从来没有这么恭敬地对待过一个客卿。

秦昭王叫左右的人都退下，宫中就剩下他们两个人（而实际上，那些太监虽然退下去了，但还是零零散散地躲在可以听到他们谈话的帷幕后面）。他跪坐在坐垫上，挺直身子向范雎请教（当时的专用名词叫"跽"，翻译成白话叫长跪。那时没有椅子，人们就座的时候都是用膝盖跪坐在坐垫上，如果听到令他们震惊或是感兴趣的话，一般都会条件反射般地挺直上身。这个举动只表示恭敬或感兴趣，并没有现代所说的跪拜的意思，在这里要特别注意加以分辨）。

但范雎却只是随口嗯了几声，并不答话。秦昭王又问，范雎还是不答话。秦昭王再问，范雎仍然如此。秦昭王非常不解，就问他说："先生是不是认为我不值得您指教？"秦昭王之所以这样，是因为在宫门口听到范雎说秦国只有太后和穰侯，而并不听说有王，他想从范雎那里一探究竟，看国外诸侯对秦国的政局到底是怎样的一个看法。范雎见秦昭王态度确实异常诚恳，但因为身边耳目众多，他怕自己未获信任之下说得太深为自己带来不测，于是先向秦昭王献上了"远交近攻"的策略。远交近攻，就是对齐国、燕国这些不与秦国接壤的国家，采用外交手段缔结盟好，不让他们干涉秦国攻打其他的诸侯国，而对距离秦国较近的韩国和魏国，则采取紧紧控制并不时攻打的策略，今日五城，明日十城，逐步蚕食，将秦国的版图不断地向东推进，先韩、魏，再赵、楚，最后燕、齐，最终达到统一天下的目的。秦昭王对范雎的策略非常赞赏，于是拜范雎为客卿，让他参与军国大事的讨论。范雎来秦时是公元前271年。到公元前268年，秦昭王用范雎之计，攻占魏国怀（今河南省焦作市武陟县西南），前266年，攻占魏国邢丘（今焦作市温县东），前265年，攻占韩国荥阳，将韩国拦腰斩为三截，使韩国处在几近灭亡的危急之中，不得不乖乖地听命于秦国。此时韩、秦两国的形势，就像一条蛇被一只蜈蚣牢牢地咬住了七寸，不仅命门被对手牢牢地控制，而且对手还在不停地吸它的血，直到它全身的血被吸干而死。

过了几年，范雎完全得到了秦昭王的信任，他就趁机劝说秦昭王说：

"我在山东的时候，听说齐国有孟尝君，不听说有齐王，听说秦国有太后、穰侯、华阳君、高陵君和泾阳君，也没有听说过有秦王。独揽国家大权的才能称之为王，兴利除弊的也称之为王，掌握生死大权的也称之为王，可是现在呢？太后随心所欲，一点儿也不顾及大王的感受；穰侯出使其他国家，也不向大王报告；华阳君和泾阳君随意惩罚决断却无所顾忌，高陵君进宫出宫也不向您请示。有这四贵，而国家没有灭亡，这是从来没有过的事情；也正因为秦国有他们四贵，所以人们才没有听说过秦国有大王您哪。在这种情况下，大权怎么不会旁落，大王您又怎么发号施令？我听说善于治国者，不仅能在国内树立自己的权威，也能在国外行使自己的权力。四贵掌握着大王您的权力，决定着诸侯各国的生死，也掌握着天下百姓的命运，只要想去讨伐哪个国家，就没有哪个人敢不去听从。战胜了，得到的利益就是他们的，战败了，不仅会结怨于百姓，也会使国家的利益受损。

"之前的崔杼在齐国专权，弓箭射中了齐庄公的腿，淖齿在齐国专权，活活地抽了齐湣王的筋，李兑在赵国专权，赵武灵王饿死沙丘宫。如今我听说太后、穰侯掌权，华阳君、高陵君、泾阳君辅佐他们，一点儿也不把大王您放在眼里。这就像是淖齿在齐国、李兑在赵国啊。夏、商、周三代所以亡国，就是因为国君让臣子掌权，而他们自己却忙于纵酒驰猎，不理朝政。而接替他们掌握权力的人，却又嫉妒有才能的人，欺上瞒下，牟取私利，一点儿也不替国君着想，而国君觉察不到，所以也就很快亡国了。现在秦国从上到下，没有一个不是相国的亲信，大王您一个人在朝廷上，我私下里确实为你感到担心，我怕百年之后，拥有秦国的，不是大王您的子孙。"

秦昭王听了范雎的话，立时愀然变色，尤其是听到范雎说的最后一句话，禁不住汗毛倒竖，他非常赞同范雎的看法，于是下令废黜宣太后，然后让穰侯、华阳君、泾阳君、高陵君全部去了他们关外的封地。秦昭王拜范雎为丞相，收回穰侯的相印，并让官吏们给他提供车辆让他装财物搬家。穰侯的家财装了有一千多辆车。出函谷关的时候，关令查验他的车，穰侯车中的奇珍异宝，比秦昭王的还要多。

范雎对秦国统一中国的最大贡献就在于，他建议让秦昭王收回国家最高权力，进一步加强了中央集权，这对于使当时的君权高度集中并一致对外，起了非常大的作用。让秦国避免了像鲁国被三桓控制、晋国被卿大夫瓜分、齐国被卿大夫取代等那样的分裂结局。范雎对内建议强干弱枝，对外建议远交近攻，对中国历史产生了非常深远的影响。所以此后的李斯在评价他的时候说："昭王得范雎，强公室，杜私门，蚕食诸侯，使秦成帝业。"

范雎当了秦国国相之后，秦昭王把他封在应城（今河南省平顶山市鲁山县东），范雎因此被称为应侯。这一年是公元前266年。

范雎当上了秦国的相国，对外仍称为张禄，除了郑安平，没有人知道他的真实姓名，就连魏国人也没有一个人知道，以为范雎早就死了很久了。魏安釐王听到秦国将要向东攻打韩国和魏国，于是派须贾到秦国来出使。范雎听说须贾来到了秦国，于是把自己打扮成贫寒士人的模样，穿着破烂的衣服，然后跑到须贾的馆舍去见须贾。须贾看到范雎之后，非常吃惊地问："范叔这么多年来还好吧？"范雎回答说："还过得去。"须贾问他说："你有没有游说秦王啊？"范雎回答说："没有，之前我得罪了相国魏齐，所以逃亡到这里，还怎么敢游说秦王呢？"须贾又问他说："你现在以什么为生啊？"范雎说："我在替人家当用人。"须贾一听禁不住起了恻隐之心，于是邀请范雎与他一起共进午餐。吃饭之时，须贾见范雎衣着单薄，忍不住叹息说："没想到你过得如此贫寒。"于是取了自己的一件棉袍赠送给范雎，范雎穿上之后，向须贾再三致谢。须贾就顺便问他说："秦国的张丞相，不知道你是否有所耳闻，我听说秦王非常信任他，对他言听计从，我今天来秦国能不能达到预期的目的，全在于张丞相一句话。你在秦国这么久，有没有认识的和张丞相相熟的人？"范雎回答说："我的主人刚好和张丞相非常熟，就是我也偶尔能见到张丞相，我可以让你见到张丞相。"须贾说："我在来的路上，由于赶车赶得急，拉车的马拐了脚，现在走不动，况且车轴也折了。没有马车，我怎么去啊。"范雎说："我可以为您借一辆马车前去。"

范雎回到相府，从相府里驾了一辆马车，前来接了须贾，然后为须贾驾着马车，前往丞相府中。路上有人认出驾车者是范雎的，不是在路边垂手而立，就是赶快躲在一旁，须贾不知道是什么缘故，感到非常奇怪。到了丞相府外，范雎对须贾说："您在这里稍等片刻，我进去为您禀报。"然后就进了相府。须贾在相府门外等了好久，也不见范雎出来，于是问门口的卫兵说："范叔怎么还不见出来？"卫兵说："这里没有范叔这个人啊。"须贾说："就是刚刚驾车把我拉到这里来的那个人啊。"卫兵说："那是我们的张丞相啊。"须贾惊愕万状，这才知道自己被范雎所欺骗，他知道自己已经是在劫难逃，于是赶快脱掉上衣，光着脚，然后跪在相府门外，请卫兵进去代他向范雎请罪。

范雎坐在相府大堂，召须贾进府。须贾一路跪行到大堂，向范雎叩头求情说："我没有想到先生能够凭本事自取这样的尊位，我不敢再读天下的书，也不敢再谈论天下之事。我犯了死罪，是生是死，就请丞相您决定吧。"范雎问他说："你犯了哪些罪？"须贾回答说："把我的头发拔下来数我的罪，还不够数。"（成语"擢发难数"的来历，形容罪过多得难以计算。）

范雎说："你也没有那么多的罪状，你有三条大罪。之前的时候，申包胥借来秦军为楚国赶走了吴军，楚昭王要在荆地封他五千户，但申包胥却推辞不受，只是因为他先人的坟墓在荆楚之地呀。如今我祖先的坟墓也在魏国，而你之前却以为我向齐国出卖了魏国的利益，在魏齐那里诬陷我，这是你的第一条大罪；当魏齐在厕所里侮辱我的时候，你没有上前劝止，这是你的第二条大罪；当我在厕所里昏过去的时候，你竟然仗着酒醉，与宾客们一起往我身上撒尿，你怎么就能做得出来？这是你的第三条大罪。但你今天之所以还活着，就是因为你还有一点儿老朋友的情谊在心中，看我衣着单薄送了我一件袍子，所以我才决定放过你。"

须贾暗自庆幸不已，不住地向范雎叩头谢罪。范雎进宫，把自己隐姓埋名来秦的前因后果报告了秦昭王，决定不接受魏国的求和，并责令须贾回国复命。

须贾前来向范雎辞行，范雎大摆宴席，让其他诸侯国的使节都来坐在堂上，然后命须贾坐在堂下，在他面前摆了一桶喂马的料豆，让两个囚徒夹着他给他喂。须贾不敢违抗，乖乖地吃马豆充饥。

范雎斥责须贾说："你回去之后告诉魏王，赶快把魏齐的脑袋给我送来，要不然的话，我就亲自带兵前往魏国，踏平大梁城。"

须贾捡了一条性命，狼狈回到魏国，把出使的情况告诉了魏王及魏齐。魏国这才知道，如今的秦国丞相，居然就是当年魏国的范雎。魏安釐王恐惧之余，感到非常为难，如果不答应范雎的要求，那么秦兵马上就会杀来，依魏国的实力，根本就不是秦国的对手，可如果要答应范雎的要求，那就要杀死自己的相国，这让魏国颜面何存？魏安釐王不方便表态，魏齐自然是非常害怕，他知道魏安釐王心中更倾向于哪个选择，于是赶快选择了出逃。魏齐跑到赵国，在平原君的府中躲了起来。

再说把范雎带到秦国来的王稽，他见范雎做了丞相，于是就想让范雎在秦昭王面前推荐他。他对范雎说："世上不能预知的事情有三件，让人无可奈何的事情也有三件。国君说不定哪一天就会驾崩，这是不可预知的第一件事情；您也可能突然死去，这是不可预知的第二件事情；我也有可能突然死去，这是不可预知的第三件事情。如果国君有一天驾崩了，您却因为我没有被国君任用而感到遗憾，这是无可奈何的；如果您突然死去了，您却为没有报答我而感到遗憾，这也是无可奈何的；如果我有一天突然死去了，您会因没有及时推荐我而感到遗憾，这也是无可奈何的。"

范雎听了闷闷不乐，于是进宫对秦昭王说："没有王稽的忠心，他就不能把我带入函谷关来，而如果不是大王的贤明，也就不能使我显贵。如今我已位至丞相，爵位已经封到列侯，但王稽却还和数年前一样，只是一个谒者，这不是王稽把我带到秦国来的本意啊。"

秦昭王自从范雎拜相并废黜太后、罢免穰侯等人之后，突然之间达到了前所未有的权力顶峰，这种感觉是他之前所从来没有过的，在体验到极度的权力带来的极度的威势之后，他对范雎的感激，可说是发自肺腑。所以，他对范雎言听计从、百依百顺，范雎说什么，那就是什么。范雎推荐王稽，秦昭王就任王稽为河东守将，并允许王稽在三年之内可以不向朝廷上缴赋税。范雎又推荐郑安平，秦昭王就任命郑安平为将军，让他带兵作战。

这个时候，范雎的真实身份已经暴露，所以他也不再有掩饰的必要，在禀明秦昭王之后,他恢复了自己的本名。范雎尽出家财,用来报答那些曾经帮助过他的人。即便是曾经给过他一碗饭吃这样的恩情,他也要重重报答。但那些曾经与他结仇的人,就算是曾经瞪过他一眼,他也必定要想方设法报复(一饭之德必偿,睚眦之怨必报)。典故"睚眦必报"即来源于此。

再说魏国,在魏齐出逃之后,魏安釐王找到了搪塞秦国的借口,他命人把范雎的家人护送到秦国,然后对范雎说:"我国本来想要把魏齐抓起来送到秦国的,但魏齐得知消息后已经逃到赵国去了,现躲在平原君的府中,我们现在把相国的宝眷送来,还望贵国能够体谅魏国。"

在这个节骨眼儿上,赵国的赵惠文王恰好死了,即位的是他的儿子赵孝成王。秦昭王一则听说丞相范雎的仇人魏齐躲到了赵国,二则趁着赵国刚好政权交替,于是兴兵大举攻赵,连克赵国的三座城池。

赵孝成王因为年幼,赵国实际执政的是赵孝成王的母亲,也就是赵惠文王的王后赵威后。赵威后是齐国齐湣王的女儿,她见赵国局势吃紧,于是赶快派人向娘家齐国求救。而齐国的齐襄王也刚好在这一年死去,即位的是他的儿子齐王建,齐王建年纪也还很小,由他的母亲君王后执政。君王后是一个小心谨慎的人,她不愿意让齐国得罪别的国家尤其是像秦国这样的强国。但又碍于赵威后是齐襄王的亲姊妹,实在磨不开情面,于是提出让赵威后最疼爱的小儿子长安君到齐国做人质,齐国才发兵救赵。

可是赵威后这边,她却又舍不得让长安君到齐国去当人质,于是就发生了著名的"触龙说赵太后"的历史事件。最后,左师触龙以长安君不为国家效力将来就得不到百姓拥戴甚至将要失去现有的富贵、地位这个出发点来劝说赵威后,最终使赵威后下决心让长安君入齐为质搬求救兵。君王后见赵国已送来人质,于是派田单为大将,带兵十万前来救援赵国。

赵国的廉颇和齐国的田单这两个名闻诸侯的大将合兵,给对手带来的心理压力可想而知。秦军将领王翦于是劝秦昭王说:"赵国的良将较多,且还有平原君这样的贤人,实在是不容易攻打,再加上齐国的救兵马上就要到了,不如我们及早撤退,还能确保立于不败之地。"

秦昭王可不是那种听到雷声就立即打伞的庸人,他的一个显著特点就是,即便是天真的要下雨,那他在躲雨之前也要以最快的速度抢种一块菜地。齐国的军队不可能马上赶到,而他却有足够的时间与赵国交涉。秦昭王派使者对平原君赵胜说:"秦国攻打赵国,只是为了得到魏齐,如果您能献出魏齐,我们就马上退兵。"平原君一则顾念与魏齐的交情，二则依仗齐国的救兵，所以矢口否认魏齐在他的府中。

秦昭王无可奈何，他想退兵，又觉得对不起范雎，不退兵，又怕被赵、齐两国大军夹攻，一时犹豫不决。想来想去，他想出了一个主意。于是写信给赵王说："之前我误听传言，以为魏齐在平原君的府上，所以兴兵前来索要，要不然，我怎么敢轻易带兵来贵国呢？如今我已经知道魏齐确实不在贵国，所以就退兵回国了。攻占贵国的三座城池，也原封不动地归还贵国。"

赵威后收到书信，见秦兵也确实退走了，于是答书感谢秦昭王，同时让齐国的田单带兵回国。

秦昭王到函谷关之后，就给平原君写了封信说："我非常倾慕您的为人，想与您交个朋友，如果您能赏脸前来，我愿与您畅饮十日。"

平原君一则惧怕秦国，再则也认为秦王可能是出于好意，于是就到秦国来见秦昭王。

秦昭王见了平原君之后，感到非常高兴，于是摆酒设宴，日日与平原君欢饮。数日之后，秦昭王对平原君说："从前的时候，周文王得到姜尚，并尊称他为太公，齐桓公得到管仲，称他为仲父。现在的范君范雎，我也尊他为叔父。范君的仇人，现躲在公子家中，希望公子派人把他的头给我送来。要不然，我就不放公子出关。"

平原君拒绝说："人在显贵的时候结交朋友，是为了防止将来贫贱时有个依靠；人在富裕时结交朋友，是为了防止将来穷困时有个指望。魏齐是我的朋友，就算他在我的家里，我也不会把他交出来，更何况他现在不在我的家里呢。"

秦昭王见平原君仍然不肯承认魏齐在他的府中，于是拉下脸来说："如果您不把魏齐交出来，那我就不放您回去。"

平原君说："放不放我回去，这当然取决于大王您的决定。但大王以聚饮的名义邀请我到贵国来，却最终威胁并劫持我，相信天下人总会为这件事情下一个定论的。"

秦昭王可不是那种你说出一句天下大义他就马上满面羞惭向你低头认输的迂腐之人，他根本不在乎天下人议论他，只要他认定的事情，什么空泛的大道理都吓不住他。见平原君不肯就范，于是他就把平原君软禁了起来，然后又给赵孝成王写了封信，信中说："贵国平原君现在我国，而我范君的仇人魏齐现在平原君的府上。国君您迅速派人把魏齐的人头送到秦国来，否则的话，我就发兵攻打赵国,平原君也休想再回去。"

赵孝成王对大臣们说:"我可不想为了别国一个逃亡的臣子,而损失我的重臣平原君。"于是派兵围住平原君的府邸搜捕魏齐。平原君的门客中与魏齐有交情的,于是赶快掩护他趁夜逃出平原君府,去投奔相国虞卿。

虞卿考虑到赵孝成王非常惧怕秦国,所以就算是自己前去为魏齐求情,也不一定有好的结果,于是抛弃自己的相印,与魏齐一齐逃出赵国,返回魏国投奔魏国的信陵君,准备借助信陵君的力量逃往楚国去。

信陵君名叫魏无忌,是魏昭王的小儿子,魏安釐王的异母弟弟。魏昭王死后,安釐王为了平衡相国孟尝君的势力,封魏无忌为信陵君(信陵,今河南省商丘市宁陵县)。信陵君为人仁慈仗义,礼待贤士,从来不因为自己是贵公子而看不起那些有才能但出身贫贱的人,所以前来投奔他的人非常多,信陵君门下的食客也有三千多人。

有一天,信陵君与魏安釐王下棋,忽然听说魏国北部边境燃起了烽火,探马来报,说是赵国军队进攻魏国,马上就要打到魏国边界了。魏安釐王大惊失色,准备丢下棋子,召集大臣们商议拒敌的事情。谁知信陵君却不不慌不忙地制止魏王说:"大王放心,赵国军队并没有入侵,只是赵王在边境打猎而已。"说完后继续镇定自若地下棋。安釐王根本不相信信陵君所说的话,心里充满恐惧,所以心思根本就不在下棋上。过了一会儿,探马又来报告说,是赵王在打猎,并不是进攻魏国,和信陵君之前所说的一般无二。安釐王大惊失色,他赶快问信陵君是怎么知道的?信陵君回答说:"我的门客中有能探知赵王秘密的人,赵王有什么举动,他都会马上告诉我,所以我才知道。"魏安釐王非常忌惮信陵君有这些能力,所以不敢把政务交给信陵君来处理。

魏国有个隐士叫侯嬴,七十多岁了,因为家境非常贫寒,所以在魏都大梁城的夷门当个守门的小官。信陵君听说他非常有才能,所以就带着厚礼去聘请他。但侯嬴却坚决不肯接受,他说:"我洁身自好几十年了,绝对不会因为当了一个守门的小吏使家庭贫困而接受公子的财物。"但信陵君却下决心要与侯嬴这个贤士结交。有一天他大摆酒席,宴请宾客,等客人们都坐定之后,信陵君留下自己座畔的尊位,然后带着几个随从驾着马车前往夷门迎接侯嬴。侯嬴见信陵君前来请自己,于是慢条斯理地整理好自己的衣冠,然后径直上车,坐在了左边的尊位上,想看信陵君的反应,但信陵君并没有表现出任何的诧异之情,而是非常恭敬地为他驾车。行了一程,侯嬴对信陵君说:"我有一个朋友在集市的屠宰场里面，希望您能驾着车去那里，我想去会一会他。"信陵君于是驾着马车去了集市，让侯嬴下车去见他的朋友朱亥。侯嬴故意站了很长时间，他一边和朱亥谈话，一边暗中观察信陵君的表情。当他看到信陵君非但没有一点儿不耐烦，反而态度更加恭谨之时，才会意地点了点头。而在那个时候，魏国的许多重臣都在信陵君的家中，等待着信陵君回来之后宣布酒宴开始。集市上的人都在围观为侯嬴驾车的信陵君，信陵君的随从们非常不自在，都在心里暗骂侯嬴，但信陵君却始终态度如一，侯嬴见状，于是辞别朱亥，然后坐在了车上。信陵君把他载回府中，恭恭敬敬地请侯嬴坐在上座，并把他介绍给在座的客人，客人们见让他们等了那么长时间的尊客竟然是一个守门小吏，禁不住惊讶失色，议论纷纷。酒至半酣，信陵君端着酒杯站起来，走到侯嬴面前为他祝寿。侯嬴说："我今天已经够难为公子的了，我只不过是一个夷门的守门小吏，但公子您却亲自驾着马车，在大庭广众之下前去迎接我。我本来不应该到屠场去拜访我的朋友，但公子却毫无推辞地驾着马车去了，并且等了我那么长时间。我之所以要那么做，就是要让所有的人都看到公子您对我这个守门的小吏是多么尊敬，想借此成就您的名声。您对我越是恭敬，人们就越是认为我是一个小人，而认为您是一个能真正礼贤下士的贤德之人。"信陵君明白了侯嬴的真正用意，心里对侯嬴感激不已，于是奉侯嬴为上客。

　　侯嬴对信陵君说："刚刚我在屠场里拜访的客人朱亥，是一个非常有才能的人，只因为怀才不遇，得不到重用，所以才隐居在集市之中当了一个屠夫。"信陵君听了之后，多次前去拜访朱亥，但朱亥却一次也没有回访，信陵君感到非常奇怪，但也不再过多地去想这件事情。

　　因为信陵君非常贤能，再加上他的门客都非常有才能，所以当时除秦国外，其他的诸侯国在长达十多年的时间里都不敢兴兵攻打魏国。但是，在胆小而才乏的魏安釐王任期内，信陵君根本就是英雄无用武之地。安釐王的昏聩不明，从好几件事情上可以略见端倪。

　　齐国和楚国联合起来攻打魏国，魏国不得已向秦国求救，但秦国却始终不发救兵。魏国有个叫唐雎的人，已经九十多岁了，他请求魏安釐王派他去劝说秦昭王，并保证说秦国的救兵在他离开秦国之前就能被派出。安釐王非常感动，于是派他去秦国。唐雎到了秦国之后，就去见秦昭王。秦昭王说："老人家您这么远从魏国跑到秦国来，实在是太辛苦了。魏国已经数次前来求救了，我知道现在魏国的情况非常危急。"唐雎说："大王知道魏国的情况危急却不发救兵，依我来看是替大王您出谋划策的大臣没有远见啊。魏国是一个大国，之所以甘心侍奉秦国，就是因为秦国强大且认为秦国值得信赖。如今齐国和楚国联合起来攻打魏国，秦国不发救兵，是觉得魏国还可以支撑下去。但如果魏国到了实在支撑不下去的时候，就会向齐国和楚国割让土地并加入合纵的行列，共同来对付秦国。大王您如果不及时救援魏国，那么就会失去一个盟国并壮大齐国和楚国这两个敌国的势力。这对大王您来说，又有什么好处呢？"秦昭王意识到如果魏国确实被齐、楚两国拉入合纵的行列，将会非常不利于秦国，于是立即发兵救魏。齐、楚两国听到秦国出兵，于是就率军撤退了。

魏国刚刚安定下来不久，赵国便来趁火打劫，赵孝成王派人对魏安釐王说："请帮我杀了范痤，我为您献上七十里土地。"魏安釐王贪图赵国的土地，于是就答应了。他派兵到范痤家里去抓捕范痤，范痤逃到了屋顶上，然后对负责前来抓捕他的将军说："与其拿死去的范痤与赵国做交易，不如拿活着的范痤与赵国做交易。如果我死了，赵国不给大王土地，那么大王该怎么办？所以不如先让赵国把土地割让给魏国，然后再来杀我。"魏安釐王听了，觉得有理，于是就派人到赵国去交涉。范痤趁此机会给信陵君写了一封信说："我过去曾经是魏国的相国，为了魏国的利益而得罪了赵国，现在被免去相国之位，赵国为了报复我，就以土地为诱饵欺骗大王杀死我，而可悲的是，大王竟然答应了。假如有一天，强大的秦国也用这个办法来对付您，您该怎么办呢？"这一封信，让信陵君看了之后毛骨悚然，他赶快到安釐王那里为范痤求情，范痤才逃过一死。

这个时候的魏安釐王，因为秦国出兵救了魏国的缘故，于是就想依附秦国，借助秦国的力量来攻打韩国，夺回被韩国所占的原属魏国的土地。信陵君知道他这个危险的想法之后赶快跑去劝阻他说：

"秦国人和戎狄外族没有什么两样，都非常狠毒贪心，既不讲信用，也不施仁义。如果有利可图，就连亲戚都不会放过，残暴如禽兽一样，这是全天下人都知道的事情。宣太后是秦王的母亲，但秦王却收回她的权力，使她忧愤而死；穰侯是秦王的舅舅，为秦国立下大功，也被秦王逐出国都；他的两个弟弟泾阳君和高陵君，并没有什么罪过，但秦王却屡次削减他们的封地。对自己的近亲属都是这样，更何况是仇敌之国呢？

"如今大王想通过亲附秦国来攻打韩国，这样的想法真是太危险了。如果韩国被灭，那么秦国的下一个目标就一定会是魏国。从前，秦国远处河西地区，离魏国的国都大梁有上千里的距离，中间有黄河和高山的阻挡，又有周王室和韩国做屏障。可是现在呢，秦国屡次打败魏国，攻占了魏国的边境城市，魏国割让给秦国的大县有几十个，名城有几百座。这些还都是在秦国离大梁一千里之地的时候发生的事情，试想，如果秦国灭了韩国，离大梁只有一百里，接下来会出现什么情况呢？

"所以说，保存韩国就是安定魏国，这是对全天下都有利的好事情。您可以开通共城（今河南省新乡市辉县市）、宁邑（今新乡市获嘉县境内）到韩国上党的道路，然后从过往商人那里收税，这样魏国就变相地控制了韩国的上党，并且收的这些税还能使魏国富裕。韩国就必定会对魏国既感激又敬重且畏惧，这样一来，韩国就相当于是魏国的郡县了，有了韩国做屏障，魏国也就会安若泰山。如果韩国灭亡，那么周王室和我国的属国安陵（今河南省许昌市鄢陵县）就危险了，楚国和赵国如果再被秦国所破，齐国又对秦国畏之如虎，那么天下诸侯，向西前往秦国入朝称臣就为时不远了。"

魏安釐王听了信陵君的劝告，才意识到与秦国合作对魏国来说是多么危险，于是打消了亲附秦国进攻韩国的想法。

魏安釐王的昏聩不明，由此可见一斑。而信陵君的明智，又不由得令人叹服。史家评论，信陵君之才，位列"战国四公子"之首（战国四公子，齐国孟尝君、赵国平原君、魏国信陵君，以及楚国的春申君），甚至可以说，在当时东方六国的相国之中，信陵君的才能稳居前三应该没有任何问题。不过，从后来历史发展的趋势看，信陵君的一些见识，却已明显地落伍了，他与秦国的相国范雎相比，差距非常明显。

信陵君对于国君权力的认识，还停留在分封建国的阶段，他无法理解秦昭王听从范雎的建议从宣太后以及穰侯等"四贵"等人收回权力并加强中央集权的行为，而是将这些行为指斥为"野蛮的禽兽行为"，这种认识已经明显不符合历史发展的大势。在那个历史时期，哪一个国家能够采取范雎的措施迅速加强中央集权并提高行政效率和军队战斗力，哪一个国家就会在与敌国近乎白热化的争衡中赢得先机。范雎清醒地认识到了，秦昭王在范雎的劝说下意识到了，然后迅速采取了相应的措施，所以秦国遥遥领先了。而其他的诸侯国，则由于大部分权力掌在许多腐朽贵族的手中，或者是国君被完全架空，以至于使国家机器失去了正常的运转，所以远远地落在了后面，直到最后被完全消灭。

来看看魏齐前来投奔信陵君时发生了哪些事情。

范雎刚刚当上秦相的时候，因为怨恨魏齐的缘故，曾经派兵围攻大梁，击败了魏国的大将芒卯，魏安釐王及信陵君为此都非常忧虑。这个时候赵国的相国虞卿带着魏齐复来投奔，信陵君因为害怕秦国会借此再次攻打魏国，心中犹豫不决，不愿意接纳虞卿和魏齐。他自言自语说："虞卿是个什么样的人呢？"侯嬴正好在他的身旁，于是对他说："一个人非常不容易为他人所了解，而想了解一个人，也非常不容易。虞卿这个人，脚上穿着草鞋，肩上扛着斗笠就去见赵王。第一次见赵王，赵王赐给他玉璧一双，黄金百镒；第二次见他，就拜他为上卿；第三次见他，就把相印交给他，封他为万户侯。当时之时，天下谁不知道他的大名。当魏齐走投无路之时，前去投奔虞卿，虞卿不顾惜自己尊贵的爵禄，解下自己的相印，抛弃万户侯的爵位，与魏齐一同逃亡。把别人的危难当成自己的危难，前来投奔公子您，您却问这个人怎么样。由此可见，一个人很难被别人了解，而了解一个人也确实很难啊。"

信陵君听了之后，非常羞惭，他赶快驾着车，到野外去寻找虞卿和魏齐。而魏齐之前听到信陵君不太乐意收留他们，所以恼怒之下自杀身亡。虞卿责怪信陵君没有一开始就前来迎接他们，所以躲着不肯见信陵君。虞卿因此困在大梁城中，他潜心著书立说，参考《春秋》一书，观察现时世情，著《节义》《称号》《揣摩》《政谋》等八篇文章，以批评各诸侯国的得失。后人把他的著作称为《虞氏春秋》，但如今已亡佚了。

赵孝成王听说魏齐自杀，于是派人与魏国交涉，得到了魏齐的人头。之后，他派使者将魏齐的头颅送到秦国。秦昭王倒也守信，见到魏齐的脑袋，经查验无误，于是就放平原君回国。平原君回国之后，因为相国虞卿逃亡，于是被任命为相国。

第十三节　利令智昏、纸上谈兵、白起之死、毛遂自荐、窃符救赵、蔡泽相秦

秦昭王并不因为替范雎报了私仇，就不再出兵攻打其他的国家，离秦国最近的韩国，便成为秦国蚕食的最大目标。公元前265年，秦国夺取韩国的少曲（今河南省济源市东北）和高平（今山西省晋城市高平市）两座城；前264年，攻占韩国的陉（今山西省临汾市曲沃县东北）；前263年，攻占韩国太行山以南的南阳（今河南省焦作市修武县以西）；前262年，攻占韩国的野王城（今河南省焦作市沁阳市）。这样一来，太行山道被封死，韩国被拦腰截为两段，韩国上党与韩国内地的联系完全被切断。韩惠王见上党已无法守住，于是命令上党守将冯亭将上党献给秦国，以平息两国之间的战事。但冯亭却有他自己的主张，他想把赵国拉下水，让赵国与韩国合起来对抗秦国。冯亭命人带着上党的地图，前去见赵孝成王，说要将上党献给赵国。

再说赵孝成王，他在某一天晚上刚好做了一个梦，梦见自己穿了一件从背部缝起的左右两边不同颜色的衣服（之前晋国太子申生曾穿过这样的偏衣），有一条龙从天上飞下来，他乘着那条龙向天上飞去，但还没有到天上，就掉了下来。掉下来的时候，见两旁有金山、玉山各一座。醒来之后，感觉十分奇怪，于是就召来巫者占卜，巫者告诉他说："您穿着偏衣背的衣服，象征着残缺；乘龙上天没有到达就下坠，有名而无实；金玉堆积如山，中看而不中用。这个梦不祥，请大王一定要小心谨慎。"

三天之后，冯亭的使者到了，他对赵孝成王说："我国已经没办法守住上党了，上党必然会被秦国夺去。可是上党的官吏和百姓都想成为赵国的子民，而不

愿归降秦国。上党现有十七座城邑,我们愿意全部献给赵国。"赵孝成王非常高兴,于是召来平阳君赵豹,征求赵豹的意见说:"冯亭把上党的十七座城邑献给我国,我准备收下,你觉得怎么样?"赵豹劝他说:"那些有才德的人,非常惧怕得到无缘无故的好处。"赵孝成王有些不高兴地说:"韩国人是因为觉得我们赵国能施恩德于百姓,所以才宁愿把上党献给赵国而不愿意让秦国占领,怎么能说是我们在无缘无故地得到好处呢?"赵豹见赵孝成王贪图眼前利益而完全不计后果,于是苦口婆心地劝他说:"这些年来,秦国一直在蚕食韩国的土地,如今攻占野王城,封锁韩国军队救援上党的所有通道,就是想十拿九稳地得到上党。冯亭之所以要把上党献给赵国,是想嫁祸于赵国。秦国付出了攻城的辛劳,而赵国却坐享其成,秦国能不恼怒吗?即使是强大的国家也从弱小的国家占不到这种便宜,更何况是弱小的国家要从强大的国家那里去占这样的便宜呢?这就是所说的无缘无故的好处啊。如今的秦国,虎视眈眈地盯着上党,又从渭水漕运粮草用来攻打上党,用最好的战车,用最精的士卒,他们的战略意图已经得到初步实现,我们可千万不能与他们作对,否则将会为自己招来巨大的祸患。请大王拒绝冯亭,不要接受上党。"

赵孝成王说:"就算是派出百万大军去攻城,经年累月也不一定能攻下一座城池,现在不费一兵一卒就能得到十七座城池,这是极大的利益,不可错失良机。"

赵豹见赵孝成王不听劝阻,于是就告辞了。

赵孝成王又召来平原君赵胜和大夫赵禹,征求他们的意见。平原君和赵禹异口同声地说:"派出百万大军去攻城,一年也不见得能攻克一座城,如今白白地得到17座城池,这是很大的利益,千万不能失去。"赵孝成王见平原君和赵禹与自己意见相同,心里非常高兴,于是命平原君前往上党接收土地,并封冯亭为华阳君。

平原君到上党后,派使者对冯亭说:"我们大王派赵胜前来传达命令:封万户的城邑三座给上党的守将,封千户的城邑给各县的县宰,世世代代为侯,不论官吏还是百姓,都增加爵位三级,官吏百姓安居乐业者,都赐给黄金六斤。"冯亭垂泪不见赵胜的使者,他说:"我不愿让自己居于三不义的境地。为国君镇守一方土地,却没能以死固守,这是一不义;国君准备将上党交给秦国,而我却将上党交给了赵国,违背国君的命令,这是二不义;出卖国家的土地而得到封地和爵禄,这是三不义。"

冯亭不受赵王的封赏，并不影响他们之前的协定，于是赵国派兵接收了上党。

而正如平阳君赵豹所说，秦国攻取野王城，切断上党与韩国都城之间的联系，目的就是要夺取上党，可如今已经被秦国煮在锅里多时的肥肉猛然间被赵国捞走，秦昭王怎肯善罢甘休。范雎建议秦昭王趁机出兵攻打赵国，秦昭王同意了，于是他派大将王龁（音合）率领大军攻打上党。

再说赵国国内，赵孝成王连续数日摆酒庆贺得到上党之地，却根本没有做进一步的打算。秦军攻打上党，上党的守军抵挡不住，不得已退守长平（今山西省晋城市高平市西北）。前方失利，赵孝成王急派老将廉颇率军前往长平，阻击攻赵的秦军。

廉颇到达长平之后，知道秦军远来，利于速战，而赵军实力不如秦军，适宜固守。因此，廉颇命赵军凭借有利的地形，坚守不出，不论王龁怎么挑战，赵军就是不去应战。

从公元前262年开始，一直到公元前260年，廉颇率领的赵军把王龁率领的秦军死死地阻挡在长平，秦军不能前进一步。

战争，永远是综合国力的较量。长达三年时间的僵持，使秦、赵两国的经济都不堪重负，粮食都成了问题。但较之于赵国，秦国的实力更强一些。因此，赵国的压力更大。

相比于秦国的国君秦昭王和国相范雎，赵国的国君赵孝成王和国相平原君的才能明显存在很大的差距，在这个关键时期，他们没有想到通过积极的外交活动来联合魏、楚等国向秦国施加压力瓦解秦国的攻势，而是想通过与秦军速战速决来摆脱这种不利局面。基于这样的指导思想，赵孝成王不住地派人催促廉颇出战，但廉颇知道赵军出战只有失败一途，因此拒不执行赵王的命令。

而在秦国一方，秦昭王和范雎则在战场之外积极活动，他们一面盛情款待赵国前来求和的使者，给赵国造成秦国愿意议和的假象，借此稳住赵国，不让赵国寻求其他国家的帮助，一面派人带着大量钱财前往赵国，大肆贿赂赵孝成王的左右近臣，离间赵孝成王与廉颇之间的关系，在赵国到处散布谣言说：廉颇根本不足畏惧，他坚守不出，就是要为投降秦国做打算，秦军最怕赵括前来带兵。

赵孝成王本就对廉颇坚守不出心存不满，再加上长达三年的征战，也确实令赵国国库为之一空，赵孝成王迫切需要一个军事上的胜仗来为自己解围，给赵国的百姓一个交代，然而，这却是廉颇不能给他的。赵孝成王听信了秦国间谍的谣言，以为赵括真有那么厉害，于是把赵括叫来谈话。

面对赵王的询问，赵括毫无难色，直言除了秦国的战神武安君白起，其他的人他都不放在眼里，包括此时带兵攻打长平的秦将王龁。看到赵括如此自信，赵孝成王大放宽心，于是他决定任命赵括为将军，让赵括前去替换廉颇。

这个时候的蔺相如已经病重，他听说赵王命赵括前去替换廉颇，于是拖着病体前来劝谏说："大王您听信秦军散布的谣言，只凭名声来任命赵括。这就好像是拿胶把调弦的琴柱粘住了之后再去弹奏一样啊（典故'胶柱鼓瑟'的来历），一点儿也不知道变通。赵括只会读他父亲留下的那些兵书，却一点儿也没有实际作战经验，请大王千万不要任命他当将军。"但赵孝成王已经没有耐心再去理会那么多，最终下达了任命赵括为大将的命令。

赵括是马服君赵奢的儿子，他从小跟着父亲学习兵法，各种兵书看了个遍，自以为天下无敌。曾经与赵奢谈论兵法，就连赵奢也难不倒他，但赵奢却并不认为赵括具备实际作战才能。赵括的母亲就问他是什么缘故，赵奢说："行军打仗，这是关乎全军将士生死存亡的大事，而赵括却把它说得那样容易。如果赵括不当将军也就罢了，如果他当了将军，那么使赵国军队一败涂地的，就一定是他呀。"知子莫若父，赵括的母亲牢牢地把丈夫的忠告记在了心上。这时她见赵王任命赵括为将军，赶忙跑来劝谏赵孝成王说："大王，您绝对不能让赵括带兵打仗。"

赵孝成王感到非常奇怪，因为别的父母都以自己的儿子能够出将入相为荣，哪里还有反对自己的儿子当将军的？于是他就问赵括的母亲是什么原因。赵括之母回答说："大王，赵括的父亲赵奢当将军的时候，亲自捧着饮食给士兵们吃喝，还与士兵们交朋友，大王赏赐的东西，他全都分给士卒，一点儿也不留给自己。从接到出征命令的那一刻起，就不再过问家里的事情。而现在赵括刚刚当上将军，就威风凛凛地接受将士的朝见，军吏没有一个敢抬头看他的。大王赏赐的财物，他全都拿回家里收藏起来，还天天查访哪里的田地住宅便宜可以买下来。大王您看他哪里像他的父亲？父子两人的禀性不同，所以才能也应迥异，请大王收回成命，不要让他带兵出征。"

赵孝成王对赵括的母亲说："这您就别管了，因为我已经决定了。"见赵王不为所动，赵括的母亲进一步申明利害说："如果大王一定要派遣赵括出征，那么将来如果他打了败仗，还请大王不要株连我的家人。"赵孝成王并没有意识到赵括之母说不要株连家人这话后面隐藏着的她对赵括的极度不信任和极端恐惧，于是许诺她说："好吧，我答应你。"

廉颇是国家的将军，他必须执行国君的命令。作战计划可以"将在外君命有所不受"，但人事安排却必须接受，否则，就会背上不忠和叛国的罪名。

赵括到达长平接替廉颇之后，改变之前廉颇制定的防御战略，并撤换军中将领，准备出兵进攻秦军，夺回上党。

而在秦国一方，赵括惧怕武安君白起的秘密也被间谍迅速地传递到了决策者案前，于是秦昭王与范雎秘密做出了新的部署，他们任命武安君白起为将，前往替代王龁，并下令军中严守这一军事机密："有敢泄露武安君白起担任主将这一消息者斩首。"

白起到军中之后，因为不知赵括的底细，于是派小股军队发动试探性进攻，发现每次不论秦军有多少，赵括都出动大部队应敌。于是白起定下了诈败诱敌、围歼赵军主力的计划，命几名将领带领数支部队，不断前去与赵军交战，只许败，不许胜，引诱赵军追击。

赵括求胜心切，他根本没有识破秦军的计策，误以为秦军真的那么不堪一击，于是带领主力大军尽数出击，追赶诈败诱敌的秦军。当赵国大军追到秦军预设的埋伏地点之时，秦军的壁垒非常坚固，无论怎么攻打都攻不进去，而赵军的后路却被白起派出的两万五千骑兵切断，另一支五千人的骑兵楔入留在大本营中的赵军营垒之间，这样一来，赵国军队就被秦军截为了两段，粮道也被切断。被秦军包围之后的赵括，才得知秦军主将是白起，赵括心胆俱裂，但却说什么都晚了。

秦昭王得知白起围住了赵国大军，亲自前来河内（今河南省焦作市沁阳市及其附近地区）劳军督战，为秦军打气。他把当地十五岁以上的男子全部征发入伍，编入军队，让这股军队阻挡赵国的援军并劫掠粮草，全力支援长平战场。

赵括所率的赵军，就被白起死死地困在了长平。在围困长达四十六天之后，断粮的赵军军心大乱，甚至到了残杀伤兵食用的地步。赵括见情势十分危急，于是组织了四支突击队，由四名将领率领，分别朝着四个方向向外突围。但白起既然已经做出了聚歼赵军主力的计划，那么他就随之做好了相应的所有准备。因此但凡见到突击的赵军，秦军立即凭借有利地形用弓箭射击。四支突击队冲锋数次，都被秦军的弓箭射回。赵括非常愤怒，亲自带领军队突围，被弓箭射死。

赵括是中国历史上一个未能将理论与实践很好地结合起来的典型，千百年来，人们对他的评价几乎都是一边倒，认为他是一个只会夸夸其谈，但却不懂实际运用的庸才，成语"纸上谈兵"，就典出于此。而实际上，对于赵括，还要进行辩证的看待，首先，他的对手白起实在是太强大了，赵国换了任何一个将领，如果向对手采取进攻的态势而不是像廉颇那样采取坚守的态势，那么估计谁来都是失败。反之，如果赵括的对手不是白起，那么他是否遭此惨败还要另说。其次，赵国的决策层没有充分利用外交合纵等手段争取诸侯国支持并策应战场上的赵括，让赵括只凭军事在前方作战，使他陷入了绝境。第三，赵括用错了地方，让他去当一个军事理论教官而不是让他去当前线指挥官，也许会有更好的结果。但是，历史永远也不可能假设，留给后人的，只能是猜测与叹息，并不能改变历史的一丝一毫。

赵括死后，失去主帅的赵军大乱，白起趁机指挥秦军猛攻，赵国军队约二十余万人，因饥饿无力再战，只得尽数投降秦军。加上之前投降秦国的赵军，加起来总共有四十多万人。

因为秦军粮草也非常匮乏，如何安置这四十多万降兵，成了秦军最大的问题。生性残忍的白起，以赵军反复不忠为借口，诈称要从赵国军士中挑选精良者充入秦军并遣送老弱者还乡，趁赵军士兵毫无防备之际，将已解除武装的四十多万赵国降卒全部坑杀，只留下二百四十个年龄较小的少年，让他们回邯郸报信。一时之间，赵国国内到处都是哭声，祖辈哭孙子的，父母哭儿子的，幼弟哭长兄的，姊妹哭兄弟的，幼子哭父亲的，妻子哭丈夫的，真是要多凄惨有多凄惨。

秦军在长平围歼赵军主力并坑杀四十余万赵军，令其他的诸侯国闻讯后无比震恐。赵孝成王非常后悔没有听从赵豹、蔺相如等人的劝告。他不检讨自己的决策失误，却将所有的罪过推到了赵括身上，下令夷灭赵括的三族。因赵括的母亲有言在先，最后赦免了她。

这一场战争，因发生在长平，因此被称为"长平之战"。长平之战是春秋战国时期一场最为惨烈的战争。在这一场战争中，赵国的青壮年男子几乎伤亡殆尽，赵国因此国力大损，变得极度衰弱。因为战争之前赵王及平原君等人轻信冯亭，贪图韩国的上党，致使赵国四十多万士兵丧生于长平，几乎使赵国灭国，因此司马迁在《史记》中评价平原君不识大体，利令智昏，这是典故"利令智昏"的来历。比喻因贪图利益而丧失理智，不辨是非做出错事。

长平之战后，东方六国对秦国完全失去了抵抗之力，秦国统一中国的大势，已变得不可逆转。

白起在长平大败赵军并夺取上党之后，兵分两路，一路由王龁率领，进攻皮牢（今河北省邯郸市武安市），一路由司马梗率领，进攻太原，而自己则围攻赵都邯郸，大有一举灭赵之势。韩国和赵国万分惊恐，聘请苏代携带重金前往秦国游说应侯范雎。

苏代见到范雎，问他说："武安君白起杀了赵括对吗？"

范雎点头称是。

苏代再问："白起包围了邯郸对吗？"

范雎点头称是。

苏代再说："白起杀死赵国四十多万军队，夺取了上党，现在又围攻邯郸，赵国马上就要灭亡了。赵国一亡，秦国就可以称帝了，白起也将会位列三公。白起为秦国攻占了七十多座城池，向南夺取了楚国的鄢、郢和汉中，向北战胜了赵括的军队，即使是周公、召公和姜太公，也比不上他的功绩啊。如今如果赵国灭亡，秦王称帝，武安君就必定会位列三公，您能居他之下吗？就算您不想居他之下，但却也是没有办法的事情。秦国曾经攻打韩国，围邢丘，困上党，但上党的百姓却全部跑到了赵国，由此可见，天下人非常不乐意成为秦国的子民。如今消灭赵国之后，北方的土地归了燕国，东方的土地归了齐国，南方的土地归了韩国和魏国，而秦国得到的百姓却没有多少。因此，不如趁这个机会让韩、赵两国割地求和，这就不是武安君白起的功劳了。"

范雎听了，觉得如果真的灭亡了赵国，那么他的地位确实将会受到白起的威胁，于是他听从苏代的劝告，前去对秦昭王说："秦军长时间在外征战，太劳累了，请允许让韩国和赵国割地求和，也趁机让军队休整一下。"秦昭王从来没有拂逆过范雎的意愿，于是就答应了。韩国向秦国割让了一座城，赵国向秦国割让了六座城，第二年的正月，秦国和赵、韩两国停战。

再说武安君白起，眼看前方节节胜利，邯郸马上就要一鼓而下，却接到了秦昭王班师的命令，打听了一下，原来是应侯范雎的主意。白起极度愤怒地说："赵国自从长平战败之后，邯郸城中的军民惊恐不安，一夜几惊，如果乘胜攻击，不出一月，邯郸就可以攻下，在这个时候班师，真是太可惜了。"从此非常怨恨范雎。

再说秦昭王，召白起班师后，听到白起发的牢骚，才知道自己失去了灭赵的绝佳时机。并且秦国休兵之后，赵国不仅不履行割让六城的协定，反而与其他诸侯国联合，试图反攻秦国。秦昭王大怒，于这一年的九月，再次派白起带兵前去攻打邯郸。

而非常不巧的是,这个时候的白起,连气带累竟然病倒了。秦昭王只好派五大夫王陵带兵去攻打邯郸。时间已经推移到了公元前258年的正月,邯郸城内的赵军,经过整整一年时间的休整,也渐渐恢复了一些元气,因此王陵攻打邯郸,非但没有取得任何进展,反而损兵折将,连连受挫。秦昭王又派大量援兵前来助战,王陵猛攻之下,竟然损折了八千秦军。

攻城的秦军接连失利,秦昭王万分焦急,这个时候,白起的病刚好好了,秦昭王于是就打算让白起前去替代王陵。白起一则心里有气,二则知道此时的邯郸城已不是一年前的邯郸城,根本不会那么轻易攻破,于是就对秦昭王说:"邯郸很不容易攻破,而且诸侯国如果向赵国派出援军,在一天之内就可以到达,诸侯国怨恨秦国已经很长时间了。如今秦国虽然打败了长平的赵军,但秦军自身也损失将近过半,国内空虚。我军远隔河山去争夺别人的国都,赵国军队在城内坚守,诸侯国的军队在外面攻打,就一定会把秦军击溃。所以说,现在攻打邯郸,非常冒险。"

但土地对秦昭王的诱惑,那就如同毒品对瘾君子的诱惑,抑或是艳女对登徒子的诱惑,他仍然坚信秦军强大的战斗力和白起高超的指挥作战能力,因此根本不听白起的解释,而是命令白起前往邯郸。

白起心结未解,根本就不答应,秦昭王就又让相国范雎去请。不听范雎倒也罢了,一听是范雎,白起更加生气,坚决予以拒绝,并从此称病不朝。

秦昭王无法,只好派王龁前去代替王陵,但攻了几个月,仍是无法攻克。楚国的春申君和魏国的信陵君分别带领楚、魏两国军队前来救援赵国,秦军伤亡十分惨重。白起听到后,对他的宾客说:"当初秦王不听我的话,现在结果如何呢?"消息传到秦昭王耳中,秦昭王面子上挂不住,心里非常恼恨,强令白起前往邯郸,白起自称病重。秦昭王又让范雎去请,白起称病不起。秦昭王暴怒,于是下令免去白起的爵位,将他降为士兵,让他迁往阴密(今甘肃省平凉市灵台县西)。白起这个时候一则精神压力太大,二则确实病重,所以没能成行,继续在咸阳住了三个月。而在这期间,诸侯的军队一直不停地攻打秦军,秦军数次败退,求救告急的文书每天都从前线送来。秦昭王每看到告急文书就想起白起,一想起白起就心里窝火,于是下令将白起赶出咸阳,不让他住在咸阳城中。白起带病勉强起身,出了咸阳城,到了咸阳城西十里之外的杜邮(今咸阳东北),又停了下来。秦昭王听到后,召集范雎和大臣们商议说:"白起被贬职,心里不服还口出怨言,不如赐他自杀。"于是命使者带着剑前往杜邮,令白起自裁。白起叹息说："我怎么得罪了上天，得了这么个下场？"过了许久，他说："我本来就应该死，长平之战，赵国的降卒四十多万，我欺骗他们并尽数将他们坑杀，当然该死了。"说完之后，白起伏剑而亡。这一年，是秦昭王五十年（公元前257年）十一月。因为白起死得实在冤枉，所以秦国百姓都非常同情他，在不少地方设祠祭祀他。

秦国将相不和，致使战神白起死于非命。没有了白起，秦国灭赵的时间推迟了近三十年，统一中国的时间至少推迟了十年。但是，假如没有了范雎，秦国将会怎样呢？一是秦国不能加强中央集权，二是不能用远交近攻瓦解东方六国的合纵，那么秦国统一六国，将变得非常漫长，甚至是没有可能。

白起是楚国白公胜的后代，郿（音眉，今陕西省宝鸡市眉县）人，中国历史上继孙武、吴起之后又一个卓越的军事家、指挥家，名列战国四大名将之首（其他三人是秦将王翦、赵将廉颇、赵将李牧，所谓"起翦颇牧"）。因为白起在战场上杀伤太多，因此人们将他称为"人屠"，据粗略估算，他斩杀的东方六国兵士达一百余万。

白起死后，东方六国的诸侯听到他的死讯，一个个置酒相庆，庆贺他的死亡。白起带给东方六国的恐惧感实在是太强了。

再来看看当时赵国这一边的反攻情况。自邯郸被秦军包围之后，赵国不断地向其他诸侯国求援。赵孝成王派平原君去楚国求救，平原君的夫人是魏国信陵君的姐姐，她也几次写信给魏安釐王和信陵君，向魏国求救。

平原君接到出使楚国的命令后，准备带二十个文武双全的门客前往楚国。于是召集他的门客们说："如果能够以和平的方式达成盟约，那就最好了，如果和楚国谈不拢，就算是动用武力要挟也要缔结合纵的盟约才能回来。我带的人不从外面找，只从宾客们中间挑选。"但平原君挑来挑去，最后只挑了十九个，剩下一个怎么也挑不出来。门下有一个叫毛遂的人就走到平原君面前自我推荐说："我听说大人要去楚国进行合纵谈判，选拔二十个人一起去，而且不从外面找，现在少了一个，希望能让我和你们一齐去。"平原君对毛遂没有什么印象，于是就问他说："先生您到我这里几年了？"毛遂回答说："已经三年了。"平原君说："我听说贤能的人在世上，就好像锥子放进口袋里，锥尖马上就会露出来。今先生到我门下三年了，左右人等没有哪个人称赞你，我也没有听到你有什么优点，这就说明先生没有什么长处。既然先生没有长处，那就还是留在这里吧。"毛遂说："那我今天就请大人把我放进口袋里。如果早一点儿把我放进口袋，我早就脱颖而出了。"平原君对他的回答很惊奇,于是就决定让毛遂和他们一起去(成语"毛遂自荐"和"脱颖而出"即典出于此)。其他的十九个人虽然嘴上没说什么,但脸上全都流露出了不屑之色。

在去楚国的路上,毛遂与其他的十九个门客辩论,十九个人都被毛遂的见识所折服。

这个时候的楚国,国君是楚考烈王,他是楚顷襄王的儿子。早在公元前278年,秦军攻陷楚国郢都,楚顷襄王不得已将都城迁到了陈丘,并派口才出众的大夫黄歇到秦国去求和。黄歇到达秦国之后,提出如果秦国对楚国继续穷追猛打,就算是灭亡了楚国,那么也会极大地消耗秦国的实力,而秦国专心对付楚国,魏、韩等国就会趁机壮大力量,给疲惫的秦国造成威胁。这使秦昭王意识到如果专打楚国一家,确实会使韩、魏等国得到休整并壮大实力,于是就允许了楚国的求和。

黄歇完成出使使命回楚之后,顷襄王认为他很有才能,非常器重他,又让他陪太子熊完到秦国当人质。但一到秦国,黄歇和太子熊完就被扣留了起来。

公元前263年,楚顷襄王病重,但秦昭王却不愿放太子熊完回国。熊完和应侯范雎的关系较好,黄歇就去对范雎说:"丞相您真是对太子好吗?"范雎说当然。黄歇说:"现在楚王的病估计好不了了,秦国不如放太子回去。太子即位后,一定会亲附秦国,并感激丞相您,到时候两国交好,岂不更好。如果不放太子回去,那么楚国立了新的公子,太子就成了一介平民,对秦国也没有什么用处,而楚国新立的国君自然也不肯归附秦国。"范雎听了,于是就建议秦昭王让熊完回国。秦昭王不好拒绝范雎,于是就退而求其次,答应让熊完的老师先回国看看,楚顷襄王病得究竟如何了,等太子的老师回来之后,再看情况决定是否让太子返国。

得到秦昭王的这个命令,黄歇立即对熊完说:"秦国扣留您的原因,就是想得到更多的好处。但以您现在的能力,根本不能给秦国带来任何好处并让自己回国。我为此非常担心。阳文君的两个儿子现在国内,如果大王病故,太子您回不去,那么阳文君的儿子必然会被立为新王,太子您就没有当国君的机会了。太子您不如趁这个机会赶快逃回楚国,我留在这里,以死来承担责任。"熊完马上换上马夫的衣服,替楚国使者驾着车,离开了秦国。

熊完走后,黄歇把一切布置得就像太子还在时一样,对外宣称太子得了病不能见客,以拖延时间。等到他估计太子已经安全回到楚国,秦国说什么也没办法再追的时候，才去对秦昭王说："楚国的太子已经回国了，请大王您治我的罪。"秦昭王大怒，准备杀死黄歇。范雎劝昭王说："黄歇作为人臣，拿自己的生命救太子，太子如果即位，一定会重用他。不如赦免他的罪，并释放他回国，以显示秦国对楚国的友好。"秦昭王想想杀死黄歇也于事无补，于是就把黄歇遣送回了楚国。

黄歇回到楚国后刚过了三个月，楚顷襄王就死了，太子熊完即位，是为楚考烈王。楚考烈王拜黄歇为相国，封为春申君。把淮北的十二个县赐给他。后来，黄歇对考烈王说："淮北与齐国接壤，战事紧张，请大王设为郡更加方便。"于是把淮北（淮河以北境内）十二县献出，请把自己重新封在江东（今江苏省苏州市），考烈王同意了。

春申君当了楚国国相之后，也仿效孟尝君等人的做法，大出财帛，招揽门客。春申君因此与齐国孟尝君、赵国平原君和魏国信陵君并称为"战国四公子"（这个排序以四人生平早晚为序，四公子之中，公认的最贤能的是信陵君）。

再说这个时候的平原君，带着二十个宾客到楚国与楚考烈王谈合纵的事情，反复向楚王陈说合纵的好处，但从早上一直谈到中午，楚考烈王也没有下定决心。其他十九个门客就对毛遂说："先生您上去看看。"毛遂于是手按宝剑，沿着台阶一直走进大殿，然后对平原君说："合纵的利害，两句话就能说清楚，从早上说到现在，到现在还没有决定，到底为什么？"楚考烈王自然不认识毛遂，于是就问平原君这是什么人，平原君回答说："这是臣的一个舍人。"楚考烈王一听毛遂只是一个门客，嫌他不顾身份乱讲话，于是就斥责他说："你还不下去，我和你的主人说话，你算什么东西？"毛遂按剑向前走了几步说："大王之所以敢训斥我，无非就是仗着楚国人多罢了。现在十步之内，大王您就不能依仗楚国人多势众了，您的生命掌握在我的手里。当着我主人的面，您为什么要斥责我呢？我听说之前的商汤用七十里土地就拥有了天下，周文王以一百里土地就臣服了诸侯，难道也是依仗着他们人多吗？不是的，是因为他们能够发挥自己的优势罢了。现在楚国土地五千里，军士上百万，这是称霸天下的资本啊，以楚国的强大，应该说天下没人能是楚国的对手。可是秦国的白起，一个很不起眼的人，只带着几万秦军，就来与楚国交战。一战攻下了楚国的鄢和郢，二战烧毁了楚国的夷陵，三战侮辱了楚国的先人。这样的奇耻大辱，连我们赵国都为您感到羞耻，而大王您难道没有意识到，两国合纵是为了你们楚国，而不是为了我们赵国吗？"

楚考烈王被毛遂说中痛处，立时无言以对。他对毛遂说："您说得对，我愿意举倾国之力，听从先生您的指教。"毛遂追问说："确定要与赵国合纵吗？"楚王说："确定了。"

毛遂于是对楚王的左右侍从说："取鸡狗马血来，我们盟誓。"于是他端着铜盘，跪在楚王面前说："大王您应该歃血并确定与赵国建立合纵的盟约，接下来我的主人歃血，再接下来是我。"于是楚王歃马血，平原君歃狗血，毛遂歃鸡血，两国之间订立了盟约。毛遂左手端着盛血的盘子，右手招呼堂下的十九个人说："你们就在堂下参加盟誓吧，你们碌碌无为，就是人们常说的依靠别人才能办成事情的人啊。"

平原君完成合纵任务后回到赵国，对众宾客说："我不敢再以知士自居了，当初我门下的宾客，多的时候有好几千，少的时候也有好几百，我自以为通过自己的观察，就不再遗漏天下的贤能之士，但却把毛先生给遗漏了。毛先生到了楚国，使赵国的地位比九鼎这样的传国之宝还要尊贵。毛先生的三寸不烂之舌，强过百万雄师，从此以后，我不敢再自以为是地挑选人才了。"于是待毛遂为上宾。

平原君返回赵国之后，楚国马上派春申君带兵前去救援赵国。

再说魏国国内的情况，魏安釐王收到平原君夫人的来信之后，于是就派大将晋鄙带领十万大军前去救援赵国。秦昭王得知消息后，派使者威胁魏国说："我马上就要攻下邯郸了，哪个诸侯国要是敢救援赵国，那么秦国得胜之后，就率先移兵攻打哪个国家。"魏安釐王吓破了胆，连忙派人前去拦住晋鄙，让魏国军队停止前进，驻扎在邺地（今河北省邯郸市临漳县西南），表面上摆出一副要援救赵国的样子，而实际上却观望不前。平原君见魏国的援军迟迟不到，于是就责备信陵君说："我之所以与您缔结姻亲，就是因为公子您为人仗义，能够急人所急。如今邯郸马上就要被秦军攻破了，而魏国的救兵却迟迟不到，这怎么能说公子您能救急助困呢？就算您轻视我，眼看着要让赵国被秦国消灭，但您就不可怜您的姐姐吗？"

信陵君收到平原君的来信之后，感到非常内疚，于是就前去劝说魏安釐王，但安釐王畏惧秦国，劝了几次也没有答应。信陵君见无法说服魏王，想到如果赵国灭亡自己就会背上不义之骂名，于是带着自己手下的门客约一百余人，准备以这些微不足道的力量，前去对抗秦军。

信陵君路过夷门的时候，看见了侯嬴，把自己要与秦军死战并与赵国共存亡的想法告诉了侯嬴，然后与侯嬴诀别。侯嬴说："公子您努力吧，老臣我年纪大了，请原谅我不能随您一块儿去。"信陵君于是就辞别侯嬴往前走。走了差不多有几里路，信陵君心里有些不高兴，心想自己对待侯嬴从来没有什么不好的地方，而自己将要去送死了，侯嬴却连几句安慰送别的话都没有说，是不是自己做错什么了？想到这里，决定返车回来，问一问侯嬴。侯嬴见信陵君去而复返，立即笑着说："我早就知道您会回来的。您平时喜欢结交天下贤士，今日赵国有难，没有想出其他的办法就要带着宾客前去与强悍的秦军拼命，这就如同是把一小块肉扔给一只饥饿的猛虎一样，能起到什么作用呢？那您平时结交宾客又有什么意义呢？但是公子您礼遇老臣，公子将要前去而我却不去送行，因此知道公子心里怪罪我并返了回来。"

信陵君一听侯嬴话中大有深意，于是向侯嬴拜了两拜，请求侯嬴指教。

侯嬴于是请屏退其他人，悄悄地对信陵君说："我听说控制晋鄙军队的兵符放在魏王的卧室里，魏王最宠爱的妃子是如姬，她能够出入魏王的卧室，并能够偷出兵符。我曾听说如姬的父亲被人所杀，如姬想报仇，但过了整整三年也没有如愿。魏王以下的大臣们为了结好如姬，都想为如姬报仇，但都没有做到。如姬曾向公子哭诉过这件事情，公子二话不说，派出宾客四处查访，最终找到了如姬的杀父仇人，并把他的脑袋斩下来进献给了如姬。如姬早就想报答您了，但却一直没有机会，如今公子您如果去求如姬帮助盗兵符，她就一定会答应。您得到兵符之后，前去从晋鄙手中夺过军队，不就可以带着这支队伍，北救赵国，西却秦国了吗？这可是春秋五霸征伐的伟业呀。"

信陵君采纳了侯嬴的计策，于是请如姬帮忙，如姬果然从魏安釐王的卧室内盗出了兵符并交给了他。

信陵君带着兵符就要前往军中，侯嬴对他说："将在外，君命有所不受，这是为了整个国家的利益。现在您带着兵符前去，就算是与晋鄙的虎符合在了一起，晋鄙出于怀疑不把军队交给您而是要先请示魏王，那么这件事情就做不成了。我的朋友朱亥可与您一起去，他是个大力士。如果晋鄙愿意把军队交给您，那就最好，如果晋鄙起疑，那就让朱亥击杀他。"

信陵君听了，立即就哭了起来，侯嬴问他说："公子您难道是怕死吗？为什么要哭呢？"信陵君回答说："晋鄙是魏国勇猛惯战的老将，我去了之后，他肯定觉得事情有疑，不肯把军队交给我，到时候我必须杀死这员为国出力的大将，因此心里难过得哭了。我又怎么会怕死呢？"

于是前去请朱亥，朱亥笑着说："我不过是个市井中操刀杀牲的屠夫，而公子您数次前来问候我，并送给我许多礼物，我之所以没有答谢您，就是觉得这些小礼节对您来说根本没有什么用处，现在您遇到紧急的事情，该到我为您效命的时候了。"于是跟着信陵君一起前往赵国。

信陵君前去感谢侯嬴，侯嬴说："我本应该与公子您一起去，但我年纪实在太大了，力不从心，在您到达晋鄙军中的那一天，我一定会向北自杀而死，为公子您壮行。"信陵君于是带着朱亥前往赵国。

当他到达邺地的时候，拿出兵符，并假传魏安釐王之命要替代晋鄙。晋鄙果然是老将，他把两块兵符合在一起查验，自然无误，但他一不见魏王的诏书，二不见魏王的使者，禁不住怀疑地问信陵君说："如今我带着十万大军驻扎在边境，肩负着国家重任，您只身一人前来替代我，这是怎么回事啊？"朱亥见晋鄙起了疑心，于是从袖中拿出四十斤的大铁锤，一下子打死了晋鄙，信陵君由此夺取了晋鄙所率军队的指挥权。

信陵君向全体将士传令说："父子全都在军中的，父亲回国；兄长和弟弟都在军中的，兄长回国；家中只有一个儿子没有兄弟的，也回。"最后选了八万军队，然后带着前往邯郸。

再说邯郸城内，平原君自楚国回到邯郸之后，楚国的春申君带十万楚军前来救赵，这个时候信陵君也夺了晋鄙的军队前来救赵，但两国的军队却都在路上。而秦军听到两国救兵将要前来，不愿放弃即将到手的胜利，想在援军到来之前拿下邯郸，于是加紧了攻势，邯郸城十万火急，平原君简直可以说是坐卧不安。邯郸驿馆官吏的儿子李谈就对平原君说："相国您不担心赵国灭亡吗？"见李谈这样问自己，平原君非常生气地说："如果赵国灭亡了，我就成了俘虏，怎么能不担心呢？"

李谈说："我看不见得吧，现在的邯郸城内，百姓拿着死人的骨头当柴烧，相互交换孩子杀了吃，真是到了非常危急的地步。可是相君您的家里呢，您的后宫里有好几百侍妾婢女，她们都穿着丝绸衣服，吃着精美的饭菜。但城中的百姓却连粗布衣服都穿不上，连谷糠这样的食物都吃不到。人民困乏，武器用尽，士兵们削尖了木头当长矛和箭镞，可是您家里不计其数的珍宝却依然完好无损。如果秦国消灭了赵国，您怎么能继续拥有这些东西呢？而如果赵国能够保全，您又何愁没有这些东西呢？如果现在相君您能把您的家里夫人以下用人全部编到士卒之中，与将士们一齐守城，家里所有的财物都拿出来，用来赏赐将士，将士们正处在危急困苦的时候,是非常容易感激您的。"平原君觉得李谈说得非常有道理,于是照着李谈所说的去做,招募了三千死士,李谈于是带着这三千人去与秦军对阵,秦军为此退却了三十里。李谈战死沙场,他的父亲被封为李侯。

邯郸得到这个喘息之机,终于顺利地等来了信陵君带领的赵国军队。信陵君指挥魏军与城内的赵军里应外合攻打围城已久疲惫不堪的秦军,秦军大败。大将王龁率残部逃回汾城(今山西省临汾市侯马市北),秦将郑安平所部两万余人被联军包围,郑安平无法,只好投降赵国,于是解了邯郸之围。楚国的春申君本就对救赵持观望之态,带着军队迟疑不前,这时听到邯郸已解围,于是带着楚军班师回楚。这一年是公元前257年十二月。

信陵君带领联军乘胜追击败退的秦军,秦军连连退却,韩国见有机可乘,也加入了合纵抗秦的行列,联军先后收复了魏国的河东郡以及安阳(今河南省驻马店市泌阳县),赵国的太原郡以及皮牢、武安,韩国的上党郡和汝南(今驻马店市汝南县)。

秦军退走之后,信陵君带着军队班师回邯郸,赵孝成王和平原君亲自到边境去迎接他。平原君背着箭,在前面为信陵君开路。赵孝成王向信陵君拜了两拜,说:"从古到今,没有哪个贤人能够比得上公子您啊。"平原君也自认为比不上信陵君。而与信陵君诀别的侯嬴,在信陵君到达晋鄙军中的那个时刻,果然向着信陵君所去的赵国方向自刎而死。侯嬴,他以他过人的智慧和超凡的胆识,成就了信陵君。如果侯嬴不是对信陵君的性格了如指掌,那么信陵君就会毫无价值地与他的门客们死于邯郸城下;而他要不是掌握信陵君曾替魏王的宠妃如姬报仇的往事,那么就不能让如姬从魏王房中盗出兵符;如果他没有交到朱亥这个朋友,那么信陵君就算是拿到了兵符,也没办法从晋鄙手中接管军队。所有的这一连串事情,侯嬴早就替信陵君谋划好了,并且环环相扣,丝丝相连,没有丝毫的破绽。没有非凡的智慧,没有过人的胆识,没有丰富的阅历,根本就没办法做到这一点。侯嬴可以算得上是一个真正的智谋之士,而人们都说信陵君能够得到真正有才能的人,看来确实是名不虚传啊。

魏安釐王对信陵君偷盗兵符并矫命杀死晋鄙掌握魏国军队的行为非常生气,对此,信陵君自己也心知肚明。击退秦军之后,信陵君偏将带着大军返回魏国,而自己则与门客留在了赵国。赵孝成王对信陵君假借王命夺军救赵的举动非常感激,经与平原君商量,决定封给信陵君五座城池。信陵君听了之后,心里非常高兴,并马上为此得意起来。他的门客中就有人劝他说:"有些东西不应该忘记，而有些东西却不能不忘记。别人如果有恩于公子您，公子您千万不能忘记，而您有恩于别人，就一定要忘掉。如今您假托魏王命令杀死晋鄙并夺取军队前来救援赵国，对赵国确实有功，但对于魏国，却是不忠。现在公子您骄傲自满，一副立下不世之功的样子，我们觉得您不应该这样做。"信陵君听了，觉得确实就是那么回事，他不断地自责自己，显得无地自容。

赵孝成王举行盛大的宴会宴请信陵君，他亲自走下台阶去迎接信陵君，并请信陵君走在主人应该走的西阶上，信陵君坚决推辞，并走在了客人应该走的东阶上。在酒席上，信陵君向赵王请罪，说自己不忠于魏国，同时对赵国也没有什么功劳。见信陵君这样谦虚，赵孝成王喝酒直到天晚，也没好意思把封信陵君五座城池的话说出口。

信陵君于是留在了赵国，赵孝成王最终把常山的鄗城（今河北省石家庄市高邑县东）赐给信陵君，作为他的封邑。

再说魏安釐王，见信陵君击败秦军之后，秦国没敢来攻打魏国，于是也渐渐放下心来。在大臣们的劝说下，他把信陵君的封地仍旧还给了信陵君，但却并没有征召信陵君返回魏国，于是信陵君就一直在赵国住了下来。

再说平原君，他搬来救兵保全赵国之后，有人就准备替他到赵孝成王那里邀功请赏，公孙龙就跑来对平原君说："您不能接受这个封赏。当初大王任命您为相国的时候，并不是因为赵国没有比您更有才智的人，大王将东武城（今河北省衡水市故城县西）封给您，并不是因为赵国其他人的功劳比不上您，全都是因为您是王室公子的缘故啊。您接受相印和封地的时候，并没有因为自己的才智和功劳比不上别人而加以推辞，也是因为您觉得自己是国君近亲的缘故啊。可是现在呢，您请来信陵君出兵保全了赵国，您也向赵王请求封赏，您这就是在无功的时候以国君近亲自居，而有了功劳的时候却以普通人自居来请赏，您这样用双重标准来行事，是非常不合适的啊。"

平原君听了，于是打消了向赵王请赏的念头。这里简单介绍一下公孙龙，这个公孙龙就是持"白马非马"命题的那个著名辩士、古哲学家。他所说的白马非马，认为白是一种颜色，马是一种动物，白色的马是一种颜色加一种动物，这自然不能等同于没有界定任何颜色外延的所有的马。"白马非马"用现代的眼光来看，实际上可以看作是数学上的集合问题。白马是马的一种，是一个小的集合，而马是黑马、红马、黄马、白马等全部的马，是一个大的集合，白马这个小集合包含于马这个大的集合之中，所以说，白马这个小集合自然也就无法与马这个大集合等同起来了。公孙龙的另一个命题是"离坚白",就是说,一块白色的石头,用眼睛看,只能发现它是白的,但却感觉不到它的坚硬,而用手摸,只能感觉到它的坚硬,但却无法察觉它是白的。公孙龙因为控制视觉和触觉的不属于同一个人体器官,所以就认为石头的白和坚这两个性质是可以彼此分离而存在的。公孙龙对中国古代逻辑学的发展有一定贡献,但由于古代的大多数学者不懂逻辑学,因此人们往往认为公孙龙是在诡辩,直到近代引进西方的逻辑学,人们才认识到了公孙龙学说的重要性。

信陵君在赵国期间,听说赵国有两个非常有才能的人,一个叫毛公,混迹于赌徒之中,一个叫薛公,藏身于酒肆之中。信陵君想去拜访他们,但两个人却藏了起来,不肯见信陵君。信陵君设法打听到他们的藏身之所,悄悄地步行前去,与他们结交。毛公、薛公和信陵君见面之后,都有相见恨晚的感觉。平原君听说这件事情之后,就对他的夫人说:"我刚开始以为夫人的弟弟是天下无双的豪杰,谁知道我现在却听说他竟然与赌徒和酒鬼厮混,看来也不过是个放浪形骸的人。"平原君的夫人就把平原君的话告诉了信陵君,信陵君说:"刚开始我听说平原君非常有才德,所以辜负魏国前来救援赵国,希望能对平原君有所帮助。现在我来到赵国才知道,平原君之所以大肆招揽宾客,只不过是为了炫耀自己富裕的权势罢了,他并不访求真正的人才。我在大梁的时候,就听说毛公和薛公这两个人非常有才能,到了赵国之后,又担心见不到他们。现在我和他们结交,尚且害怕他们羞于与我为伍,可是平原君竟然耻于与他们交往,平原君真是不值得结交哇。"说完之后,就收拾行装,打算离开赵国。

平原君的夫人把信陵君的话告诉平原君,平原君连忙前去向信陵君请罪,并竭尽全力,把信陵君挽留了下来。平原君的门客听到这件事情以后,有一大半的人离开了他,前来投奔信陵君。

平原君是战国四公子之中最平庸的一个,他之所以能够名列四公子,与孟尝君等人并列,一则是因为他相比于赵国其他每天沉湎于声色犬马之中的贵族公子,还是切切实实地为赵国做了一些事情,二则是凭着他的名声,在邯郸之战中请来了信陵君,所以才进一步成就了他。看他在邯郸保卫战中的所作所为,他的见识和境界还比不上一介平民李谈。所以从平原君这一点上来看,东方六国贵族们的堕落和腐败,已经注定了六国即将灭亡的命运。平原君于公元前251年去世,他死之后,他的子孙承袭了他的爵位,一直到赵国灭亡。

再来看邯郸之战中战败的秦国。秦军在邯郸之战中被联军击败,损折几近三十万将士，严重消耗了秦国的实力，不仅导致秦昭王对东方六国同时进行攻打的战略意图破产，同时也推迟了秦国统一六国的时间。

还是在白起拒绝前往邯郸赴任的时候，范雎向秦昭王推荐了郑安平，命郑安平带兵前往赵国支援围攻邯郸的王龁，可是郑安平在陷于联军包围之时，不得已率两万多秦军投降了赵国。秦昭王非常生气，于是按照秦国的法律诛灭了郑安平在秦国的家人。而按照秦国的军法，如果被推荐的人失职，那么推荐他的人也将承担与他相同的罪责。这个时候郑安平投敌，按照秦法，推荐他的范雎也应该被诛灭三族。秦国的大臣们为此议论纷纷，秦昭王为了袒护范雎，于是下令说："任命郑安平是我的主意，再有议论郑安平之事者，就以惩罚郑安平的刑罚来惩治他。"于是再不敢有人谈论这件事情。秦昭王为了安慰范雎，更加优厚地赏赐他，以平息他内心的不安。过了两年，经范雎推荐在河东镇守的王稽又犯了法，被依律处死，范雎为此更加坐立不安。

在上朝的时候，秦昭王长长地叹息了一声，范雎说："我听说，国君忧虑，做臣子的就应该感到耻辱，国君受辱，做臣子的就应该以死去报答，如今大王在朝中叹息忧虑，我特地向大王请罪。"

秦昭王说："我听说楚国的铁剑非常锋利而艺人却演技拙劣。铁剑锋利则士兵勇敢，演技拙劣则国君能深谋远虑。以国君的深谋远虑，来指挥勇敢的将士，我担心楚国会攻打秦国啊。事情如果不在平时多做准备，就不能够应付突然发生的情况，如今武安君和王稽死了，郑安平等人叛国了，在内没有良将，而在外却有许多的敌国，所以我感到非常忧虑。"

秦昭王说这番话的本意，是想借此激发范雎的进取之心，可谁知道范雎听了，却更加害怕，每天都想着怎样才能自保，就更想不出什么好的计策来了。

有一个叫蔡泽的燕国人听到这些情况，就来到了秦国。

蔡泽曾经在各地游学，大大小小的诸侯见了不少，但就是没有一个愿意任用他。蔡泽听说有个叫唐举的人非常善于相面，于是就去找唐举说："听说您曾经给赵国的李兑相过面，说他在百天之内就会执掌大权，后来他果然掌握了赵国的权柄，请问有这回事吗？"唐举回答说："确实有这么回事。"蔡泽又问："那么请您看看，像我这样的人会怎么样呢？"唐举仔细地将他看了看，笑着说："先生您长着高高的鼻子，宽阔的肩膀，凸起的额头，挤巴的眉眼，罗圈的膝盖，我听说圣人不在貌相，大概说的就是先生您吧。"蔡泽知道唐举是在嘲弄自己，于是就说："富贵是我本来就有的，我所不知道的，是我能活多少寿数，我想听一听。"唐举说："先生您的寿命，从现在起往后推，还有四十三岁。"蔡泽大笑不已，谢过唐举，然后就走了。

蔡泽对他的马夫说："我吃白米肥肉，骑坐骏马华车，怀揣黄金大印，腰系紫色绶带（紫色绶带用来拴系高级官员的官印），替国君出谋划策，享尽荣华富贵，有四十三年，也就足够了。"随后，他去了赵国，但却被赶了出来，又出了韩国和魏国，谁知在路上，连锅碗都被强盗抢走了。

当蔡泽听到秦国的范雎先后保举的郑安平和王稽都犯了死罪，范雎的心里非常惶恐，于是就来到了秦国。

蔡泽来到秦国之后，先让人到范雎那里去激怒范雎说："从燕国来的客卿蔡泽，是天下少有的智谋雄辩之士，他只要一见秦王，秦王就一定会免去您的职位而让他当丞相。"范雎听了非常生气，于是就叫人把蔡泽召来问话："我听说你四处宣扬说要取代我做秦国的相国，有没有这等事？"蔡泽说："当然有。"

范雎估计都被气笑了，他对蔡泽说："我倒要听听，你有什么本事？"

蔡泽说："哎，您怎么直到现在还想不通这个道理呢。日中则移，月满则亏，盛极必衰，否极泰来。您看看商鞅、吴起和文种三个人，他们都为他们的国君立下大功，可是最后结果怎么样呢？商鞅在秦孝公亡后被车裂，吴起在楚悼王死后被射杀，文种则在勾践还活着时就逼自尽，怎么能像陶朱公范蠡那样，功成身退，泛舟五湖来得自由自在呢？如今您的国君亲近忠臣，不忘老交情比不上秦孝公、楚悼王和越王勾践，而您的功绩和受宠信程度又比不上商鞅、吴起和文种，可是您的官职爵位却已是位极人臣，个人私有的财产远远超过了以上三位，可是您还不知道急流勇退，恐怕您将来要遭的祸患，比他们三个还要惨。"

蔡泽的话可谓是一针见血，一下子就戳中了范雎的痛处，范雎不由自主地点头，听蔡泽继续说下去。

蔡泽又说："您何不趁这个时候，赶快让出相印，然后推荐一个贤能的人接替自己。而您则隐居山林，寄情山水，既有让贤之名，又保全了自己的爵禄和封地，还可以免遭惨祸。如果您再迟疑不决，我担心像商鞅、吴起、文种那样的结局，很快就会降临到您的头上了，请您认真考虑一下。"

范雎说："非常感谢先生的忠告，我知道该怎么做了。"于是款待蔡泽，待他为上宾。

过了几天，范雎入朝对秦昭王说："有一个新从山东来的宾客叫蔡泽，这个人很有口才，他通晓三王的事迹，熟悉五霸的业绩，熟知万物的变化，完全可以把秦国的大政交给他。我见过的有才能的人太多了,但没有一个人能比得上他,就是我自己,也比不上他。所以我现在郑重地把他推荐给大王。"

秦昭王听了,于是召见蔡泽,经与蔡泽谈论,秦昭王非常高兴,于是拜蔡泽为客卿(秦国的客卿是一种官名,授予在本国任高级职位的外国人,地位次于相国)。范雎趁机借口有病向秦昭王送还相印,秦昭王不答应,于是范雎就自称病重不能上朝,秦昭王无法,只好免去了他的相国之职,并任命蔡泽为相国,封为纲成君。

公元前255年,范雎老死于他的封地应城。在秦国历任的好多个强权相国里面,范雎可以说是结局最好的一个,比如在他之前的商鞅,比如在他之后的吕不韦、李斯,都难逃被继任的国君或是政敌诛杀的命运。因为他听从蔡泽的劝告,及时地功成身退,以至数年之后秦昭王没世之时,许多人早已将他淡忘,即便是继任的国君,也不存在从他手中夺回权力的问题,所以,他与近在眼前的惨祸擦肩而过,最后得以善终。蔡泽,他用他那见微知著的敏锐观察和切中肯綮的犀利言语,及时地提醒了范雎,并挽救了范雎。从而使范雎避免了像商鞅、李斯等人那样身死族灭的命运。范雎实在是太幸运了。而蔡泽,他的洞察力也实在是太犀利了。

蔡泽在秦国仅仅当了几个月的相国就遭到了他人的嫉恨和中伤。蔡泽知道自己不像商鞅和范雎那样,至少还可以凭借曾经立下的功勋作为倚恃。就算他有最出色的辩才和见识,但他毕竟刚刚来到秦国,一无根基二无靠山,也没有像商鞅和范雎那样有一段作为客卿的过渡时间以积累足够的人脉,就骤然间得居大位,那些觊觎相位者对他的仇视是显而易见的。为了避免遭到诬陷并被诛杀,蔡泽知趣地以生病为由,向秦昭王提出了辞职。

第十四节　奇货可居、债台高筑、廉颇杀栗腹、《吕氏春秋》、甘罗十二为丞相

蔡泽之后，秦国最炙手可热的权臣非吕不韦莫属。

提起吕不韦，人们马上就会想起"奇货可居"这四个字。那么，吕不韦这个往返奔走于各诸侯国之间的卫国商人，是怎么来到秦国的呢？

仍然从秦国进攻赵国的邯郸之战说起。

秦国围攻邯郸之时，赵国形势危在旦夕，赵孝成王就想把秦国留在赵国的人质嬴异人处死，可是前去馆驿才发现，嬴异人早就不知去向，而负责看守他的官吏和士卒则是烂醉如泥，不用问，这一切正是吕不韦做的。

吕不韦本来是卫国濮阳人（今河南省濮阳市西南），在阳翟（今河南省许昌市禹州市）经商，他往来于各诸侯国之间，低价买进货物，然后高价卖出，赚取中间的差价，家里积累了有数千两黄金。

公元前267年（秦昭王四十年），秦昭王的太子死了，过了两年，秦昭王立次子安国君为太子。安国君最宠爱一名来自楚国的姬妾，于是把她立为了正室夫人，号为华阳夫人，但华阳夫人却没有儿子。安国君共有二十多个儿子，其中一个儿子名叫异人。异人的母亲叫夏姬，不受安国君宠爱。还是在很早的时候，异人就被作为人质，送往赵国。因为秦国屡次攻打赵国，所以赵国对待异人很不友好，甚至数次打算要杀死他。

异人作为安国君的庶子，本来在秦国就得不到安国君的喜爱，到了赵国当了人质之后，处境就更加艰难。他出入常常没有乘坐的车马，居住的地方也非常简陋，物资匮乏，手头非常拮据，日子过得十分狼狈。

吕不韦到邯郸做生意的时候，听到嬴异人的遭遇，非常同情他的处境。作为一个商人，他脑海中第一个跳出的念头就是："这可真是一件特别稀有而值得囤积的商品啊（此奇货可居）。"

吕不韦于是前去问他经商经验丰富、见多识广的父亲："农民在田里种庄稼，能得到多少利益？"

他的父亲回答说："最多十倍。"

吕不韦又问："如果是倒卖珠宝玉器呢？"

"最多百倍。"

"那么拥立一个太子并帮助他顺利当上国君，能得到多少倍的利润？"

"那可就多得数不清了。"

吕不韦经商成功的秘诀就是把商品从这个地方低价买进，然后到那个地方高价卖出，或者是这个时段低价买进，过段时间再高价卖出，以赚取差价利润。现在见到嬴异人，商人的悟性使他立即意识到，如果现在帮助窘迫的嬴异人并助他登上国君之位，那么将来自己所获得的利益，将不知比做生意赚的利润要多多少倍。

主意打定，于是他立即去求见嬴异人说："我能够帮您得到更尊贵的地位。"嬴异人见他不过是一个市井商人，于是就挖苦他说："你先让你自己得到尊贵的地位，然后再来帮我吧。"

吕不韦回答说："您这就说错了，我的地位，将会随着您的地位的尊贵而尊贵。"

嬴异人见他话中含有深意，于是就与他谈了起来。

吕不韦说："现在秦王年纪已经很大了，您的父亲安国君是太子。我听说安国君最宠爱华阳夫人，但华阳夫人却没有儿子。将来谁能被安国君立为世子，华阳夫人说话一定管用。如今你们兄弟二十几个人，您既不是长子，又不怎么受安国君的宠幸，且长时间地在赵国当人质。如果有一天秦王辞世，安国君当了国君，那么您是根本没有机会被立为太子的。"

嬴异人说："我也知道这些情况，但我又有什么办法呢？"

吕不韦说："事在人为，只要认真去想，办法还是有的。您现在困在赵国，手头没有余钱去结交您父亲身边的人并为自己招揽宾客以提升您的影响力。我虽然不富有，但如果您还瞧得起我的话，我可以带着千两黄金前往秦国，为您结好安国君和华阳夫人，争取立您为世子。"

异人一听，觉得吕不韦的说法确实不无道理，于是拜谢吕不韦说："如果真有那么一天，我愿意和您共享荣华富贵。"

吕不韦于是给了异人五百金，让他在赵国结交宾客，之后，又用五百金买了许多奇珍异宝，之后便来到了秦国。

吕不韦打听到华阳夫人有个姐姐，也出嫁在秦国，于是就先找到华阳夫人的姐姐，为嬴异人造势说他在诸侯之中非常有威望，宾客遍天下。然后通过华阳夫人的姐姐把珍宝全部献给了华阳夫人，并向华阳夫人传话说："王孙异人在赵国，非常想念太子安国君和华阳夫人。"华阳夫人听了非常高兴。

吕不韦又让华阳夫人的姐姐劝说华阳夫人说："我听说，依靠美色来得到宠爱的人，等到青春不再，也就不会再被宠爱了（色衰爱弛）。如今您侍奉太子，太子虽然非常宠爱您，但您却没有儿子，您何不早一点儿在公子们中间选一个贤能且孝顺的，收他为义子，然后扶立他为世子。等将来他当了国君，您就不会失去现有的地位和富贵。如今在赵国当人质的异人非常贤能且孝顺，他并不是长子，生母又不受太子宠爱，被立为世子的机会几乎可以说没有。如今他主动前来依附夫人，您不如趁此机会帮助他成为世子。那么将来他当了国君，您不就可以永享荣华富贵了吗？"

华阳夫人觉得非常有道理，于是找了个机会在安国君面前夸奖异人，说异人在诸侯之中非常有人望，不仅贤能，且非常孝顺。说着说着，华阳夫人竟哭了起来，她说："我现在有幸得到您的宠爱，但却很不幸地没有儿子。异人这个孩子，他不仅很有才能，还非常孝敬我，我想请您立他为世子，这样一来，我老了也会有个依靠。"

安国君本来已经好长时间没见异人的面了，他并不知道异人的真实状况，不过听到众人都说异人贤而孝顺，他也就相信了，所以他打心眼儿里为这个儿子成长得这样有出息而感到欣慰自豪。再加上他确实非常宠爱华阳夫人，华阳夫人说什么他都会依允，既然异人有才能，且华阳夫人又喜欢，那么立他为世子，又有何不可？于是安国君就答应了。华阳夫人怕他反悔，安国君于是为她刻了块"让异人当世子"的玉符，作为凭证。

异人既然被立为了世子，那么就必然会得到安国君和华阳夫人的重视，于是他们托吕不韦带给异人许多的财物，并请吕不韦当他的老师。自此，嬴异人在诸侯之中声名鹊起。

吕不韦在邯郸纳了一个能歌善舞的富豪之女赵姬为妾，不久之后，赵姬就有了身孕。有一天,异人与吕不韦一起饮酒,吕不韦让赵姬出来献舞并为异人敬酒,异人的眼睛立时就直了,因为赵姬不仅容貌非常漂亮,而且舞姿非常动人。异人想到吕不韦一直对自己非常恭敬,自己有什么要求吕不韦都会答应,于是就请吕不韦把这个小妾送给他。吕不韦一听当场就发怒了,他钱可以给,物可以给,人际关系可以帮助建立,但如今异人看上了他的小妾,怎不令他恼怒万分。吕不韦恼怒之下,与嬴异人不欢而散。

异人走后,吕不韦思前思后,觉得自己为了异人,已经耗费了毕生的积蓄,如果在这个时候跟他翻脸,那么就会功亏一篑,前功尽弃。为了不使自己徒劳无功,吕不韦思来想去,最后忍痛把赵姬献给了异人。异人得到赵姬非常高兴,对吕不韦更加感激。而赵姬则向异人隐瞒了自己之前已经怀孕的真相,嫁于异人不久之后,才向异人说自己有孕了。异人误以为赵姬怀的是自己的孩子,非常高兴。又过了十个月,赵姬顺利地生下了一个儿子,因为是正月出生,因此取名为正,又名政,因为这个时候在赵国,所以叫他为赵政。异人更加高兴,因此立赵姬为夫人。

两年后,正值秦、赵邯郸之战,因为秦军攻城非常猛烈,赵孝成王非常愤怒,就想杀死当人质的异人泄愤,吕不韦得知消息后,赶快与异人密谋,花重金买通看守异人的官吏,用酒灌醉了看守的士卒,然后逃出了邯郸,跑到了邯郸城外的秦军大营。赵孝成王找不见异人,于是就想杀死赵姬和赵政,谁知赵姬家境富裕,通过家族的关系网络躲藏了起来,最终母子二人逃过一劫。

异人被送回秦国之后,立即前去拜见了安国君和华阳夫人。在去之前,吕不韦刻意教他穿上楚国人的衣服,以取悦于华阳夫人,因为华阳夫人的娘家在楚国。华阳夫人见到异人穿着楚人衣服非常惊讶,就问他为什么要这样做?异人回答说:"我在赵国时时思念母亲,但却没办法见到您,所以特地做了这件楚服,以表达对母亲您的思念。"华阳夫人非常高兴,认为异人是真的孝顺她。为了让华阳夫人更高兴,安国君将异人改名为子楚。因此,异人又叫子楚。

再说在邯郸之战中,春申君带领楚国大军前去救援赵国,最终却无功而返。楚考烈王对春申君的表现不甚满意,直言自己深恨不得信陵君为将,否则何必担心秦国。春申君非常惭愧,于是劝楚考烈王像春秋五霸那样,尊奉周天子并合纵各国,以天子的名义声讨秦国,就一定会取得成功。楚考烈王觉得有理,于是就派遣使者前往周都洛阳。

这个时候的周天子是周慎靓王的儿子周赧王。前文曾经讲过,此时的周王室又被一分为二，居于洛阳王城的为西周公，居于巩邑的是东周公，而周天子则依附于王城的西周公。周赧王本就对自己长期以来徒有虚名感到不满，此时听到楚国愿意尊王并合纵诸侯讨伐秦国，也没有认真研判形势，于是就答应了。周赧王向各国发出征讨秦国的檄文，并命西周公在洛阳征兵，谁知道遍征洛阳城，也才得到五六千人。此时的王室财政非常困难，根本就没有能力承担这一笔军费，于是周赧王就派人向洛阳城内的富人们借贷，许诺打败秦国之后，用缴获的战利品向他们偿还本息。

做好前期的准备工作之后，西周公就率领这五千兵马，驻扎在伊阙，然后等待诸侯军队前来会师。

此时距邯郸之战后仅一年时间，韩国和赵国还没有从战乱中恢复元气，根本就无法派兵。而魏安釐王自从信陵君击败秦国，时刻担心秦国会来报复，所以更不敢出兵攻打秦国。齐国的君王后不愿意与秦国为敌，早就与秦国缔结了和平盟约。因此只有楚国和燕国两国派兵前来。

因为其他的诸侯国都没有派兵前来，所以先到的楚、燕两军与西周公率领的王室军队相互观望，谁也不愿意先去攻打秦军。

秦国得知诸侯人心不齐，于是派将军张唐和嬴樛屯兵于函谷关外，向联军示威。楚、燕联军与王室军队在关外空等三个多月，不见其他诸侯国派兵前来，因此士气松懈，不得已只好班师回国。

西周公带兵回到洛阳，王室军队白白耗费了许多钱粮却最终一无所获。那些给王室借钱的富人成天拿着债券前来向周赧王讨债，周赧王无法应付，只好躲到宫殿的一个高台上去，这个高台因此被称为"逃债台"。典故"债台高筑"也因此而来，比喻欠了非常多的债。

以这个时候秦国的强大，它不来攻打周王室，就已经算是给足周王室面子了，谁知道周王室居然敢纠合诸侯前去攻打秦国，真是不自量力。楚兵和燕兵退走之后，秦昭王命张唐和嬴樛乘机进军，攻打周赧王所在的西周王城。周赧王既没有兵，又没有粮，只得率领群臣向秦军出降。

西周公治下的三十六邑，三万民众，尽归于秦国。秦昭王将周赧王降为周公，原来的西周公降为周赧王的家臣，居于巩邑的东周公也被贬爵为君，称之为东周君。

周赧王出降，标志着周朝的覆亡（当然，也有历史学家将公元前249年东周君被灭之时作为周朝的终结）。此时是公元前256年，距公元前1046年周武王灭商建国，历时共七百九十一年，传三十代三十七王，周朝是中国历史上时间最长的朝代。

周赧王降秦之后，不到几个月就死了。

周赧王死后，秦昭王派将军嬴摎前往洛阳，将传国之宝九鼎运回咸阳，结果在过泗水之时起了大风，九鼎不慎落入泗水之中，从此再无下落。

不过，经过考证，九鼎落入泗水之说，存在许多的疑问。单从运鼎的路线来说，咸阳在洛阳的西面，秦人到洛阳去运鼎，把九鼎搬上船之后，只需要向西返回咸阳就行了，又毫无缘由地前往洛阳之东近一千里之外的彭城泗水，这实在是令人费解。不过，从后来刘邦灭秦、刘邦担任过泗水亭长、并且秦始皇曾经在泗水打捞九鼎的传说来看，这不过都是汉朝人为神化刘邦而刻意编造的故事。

公元前251年，在位五十六年的秦昭王死了，太子安国君嬴柱即位，是为秦孝文王。

秦昭王是秦国历史上在位时间最长的国君，他的任期不仅超过了他的前三任国君秦孝公（二十四年）、秦惠王（二十七年）、秦武王（三年）在位时间的总和，也超过了他的后三任国君秦孝文王（一年）、秦庄襄王（三年）、始皇帝（三十七年）在位时间的总和。秦昭王拥有杰出的才智和超凡的谋略，在他的任期内，他重用范雎等名臣，将权力高度集中于国君手中，因此政治清明，官吏勤勉，百姓乐业，士卒效命，行政军事效率极高。可以毫不夸张地说，在秦昭王时代，秦国就已经取得了对东方六国征战的决定性胜利，而留给他的继任者的，则只是用排山倒海之势，横扫六国腐朽残余并打扫战场而已。

在秦昭王死的同年，赵国的平原君死了，赵孝成王封廉颇为信平君，接替平原君的相国之职。燕国的燕王喜（燕惠王曾孙，燕武成王之孙，燕孝王之子）听说之后，就派相国栗腹前往赵国，与赵国缔结盟好。栗腹向赵王献上五百金，为赵王祝寿，他满以为赵王会重重地赏赐他，谁知赵王只是按平常的礼节对待他。栗腹非常不满，回到燕国之后，他就对燕王喜说："赵国自长平之战以后，青壮年男子都死了，而剩下的孩子们还没有成年。再加上刚刚死了相国，廉颇的年纪又很大了，如果我们趁此机会出兵伐赵，那么就一定会取得胜利。"

燕王喜听了非常高兴，于是召来昌国君乐间，征求他的意见。乐间劝阻他说："赵国是四战之国，西面与秦国接壤，南面与魏、韩两国接壤，北面与林胡、楼烦相抗，而东面与我们燕国和齐国毗邻。长期以来，赵国处在其他国家的包围之中，非常重视军事，赵国的百姓都熟习战斗，燕军根本不是赵军的对手。"

燕王喜很不服气，就问乐间说："我以众伐寡，派出两倍于赵国军队的燕军，总可以取胜吧。"乐间还是说："不行。"燕王喜很不高兴地问："那么五倍于赵军的燕军呢？"乐间还是说不行，燕王喜勃然大怒。其他大臣见燕王发怒，立即开始附和燕王，说我们派出五倍于赵军的燕军，怎么会不能取胜呢？

乐间不敢再劝阻，于是燕王喜派出两路兵马，一路以栗腹为主将，乐毅的族人乐乘为副将，率军十万进攻赵国的鄗城；一路以卿秦为主将，乐间为副将，率军十万进攻赵国的代郡。大夫将渠向他进谏说："大王您刚刚派使者与赵国结好，献五百金为赵王祝寿，使者刚刚回来报告两国和好的消息，您却出兵攻打盟国，这是非常不好的兆头，迎接燕国军队的，将一定是失败。"燕王喜鬼迷心窍，根本不听将渠的劝阻，他自己又率领十万兵力的偏师，作为接应两路大军的后援。燕王喜将要出发，将渠拽着他的衣袖阻止他，燕王喜非常生气，对将渠抬腿就是一脚。将渠哭着说："大王，我这并不是为了我自己，而是为了您哪。"燕王喜下令将将渠投入狱中，扬言得胜回来后要处死他。

听到军事实力一贯较弱的燕国派大军进犯赵国，赵孝成王非常生气，于是也派出两路大军迎敌，一路以廉颇为主将，率五万军队前往鄗城；一路命雁门守将李牧为将，率五万军队前往代郡。廉颇久经沙场，作战经验非常丰富，就连强悍的秦军都拿他毫无办法，需要使用反间计将他解职之后才能取得胜利，更何况是早已不具备乐毅时代军事素质的燕军了。

廉颇率军到达鄗城之后，针对燕军主帅栗腹误以为赵军缺乏壮丁的实际，决定使用示弱诈败诱敌之计。他把精卒全部埋伏起来，然后派几千老兵弱卒前去向栗腹挑战。栗腹见赵军尽是老弱，深为自己先前的判断而得意，他命乐乘继续围攻鄗城，而自己则率领大部燕国军队，与赵军对阵。老弱的赵军自然不是栗腹的对手，只几个回合便被打得大败，立即转身而逃。栗腹哪里肯舍，指挥大军在后紧追，追了有六七里远，廉颇预先埋伏的精兵从两边尽数杀出，燕军不能抵挡，立即溃败，栗腹最终被廉颇生擒。围城的乐乘听到栗腹被擒，赶快下令撤围，准备逃回燕国。廉颇派人向他招降说："您的祖先本来就是赵国人，您何必要为燕国效力呢？"乐乘听了，于是向廉颇投降。

而在代郡那边，李牧也击败了另一路进犯的燕国军队，燕军主将卿秦被杀，副将乐间被招降。

在后接应的燕王喜听到两路大军全部战败，赶快率军退回国都。廉颇率军长驱而入，包围了燕都蓟城。燕王喜悔不当初，只好派人前去向廉颇求和。

乐间对廉颇说："首先提出攻打赵国的，是栗腹。大夫将渠知道赵国不可伐，曾经苦谏燕王，但燕王不仅不听，还将他投进了狱中。如果燕国人真要求和，那就让将渠当相国，然后让将渠来议和。"

燕王喜无法，只好把将渠从狱中放出，然后任命他为相国，命他到赵军营中去议和。将渠是个非常忠诚而贤明的大夫，他谦虚地推辞说："我之前说赵国不可伐，也只不过是侥幸说对了，我怎么能趁着国家战败的时候为自己谋取利益呢？"

燕王喜言不由衷地向他道歉说："我没有听从您的劝告，使军队打了败仗，让国家遭受了耻辱，现在要想向赵国求和，除了您之外，再没有更合适的人选了。"

将渠趁机为乐乘和乐间求情说："乐乘和乐间虽然投降了赵国，但乐毅曾为燕国立下大功，请大王看在乐毅的分上，送还乐乘和乐间的家人，使他们感激大王的恩德，这样一来，有他们从旁协助，燕、赵两国的和议就一定能达成。"

赵国大军围城，岂有燕王喜不同意的道理。于是他命将渠前去向赵国谢罪，并把乐乘和乐间的家人送到了赵国军中。

廉颇答应了燕国的求和，然后把栗腹和卿秦的首级送还给燕国，之后率大军班师。赵孝成王封乐乘为武襄君，乐间仍称昌国君，李牧因功升为代郡守。

燕王喜此时才知道乐间和乐乘的可贵，他知道剧辛曾经与乐间的父亲乐毅一起事奉过燕昭王，两人的交情也不错，于是命剧辛写信给乐乘和乐间，让他们重返燕国。乐间和乐乘怨恨燕王喜不听忠言，知道回去也不会有用武之地，于是拒绝了剧辛的劝说。而将渠虽然在危急之时被任命为相国，但那是燕王喜在受人胁迫的情况下做出的决定，因此心中很不乐意且深以为耻，将渠深知燕王喜之意，于是以生病为由，辞去了相国之职，剧辛顺理成章地被燕王喜任命为相国。

燕王喜心中始终不忘对赵国的仇恨，七年之后，趁赵国大将廉颇出奔魏国之际，他命剧辛率军再次攻打赵国，谁知却被赵将庞煖（音宣）所败，剧辛自杀身亡。此后的燕国，再也无力挑起事端，而赵国，则在秦国的不断攻伐之中，屡次丧师失地，直到灭亡。实际上此后不仅仅是赵国，东方六国之中除齐国外，其他的国家都要么是自己折腾自己，残杀自己的良将；要么是被秦国折腾，不断地被秦国蚕食，最终一步一步地走向了濒死之地。只有秦国，以其强大的国力和强盛的军事力量，将其版图不断地向着东方推进。

秦孝文王即位之后，封华阳夫人为王后，子楚被立为太子。赵孝成王为了讨好秦国，赶快命人找到赵姬母子，然后派人把他们一路护送到了秦国。

秦孝文王为秦昭王服丧一年，除去丧服后的第三天，他在宫中大宴群臣，谁知道乐极生悲，当天晚上就死了。一些野史中说，是吕不韦为了让子楚迅速当政，买通秦孝文王左右侍从将毒药下在酒中，毒死了孝文王。但这种传说没有任何依据，况且那个时候的吕不韦在秦国也根本没有那么大的势力，所以这种说法非常牵强，根本就站不住脚。唯一能够有所探寻的是，秦孝文王在当太子之时，早就已经被酒色所伤。因为遇上秦昭王这样一个强势的父亲，他当太子当得战战兢兢，能够活到接班就已经非常不易。在他当太子之前，作为公子的他从来没有带兵外出的记录，由此可见他的体质不好，且在朝中也非常失意。所以在平日里，他只能纵情于酒色之中，聊以打发失意空虚的时光。孝文王光是儿子就生了二十多个，女儿还没有计算在内。所以如果不是本性荒淫好色，他不会留下这么多的子嗣。

秦孝文王死后，吕不韦等人拥立太子子楚即位，是为秦庄襄王。

庄襄王即位之后，封赏功臣，大赦天下。他尊奉华阳夫人为华阳太后，尊生母夏姬为夏太后，又任命吕不韦为丞相，封为文信侯，并将河南洛阳的十万户作为吕不韦的封地。自此，商人吕不韦这一笔独一无二的买卖可以说是得到了无法估量的回报。

秦国不到两年时间死了两个国君，在巩邑的东周君觉得有机可乘，于是联合诸侯准备攻打秦国，庄襄王得讯之后非常生气，于是派吕不韦为大将，前去攻打东周君。东周君治下只有七座城邑，岂是秦国大军的对手。秦军一到，东周君立即当了阶下囚，自此，周朝彻底灭亡。

庄襄王灭周之后，派大将蒙骜率军攻打韩国，韩国割让成皋（又名虎牢，今河南省荥阳市汜水镇西北）和荥阳（今荥阳市）两城，向秦国求和。秦国在这里设置了三川郡。此时秦国的地界，真的就像之前信陵君所预言的那样，延伸到了魏国国都大梁的附近。

庄襄王想起当时在赵国当人质时所遭受的敌视，气不打一处来，派蒙骜继续攻打赵国，先后攻克赵国太原（今山西省太原市一带）、榆次（今山西省晋中市榆次区）、新城（今山西省朔州市朔城区西南）、狼孟（今太原市阳曲县西南）等37座城池，设太原郡。

同时，庄襄王得知信陵君不在魏国，知道魏国没有与秦国相抗衡的将领，于是派蒙骜日夜攻打魏国，先后夺取魏国的高都（今山西省晋城市东北）和汲城（今河南省新乡市卫辉市西南）等地，对魏国步步紧逼。魏安釐王惊惧不已，数次派人前往赵国请信陵君，信陵君担心回去之后安釐王会找自己秋后算账，所以告诫自己的门客们说："魏王把我丢弃在赵国，已经整整十年了，如果不是秦国攻打魏国，他还会想起我来吗？有谁敢为魏王的使者通报的，我就处死他。"宾客们也都是当初背反魏国来到赵国的，所以都不敢劝信陵君。毛公和薛公两个人听到消息后，就赶来劝信陵君说："公子您之所以在赵国得到敬重，扬名于诸侯者，就是因为有魏国存在的缘故啊。现在秦国不停地攻打魏国，魏国形势十分危急，但公子却不管不顾。如果秦国攻破了大梁城，毁了先王的宗庙，那么公子您还有什么颜面在这个世界上活下去呢？"毛公和薛公的话说得极重，如果连自己的祖先都不顾的人，那么也就失去了做人之本，不配在这个世界上活着。信陵君本来是极重信义之人，怎么会无动于衷呢？所以他听了毛公和薛公的劝说之后，立时脸上变了颜色，于是赶快命人驾着车往魏国赶。

　　魏安釐王见到信陵君回来，与信陵君相对而泣，随即将上将军印交给信陵君。信陵君于是派出使者，到其他五国求救。诸侯听说信陵君担任魏国将军，都敬佩他的仗义，除齐国外，都派军队前来救援魏国。信陵君于是率五国兵马，攻击秦军。由于信陵君极善用兵，因此蒙骜所率的秦军被打得大败，只得率残兵败退回国。信陵君带领五国军队，乘胜攻至函谷关前。秦军紧闭关门，不敢出战。联军一直在关外驻扎了好几个月，方才撤退回国。这次诸侯军合纵大败秦军，使信陵君名震天下，各诸侯国的宾客都向他进献兵法，信陵君经过整理，将这些兵书整理为二十一篇，命名为《魏公子兵法》。

　　为表彰信陵君的功绩，魏安釐王拜他为上相，又为他增加了五座城邑的封地。

　　秦庄襄王对秦国的这次败绩感到非常痛惜，也对信陵君的惊人才能和威望感到非常震惊，如若信陵君继续当政，那对秦国消灭魏国，无疑是最大的障碍。于是庄襄王命人持黄金万斤前往魏国，寻访并重赏晋鄙的门客，让他们在魏安釐王面前诋毁信陵君说："信陵君逃亡在外十年了，如今回来当了将军，各诸侯国的将军都听从他的命令。各诸侯国只听说魏国有信陵君，却并没有听说过有魏王。信陵君将要趁这个时候南面称王，诸侯国畏惧信陵君的威势，都打算拥立他。"同时，秦国的间谍频繁活动，好几次跑到信陵君的府中向他贺喜，问他是否已经自立为魏王。魏安釐王本就昏庸，再加上几乎每天都会听到诬陷信陵君的话，他心里本就对信陵君非常忌惮，于是立即就相信了，下令收回信陵君的兵权，然后命别的将领掌控军队。信陵君知道自己再次被谗言所毁，他不禁心灰意冷，于是借口有病不再上朝，每天与门客饮酒作乐，并沉溺于酒色之中。

同样沉溺于酒色之中的，还有秦国的庄襄王。这个曾经困厄于赵国的人质，连帮助他的恩人都敢横刀夺爱，可见他的贪色之心远远大过他的自制能力。况且他的王后赵姬，在历史上就以淫荡而出名，庄襄王身体不垮，说不过去。

公元前246年，秦庄襄王病死，年仅十三岁的嬴政（就是赵姬的儿子赵政，因为这个时候已经回到了秦国，因此改名叫嬴政）即位，这就是后来大名鼎鼎的秦始皇帝。当然，在秦国还没有统一六国，且他自己还没有为自己定下这个称谓之前，还是称呼他为秦王政比较符合历史实际。

有野史称，庄襄王是因为在病中无意中撞破吕不韦与王后赵姬的奸情，而被吕不韦趁机在药中下毒杀死的。虽然这种说法于史无据，但可能性却非常大。其一，赵姬在庄襄王病中寂寞难耐，与入宫问疾的吕不韦旧情重燃，勾搭成奸是极有可能的，庄襄王既已发现，如果病好之后，即使他不杀死吕不韦，那么至少也会罢黜吕不韦。其二，如果庄襄王有朝一日得知赵姬在嫁他之前就已有孕在身，那么吕不韦被灭族的可能都有，所以吕不韦必须杀人灭口，就像后来的李园暗杀春申君那样。

秦王政即位之后，尊吕不韦为相国，他效仿之前的齐桓公称呼管仲那样，也称呼吕不韦为"仲父"。因为秦王政年纪实在太小，所以太后赵姬与吕不韦经常私通。

这个时候的吕不韦，真可以说是威势赫赫，炙手可热，秦王年幼，而太后又是他的情人，那么说他此时是秦国实际上的国君，也毫不为过。他的父亲死了之后，各诸侯国前来吊丧的使者和宾客车马不绝，把咸阳城中的道路都堵塞得无法通行，丧事办得甚至比孝文王和庄襄王的葬礼还要隆重。

吕不韦在很早以前，就对战国四公子的一系列做法感到非常仰慕，这时他当了丞相，觉得以秦国之强，难道还不如齐、赵、魏、楚等国？自耻之心，油然而生，于是他也到处招揽门客并厚养贤士，门下也聚集了三千食客。当时诸侯国之间虽然战火不断，但思想却空前自由，学术活动十分兴盛，不受限制。不过，却都没有形成综合类的集大成全书。因此吕不韦让他门下的学士们开始著书立说，把他们生平看到的、听到的都写下来，综合起来，汇成了洋洋二十多万言的一本书，全书分八览、六论、十二纪，类似一部当时的百科全书。吕不韦认为这本书已经穷尽了古往今来的天地万物和世间真理，于是取他的姓，将书名定为《吕氏春秋》，并将书中的内容写在布匹上，悬挂在咸阳城中，悬赏千金说有谁能增减或是改动书中一字者，就赏以千金。但诸侯国中前来的游士宾客那么多，也并没有哪个人能够做到这一点。由此可见吕不韦的势力之大，以及他门下宾客的能力之强、水平之高。

吕不韦听到魏国的信陵君被罢黜，于是立即派蒙骜等人带兵攻打赵、韩等国，夺城略地。

公元前244年，吕不韦打算派将领张唐到燕国去任丞相，联合燕国一起攻打赵国，以扩大河间一带的领土。但因为张唐曾经数次带兵攻打赵国，赵国人对张唐恨之入骨，曾扬言说："有谁能够抓到张唐，就赏给他方圆百里的土地。"而张唐要想到达燕国，就非得经过赵国的辖区不可，因此张唐不敢到燕国去，吕不韦劝了几次，张唐都不答应，吕不韦非常生气，但因张唐说得在理，他也没办法强迫张唐去。

甘茂有个孙子叫甘罗，这个时候年仅十二岁，在吕不韦手下当门客。他见吕不韦不高兴，于是就问吕不韦说："君侯您为什么不高兴？"吕不韦说："我让纲成君蔡泽到燕国担任了三年的相国，燕国已经派太子丹到秦国当人质。现在我想让张唐到燕国去当相国，联合燕国一齐攻打赵国，但张唐却推辞不去。"甘罗说："原来是这件事情啊，这还不容易，我替您去说服他。"吕不韦斥责甘罗说："我亲自去请他，他都不肯去，你一个小娃娃，有什么本事能让他去？"甘罗说："项橐（音驼）七岁的时候就当了孔子的老师，我现在已经十二岁了，您何不让我去试试呢？如果我不行，您再骂我不迟啊。"吕不韦听了，觉得让甘罗去试试也没有什么坏处，于是就答应了。

甘罗去见张唐，问张唐说："您和当年的武安君白起相比，谁的功劳大？"张唐如实回答："武安君的功劳我可比不了，他向南挫败了强大的楚国，向北威震燕国和赵国，战无不胜，攻无不克，为秦国夺取的城池不计其数，我怎么敢和他相比？"甘罗又问："那么您觉得现在的文信侯吕不韦与之前的应侯范雎相比，谁更有权势？"张唐说："当然是文信侯吕不韦更有权势了。"甘罗说："您确实认为吕不韦比范雎更有权势？"张唐说："是的。"甘罗说："当年应侯范雎想派武安君去攻打邯郸，但武安君却托病不去，最后武安君离开咸阳城还不到七里，就死在了杜邮。如今比应侯更有权势的文信侯请您到燕国去，您也不愿意去，我不知道您将会死在哪里了。"张唐听了，立即吓得后背发凉，他向甘罗说："这次我就听您这个小孩子的劝，到燕国走一趟吧。"于是叫人收拾装束，准备去燕国。

甘罗对张唐说："既然您非常担心赵国，那么请让我替您先到赵国走一趟，为您解除后顾之忧。"张唐称谢。

甘罗回去对吕不韦一说，吕不韦非常高兴。甘罗对吕不韦说："请给我五辆马车，让我先替张唐到赵国通报一下。"吕不韦于是入宫对秦王政说："原来秦国的左丞相甘茂，最后流亡国外，客死魏国，他有个孙子叫甘罗，在臣门下当舍人。甘罗虽然只有十二岁，但因为是名家出身，非常有才华，诸侯们都听说过他。前些日子我请张唐到燕国去，但劝了几次，张唐都推托不愿意去，甘罗只向张唐说了几句话，就成功说服了张唐。现在甘罗自告奋勇要先替张唐到赵国去通报，请大王派他去。"秦王政于是召见了甘罗，并派遣他出使赵国。

其时，赵国的赵孝成王已死，他的儿子赵偃即位，是为赵悼襄王。赵悼襄王亲自到郊外迎接甘罗。甘罗对赵悼襄王说："大王您是否听说太子丹到秦国去当人质的事情？"赵悼襄王说："我听说了。"甘罗又问："那么您是否听说了张唐要到燕国去当相国的事情？"赵悼襄王再次点头："听说了。"甘罗说："燕国的太子丹到秦国当人质，表明燕国不欺骗秦国，秦国的张唐到燕国去当相国，表明秦国不欺骗燕国。秦、燕互不相欺，表明了是想联合起来攻打赵国，如此一来，赵国就危险了。秦、燕联合起来攻打赵国没有别的原因，就是想夺取赵国在河间一带的土地。现在既然这样，大王您何不把河间一带的五座城池送给秦国，请求秦国送回燕国的太子丹，并与秦国联合起来攻打燕国呢？"赵悼襄王听了，立即命人把河间一带的五座城割让给秦国，并请求秦国送还燕国的太子丹。随后，赵国出兵攻打燕国，夺取燕国的三十座城，并把其中的十一城送给了秦国。而张唐也自然不必到燕国去了。

不费一兵一卒就得到十六座城，这让继承了先辈追求实惠优良传统的秦王政感到非常高兴，于是他封甘罗为上卿，并把甘茂之前的土地和房屋全部赐给了甘罗。因为上卿是较高的爵位，相当于丞相级别，因此民间有"太公八十遇文王，甘罗十二为丞相"之说。

再说自魏信陵君被罢黜，赵国也与魏国失和。甘罗出使赵国之前，赵孝成王命廉颇攻打魏国的繁阳（今河南省安阳市内黄县西北）。廉颇还没有得胜，赵孝成王就死了，赵悼襄王即位。赵悼襄王非常宠信一个名叫郭开的大夫。这个郭开，可是一个心中毫无国家大义的可鄙小人。因为他为人谄媚，生性耿直的廉颇曾经在酒宴上当面斥责过他好多次，因此郭开怀恨在心。这时赵悼襄王刚刚即位，郭开见机会来临，于是在赵悼襄王面前诋毁廉颇说："廉颇年纪已经很大了，难担重任，攻打魏国这么久，也没有攻下一座城池，不如叫别的将领去替代他。"赵悼襄王也很昏庸，于是就让武襄君乐乘去替代廉颇。

这个时候廉颇已经攻克了繁阳，他正要乘胜进兵，却听到了乐乘前来接替他的消息。廉颇非常恼怒，他耿直的秉性还是丝毫未改，他愤怒地对众人说："我在赵国带兵已经四十多年了，为国家立功无数，且从来没有打过败仗，乐乘不过是我的手下败将，他凭什么接替我？"廉颇把满腔的怒火都发泄到了无辜的乐乘身上，带兵攻击乐乘，乐乘只带着几个随从，自然不是廉颇的对手，于是赶快出亡他国。

廉颇负一时之气，不向乐乘交割军队并率军攻击乐乘，自然违反了国家的法令，他担心回去后赵王会治他的罪，于是也不敢回国，而是跑到了魏国。可是魏国的国君，连信陵君这样的贤才都不愿意信任，又怎么会任用从赵国来的廉颇呢。所以廉颇在魏国待了很久，也没有得到重用。

公元前243年，信陵君因伤于酒色，病重而亡。信陵君死后，自杀为他殉死的门客有上百人。同一年，魏安釐王死去，其子魏增继位，是为魏景湣王。

秦国听到信陵君谢世，知道出兵攻魏的时机已经到来，于是派蒙骜大举伐魏，攻克魏国的酸枣（今河南省新乡市延津县北）等二十座城池，在那里设置了东郡，此后出兵不断地侵伐魏国，将魏国的国土逐渐地变为秦国的国土。

再说燕王喜，他自从七年前出兵攻赵被廉颇击败，一直对廉颇十分忌惮，这时听到廉颇出亡他国，于是再派剧辛率军攻打赵国，谁知又被赵国将军庞煖击败，剧辛羞愤自杀。代郡守李牧随之出兵报复，夺取燕国的武遂（今河北省保定市徐水区西北）和方城（今河北省保定市涿州市一带）。

庞煖得胜之后意气风发，也想建立像信陵君那样的功业，于是劝赵悼襄王合纵六国，共同抗秦，赵悼襄王同意了。其时除齐国亲附秦国外，其余四国都对秦国不停地攻打诸国感到忧虑，于是赵国一经提出合纵倡议，立即得到了其余四国的响应。五国公推楚考烈王为纵约长，楚考烈王命春申君黄歇带兵伐秦。

由于楚王是纵约长，因此五国之兵，都听春申君的号令。兵到潼关，五国扎下营寨。吕不韦经与蒙骜、王翦等人商议，认为韩、魏、赵等军经常与秦军作战，战斗力非常强，而楚国军队曾经屡败于秦将白起之手，在信念上已经被秦军击垮，战斗力上也可说是不堪一击，只要打败了楚军，那么联军军心动摇，就会不战而退。计议已定，于是令秦军夜袭楚军营寨。谁知道秦军营中，却有一名因违反军令而受罚的军士暗中将秦军的计划告知了春申君，春申君闻讯大惊，来不及通知其他四国军队，便带领楚军连夜后撤。

前来劫营的秦军见楚军营寨已成空营，于是前去袭击赵军营寨。谁知庞煖治军有方，营寨非常坚固，设守也非常严密，秦军根本无法攻入。天亮之后，燕、魏、韩三国军队听到消息，都赶来救援赵军，秦军见势不妙，只好退走。庞煖见三国都来相救，唯独楚军没有前来，命人一打探，才知道楚军早就在春申君的带领下撤走了。

纵约长国家的军队不战而退，令联军将士无不泄气，庞煖无奈，只得与魏、韩等国军队各自回国。回国途中，庞煖越想越气，又不禁怨恨起亲附秦国的齐国来，于是带着燕国军队前去攻打齐国，攻下了齐国的饶安城（今河北省沧州市盐山县）之后才罢休。

这是六国被灭之前的最后一次合纵，最终就这样流产了。

第十五节　春申君阴谋窃国、嫪毐乱秦宫、李斯谏逐客、廉颇一饭三矢

春申君回到国都，其他四国的使者随后就赶来了，他们指责楚国作为纵约长，在不知会其他四国的情况下就擅自退兵，要求楚国说明原因。楚考烈王归罪于春申君，春申君几乎无地自容。

春申君有个门客叫朱英，他对春申君说："人们都说楚国本来很强大，但自从您当了相国之后，楚国就变得弱小了，而我却不这么看。从前，先王和秦国亲近二十多年而秦国却没有攻打楚国，为什么？那是因为秦国要攻打楚国，就必须经过巴蜀之地的险要边塞，很不方便。而如果向周王室借道来攻打楚国，那么就会担心韩国和魏国在背后偷袭。可是现在却不一样了，周王室已经被秦所灭，魏国也马上就要灭亡了。魏国不仅无法抵抗秦国，还把许地（今河南省许昌市东南）割让给了秦国。这样一来，秦国军队距离楚国的都城陈县（今河南省周口市淮阳区）只有一百六十里地。我看秦、楚之间的战争，从此将非常激烈。"春申君听了，觉得很有道理，于是劝楚王把都城迁到寿春（今安徽省淮南市寿县一带），以避秦军之锋锐。楚人退，秦人进，于是秦国命卫国迁到野王，而在濮州（今河南省濮阳市范县一带）和滑州（今河南省安阳市滑县一带）设置了东郡。

楚考烈王一直没有嫡生的儿子，春申君非常着急，因为如果下一任国君不是楚考烈王信任的人或是他可以直接掌控的人，那么他就很有可能会失势。春申君于是找了许多能生儿子的女子进献给楚考烈王，但无济于事，这些妇人也没有为楚考烈王生下一个儿子。

有个赵国人名叫李园，他有个妹妹非常漂亮，他就想把妹妹进献给楚王，然

后借助裙带关系夤缘而上掌握楚国大权。可是当他听到楚考烈王一直没有嫡子的消息之后，又害怕把妹妹进献给楚王之后也生不下儿子失宠导致投机失败。想来想去，大概是秦国丞相吕不韦的做法给了他很大的启发，于是他立即想出了一个好办法。李园前去找春申君，说想在春申君门下当个门客，春申君就答应了。过了几天，李园向春申君请假说要回家，然后故意延误了返回的时间。春申君问他怎么回事，李园回答说："齐王派使者前来，说要娶我的妹妹，我招呼齐王的使者喝酒，所以迟了几天。"春申君也是个好色之徒，他一听连齐王都派使者求娶李园的妹妹，那么李园这个妹妹肯定长得十分漂亮。于是立即动了心思，他问李园说："齐国的使者带来聘礼了吗？"李园回答说："还没有。"春申君又问："那我可以见见你妹妹吗？"李园说："当然可以。"于是就把他的妹妹带到了春申君府中。

春申君一见，李园这个妹妹果然长得天姿国色，非常漂亮，心中十分欢喜，于是纳为了小妾。

过了不久，李园的妹妹就怀孕了。李园得知消息后，立即与他的妹妹商量说："你说你是当个小妾好还是当个夫人好？"

李园的妹妹说："当然是当夫人好了。"

李园又问："那么当夫人好还是当王后好？"

"当然是王后好了，夫人怎么能跟王后比？"

于是李园就对他妹妹说："你看，现在楚王一直没有嫡生的儿子，现在你怀孕了，如果你劝春申君把你进献给楚王，如果你生下的是儿子，那就会被立为王后，岂不是比给春申君当个小妾要强无数倍吗？"

李园的妹妹禁不住李园的蛊惑，于是就答应了。找了个机会，她就按李园所教对春申君说："楚王非常宠信您，就是他的兄弟也比不上您啊。您如今已在楚国当了二十多年的相国，但是大王却一直没有嫡子。如果有一天大王死了，楚国人就会立他的兄弟为王，一旦他的兄弟当了楚王，就又会去亲近他们信任的人。到那个时候，您还能保住您的地位和富贵吗？您当相国这么长时间，大王的兄弟哪个也没有少得罪，一旦他们即位，那么您的祸患马上就会降临。如今我已经有了身孕，但却再没有人知道，我得到您的宠爱时间并不长，希望您能为自己的将来多做打算，把我进献给楚王，楚王就一定会宠幸我。如果我有幸生下一个男孩儿，那么到时候，就是您的儿子当楚王，楚国不就是您的了吗？您又何必坐等祸事临头呢？"

春申君听了，深为李园之妹的谋略所折服（实为李园之计），于是就同意了。他把李园召来商议，然后把李园的妹妹安排在了一个秘密的地方，不让其他人知晓。之后，春申君前去对楚考烈王说："我的舍人李园有个妹妹，长得非常漂亮。相面的人相了之后，都说很容易生儿子，是个大富大贵的命相。现在齐国人已派人前来求聘，大王可千万不能错过。"

楚考烈王半信半疑，命召李园的妹妹入宫，见了一面之后，立即就被这个女子迷住了。李园的妹妹非常善于讨好楚王，因此，深得楚考烈王的宠爱。过不几天，李园之妹就假装羞涩地对楚考烈王说她有了身孕，楚考烈王自然是十分欢喜。过了大概六个多月，李园的妹妹果然生了，而且一生就是两个儿子，大的取名为熊捍，小的取名为熊犹。楚考烈王大喜过望，将熊捍立为太子，并立李园的妹妹为王后。

楚考烈王因此非常器重李园，让他参与朝廷的决策，地位几乎跟春申君相当。

李园得势之后，担心春申君把这个秘密泄露出去对他不利，于是他暗中招募死士，准备杀死春申君灭口，但他在表面上，却对待春申君更加尊敬，更加谨慎。楚国很多人都知道了这件事情。

公元前238年，楚考烈王病重。有一个名叫朱英的人就对春申君说："世上有不期而至的福气，也有不期而至的祸患。如今您处在这个变化无常的世上，侍奉心思难测的国君，又怎么会没有不期而至的人呢？"

春申君对朱英的这番话感到莫名其妙，于是他问朱英说："什么是不期而至的福气？"

朱英说："您在楚国当了二十多年的相国，虽然名义上是相国，实际上却等于是楚王。如今楚王病了，早晚将死，而您侍奉幼主，像周公那样，替他治理国家，等他长大后，又要把政权还给他，与其那样，还不如现在就替代他，自立为国君，这就是不期而至的福气啊。"

春申君又问："那么什么是不期而至的祸患？"

朱英说："李园仗着自己的妹妹是王后，一直想把持朝政，但您却位居他之上。他很不甘心，但表面上却对您非常恭顺。他暗中蓄养死士，等到楚王一死，他就立即会先下手为强，杀死您灭口。这就是不期而至的祸患。"

春申君又耐着性子问："那么谁又是不期而至的人呢？"

朱英说："李园因为他的妹妹在宫中，所以宫中有什么动静，他会最先得知消息。而相国您住在城外，得知消息后就说什么也晚了。请您安排我做郎中，如果某一天楚王真的死了，李园如果抢在您的前面入宫，我就带领宫中的卫士替您杀掉他。我就是那个不期而至的人啊。"

春申君说："您再不要讲这件事情了，李园不过是一个胆小如鼠的人，况且我一直待他很好，他也对我非常恭敬，他怎么会做出对我不利的事情来呢？"

朱英知道春申君不相信他说的话，担心有一天楚国发生政变会为自己招来惨祸，于是赶快逃出了楚国。

十七天后，楚考烈王死。李园得知消息后，果然抢先进入宫中，他传令把楚王的死讯封锁起来，并把他蓄养的死士埋伏在了城门之内，然后以楚王的名义召春申君入宫。春申君丝毫没有怀疑，乘着马车前往宫中。刚刚进了城门，大门就关上了，李园手下的死士突起，围住春申君乱砍，春申君立时被杀。李园斩下春申君的头扔出城外，之后传令为楚考烈王发丧。

李园下令夷灭春申君三族，并收回春申君的封邑，之后拥立春申君与其妹所生的儿子熊捍即位，是为楚幽王。李园自封为相国，专楚国之政，其妹被奉为王太后。楚国政治如此暗弱，其前途命运，也就可想而知了。

春申君是战国四公子之中死得最窝囊的一个，当然了，他也是四公子之中品行最受人非议的一个，他阴谋盗窃人国，结果被政敌所杀，也可以说是咎由自取。就他个人的结局来讲，依他的见识与智慧，他只要稍稍有一点儿警惕之心，然后拿几个政治常识题试探一下李园的妹妹，就会发现她的水平远没有那么高明，只不过是有人在背后操纵指使罢了，那么识破李园的阴谋根本就不在话下。且朱英早就预见到了来自李园的潜在威胁，就算他不愿相信朱英的忠告，那么朱英的提议至少有一点是可行的，那就是如果李园在楚王死后抢先入宫，那就果断地除掉李园，而如果李园没有这样做，那就一切如常，权当一切都没有发生过，也丝毫不影响他对李园的信任以及李园对他的尊敬。朱英是及时出现在他身边的一道预防惨败的坚固屏障，可是他却自我舍弃了这一条防线，最后被毫不起眼的李园所谋，也就是情理之中的事情了。典故"当断不断，反受其乱"，说的就是春申君遭遇李园之事。

也是在这一年，秦国发生了一场差不多类似李园之乱的重大事件，但事情的结局却可以说是截然相反，作乱者被诛杀，而在道义上站得住脚的一方，最终捍卫了应属于自己的权益。

这一场动乱，就发生在秦王嬴政和他母亲赵姬的情人嫪毐（音涝矮）之间。

那么这个嫪毐到底是一个什么样的人,他又是什么时候成为赵姬的情人的呢?

当初秦庄襄王死的时候,秦王嬴政才十三岁,秦国的大权完全掌握在相国吕不韦手里。因此吕不韦与赵姬私通,对一个年仅十三岁的孩子而言,是没有什么清晰的概念可言的。换句话说,这两个人淫乱,年幼的嬴政并不会成为他们避嫌的对象。

但是,嬴政毕竟具有正常人所具备的一切生命体征,而只要是一个正常人,就没有什么能够阻挡他成长。而随着嬴政的渐渐长大,吕不韦越来越害怕。他担心自己与太后赵姬之间的奸情败露,为自己招来杀身之祸,于是赶快思谋脱身之计。

当时咸阳的市井之中,有一个名叫嫪毐的无赖,他没有别的本事,就是性器官特别发达。市井之中的一些荡妇,常常为了嫪毐而争风吃醋。吕不韦在无意之中听说之后,心中立即有了主意。他悄悄地把嫪毐招为他的舍人,然后拿一个用桐木做成的车轮,让嫪毐套在勃起的阴茎上转动。桐木车轮在转,而嫪毐的生殖器却并没有损伤。吕不韦巧妙地让太后赵姬知道了这件事情,然后借此用嫪毐引诱赵姬。中年守寡、生性淫荡而性欲炽盛的赵姬听说之后,果然对嫪毐非常感兴趣,于是就提出让吕不韦把嫪毐给她找来,这正中吕不韦下怀。于是吕不韦指使他人暗中以淫乱罪告发了嫪毐,然后把嫪毐下入狱中。吕不韦对赵姬说:"您可以让嫪毐假装遭受腐刑,然后让嫪毐以宦官的名义进宫侍候您。"于是赵姬暗中用重金贿赂执行腐刑的官吏,让他们拔掉嫪毐的胡须和眉毛,对外则宣称已经阉割了嫪毐,然后就把嫪毐送到了太后赵姬的宫中。

赵姬因此得以与嫪毐私通。对性欲的极度渴望使赵姬变得极为疯狂,嫪毐超强的性能力令赵姬得到了前所未有的满足,因此,她对嫪毐的宠爱达到了无以复加的地步。宫中的一切事务,都交由嫪毐全权处理。

没过多久,赵姬就怀孕了,她担心被人发现,于是暗中买通卜者并占卜说,住在咸阳城中不吉利,需要迁居二百里之外。秦王政本就疑心太后与吕不韦之间有私情,见太后提出要迁居,于是就让太后赵姬移居咸阳城西二百里之外的雍城故宫,而嫪毐作为太后的贴身太监,自然也随之迁往雍故宫。赵姬对嫪毐百依百顺,对他的赏赐非常之多,宫中的大小事务,都由嫪毐来决断并处理。嫪毐因为侍奉太后有功,经赵姬奏请,被封为长信侯,并被赐予山阳(今山东省菏泽市巨野县)一带的土地,秦国河西之地的太原郡,甚至被更名为毐国。所有的宫殿、车马、服饰、园囿,嫪毐都可以随意使用,他的家仆达到数千人,前来请求做他门客的人多达千余人。

赵姬与嫪毐先后生了两个儿子，都在雍故宫里悄悄地养了起来。嫪毐与赵姬约定：等将来秦王嬴政死了，就让他们的孩子当秦王。

嬴政即位的第九个年头，已经二十二岁了，他带着大臣们来到雍故宫，在这里拜祭先祖，并举行成年的加冠仪式。举行加冠礼之后，就标志着嬴政已经成年了，他就可以佩戴长剑了。

因为嫪毐平时横行不法，十分嚣张，所以不把任何人放在眼里。有一次，嫪毐和几个大臣太监饮酒作乐，醉酒之后，就开始说大话。有人说话不合嫪毐的意，嫪毐借着酒劲，瞪眼大骂说："我是当今皇帝的假父，你们这些穷鬼的儿子，竟然敢和我争高下！"其他人吓坏了，赶快一哄而散。

此时秦王政来到雍城故宫，有人就向秦王政告发了嫪毐。听到嫪毐与太后赵姬的丑事，嬴政非常恼怒，决定处死嫪毐。嫪毐接到宫中亲信传来的消息十分震惊，他决定先下手为强，发动叛乱。嫪毐盗用太后赵姬的玺印，假借秦王的名义调动县城里的官兵、宫中的卫兵等，并率领他的仆从和门客，准备攻打嬴政居住的蕲年宫（蕲，音祈），借机杀死秦王嬴政。

嬴政命相国昌平君和昌文君调集人马前来平叛，杀死随嫪毐叛乱者数百人。凡是参加平叛的人都得到了赏赐，就连参加的太监也都晋升了一级爵位。嫪毐战败逃走，嬴政在国中下令说："活捉嫪毐者，赏钱百万，杀死嫪毐者，赏钱五十万。"重赏之下，必有勇夫，嫪毐及其党羽尽数被生擒。追随嫪毐叛乱的卫尉竭、内史肆、佐弋竭、中大夫令齐等二十多人被斩首示众（卫尉、内史、佐弋、中大夫都是官名）。嫪毐被处以车裂酷刑并被灭族，他与太后赵姬所生的两个孩子也被置于口袋中闷死。那些未追随嫪毐叛乱的门客，即使是最轻的罪名，也被判罚做劳役三年。受牵连被剥夺爵位的有四千多家，他们全部被迁往蜀地，在房陵（今湖北省十堰市房县）居住。

在审查此次叛乱事件的过程中，相国吕不韦向太后赵姬进献假太监嫪毐的内幕暴露了出来。嬴政本打算处死吕不韦，但念他当初毁家舍业辅佐庄襄王，为秦国立下大功，再加上吕不韦的许多门客在朝中居于要职，这些人都在秦王面前替吕不韦求情。嬴政因此不忍心杀死吕不韦，而仅仅是免去了他的相国之职。太后赵姬被嬴政下令流放到雍城，幽禁在冷宫。

因为秦王嬴政以子囚母，许多人都认为这是不孝行为，于是都跑来向他进谏。嬴政非常生气，于是下令说："凡是前来为太后求情的，不论什么人，一律处死。"前后有二十七个前来向他进谏的人被杀死。

有一个叫茅焦的齐国人听说之后，就来对秦王政说："大王您车裂您的假父并杀死两个幼弟，这是不仁，把太后囚禁在冷宫，这是不孝，杀死向您进谏的忠臣，这是桀纣才有的行为。如今秦国正处于雄霸天下的关键时期，您却幽禁太后落下个不孝之名，恐怕全天下的人听到之后，都不会再归附秦国了。"

秦王政毕竟是一代雄主，他权衡再三，觉得太后所犯的这些丑事与统一天下的大事比较起来，根本算不上什么事情，如果因这些事情而冷落人心影响统一天下的大业，那将会得不偿失。于是他听从茅焦的劝说，将太后从雍城迎了回来，让她仍旧居住在以前所住的甘泉宫。而吕不韦，则被勒令前往他的封地河南洛阳。

吕不韦非常意外地被免于死罪，这给了其他诸侯国非常大的误导，他们认为秦王政既然不想处死吕不韦，那就很有可能会在不久之后重新起用吕不韦。基于这样一个认识，诸侯国为了讨好吕不韦，纷纷派出使者，前去洛阳慰问吕不韦，并表示愿意请吕不韦到他们国家去担任相国。一时之间，被免去相国之职的吕不韦，门庭依然若市，宾客趋之若鹜。

秦王政得知消息后十分生气，他担心吕不韦被他国所用发动叛乱危害秦国，于是送给吕不韦一封信说："你对秦国有什么功劳，秦国把你封在河南，食邑万户？你和秦国有什么亲缘关系，竟然号称仲父？你和你的家人全部迁往蜀地去居住！"

吕不韦接信之后，内心感到异常悲凉，也非常恐慌，他担心自己要是继续苟活，秦王政一定会步步紧逼，不仅会杀死他，而且会株连他的家人。为了整个家族，为了保全家人，吕不韦踌躇再三，饮下毒酒自杀身亡。

秦王政所痛恨的嫪毐和吕不韦都死了之后，秦王政考虑到他们二人对秦国政局的影响力已经微乎其微，于是命令那些迁到蜀地的门客全部返回咸阳。

此时的秦王政已经成年，在肃清嫪毐和吕不韦的残余势力之后，秦国国内能够影响和制约他执掌大权的因素可以说已经不复存在。但秦王政作为国君，不可能事无巨细，事必躬亲，他必须得到得力人才的辅佐才行，确切地说，他必须任命一个新的丞相才行。在这样的政治背景下，李斯走上了历史舞台。

李斯是楚国上蔡人（今河南省驻马店市上蔡县），本是楚国的一个郡小吏，但他不甘平庸，不甘久居人下，一心想登上更高的台阶，获得更大的权力，博取更多的荣耀。在担任楚郡小吏期间，一个偶然的机会，李斯在厕所里看到了饿得吃屎的老鼠。那些老鼠又脏又瘦，发现有人来，立即吓得惊慌失措，四散奔逃。李斯又看到在官家的粮仓里老鼠，那些老鼠又大又胖，发现有人来，毫无惊慌之态，仍旧大模大样地吃粮食。李斯由此发出感慨，他认为每个人生来才智都差不多，只不过由于所处环境的差异，才造成了地位和待遇的不同，就像那些厕所里的老鼠和粮仓里的老鼠，厕所里的老鼠待遇极低，环境极差，还整日里提心吊胆，而粮仓里的老鼠待遇又高，环境又好，还每天养尊处优。"人之贤与不肖，譬如鼠矣，在所自处耳。"人能不能改变自己的命运，就看能不能抓住机遇和选择环境。李斯于是辞去小吏之职，拜荀子为师，学习"帝王之术"。

荀子非常博学，他以孔子的儒家思想为基础，兼采法家、道家、墨家等诸家之长，把各家的思想发挥改造成了适合现时政治需要的学说，因而很受新型统治者的欢迎。

法家、道家在前文及后文都有交代，这里简要介绍一下墨家。

墨家与孔子所代表的儒家、老子所代表的道家思想，被并称为中国古代三大哲学体系。后李斯的师弟、法家代表人物韩非子把墨家和儒家称为"世之显学"，而儒家的亚圣孟子则说："杨朱、墨翟之言盈天下，天下之言，不归杨（杨朱，道家代表人物）则归墨。"以此证明，在那一个时代，墨家思想曾经极度辉煌。

墨家的创始人是墨子。墨子名翟（音狄），春秋末期、战国初期宋国人。墨子是宋国贵族目夷的后代，但到墨子之时，家道已经衰落。墨子曾经担任宋国大夫，后来弃仕。因为这个缘故，墨子接触到了非常多的最基层小生产者，从而形成了他独有的思想体系。墨子创立了墨家学派，是战国时期著名的思想家、教育家、科学家、军事家。

墨子的观点主要有十个方面："兼爱""非攻""尚贤""尚同""天志""明鬼""非命""非乐""节葬""节用"。

兼爱可以理解为平等博爱。

非攻就是反对攻伐掠夺的不义之战。

尚贤就是选拔任用官吏要崇尚贤人。

尚同的大义即为国君与百姓上下一心，目标一致。

天志就是国君要顺从上天的意志，违背天意就会受到天罚，即尊重自然规律。

明鬼是希望人们敬畏祖先和鬼神，加强自我约束，并继承前人的精神财富。

非命就是人的命运不由上天决定，只要通过个人的积极努力，就可以达到富贵和安定。反对儒家所说的"生死有命，富贵在天"。

非乐就是反对享乐，反对从事音乐活动。

节葬就是反对儒家看重的久丧厚葬之俗，反对铺张浪费。

节用就是提倡过勤俭俭朴的生活。

墨子是中国历史上第一个农民出身的哲学家，他在哲学方面的主要贡献是认识论和逻辑学。

前期墨家在认识论方面提出了以经验为基础的认识方法，主张"闻之见之""取实与名"。基于此，墨子提出以"三表"作为检验认识正确与否的方法，第一是以历史记载的古代圣王的历史经验为依据；第二是以百姓们的感觉经验为依据；第三是以政治实践的结果是否符合国家和人民的利益为依据。"三表"是中国哲学史上最早提出的关于真理标准的命题，对后世产生了非常重要的影响。

后期墨家分化成两支：一支注重认识论、逻辑学、几何学、几何光学等学科的研究，是谓"墨家后学"（亦称"后期墨家"），另一支则转化为秦汉时期的游侠。

墨子是中国古代逻辑思想体系的重要开拓者之一。墨家的逻辑学和古印度的因明学、古希腊的逻辑学并称世界三大逻辑学。

墨子的科学思想，主要体现在他的宇宙论、数学论、物理学方面的研究。

关于宇宙，墨子认为宇宙是一个连续的整体，个体或局部都是由这个统一的整体分出来的，都是这个统一整体的组成部分。

关于数学，墨子提出了"倍""圆""正方形""直线"等的定义，这几乎和现代数学、几何学的定义完全一致。

在物理学方面，墨子对物体运动规律的描述，被认为是牛顿惯性定律的先驱，比同时代全世界的思想领先了一千年，也是物理学诞生和发展的标志。墨子还进行了小孔成像的实验，并对平面镜、凹面镜、凸面镜等进行了比较系统的研究，得出了几何光学的一系列基本原理。同时，墨子还对声音的传播进行过研究，他发现井和罂有放大声音的作用，因此进行了巧妙的利用。他曾指导他的学生说，在守城时，为了预防敌人挖地道攻城，就每隔三十尺挖一口井，在井里置一个大罂，罂口绷上薄牛皮，让听力好的人伏在罂上进行侦听，以监知敌方是否在挖地道，地道挖于何方，而做好御敌的准备。尽管当时墨子还没有提出声音共振的理论，但这个防敌方法却蕴含有丰富的科学内涵，也即共振的基本原理。

此外，墨子精通手工技艺，可与当时的巧匠公输班（鲁班）相比。他曾花费了三年的时间，精心研制出一种能够飞行的木鸟（风筝、纸鸢），成为我国古代风筝的创始人。墨子几乎熟谙当时各种兵器、机械和工程建筑的制造技术，并有不少创造。

墨子早期曾师从儒家，所以墨子基本上认同儒家的价值理念。但墨子批评儒家对待天帝、鬼神和命运的不正确态度，以及厚葬久丧和奢靡礼乐，认为儒家所讲的这些都华而不实。墨子最终舍弃儒学，构建起了自己的理论体系，创立了墨学。

墨子形成自己的理论体系之后，开始在各地聚众讲学，宣扬仁政，反对兼并战争，并以激烈的言辞抨击儒家和各诸侯国的暴政。由于墨子的主张极大地代表了中下层老百姓的利益，因此大批的手工业者和下层士人开始追随墨子，墨家学派由此逐步形成，并成为儒家的主要反对派。在代表新型地主阶级利益的法家崛起以前，墨家是先秦时期和儒家相对立的最大的一个学派，并被列为"显学"。在当时的百家争鸣中，有"非儒即墨"之称。

墨家学派形成之后，成为一个有着严格组织纪律的团体，所有的弟子都穿短衣草鞋，参加生产劳动，崇尚吃苦耐劳。如果哪位弟子违背了这些原则，轻则会被驱逐，重则会被处死。墨家的最高领袖称为"矩子"（巨子），墨家的成员都称为"墨者"，代代下传，所有墨者都服从"矩子"的命令。

墨家的第一任"矩子"自然是墨子，后来的"矩子"有孟胜、田襄子、腹䵍（音吞）等。

墨家的其中一任"矩子"腹䵍，居住在秦国，他的儿子杀了人。秦惠文王说："先生的年岁已经大了，再没有别的儿子，我已经命令官吏不要诛杀他。先生在这件事情上要听我的。"腹䵍回答说："墨家的纪律规定'杀人者要处死，伤人者要受刑'。这是用来禁绝杀人伤人的措施，是天下的大义。君王虽然因为这事情而照顾我，让官吏不要杀他，但我却不能不执行墨家的纪律。"腹䵍最终没有接受秦惠王的怜悯，而是杀死了自己的儿子。这件事情一方面表现了腹䵍的大公无私，但从另一个方面，也反映了墨家严明的纪律。

也正因为如此，墨者这个团体特别有战斗力。但也正因为如此，墨家成为一个具有宗教性的集团，很容易被人利用。在楚国变法的吴起被楚国旧贵族阳城君等人杀害之后，新即位的楚肃王追究旧贵族箭射楚悼王尸体之罪，阳城君畏罪潜逃，他的封地被楚国下令收回。墨者的其中一任"矩子"孟胜为阳城君做事，阳城君下令孟胜带领墨者帮助他守城，并且留下信物作为符节。当楚肃王派出的大军来到阳城之时，由于楚王的使者无法出示阳城君的信物，因此孟胜拒绝交出阳城君的封地。他派人把"矩子"的令牌送到宋国的另一位墨者田襄子那里，让田襄子担任下一任"矩子"，而自己则率领一百八十余名墨家子弟共同抵抗楚国大军，最终全部战死于阳城。

因为墨家思想的独特性，加上西汉汉武帝"罢黜百家，独尊儒术"，墨家不断遭到打压，再加上墨家严格的规则和自我要求，使许多人难以达到，所以墨者逐渐失去了存身的现实基础，自西汉一些游侠被诛杀以后，墨家基本消失。因此司马迁的《史记》中几乎没有记载。

墨家弟子及再传弟子根据墨子的生平事迹等史料，收集他的语录，完成了《墨子》一书，并流传至今，就像《论语》那样。

李斯认真学习儒、法、道、墨等诸家之学，学成之后，觉得楚王不足以成大事，其他五国又都暗弱，不足以施展他的抱负，唯有秦国，才可以让他建功立业。于是他辞别荀子，来到了秦国。

李斯来到秦国的时候，恰遇秦王政之父庄襄王死去。其时吕不韦正炙手可热，于是李斯当了吕不韦的门客。由于李斯具有非常出色的才能，因此吕不韦非常器重他，推荐他担任了郎官（宫中的侍卫）。做了侍卫之后，李斯有了更多的机会接近秦王政，于是他游说秦王政说："但凡做成一件大事，成熟的时机必不可少。秦国在穆公时代就已经很强大了，但为什么没能吞并六国完成统一大业呢？就是因为其他诸侯国还很强大，周王室还未完全衰落，所以春秋五霸陆续更替，轮流尊奉周王室，秦国统一的机会还不成熟而已。而秦国自秦孝公以来，周王室越来越衰弱，其他诸侯国相互征伐，连年不息，秦国趁机强大起来，奴役六国，关东六国就像秦国的郡县一样。以秦国的强大，大王的贤明，消灭六国，统一天下，成就帝业，就如同扫除灶上的灰尘那样容易。此可谓机不可失，时不再来。如果错过了，诸侯渐渐恢复元气，就算是华夏的始祖黄帝复生，也不可能完成统一了。"

秦王政觉得李斯见识不凡，于是升任他为长史。秦王政听从李斯的计策，暗中派遣谋士带着大批金帛到诸侯国中去游说，诸侯名士愿意接受贿赂的，就用财物暗中结交，不肯接受贿赂与秦国结交者，就派人暗杀他。从而离间诸侯国君臣之间的关系，然后秦国的良将紧随其后乘虚而入。这些策略的成功实施，使秦国蚕食诸侯的计划得到了进一步推行。李斯因功被拜为客卿。

但正当李斯春风得意之时,他与其他来自关东六国的同僚一起,遇到了一件足以使他的仕途戛然而止的一件事情,这就是秦国贵族们倡议的"逐客令"。

公元前237年,也就是楚国春申君和秦国嫪毐被杀的次年,秦国的贵族们发现,韩国的水利专家郑国(人名)来秦国修渠,但历经数年还没有完工。郑国建议秦王政开凿一条从西边引泾水向东注入洛水的水渠,这条水渠长达三百余里,耗费了秦国的大量人力、物力和财力,使得李斯为秦王政谋划的"先灭韩国,以震恐其他五国,最终吞并六国"的计划迟迟得不到实施。郑国来秦国当间谍的阴谋由此败露,但郑国也坦率地对秦王政说:"我刚开始到秦国来修渠,确实是为了当间谍,但这项工程虽然能让韩国的国运延长几年,但对秦国来说,却是万世不朽的功业。"

秦王政毕竟是具有雄才大略的一代雄主,他知道什么重要,什么不重要,听了郑国的话,感觉郑国所说的非常有道理,于是让郑国继续主持修渠。渠修好之后,泾水中的泥沙逐步冲压关中耕地土壤中的盐碱含量,竟然使关中的贫瘠之地变成了沃野良田,粮食产量大增。自此以后,关中不再有收成不好的饥荒凶岁,关中的富饶直接支持了秦国兼并六国的战争。韩国人所精心打造的"疲秦"阴谋,不仅没有削弱秦国保存自己,到头来反而为秦国干了好事。郑国渠建成之后,灌溉良田面积达十八万多公顷,直接发挥效益达百余年,为我国古代发展水利事业和农业生产做出了突出的贡献。为了纪念郑国的功绩,人们特地把这条渠称为"郑国渠"。

但郑国是郑国,其他来自六国的客卿依然难逃被驱逐的命运。秦国的旧贵族以郑国当间谍侵害秦国利益为借口,建议秦王政将六国来秦的客卿全部逐出秦国。自从商鞅变法确立军功制以来,秦国的旧贵族逐渐被排斥出权力核心,越来越被边缘化,很难在政治上有所建树。这一次,他们抓住这一难得的机会,铁了心要排斥外来人才,夺回原属于他们的权力。迫于旧贵族的压力,同时也为了秦国的利益,秦王政没有在更高的层面进行深思熟虑,便下达了"逐客令":凡是在秦国任职的六国客卿,全部逐出秦国。而李斯,自然也在被逐之列。

面对"逐客令",李斯自然是心有不甘,他充分发挥自己的文学才能和雄辩之术,从秦国的利益角度出发,写下了千古名篇《谏逐客书》,并托人送到了秦王政案前。在文章中,李斯首先指出逐客绝对是失误之举,并摆事实、讲道理,从秦穆公从西戎取由余、从楚国得百里奚、从宋地迎蹇叔、从晋国得丕豹和公孙枝称霸西戎,到秦孝公任用卫国的商鞅使秦国富强,再到秦惠王任用魏国的张仪收三川、巴蜀、上郡、汉中等地,直到秦昭王用魏国的范雎使秦国公室揽回大权蚕食诸侯克成帝业,一一列举了这些外来人才的重要性和对秦国的贡献,并从秦国留用关东六国的美女、珠宝、车马、丝绸、音乐等物,而唯独驱逐六国的人才这些侧面,论证了逐客之不可行,最后一针见血地指出,如果把这些人才赶出秦国,那么这些人就会前往东方六国,这样一来,秦国内部就会被削弱而六国就会被加强,此消彼长,对秦国绝对是毫无益处的。

秦王政看完李斯的《谏逐客书》,立即意识到逐客对于秦国统一天下有百害而无一利,于是立即下令取消了逐客令,并命人把已在归途中的李斯追了回来,任命李斯为廷尉(九卿之一,主管刑狱)。逐客令的取消,使来到秦国的六国人士备受鼓舞,强大的秦国,开始集中力量,进行消灭六国统一天下的行动。

也是在这一年,魏国大梁的军事理论家尉缭(姓失传,名缭,因后来担任国尉,因此称为尉缭)来到了秦国。尉缭的到来,可说是使秦王政如虎添翼。之前,秦王政正为如何更为迅速地分化瓦解关东六国的联盟并各个击破而头疼,尉缭到来之后,他向秦王政献计说:"以秦国的强大,消灭东方六国中的任何一个,都是不成问题的,但如果东方六国结成联盟共同来对付秦国,那么秦国就很有可能会重蹈当年智伯瑶、吴王夫差、齐湣王等人的覆辙。希望大王不要吝惜钱财,拿出一大笔钱来,派人去贿赂东方六国当权的权臣,离间他们君臣之间的关系,扰乱他们的谋略,这样一来,大王虽然会损失三十万金,但却可以消灭东方六国,一统天下,为什么不去做呢?"

秦王政听了之后,觉得尉缭这个人很不一般,几句话就解决了自己正在苦恼的问题,是个不可多得的人才,于是立即任命尉缭为执掌军政大权的国尉(位在大良造之下,相当于西汉的太尉)。为了显示他对尉缭的尊重,他特意让尉缭享受和自己同等的衣服和饮食,每次见到尉缭,都表现得非常谦卑。

尉缭为此感到非常不安,他对人说:"秦王这个人,高鼻子,长眼睛,长着鸟兽那样的鸡胸,声音就像豺狼一样,对人刻薄少恩且有虎狼一样凶狠的心,有求于人的时候对人非常谦恭,得志的时候就会轻易地吃人。我是个平民,然而他见到我总是那样谦卑。如果有一天秦王夺取了天下,那么他一定会把天下人作为他的奴隶。这样的人,我不能再和他相处下去了。"趁着某个晚上,尉缭带着自己的弟子王敖,想悄悄地跑出秦国。

秦王政发觉之后,赶快命人把尉缭追了回来,不但没有指责他,反而仍然对他信任如初,尉缭经过分析,觉得秦王政加害自己的可能性不大,于是一心一意留在秦国,帮助秦王政谋划消灭六国事宜。尉缭派出自己的弟子王敖,带着大量黄金,前往东方六国,离间东方六国君臣不提。

公元前236年,秦王政派大将王翦率军攻占赵国阏与、撩阳(今山西省晋中市左权县),樊於期(於期,音乌几,樊於期又名桓齮,齮音以)、杨端和攻取赵国邺城、安阳等九座城邑,赵军无力抵挡,节节败退。

危急时刻,赵悼襄王想起了廉颇,于是就想把廉颇召来,让廉颇指挥赵军抵挡秦军。而廉颇也很想回到赵国,为祖国效力。但廉颇的仇人郭开听到后却非常害怕,他担心廉颇回到赵国后再度掌权会对他不利,于是千方百计阻止廉颇回来。郭开向赵悼襄王建议说:"廉颇年纪那么大了,不知道还能不能领兵作战,不如先派个人前去看一看,如果廉颇可用,就召回,如果廉颇老而无用,那就不要召回了。"赵悼襄王听后觉得有理,于是派宦官唐玖带着一副名贵的盔甲和四匹良马前去魏国慰问廉颇。唐玖出发之前,郭开悄悄地把他请到家中,然后向唐玖送了一份厚礼,唐玖有些惊讶,就问郭开为什么要这么做,郭开回答说:"我与廉颇有仇,不想让他回来,您这番前去魏国,回来后只说廉颇已经年迈,不堪重用,就可以了。"唐玖收了郭开的黄金,不好拒绝,于是就答应了郭开,之后去魏国见廉颇。

廉颇见到赵国来的使者,非常高兴,为了显示自己还和以前一样能吃能战,他特意当着唐玖的面,吃了一斗米,十斤肉,吃完之后披甲持刀上马,飞驰了好几个来回,之后拜托唐玖回国之后多向赵王美言,让他回国为国家效力。谁知唐玖回国之后,却对赵悼襄王说:"廉颇将军年纪虽然大了,但饭量还很好,不过和我坐了一会儿的工夫,就出去拉了三次屎。"赵悼襄王听了,觉得在战场上岂能时不时地去上厕所,于是觉得廉颇老不中用了,最终打消了召回廉颇的想法。廉颇得知赵国不愿召回自己,悲愤不已。楚国得知消息后,就悄悄地把廉颇迎回楚国,让廉颇当了楚国将军。但廉颇在楚国,也并没有得到什么建立功业的机遇。他非常想念赵国,经常叹息说:"我还是想指挥赵国的军队呀。"但廉颇终其一生,也再没能回到赵国,最终病死于楚国寿春。一代名将,被郭开等小人谗害排挤,落个如此下场,真是令人叹息。

第十六节　名将李牧、韩非之死、韩赵亡国、荆轲刺秦、王翦请田、统一六国

秦国见赵国不用廉颇，于是继续加紧攻势。公元前234年，樊於期率秦军攻占赵国平阳（今河北省邯郸市磁县东南）、武城（今磁县西南），杀死赵将扈辄，斩首十万。前233年，樊於期又乘胜进击，率军出上党，越过太行山，深入赵国后方，攻占赵国的赤丽、宜安（今河北省石家庄市东南、藁城区西南），向赵都邯郸进逼。赵国形势已十分危急，赵王迁（赵悼襄王之子，公元前235年赵悼襄王死后继位）不得已，将镇守雁门（今山西省忻州市代县北）的大将李牧调回，任为大将军，与樊於期对抗。

李牧是战国四大名将之一（另外三位分别是白起、王翦、廉颇），有生之年从未打过败仗。早在赵惠文王之时起，他就长年在赵国的北部边境代郡和雁门郡等地驻守，以防御匈奴入侵。

因为匈奴骑兵机动性和战斗力都非常强，所以作为守将的李牧，拥有非常大的自主权。他可以根据实际需要不经赵王同意就任免官吏，同时将北地的赋税全部收来作为军费。李牧每天都要宰杀几头牛，用来改善将士们的伙食，并加紧操练军队，教习士卒骑马射箭。同时选拔小心谨慎、责任心强的将士把守烽火台，并训练了一大批优秀的侦察人员。

李牧在军中下令说："如果匈奴兵来犯，所有将士都要赶快进入营垒之中，有胆敢迎战者斩首。"所以每次匈奴入侵，远处的烽火台就立即举火示警，将士们随即进入营寨，不与匈奴交战。就这样过了好几年，虽然没有打过一次仗，但却也并没有什么损失。匈奴兵都认为李牧非常胆怯，赵国的将士也认为李牧非常

胆小。

赵王听说后，数次派人指责李牧，但李牧我行我素，充耳不闻。赵王非常生气，于是把李牧调回邯郸，派别的将领前去镇守边关。

过了也就一年多时间，每次匈奴兵来犯，新的将领都领兵出战，每次出战，都被匈奴兵打得大败，伤亡非常惨重。边境的百姓既不能耕种也不能放牧，生产生活秩序遭到了极大的破坏，边境失去了稳定。

赵王不得已，只好又去请李牧，让李牧去边境镇守，但李牧却闭门不出，赵王请的次数多了，李牧就推说自己有病，坚决不去赴任。赵王见软的不行，只好来硬的，强迫李牧去边关。李牧见火候到了，于是就提出条件说："如果大王一定要用我，那就答应我，还让我像以前一样，不要干涉我，我才敢接受命令。"到了这个时候，赵王再没有其他合适的人选，尽管有些不情愿，但还是答应了李牧。

李牧到了边境，仍然像以前一样只守不战，边境很快就恢复了平静。匈奴兵数次来犯，但什么也没有劫掠到。人们依然认为李牧非常胆怯，但李牧却毫不在意，他依旧赏赐将士，厚待将士，将士们受到厚赏，都向李牧主动请战，希望能与匈奴兵痛痛快快地打一仗。

李牧见士卒可用，于是精心挑选了一千三百辆战车，一万三千匹战马，曾经得过百金之赏的勇士五万人，箭术高明的射手十万人，组织将士进行大战之前的最后演练。

做好这一切准备之后，李牧让百姓赶着牛羊漫山遍野去放牧，引诱匈奴兵来犯，匈奴得知消息之后，立即派出小股兵力进行试探，李牧部佯装败逃，让几千人当了匈奴的俘虏。匈奴单于以为赵军仍然像之前一样不堪一击，于是亲率大军来犯。匈奴大军的动向早就被李牧侦察得知，他立即指挥将士布下奇阵，从左右两边夹击匈奴大军，匈奴骑兵被打得大败，十几万骑兵被李牧部围歼斩杀，匈奴单于只带着数十骑亲随突出重围，仓皇而逃。李牧乘胜而进，消灭襜褴（音掺蓝，分布在今山西省朔州市朔城区北至内蒙古自治区等地，从事畜牧、精于骑射的少数民族），打败东胡，迫降林胡。其后的十数年间，匈奴闻李牧之名而亡魂丧胆，不敢再接近赵国的边境城邑一步。

其后，李牧曾配合廉颇、庞煖等人，击败燕将栗腹、剧辛等，为赵国立下赫赫战功。

此时樊於期率领的秦军向赵国步步紧逼，赵王迁在无将可派的情况下，从雁门调回李牧，任命李牧为大将军，抗击秦军。

李牧接到命令之后，立即率军南下，与邯郸派出的赵葱、颜聚所率的赵军会师，并在宜安附近，抗击樊於期率领的秦军。

李牧综合分析形势，认为秦军屡胜，士气正旺，而赵军屡败，士气低落，如果与秦军正面对敌，那胜算的可能性极小。况且秦军远来，不利久战，所以李牧仍旧采用他的老办法——坚守不出。

赵军可以不出战，但秦军却不可以不出战，因为时间一长，粮草运输等都是大问题。为了引诱李牧出战，樊於期率主力进攻肥下（今河北省石家市庄晋州市西），企图诱使赵军前往救援，待赵军离开大营趁机打运动战击败赵军。

樊於期是秦国良将，但对于李牧，他明显不是对手，他的这一图谋，立即被李牧察觉。赵国宗室将领赵葱建议李牧率军救援肥下，被李牧否决，李牧说："敌攻而我救，此乃兵家之大忌。"李牧针对樊於期率领大军进攻肥下而营寨空虚，且赵军连日拒不出战守营秦军疏于戒备的实际，率军突袭秦军大营，激战之后占领秦军大营，俘虏所有驻守的秦军及粮草辎重。樊於期在肥下听到大营有失，急忙率军赶来回援。谁料李牧早就布下口袋，等待着让他来钻。

见樊於期回援，一部赵军正面抵住，另外两部赵军从两面夹击，秦军虽然英勇善战，但陷于三路夹攻失去战场控制权，立时被打得大败，十万秦军几乎被全歼。

樊於期带着十余骑亲随逃出重围后，想到由于自己指挥不力，白白送掉十万秦军的性命，回国之后，必定会遭受重罚，因此深怀畏罪之心。他不敢回国，逃往燕国避难。

实际上，虽然秦法十分严厉，规定打了败仗就要被斩首，但樊於期之前曾数次击败赵军，攻占赵国数座城池，如果他回国，秦王政也不一定就会拿他问斩，前面曾经打过败仗的蒙骜等人就是先例，只可惜樊於期认识不明，所以注定了自身的悲剧，也坑害了自己的家人。

秦王政听到樊於期全军覆没后竟然只身逃往燕国，气得暴跳如雷，立即命人处死了樊於期的父母及族人，并悬赏千金、封邑万家购求樊於期的项上人头。

再说李牧，他率军击败了令六国人人闻之丧胆的秦军，立即使赵军勇气倍增，赵国上下扬眉吐气，赵王迁十分高兴地说："李牧就是寡人的武安君白起啊。"李牧因此受封武安君。

秦军对赵作战失利，十万大军被歼，令秦王政十分痛心，由此也可以看出，秦王政为什么要对战败而逃的樊於期如此苛毒了。

秦军战败之后，秦王政勃然大怒。公元前232年，秦国大举出兵，一路到达邺城，一路到达太原，进攻狼孟、番吾（今河北省石家庄市灵寿县西南），被李牧击败。秦军先后损折十五万人，赵军也损失惨重。秦军攻赵受阻，只得按李斯、尉缭等人早先制订的由近及远、各个歼灭的方略，把兵锋指向就近的韩国。

早在公元前233年樊於期攻打赵国之时，韩国的韩王安就感到了一种大厦将倾的感觉，他赶快向秦王呈上国书，请求秦国不要派兵攻打韩国。而秦国的答复是，如果韩国让韩非出使秦国，那么秦国就可以考虑暂不攻打韩国。韩王安一听，立即就答应了。

那么韩非究竟是何许人，有什么过人之处，怎么会得到秦王的如此垂青呢？

韩非是韩国的贵族子弟，曾经与李斯一起，在荀子的门下学习帝王之术。韩非为人口吃，不善于辩论和游说，但却擅长著书立说。韩非非常有才能，就连李斯都自认为学识比不上他。韩非喜好刑名法术之学，他学说的理论基础来源于黄帝和老子，也就是比较著名的"黄老之学"。因此，韩非被誉为最得老子思想精髓的两个人之一（另一个是庄子）。并且，韩非被誉为战国末期杰出的思想家、哲学家。

韩非之时，韩国已经到了非常衰弱的境地，韩非不忍看到韩国就这样衰亡，于是他屡次向韩王上书，提出了一些富国强兵的主张，但都没有被韩王采纳。韩非在悲愤之余，潜心著书，写下了《孤愤》《五蠹》《内外储》《说林》《说难》等十余万字的著作。

韩非对人性的观察非常深刻，比如在《说难》一文中，韩非写道：

"大凡游说的困难，不是我的才智不足以说服君主这方面的困难；也不是我的口才不足以明确地表达出我的思想这方面的困难；也不是我不敢毫无顾虑地把意见全部表达出来这方面的困难。大凡游说的困难，在于如何了解游说对象的心理，然后用我的说辞去适应他。

"比如游说的对象想博取高名，而游说的人却用重利去劝说他，他就会认为你品格低劣而疏远你。游说的对象志在贪图重利，而游说的人却用博取高名去劝说他，他就会认为你脱离实际而不录用你。游说的对象实际上意在重利而公开装作博取高名，而游说的人用博取高名去劝说他，他就会表面上录用你而实际上疏远你；假如游说的人用重利去劝说他，他就会暗中采纳你的意见却公开抛弃你本人，这些都是游说的人不能不知道的。

"宋国有个富人，有一天下雨毁坏了院墙。他的儿子说'不修好的话家里将会被盗'，邻居家的老人也这么说。富人没有修墙，结果到了晚上，家中果然丢失了许多财物。富人认为他的儿子非常聪明却怀疑邻居家的那位老人。从前郑武公想攻打胡国，就把自己的女儿嫁给胡国的君主。有一天郑武公问大臣们说'我想要出兵征伐的话，哪个国家可以攻打'？有个名叫关其思的老臣就回答说：'胡国可以攻打。'郑武公斥责他说'胡国是我们的兄弟之国，你却说要攻打它，你安的是什么心'？之后就把关其思杀了，并把他的人头送给了胡国。胡国君主认为郑国国君如此亲近自己，于是对郑国不加提防。郑武公趁胡国不设防，对胡国发动突然袭击，消灭了胡国。这两个说客，他们的预见都是正确的，然而说得太明确的被杀死，说得模棱两可的被怀疑，所以知道某些事情并不难，但如何去处理已知的事情就难了。

"龙是一种虫，可以和它亲近，当然也可以骑，但是，龙的喉下长有一尺多长的逆鳞，如果有人动了它的逆鳞，就一定会被龙杀死。国君就像龙一样，也有逆鳞，所以说，向国君游说却不触动他的逆鳞，那这个人就算得上是善于游说的人了。"

韩非的著作传到秦国，秦王政看了之后非常敬佩，他叹息说："唉，如果我能见到这个人，并且能和他同游交谈，那我就算是死了，也没有什么遗憾了。"

李斯对秦王政说："这都是我的同窗韩非写的书。"秦王政一听韩非就是当世之人，并且和李斯熟识，所以想见韩非的心情更加迫切。为了得到韩非，他决定攻打韩国。韩王安刚开始并不重用韩非，直到情势已经非常紧急，才赶快派韩非出使秦国。

韩非到了秦国之后，秦王政非常喜欢他，立即对他委以重任。但因为初来乍到，不知底细，所以秦王政尽管非常欣赏他的才华，但在心里还没有完全信任他。

因为李斯和尉缭为秦王政谋划的一统天下的路线是先韩国，而后其余五国，但韩非作为韩国公子，毕竟对祖国抱有深深的热爱之情，他主张存韩灭赵，先攻打赵国。而众所周知的是，秦国刚刚在赵国的李牧那里碰了钉子，十万大军被歼不说，大将樊於期都逃到了燕国，令秦王政颜面尽失。

而作为李斯的层面来讲，他既然为秦王政谋划了先灭韩以恐五国的路线，那他就必须向秦王政证明他的谋略是正确的，现在韩非要存韩灭赵，如果韩非的计划可行，那么李斯在秦王政那里就会有失势的可能。说李斯没有危机感，那是不客观的。

当时，秦王政为了对东方六国各个击破，采用尉缭之策，命人带着黄金，暗中到东方六国活动，瓦解东方六国的联盟，其中有一个名叫姚贾的人，做这种事情最为得心应手，在东方活动三年，不仅使韩、赵、魏、楚四国不再结盟，还使这四国争相与秦国结交。姚贾回国之后，受到了秦王政的重赏，不仅食邑千户，而且还拜爵上卿。

而韩非却是一个理想主义者，他十分厌恶姚贾这类纵横家，认为这些人见人说人话，见鬼说鬼话，不讲道义、不讲原则、唯利是图，为了求取荣华富贵，不惜出卖国家利益，手段十分卑劣，他对姚贾等人的行为十分不齿，于是在秦王政那里指摘姚贾说："姚贾凭借大王对他的信任，拿着国家的黄金，私自结交楚、韩、魏、赵四国国君，况且他不过是一个看管城门的监门卒的儿子，在魏国偷盗的窃贼，被赵国驱逐的臣子，让他参与谋划国家大事，恐怕是不利于激励群臣的。"

可姚贾这么做，实际上正是秦王政所默许甚至是鼓励的，因为这种办法最迅速，也最有效，到了秦国后期，秦国的国君通常都是这样的尔虞我诈，只要能破坏六国的联盟，只要能夺取六国的城池，什么样的办法都可以想，什么样的事情都可以做，真可以说是无所不用其极。韩非不知是不知道这是秦王政的主意，还是明知这是秦王政的主意还想向秦王政进谏，总之他向秦王政说了这样一番莫名其妙的话。

秦王政听到韩非这样说，心里很不是滋味，心想这个才华横溢的人怎么这么固执啊？但他还是比较尊重韩非的，为了让他和韩非都体面地下台，于是他把姚贾叫来，当面质问。

面对秦王政的质问，姚贾倒表现得非常无辜，他说："如果我是拿着国家的钱私自结交诸侯，那我为什么还要回秦国呢？不错，我的父亲确实是一个监门卒，但纵观历史，哪一个先贤不曾被人诟病呢？姜太公也曾被商纣驱逐，管仲不过是个囚徒，百里奚曾在虞国行乞，这些人都曾遭受过世人的非议，但明君知道他们有才能，撇开他们的污点不听别人的诽谤重用他们，所以他们立下了盖世功勋。所以，大王您又何必那么在意我的出身和过去呢？"

秦王政听了，觉得姚贾说得很有道理，于是对韩非转变了态度。

李斯与姚贾是何等样人，他们敏锐地察觉到秦王政在心中已经对韩非有了隔阂，于是立即在秦王政面前诋毁韩非说："韩非是韩国贵族，现在大王要吞并各国，只怕到头来韩非最终会帮助韩国而不是帮助秦国，这也是人之常情。如今大王不在秦国任用他，如果过一段时间再放他回去，最终就会成为秦国的祸患，不如给他罗织个罪名，依法处死他。"

秦王政一方面非常爱惜韩非的才华，而另一方面他却又感觉到，这个极具才华的人却开始有意无意地抵触他统一天下的计划，这让他非常痛苦。秦王政思来想去，最终决定将韩非投入狱中，让司法官给他定罪。

只要韩非活着，李斯和姚贾早晚都会被韩非盯上，因此，有了秦王政的默许，身为廷尉的李斯，要想杀死身在狱中的韩非，那简直可以说是易如反掌。李斯向韩非送去了毒药，逼他自杀。

韩非悲愤不已，他想当面向秦王陈述是非，但他却无法见到秦王。

此时的秦王政，也为把韩非下入狱中而后悔，他最终想了个万全之策，那就是用其书而不用其人，想把韩非赦免出狱，然而说什么也晚了，韩非已经死在了狱中。

韩非后世尊称为"韩子"或"韩非子"，他的作品收录在《韩非子》一书中，共五十五篇、十万余字。许多著名的典故如"自相矛盾""欲速则不达""长袖善舞，多钱善贾""塞翁失马，焉知非福"等，皆出于《韩非子》。在他的著作中，韩非总结前期法家三位代表人物商鞅、申不害、慎到的思想，主张君主应该用"法""术""势"结合起来治理国家，并把老子的辩证法、朴素唯物主义和法融为一体，从而达到了先秦法家理论的最高峰，成为法家博采众长的集大成者。韩非主张把人的自利本性作为社会秩序建构的前提，积极倡导君主专制主义，提倡"君权神授"，鼓吹君主独裁，为秦国统一六国提供了理论依据，同时也为之后的封建专制制度提供了理论根据，对中国古代封建专制主义极权统治产生了深远的影响。

韩非的许多思想深邃而又超前，韩非在中国历史上第一次明确提出了"法不阿贵"的思想，主张"刑过不避大臣，赏善不遗匹夫"，对中国法治思想做出了重大贡献。

韩非死后，各诸侯国都开始研究韩非的著作，而秦国就是在他的思想指引下统一了东方六国。所以说，从政治的角度来讲，商鞅是法家最成功的人物，因为他用他的思想和行动，使秦国变得富强，奠定了天下一统的基础。但从思想的角度来讲，韩非则是法家顶峰的人物，因为秦王用他的思想，指引秦国完成了统一全国的大业。

韩非死于秦国，韩王安闻讯十分恐惧，他上书秦国，向秦王称臣，并表示要将南阳地区（今河南境内太行山南、黄河以北地区）割让给秦国，以赢得短暂的喘息。韩国南阳守内史腾在接到韩王的命令之后，采取积极与秦国合作的姿态，主动将南阳地区献给秦国，为此，秦王政任命内史腾为南阳代理郡守。（内史腾，姓失传，名腾，因后来秦国统一后被任命为内史，故名内史腾。与尉缭之名相似。）

公元前230年，秦王命内史腾率军十万，南下渡过黄河进攻韩国，韩军毫无抵抗之力，秦军势如破竹，顺利挺进韩国都城新郑。韩王安投降，韩国灭亡。号称"天下之枢"的战略要地韩国被秦国所占之后，秦国完全掌握了打开一统天下之门的钥匙。秦国在韩地建颍川郡，郡治阳翟（今河南省许昌市禹州市）。韩国自公元前403年受周威烈王册封为诸侯，到公元前230年灭亡，享国一百七十四年，历十一君。

公元前229年，赵国发生大旱，国内缺粮，民心慌乱，秦国趁此机会，攻打赵国。大将王翦率上地（今陕西省榆林市绥德县）兵马，羌瘣（音会）率羌兵出井陉（今河北省石家庄市井陉县西），大将杨端和率军从河内（今河南省新乡市一带）出发，分南北两路，攻打赵国。赵王迁派李牧和司马尚率军抗击。李牧见秦军远来势大，不宜正面交锋，因此采取守势，与秦军僵持。李牧宿将，深通兵法，与秦军相持数月，王翦不能取胜。

秦王政得知两路大军被李牧所阻，不得已采纳尉缭之策，派尉缭弟子王敖前往赵国，实施反间计。在表面上，王翦不停地派出使者前去见李牧，声称要与赵国和谈停战；但背地里，王敖却携带重金来到赵国向郭开行贿，要求让郭开在赵王迁面前诬陷李牧叛国，并让赵王罢免李牧。王敖许诺事成之后，奏请秦王封郭开为上卿。

赵王迁并不是赵悼襄王的嫡子，赵悼襄王的嫡子是赵嘉。因赵迁的母亲是个歌妓，得宠于赵悼襄王，因此赵悼襄王把王位传给了赵迁。赵迁和他的父亲一样，毫无人君之才德，一直奉郭开这样卖国求荣的小人为师。赵迁对郭开言听计从，一听到郭开诬陷说李牧要降秦并当代王，立即就信了三分，他派人暗中到前线军中去察看，发现李牧果然与秦将王翦的使者频繁往来，于是立即深信不疑。赵王迁派出使者，命将领赵葱、颜聚就地在军中接替李牧、司马尚。

赵王迁的使臣到达军前，宣布赵王迁的命令，李牧一听勃然大怒，他知道赵葱和颜聚根本不是大将之才，难以担当抗秦的重任，因此拒绝执行赵王的命令，也拒绝把帅印交给赵葱。

使节回报，赵王迁密令军中的赵葱秘密逮捕李牧，然后将他杀害，司马尚被罢黜。李牧本是北地良将，他与士卒同甘共苦，很受士卒爱戴，李牧被杀后，从北方代地来的将士们感到非常寒心，几乎在一夜之间奔逃殆尽，赵军军心尽解。

赵国自毁长城的消息传到王翦耳中，王翦立即与杨端和发兵攻打赵葱所率的赵军，赵葱虽说是赵国宗室，但却是一个毫无自知之明的无能之辈，只一战，就被王翦打得大败。赵葱被杀，颜聚带领残兵狼狈逃回邯郸。

时间已经推移到了公元前228年，王翦、杨端和率军包围邯郸，击败守城的赵军，十月，邯郸城破，赵王迁被迫降秦，赵国初亡，赵地被设为邯郸郡、巨鹿郡。赵王迁被流放到房陵，郭开被封为上卿。直到此时，赵王迁才明白自己被郭开所卖，中秦军奸计误杀李牧。他悔恨交加，不久就死在了房陵。

郭开随秦军回到咸阳之后，向秦王政奏称他想回国去搬运他的财物，秦王政觉得十分好笑，于是就同意了。郭开在赵国，受到赵悼襄王和赵王迁两代国君的恩宠，为官二十余年，搜刮了大量的金银财宝。于城破之前，埋在了相府的地底下。郭开带着家丁回到巨鹿，将他的财宝装了满满四大车，准备运回秦国。不料在半道上，一群强盗截住了他们，郭开和他的家丁全部被杀，财物被劫。有的人说，那些强盗是李牧的门客假扮的，他们痛恨郭开这个小人谗害了李牧，于是化装成强盗，专程前来劫杀郭开，替李牧报仇。若真是如此，那也真算得上是少有的快意恩仇了，因为这些强盗不仅替李牧报了仇，也替廉颇出了一口恶气。战国四大名将之中赵国占了两位，但这两位名将却无一例外地都被郭开所谗。所以，朝中若有奸佞在，即使有再多的名将，那又有什么用呢？

在赵王迁出降之前，赵王迁的哥哥公子赵嘉与宗人趁乱逃出邯郸，前往代地，自立为代王。赵嘉与燕国合兵，屯军于上谷（今河北省张家口市宣化区）。

秦军攻灭赵国之后，秦王政来到邯郸，他命人查出当初在赵国时与他母亲家族有仇怨的人，全部活埋。

王翦以得胜之秦军，屯军于原中山国旧地，准备攻打燕国，燕国国内，顿时乱作一团。燕国太子燕丹，与游侠荆轲交好，于是命荆轲前往秦国，伺机刺杀秦王政。

历史上著名的"荆轲刺秦王"事件，由此拉开序幕。

燕太子丹年幼的时候，曾经与秦王政一起，同在赵国做人质，两人关系十分要好。秦王政回国当了国君之后，燕丹又到秦国去当人质。但这个时候，做了国君的秦王却对燕丹并不是很友善，燕丹非常不满，于公元前232年偷偷地从秦国跑回了燕国，其时秦国正在集中兵力攻打赵、韩两国，根本无暇追究燕丹的逃归之罪。

太子丹回到燕国之后，一心想报复秦王政，但因为燕国国小兵微，太子丹心有余而力不足。不久，秦国陆续出兵攻打韩、赵、魏、齐、楚五国，不断地兼并诸侯的土地，马上就要打到燕国了，燕国的君臣们都非常恐慌，担心遭遇灭国之祸。太子丹为此感到非常忧虑，于是就去请教他的老师鞠武该怎么办。鞠武回答说："秦国的疆域越来越广，国力越来越强，对诸侯国的威胁越来越大，太子您何必为了一点儿私人恩怨，而去触怒秦王呢？"太子丹问："那我们该怎么办，难道要眼看着让秦国消灭我们吗？"鞠武说："让我再想想吧。"

时隔不久，秦国的将军樊於期战败后不敢回秦，逃到了燕国。太子丹收留了他，并对他非常好。鞠武劝谏太子丹说："您不能这么做，秦王正在悬赏千金购求樊於期的项上人头，您现在接纳樊於期，就等于是公开跟秦王作对，如果秦王盛怒之下发兵攻打燕国，那燕国就危险了。到时候，就算是管仲和晏婴这样的贤才前来，也没办法帮助您了。您不如让樊於期到匈奴去躲起来，不要给秦国攻打燕国的口实。之后与韩、赵、魏三国结成同盟，与齐、楚两国联合，再向北与匈奴结交，这样就不必惧怕秦国了。"

太子丹说："太傅您的计策旷日持久，而我想要的是立竿见影的效果。并且从另一个层面来说，樊於期将军穷途末路前来投奔我，我不能因为迫于秦国的压力，就把他送到匈奴。请太傅再想想办法。"

鞠武说："您做着危险的事情，却想得到平安；制造祸患，却想求得福祉；没有有效的办法，却想大仇得报；为了结交一个朋友，却置国家的安危于不顾。您这么做，就像是拿着一根羽毛往炉火上放，一下子就烧光了。我是无法替您想出什么好办法了，但我可以向您推荐一个人，他就是田光先生。田光非常有智谋而勇敢沉着，他可以帮您出主意。"太子丹非常高兴，于是就对鞠武说："还希望能够通过太傅认识田光先生。"鞠武说："没问题。"

鞠武先去拜访田光，对田光说："太子想和您一起商量一些国家大事。"田光表示同意，于是前来拜访太子丹。

太子丹听说田光来了，亲自前去迎接他，并给田光带路。到了房间之后，又亲自把椅子擦了，然后请田光就座。

房间里只剩下田光和太子丹两个人，太子丹离开自己的座位，走到田光跟前说：“从现在的形势来看，燕、秦两国绝对是势不两立，我实在是不知道该用什么办法来对付秦国，所以请先生出个主意。”田光说：“我听说千里马在盛壮的时候，一天能跑上千里，但等它老了的时候，就是那些劣马，也能跑到它的前面去。太子您只听说了我年轻之时的事情，却没有留意我现在已经老了。"太子丹一听，显得有些失望。

田光见太子丹如此光景，便又对他说："太子请不要灰心，虽然我不能和您一起商量国家大事了，但我有一个好朋友，名叫荆轲，他应该可以为您效力。"

太子丹说："我希望通过先生与荆轲结交，可以吗？"

田光回答说："没问题，我去替您安排。"说完即与太子丹辞别，太子丹起身送行，走到大门口的时候，嘱咐田光说："我们今天所说的这些，都是关乎燕国命运的大事，请先生一定不要泄露出去。"田光听了，笑了笑说："我知道了。"

田光一路佝偻着背，前去找荆轲。

荆轲的先祖就是齐国的庆封，庆封被楚灵王杀死之后，庆封的家人又迁到了卫国，而荆轲，便出生在卫国。因为这个缘故，卫国人也称荆轲为庆卿（卿是一种美称，类似老子孔子的"子"）。后来荆轲来到燕国，燕国人又称他为荆卿。

荆轲从小喜欢读书和击剑，他曾经游说卫国国君，但卫国国君并没有重用他。荆轲于是离开卫国，游历各国。路过榆次（今山西省晋中市榆次区）的时候，荆轲与著名剑术家盖聂论剑，因为一语不合，盖聂便拿眼瞪荆轲。荆轲离开后，有人劝盖聂重新把荆轲找回来，盖聂说："我与荆轲论剑，荆轲说的话不合我的心意，我就拿眼瞪他，据我的判断，他现在早就离开了榆次，绝不敢逗留。"说罢派人去打探，发现荆轲果真早就驾着马车离开了。使者回报盖聂，盖聂说："荆轲肯定会离开，因为他已被我的目光威慑。"

荆轲到了邯郸，邯郸的勇士鲁句践为了与荆轲争道而下棋赌输赢。鲁句践落了下风，便开口辱骂荆轲，荆轲默然不语，离开了邯郸，不再与鲁句践见面。

荆轲到了燕国，与一个杀狗的屠夫并击筑的高渐离非常投缘（筑，古代弦乐器，像琴，有十三根弦，用竹尺敲打）。荆轲很爱喝酒，于是每天和杀狗的屠夫并高渐离在酒肆中饮酒，喝醉之后，高渐离便开始击筑，荆轲便开始唱歌，唱到动情之处，两人痛哭流涕，根本不在意周围的人。荆轲虽然喜欢与酒徒交往，不过他非常深沉，在各国游历期间，他都与贤士豪侠并忠厚长者结交。因此到了燕国之后，结识了燕国名士田光，田光知道荆轲不是寻常人，于是处处善待他。

田光受太子丹之托，前来找到荆轲，对荆轲说："我和你关系交好，燕国可说是无人不知。太子丹找我商量国家大事，但我已经老了，没办法为他出力了。我并不把你当外人看，于是就向他推荐了你，希望你能去宫中拜见太子。"荆轲很爽快地答应了。

　　田光又说："我听说年长老成的人做事，不会让人怀疑，可是如今太子却嘱咐我不要泄露我们谈话的内容，这是太子在怀疑我呀。为人做事却被人怀疑，这就说明他不是个有节操、讲义气的人。"田光想用自杀的方式来激励荆轲，便对荆轲说："你现在马上去见太子，就说我已经死了。"说完便自刎而死。

　　荆轲于是去拜见太子丹，告诉他田光已死，并把田光临死前的话转述给了他。太子丹十分悲伤，对荆轲说："我之所以对田先生那么说，是想一心一意做成大事，如今田先生以死明志，这岂不令我痛心？"

　　待荆轲落座，太子丹又对他说："田光先生不认为我愚钝，把先生您推荐给我，让我对您讲一讲我的心里话，这是上天怜悯燕国而不想抛弃我呀。如今秦国贪心不足，一心想吞并天下的土地。如今秦国灭韩之后，又举兵向南征伐楚国，向北攻打赵国。王翦率领数十万军队挺进漳河和邺城，李信也率军从太原、云中出发，依赵国目前的实力，肯定无法抵抗秦军的进攻，被秦国攻灭，只是迟早的问题。赵国既灭，那么危急马上就会临近燕国，燕国如此弱小，又遭受数次战乱，就算是举全国之力，也无法抵挡秦国。诸侯国都惧怕秦国，没有一家敢合纵抗秦。我想了一条计策，想找一名真正的勇士，前往秦国出使，以重利引诱秦国。秦王十分贪婪，就一定会上钩，到了那个时候，出其不意地劫持秦王，就像当年的曹沫劫持齐桓公那样，让他归还侵占诸侯的土地。如果秦王同意，那就最好不过，如果他不同意，那就趁机杀死他。到那个时候，秦国的大将都带兵在外，而秦国内部大乱，新继位的国君不能服众，君臣之间相互猜疑，诸侯们就可以趁这个难得的机会，联合起来攻打秦国。这可都是我的心里话，长期以来不知道该对谁讲，现在有幸遇到了荆先生，还请您多考虑考虑。"

　　荆轲思虑半晌，回答说："这可是关乎燕国安危的大事，我才智平庸，恐怕难担此任。"

　　太子丹不停地向荆轲叩头，请求他千万不要推辞，荆轲无法推让，只得答应下来。

　　太子丹见状大喜，于是尊荆轲为上卿，并为他修建了华丽的馆舍，每天亲自登门拜会荆轲，并为荆轲提供美食、华车、良马、美女，荆轲想做什么，就让做什么，从不违背荆轲的任何意愿。

有一天，太子丹陪着荆轲游东宫，宫中的水池里，有一只乌龟慢慢地从大石边探出头来，荆轲偶然动了童心，就在水池边捡了一粒小石子扔向那只乌龟。太子丹见状，立即命人捧来金子做成的弹丸，让荆轲拿金丸投乌龟。

又有一天，太子丹与荆轲一起骑着千里马出行，荆轲随口说道："听说千里马的肝特别美味，不知道是不是真的。"结果回到馆舍之后，太子丹立即命人杀了那几匹千里马，然后让厨师把烹调好的马肝进献给荆轲品尝。

再有一天，太子丹设宴款待荆轲和樊於期。饮酒之间，命一位美人鼓琴助兴，荆轲看到那位美人的手洁白如玉、纤丽精巧，于是情不自禁地赞叹说："真是一双好手啊。"席散之后，太子丹命人将一个玉盘送给荆轲，荆轲揭开看时，却是美人的那双断手。

荆轲于是叹息说："太子厚待我，竟然到了这种地步了吗，我要以死来报答他。"

但过了好长时间，荆轲也没有表露出前往秦国的意图。其时秦国大将王翦已经攻破赵国并俘虏了赵王迁，屯兵于燕国边境，摆出一副要进攻燕国的架势。太子丹十分恐惧，于是对荆轲说："秦兵马上就会渡过易水（今易水河，发源于河北省保定市易县境内，向南注入南拒马河），我也想让您把这件事情考虑周全，但现在看来，再不行动实在是来不及了。"荆轲说："太子您就是不说，我也时刻想报答您的恩遇。但我没有一个令人信服的理由前往秦国，秦王肯定不会见我。我考虑了一下，秦王非常痛恨樊於期将军，为了捉拿他，曾经赏金千金、封邑万家。如果我带着樊将军的人头和督亢（今河北保定涿州市东南一带的膏腴之地）的地图去见秦王，那么秦王一定会非常高兴地接见我，到那个时候，我就可以实现我们的计划了。"

太子丹说："樊将军走投无路才前来投奔我，我怎么能忍心为了报仇而伤害这样的忠厚长者呢？还请荆先生再想个更好的办法。"

荆轲知道太子丹不忍心杀死樊於期，于是私下里去见樊於期说："秦王杀死了将军的父母和族人，对将军来说，恐怕再没有比这更深的仇恨了，将军是否想过要报仇？"樊於期听了之后，叹息流泪说："我每每想起这些，常常痛心疾首，但是，我却实在想不出一个好办法来报仇。"荆轲说："我有一条计策，不仅可以解除燕国的危急，还可以替将军报仇，不知道将军是否愿意听？"樊於期一听，十分欣喜地问："什么办法？"荆轲说："如果我能带着将军的人头去见秦王，那么秦王一定会非常高兴地接见我。到那个时候，我左手拉住他的袖子，右手拿刀刺向他的胸口，眼看着秦王倒地而死，别说是太子大仇得报，将军的仇，是不是也就可以洗雪了？"樊於期感慨地说："我心怀深仇大恨整整五年，没想到直到今天，才听到了您的教诲。"于是拔剑自刎。

太子丹听到樊於期自杀的消息，赶快跑到樊於期的府上，伏在樊於期的尸体上面，放声大哭。但人死不能复生，报仇仍是大计，于是命人把樊於期的首级装进盒子里，然后封了起来。

太子丹命人找到一把锋利的匕首，然后在上面浸染剧毒。这把浸了毒药的匕首，只要划破人的皮肤，便立即毒发身亡。太子丹非常满意，于是为荆轲收拾行装，准备派荆轲前往秦国。

燕国有个勇士名叫秦舞阳，还是在十三岁的时候，就敢在闹市中杀人，没有一个人敢直视他的眼睛。太子丹在找到荆轲之前，就已把秦舞阳收罗到门下，此时要派荆轲出使，决定让秦舞阳做荆轲的副手。

可是荆轲却在派人访求怒视过他的那个剑客盖聂，想让盖聂一起陪他去秦国。但盖聂行踪不定，派去找的人还没有前来复命，所以荆轲一直在等待。太子丹准备已毕，却迟迟不见荆轲动身，他怀疑荆轲反悔，于是来责备荆轲说："我们再没有时间等下去了，荆先生是不是有什么其他的想法，如果是这样，我让秦舞阳先到秦国去？"荆轲一听就发怒了，他斥责太子丹说："不知道您这么说是什么意思？只顾前往而无法返回，那是愚蠢之人才做的事情，更何况是只带着一把匕首去强大的秦国呢？我之所以还没有出发，是因为我在等一位靠得住的朋友，既然太子认为我是在拖延时间，那我现在就马上出发，前往秦国。"

荆轲说完这些话，然后就向太子丹告辞出发。太子丹和他的门客知道这件事情的，都戴着白帽前去为荆轲送行。到了易水边上，饯行完毕，荆轲便取道前行。高渐离用竹尺击筑，荆轲和着旋律唱歌，声音极为苍凉悲壮，送行的人都流泪哭泣。荆轲一边前行一边唱道："风萧萧兮易水寒，壮士一去兮不复还。"声调重又变得慷慨激昂。于是荆轲上车而去，连头都没有再回一下。

到了秦国之后，荆轲用千金厚礼贿赂秦王的宠臣中庶子蒙嘉，于是蒙嘉在秦王面前为荆轲美言说："燕王慑于大王的威名，不敢举兵抗击大王的将士，愿意举国向大王投诚，自比于秦国的郡县，只希望能够享有像其他诸侯国那样的待遇，得以奉守燕国先祖的宗庙。但因为燕王惧怕大王的神威，不敢前来向大王表明心愿，所以斩下叛将樊於期的首级，并燕国的地图，在举行隆重的仪式后派使者前来向大王进献。燕国使者现已到秦国,请大王示下。"

秦王政听了蒙嘉的奏议非常高兴,于是命令设下隆重的仪式,召见来自燕国的使者。

荆轲捧着装有樊於期首级的木匣,秦舞阳捧着装有燕国地图的匣子,依次走进大殿。荆轲先把樊於期的首级交由秦王过目,秦王政见果然是樊於期之首,非常高兴。可谁知秦舞阳刚走到殿前的台阶上,却突然变了脸色,吓得浑身发抖,秦国的大臣们都感到十分惊讶。荆轲回过头来看着秦舞阳,笑着圆场说:"北方偏僻地区的粗野人,没有见过天子,所以见了大王之后,感到非常害怕,还请大王宽恕他,让他能够完成他的使命。"秦王政见荆轲并不慌乱,所以并不起疑,于是对荆轲说:"秦舞阳不必上殿,你去把秦舞阳手中的地图接过来。"荆轲于是下阶,从秦舞阳手中取过地图,然后走到秦王身旁,呈给秦王。秦王慢慢地展开地图,准备看燕国的地图,地图展开之后,卷在最尽头的匕首便呈现了出来。事不宜迟,荆轲当机立断,左手抓住秦王的衣袖,右手拿起那把匕首,奋力朝秦王刺去。秦王政看到地图里卷着的匕首大吃一惊,赶快站起躲避,因此匕首还没有刺到跟前,秦王便奋力地躲开了。不过由于用力过猛,秦王被荆轲拽着的衣袖都挣断了。

秦王政想要拔出身后的佩剑与荆轲搏斗,谁知那把剑非常长,剑鞘又特别紧,惶急之下,怎么也拔不出来。荆轲追着秦王要刺,秦王政不得已,只得绕着殿内的柱子躲来躲去。因为事发突然,殿上的大臣们都惊得目瞪口呆、手足无措。而秦国的法律规定,大臣上殿均不得携带任何兵器,侍卫们倒是拿着兵器,可全都站在殿外,没有国君的命令不准进殿。秦王政急切之间,来不及下令让侍卫护驾,因此荆轲追逐秦王,并没有任何人能够上前阻拦。

其时秦王政正在绕着柱子乱跑,秦王的医官夏无且(音居)将手中的药袋奋力地朝荆轲扑打,荆轲遇袭躲闪,让秦王政得到喘息之机。侍卫赵高见状,立即大声喊叫说:"大王,把剑朝背上推。"秦王政一听,立即会意,死命地把剑鞘往背上一推,总算把剑拔了出来。秦王政持剑反击荆轲,荆轲的左腿被一剑砍断。荆轲受伤无法再追,于是将手中的匕首掷向秦王政,匕首没有击中秦王,却击中了殿中的铜柱。荆轲手中没有了武器,秦王政放下心来,反身攻击荆轲,将荆轲连刺八剑。

荆轲遭受重创,知道行刺秦王已不可能,于是靠着铜柱大笑说:"我之所以没有杀死你,是因为我想活捉你,胁迫你订下归还诸侯土地的契约然后归报太子。"殿外的侍卫们此时冲进大殿，一顿乱刀，几乎将荆轲和秦舞阳砍为肉泥。

秦王政坐在椅子上，陷于极度惊惧之后的愣怔状态，过了好一阵子，方才缓过神来。他下令处死引荐荆轲的蒙嘉，并重赏夏无且和赵高。

对燕太子丹采取这样的暗杀手段，秦王政感到非常愤怒，他再次向赵地增派军队，命令王翦率军攻打燕国。王翦与辛胜率军大举攻燕，在易水之西大败燕、代联军。次年十月，燕都蓟城（今北京西）被攻陷，燕王喜和太子丹带着精锐军队退守辽东（今辽宁省西部大凌河以东）。此时的王翦，在得胜班师之后，以年老为由，向秦王政提出告老还乡，秦王政于是命将领李信接替王翦，带兵追击燕王喜。李信在衍水（今辽阳市太子河，太子河因太子丹而得名）大败太子丹的军队，燕军主力被歼灭。燕王喜与太子丹躲在衍水之中，惶惶不可终日。代王嘉于是写信给燕王喜说："秦国之所以对燕国穷追不舍，全是因为太子丹的缘故。如果您能杀死太子丹，并把太子丹的首级献给秦王，那么秦国就一定会停止进攻，燕国还可以侥幸保存社稷。"燕王喜接信之后，迫于无奈，只得采取这种饮鸩止渴的办法。燕王喜假称商议要事，命人召来太子丹，趁酒醉杀死了他，并把他的首级送给了秦国。这一年是公元前226年。

太子丹是一个非常复杂的人，史书上对其评价褒贬不一，有相当多的人，认为他是一个满腔热血的反秦志士，但实际上从他所做的另外一些事情上，却也可以给出一个截然相反的评价，太子丹不仅才智平庸，而且是个十足的蠢货。从他斩断美人的手来讨好荆轲这件事上，就完全可以看出，这真是一个愚蠢透顶的人，荆轲对美人的手十分着迷，那直接把美人赐给荆轲其实也是一种笼络的手段，爱屋及乌，荆轲爱美人的手，难道会不爱美人，并由此而更加效忠于他？而愚蠢的太子丹呢，竟然残忍地斩下了美人的手，全然不知道那一双手离开美人的躯体，便完全变成了两块毫无意义且令人恐惧的断肢，真是愚蠢至极。至于金丸投龟、杀千里马取肝、在荆轲尚未准备充分的情况下催促荆轲赴秦等事，已实在令人无法再评论。所以从荆轲决定要为太子丹做这一件事情之时，也就注定了他自身的历史悲剧——横死秦宫，并死无葬身之地。

太子丹和荆轲死了，但秦王政却并不因私仇得报而放弃一统天下的宏愿，在得到太子丹的项上人头之后，秦王政本想命李信继续攻打辽东，但因燕地天降大雪，士卒冻馁，不利于继续用兵，且为了集中精力消灭魏、楚两国，于是命令李信班师，暂缓攻打燕王喜和代王嘉。

秦王政一统天下之后，下令搜捕太子丹和荆轲的门客，太子丹和荆轲的门客闻讯，全都隐姓埋名藏了起来。高渐离化名为酒家保，藏在巨鹿郡的宋子（今河北省石家庄市赵县北部宋城村）这个地方，为他人做酒保。时间一长，觉得非常劳累。高渐离在劳作之时，常常听到主人家的客厅里传来客人击筑的声音，他在门外徘徊良久，舍不得离开，并出言说："这个人击筑，有时候弹得好，有时候弹得不好。"家里的管家告诉主人说："那个酒保懂得音乐，他经常在背地里议论击筑客的才艺水平。"主人于是把高渐离召来让他击筑，高渐离击筑之后，竟然博得满堂客人的喝彩声。主人非常惊讶，于是赐酒给高渐离喝。

高渐离觉得这样长久地躲藏下去不是办法，于是退下堂来，从他的箱子里取出自己的筑，并把自己打扮成之前的装束容貌，满座的宾客都大吃一惊，赶快离开座位向他行礼，并奉他为上宾。随后，高渐离击筑唱歌，客人们没有不感动得流泪而离席的。宋子城里的人轮流请他到家中去做客，并请他击筑，消息渐渐传到了秦王政的耳中，秦王政听到后，就下令召见高渐离。有认识他的人，就对秦王政说："这是高渐离。"秦王政怜惜高渐离的才华，于是赦免高渐离的死罪，只是熏瞎了高渐离的眼睛，并让他击筑。时间一长，秦王政渐渐放松了戒备，高渐离于是暗暗地把铅装进筑中，趁一次击筑之时，举起筑来，朝秦王政扔去，想用沉重的铅来击杀秦王，谁知却没有击中。

秦王政十分生气，下令处死了高渐离。从此以后，秦王政不再接近东方六国的人。

那个曾经与荆轲争道并辱骂荆轲的鲁句践听说荆轲刺秦王的事情之后，悄悄地叹息说："唉，荆轲真是太可惜了，他并没有好好地把行刺的剑术研究一下啊。我也实在太缺乏知人之明了，竟然没有看出他是一个豪杰。我曾经呵斥过他，那么他一定会认为我是一个很差劲的人吧。"

还是在公元前226年王翦率军攻占燕都蓟城并粗定燕地之时，秦王政即派王翦之子王贲率军进攻楚国的北部地区（今河南省南部），攻占了十多座城池。此时的楚国国君是楚王负刍。

负刍是楚考烈王的庶子，春申君在世之时，担心楚考烈王会将王位传给他的兄弟或是庶子负刍，于是进献已有身孕的李园之妹，生下两个儿子熊捍和熊犹。春申君被李园所杀之后，熊捍被立为楚王，是为楚幽王。公元前228年，楚幽王死，其弟熊犹被立为楚王，是为楚哀王。楚幽王与楚哀王均非王室血脉，因此激起楚国贵族尤其是负刍的忌恨。楚哀王即位仅两个月时间，负刍带领其门客发动政变，杀死楚哀王及其母李美人，李园被灭族。负刍自立为楚王（因负刍是楚国亡国之君，因此没有谥号，称之为楚王负刍）。

此时的楚王负刍见秦兵来势凶猛，于是派使者向秦国提出，将楚国青阳（今湖南省长沙市）以西的土地割让给秦国，向秦国求和。

孰不知这正中秦国的下怀，秦国攻打楚国的目的就是为了震慑楚国，好在出兵灭魏之时让楚国不要插手，此时见楚王负刍主动提出议和，于是将计就计，一方面派出使者与楚国周旋，另一方面却让王贲带兵北上，于公元前225年突然进攻魏国，并最终包围魏都大梁。

大梁城坚固异常，秦军围困多时，不能取胜。王贲通过观察地势地形，发动军士，引黄河、鸿沟（鸿沟是中国古代最早沟通黄河和淮河的人工运河，位于古代荥阳成皋一带，今河南省郑州市荥阳市）之水灌城，大梁城被大水浸泡三个月后坍塌，魏王假被俘，向秦国请降，魏国灭亡。秦国在魏国东部设置砀郡（因已在西部设置三川郡）。魏国自公元前403年魏文侯封侯建国，前225年灭国，历八任国君，享国一百七十九年。

灭魏之后，秦国开始对付楚国。由于王翦年老，此时秦军之中，最为出色的青年将领当非李信莫属，他曾经带几千兵马在衍水击败太子丹的军队，因此深得秦王政赏识。秦王政召来李信问他说："我准备攻取楚国，依将军看来，需要多少人马？"

李信年轻气盛，回答说："二十万足矣！"

秦王政又去问老将王翦说："依老将军来看，灭楚需要多少兵马？"

王翦回答说："非得六十万不可。"

秦王政大吃一惊，他还以为王翦会回答说是十万呢，谁知道竟然要六十万。六十万兵马，差不多就是秦国的全部军队了，一下子带出去，休道是举国一空，就是粮草供应，也是个大问题，秦王政怎么能放得下心来。于是他对王翦说："老将军果然是年纪大了，胆子越来越小，还是年轻的李信有胆识，让李信带兵去攻打楚国好了。"王翦见自己的建议不被秦王政采纳，于是向秦王告病，回到他的家乡频阳东乡（今陕西省渭南市富平县东北）养老。

秦王政任命李信为大将，蒙武（蒙骜之子）为副将，率军二十万，兵分两路，南下伐楚。李信率军十万，攻下平舆（今河南省驻马店市平舆县北），蒙武率军十万，攻下寝丘（今河南省周口市沈丘县东南、安徽省阜阳市临泉县西北），李信又乘胜攻克陈城（今河南省周口市淮阳区），准备与蒙武在城父（今安徽亳州市谯城区东南）会师。

楚王负刍拜项燕为大将，率军抗秦。项燕得知秦军轻敌冒进，深入楚国腹地，于是率军悄悄地尾随秦军，三天三夜急行军，趁秦军不备发动突袭，大破李信部，攻破秦军两座营垒，杀死秦军七名都尉。（都尉是秦国军中职位次于将军的高级武官。后陈胜吴广起义，陈胜自立为将军，任吴广为都尉。由此可见此役秦军战败之惨。）李信无法抗敌，一路奔逃，副将蒙武见李信兵败，于是率军退出楚境。项燕收复平舆、寝丘、陈城等失地，并率军逐步将楚军势力范围向西推进至原韩国的地界。

楚王负刍见项燕得胜，不仅不把之前答应的青阳以西之地割让给秦国，反倒派兵袭击秦国的南郡（原楚国都城郢都所在地，今湖北省武汉市以西至重庆市巫山县以东，郡治设在今湖北省荆州市江陵县东北）。

秦王政见李信兵败，楚军又趁机反扑，心中十分着急。如果不迅速把楚军的反攻之势打压下去，那么已亡的东方四国也将会蠢蠢欲动，遥相呼应，到时将一发不可收拾。早在一年前，已亡四年的韩地就发动了叛乱，已投降的韩王为此丢了性命。为了安抚楚人，确保楚地的稳定，秦王政将秦国做官的楚国公子昌平君熊启派往楚地，以收买楚人之心。谁知秦王政再次失算，昌平君虽然做的是秦国的官，但他毕竟是楚国的公子，回到楚地之后，便开始进行反秦的举动。

秦王政见形势越发不利，于是赶快亲自前往频阳，去拜会老将王翦。他向王翦道歉说："我当初没有听从将军的话，致使李信战败，损兵折将，如今楚军不断向西进军，将军虽然有病，但怎么能忍心丢下我不管呢？"

王翦说："我年纪大了，脑筋也不好使了，还请大王另选贤能的将领。"

秦王政说："好了将军，我了解您的能力，您就再不要推辞了。"

王翦说："如果大王一定要让老臣去攻打楚国，那就非得六十万大军不可。"

秦王政郑重地说："我答应将军。"

秦王政拜将已毕，王翦率六十万大军即将出发，秦王政亲自到灞上（今陕西省西安市东南、蓝田县西）为他送行。饯行之时，王翦请求秦王赏赐他良田豪宅园林数处。秦王政非常奇怪，问王翦说："您马上就要在前方建大功了，还怕缺这些东西吗？"

王翦回答说："我担任大王的将军，即使建立军功，也不得封侯，所以趁我现在还活着，多向大王请求赏赐，为子孙置办一些家业。"

秦王政大笑不已，于是就答应了。

王翦率军到达函谷关之前，又连续五次派出使者，向秦王请求赏赐。副将蒙武感觉非常奇怪，于是就问王翦说："老将军您这么做，是不是太过分了？"王翦悄悄地对蒙武说："你可能没有留意。秦王为人多疑，谁都不会轻易相信，如今他把倾国之兵交付于我，我不多为子孙请求良田美宅以示我还要回到秦国，秦王会安心地让我在前线带兵吗？"蒙武叹息说："老将军高见，我真是自叹不如啊。"

再说楚王负刍，听到王翦带大军前来，于是也赶快动员全国，命项燕率全国之兵前来拒敌。因为楚兵之前曾击败过秦军，所以楚军上下士气高昂，皆欲与秦军决战。王翦敏锐地察觉到了这一形势变化，再加上秦军远来疲惫，于是他决定暂不与楚军交战，而是深沟高垒，坚守营寨。

项燕带领的楚军士气正旺，求胜心切，但他们数次挑战，秦军就是不出来应战。王翦每天所做的事情，就是改善将士的伙食，命他们好好休息，养精蓄锐，整整一年，不与楚军交战。项燕见秦军只守不战，无可奈何，只得带领大军向东撤退，准备回都城寿春休整军队。谁知王翦等的就是这个机会，因为此前项燕就是这样击败李信的。"避其锐气，击其惰归"，王翦准确地运用战略战术，见楚军移阵向东，他立即指挥大军在后追击。项燕猝不及防，立时被打得大败，一路奔逃。当楚军被追至蕲南（今安徽省宿州市东南）之时，溃不成军，项燕走投无路，只得自杀身亡。

公元前223年，王翦率军攻入寿春，俘虏楚王负刍，楚国灭亡。昌平君在淮南被拥立为楚王，定都兰陵（今山东省临沂市兰陵县兰陵镇），以长江为屏障，据吴越之地，准备与秦军对抗。王翦与蒙武合兵来攻，昌平君所率的楚军寡不敌众，兰陵被攻破，昌平君兵败，自杀身亡。楚国自西周时熊绎建国至昌平君灭国，前后历四十三君，八百二十余年。

王翦以得胜之军，向南征伐百越，一路望风而降，秦国在百越之地设九江、会稽二郡。

秦国在平定楚越之地之后，驻守在魏地的王贲所部顺利地完成了震慑、牵制燕、代、齐三国的使命，秦王政于是命王贲率军进攻辽东，于公元前222年攻克辽东襄平（今辽宁省辽阳市），俘虏燕王喜，燕国灭亡。燕地被分设为渔阳郡、右北平郡、辽西郡及辽东郡。燕国自西周初期召公姬奭受封以来，共历四十三君，八百二十余年。灭亡燕国之后，王贲挥师往代，攻陷代地，俘获代王嘉，赵国彻底灭亡。赵国自公元前403年三家分晋建国，自此灭亡，历十一君，一百八十二年。

　　此时，六国之中，仅剩下齐国。在秦国进攻韩、赵、魏、楚、燕的过程中，秦国采取远交近攻之策，厚贿齐国的相国后胜，与齐国结盟，使齐国始终保持中立。此时的齐国国君是齐襄王法章与君王后之子齐王建。齐王建自公元前264年即位以来，在政治上毫无建树。这一切与他的母亲君王后的政治主张不无关系。君王后自齐襄王死后，辅佐年仅十六岁的齐王建，对秦国采取处处忍让的"事秦谨"之国策，对其余五国丝毫不加援手。这一国策的直接后果是导致秦国得以迅速消灭五国，而齐国则独享四十余年的太平。君王后于公元前249年临死之时，曾让齐王建拿来纸笔，说要告诉他朝中谁人可以重用，但当齐王建拿来纸笔之后，她却说自己忘记了。君王后这么做，主要是怕自己的弟弟后胜失去权势，影响自己家族的利益。而后胜却是一个不折不扣的贪墨之徒，他只知道收受贿赂，丝毫没有战略眼光，既不与五国联合抗秦，也不加强本国的战备，为齐国的最后覆亡加快了速度。

　　五国被灭之后，齐王建立即惊慌失措，他就是再没有战略眼光，也知道秦国下一步要做什么了。齐王建赶快发布动员令，集结军队，驻扎在齐国西部边境，截断秦军来齐必经的官道，并拒绝秦国的使者进入齐国。

　　而这样的做法正是秦国进攻齐国所需的借口，公元前221年，扫清燕、代残余势力的王贲受秦王政指派，绕开齐军主力，率军从燕地南部（今河北省北部）进入齐国国境，并迅速包围齐都临淄。秦军的侧翼突破使齐国所设的西部防线立即变成了毫无意义的"马其诺防线"，齐国内部一片恐慌。齐王建无计可施，在后胜的劝说下，向秦军出降。

　　齐王建被贬至共城（今河南省新乡市辉县市），后胜被处斩。王贲在两个月时间内，兵不血刃，占领齐国全境，齐国灭亡。秦国在齐地设置齐郡和琅玡郡。田氏齐国自公元前386年田和放逐姜氏齐康公自立为国君，至此灭亡，历八任国君，一百六十六年。

　　至此，秦国消灭东方六国，统一全国。

　　战国是一个征战不息的时代，据不完全统计，从周元王元年（公元前475）至秦王政二十六年（公元前221）的两百五十五年中，有大小战争两百三十次，战争双方或者是两个国家，或者是数个国家，少则出动几万人，多则出动几十万人，伤亡从几百人到几十万人不等，惨烈程度，真可以说是前所未有。

　　战国也是一个文化灿烂的时代，因为社会动荡不安，统治者对政治言论的控制并不森严，所以导致了思想和学术的高度自由而繁荣，出现了后世十分罕见的"百家争鸣"的局面，以孟子为代表的儒家，以庄子为代表的道家，以墨子为代表的墨家，以韩非为代表的法家，以孙膑为代表的兵家，以张仪、苏秦等人为代表的纵横家，等等，他们著书立说，教授弟子，用他们的学说和主张，奠定了中国封建时代的文化基础。"三教九流"，即出于此。

简要介绍一下庄子。庄子名周，著名的思想家、哲学家和文学家，是继老子之后道家学派的代表人物，与老子齐名，二人合称"老庄"。庄子最早提出"内圣外王"思想，主张"天人合一"和"清静无为"，代表作为《庄子》《逍遥游》等，作品由于极富想象力，因此被人称为"文学的哲学，哲学的文学"。

与庄子相关的一则著名哲学命题是"庄周梦蝶"，说是有一天庄子梦见自己变成了蝴蝶，一只非常生动逼真的蝴蝶，感到特别愉快和惬意，不知道自己原本是庄周。他突然间醒过来，惊惶不定之间才知道原来自己是庄周。庄子因此产生了深深的疑惑，不知道究竟是庄周在梦中变成了蝴蝶呢，还是蝴蝶在梦中变成了庄周呢？庄子通过描写和探讨这件事情，认为人不可能确切地区分真实与虚幻、生与死、彼与我、人与物的界限，万事万物最后都要达到消除差别、相互同化、合而为一的精神境界，这就叫作"物化"。这则故事虽然极短，但却成为庄子诗化哲学的精义和代表。"庄周梦蝶"因为渗透着浪漫的思想情感和丰富的人生哲学思考，因此引发了后世许多诗人的共鸣，晚唐著名诗人李商隐有"庄生晓梦迷蝴蝶，望帝春心托杜鹃"的名句。"庄周梦蝶"，也成为现代著名电影《盗梦空间》的直接哲学理论依据和剧情立意基础。

战国更是一个人才辈出的时代，战国四公子，孟尝君、平原君、信陵君、春申君；战国四大名将，白起、王翦、廉颇、李牧；更有赵鞅、赵无恤、西门豹、吴起、商鞅、蔺相如、乐毅、田单、范雎、吕不韦等名臣名将，他们如一颗颗耀眼的明星，永远闪耀在历史的苍穹中。

战国时代结束，请走进一个全新的大一统的时代——秦朝。

第八章 秦朝

第一节　千古帝制、统一度量衡、南征百越、北击匈奴

秦朝在中国历史上是一个极为重要的承上启下的朝代，在秦朝之前，国家都是由一个一个的封建邦国组成，大国之内是小国，小国享有高度的自治权，王位可以世袭。而从秦朝开始，原来那些小的封建邦国变成了一个一个的郡县，由中央政府直接管辖，郡县的长官也没有了世袭权，他们由朝廷直接任免。所以说秦朝承上启下，上承封建制，下启郡县制。

秦朝由战国后期的诸侯国秦国发展而来，秦人的始祖原是伯益的后代，伯益因为辅助大禹治水有功，被舜帝赐予嬴姓。伯益的后人非子曾为周孝王养马，由于非子养马的技艺非常出众，为西周发展军事立下卓越功勋，因此被周孝王封到秦谷（今甘肃省天水市西南），这就是"秦"这一国号的起源和来历。

秦国自公元前770年由周平王册封秦襄公为诸侯，历经秦穆公、秦孝公、秦惠文王、秦昭王等数辈贤君的努力，到公元前221年时，终于以强大的国力和军力击败东方六国，建立起中国历史上第一个中央集权国家。自东周时周平王东迁，各诸侯国分裂割据，历时近五百五十年，中国才重新走向了统一。

而在任期内完成这一重大使命的秦王嬴政，则成为中国历史上建立大一统王朝的一个显著标志，被后世的许多朝代和人所频繁提起。

嬴政于公元前259年出生于赵国的都城邯郸。嬴政出生之时，由于他的父亲嬴异人已经受到吕不韦的资助，并且被秦太子安国君立为世子，所以在经济上已经没有最初到赵国做人质时的那样拮据，生活也不像先前的那般困顿，嬴政的童年生活，自然也算不得清贫。不过，由于当时秦国经常性攻打赵国，所以赵国对

待嬴异人一家很不友好。秦、赵邯郸之战之时，差一点儿遭遇灭国之祸的赵孝成王，恼怒之下为了泄愤，下令把嬴异人一家抓起来杀死，但嬴异人在吕不韦的帮助之下，成功逃离赵国。嬴政则和母亲赵姬在母族亲属的帮助之下，就地在赵国躲避起来。

这种提心吊胆、东躲西藏、极度缺乏安全感的日子，显然给幼年时的嬴政留下了极难磨灭的印象，在他的性格成因中打下了深深的烙印。几乎可以想象，当幼年的嬴政因受委屈等原因刚刚要啼哭之时，他的母亲马上就会脸色大变上前制止他说："千万别哭，要是把赵国的军队招来，那咱们娘儿俩可就全活不成了。"这样的生活环境，显然对嬴政的性格心理造成了非常大的影响，敏感、猜疑、恐惧、暴戾、急怒等，都成为嬴政性格心理中不可或缺的因子。

这样的日子一直持续到公元前251年安国君即位，嬴异人被立为太子之时。而那个时候的嬴政，已经九岁了。

赵孝成王见之前一贯被他们冷落、无视的嬴异人，居然被立为了秦国的太子，立即感到了前所未有的震恐，如果不趁此机会结好强大的秦国，那么等有朝一日嬴异人当了秦王，恐怕赵国马上就会遭遇灭国之祸。赵孝成王一反常态，命人花大力气从民间找到藏匿的嬴政母子，然后派遣赵国军队把他们一路护送到了秦国。

从赵国小街里巷来到秦国富丽宫廷的嬴政，睁开懵懂的眼睛看着这个与他之前生活的地方完全不同的环境。之前处处担惊受怕、遭人冷眼，而在这个地方却享受到了极度的荣宠，没有一个人再敢鄙视他，冷落他，挖苦他，至少在表面上绝对不敢。这样的生活环境，对于修复嬴政之前因恐惧而多疑，因贫贱而自弃，因躲藏而急怒的性格，显然大有益处。而在这样富贵而自足的环境中，嬴政的自信、自强、自尊和独立人格渐渐被培树，他慢慢地成长为一个具有坚强性格的贵族公子。

在嬴政来到秦国宫廷之后不久，随着秦孝文王的死，吕不韦迅速掌握了秦宫的大权。所以，在那个时间段里，即使是庄襄王死后，也没有哪个人敢对嬴政有丝毫的为难，因为坊间都在传言，说嬴政是吕不韦的私生子。那么现在吕不韦大权在握，又有谁敢对嬴政这个年仅十三岁的娃娃有丝毫的怠慢和不恭呢？

然而，随着年龄的增长，嬴政渐渐地从一种自我满足、无忧无虑的生活状态之中，越来越多地感受到了尴尬和不满，因为随着他不断成长，原来他不懂的一些事情，开始懂了，原来他不明白的一些事情，开始明白了。既然懂了，明白了，那么贵为一国之主，他的尊严就不容践踏。太后的放荡淫乱，吕不韦的霸道专权，嫪毐的胆大妄为，这些都是令他不能容忍的。于是他充分运用他的聪明才智，一一清除了这些人，然后掌握了秦国的最高权力。

之后，在他主导下的秦国，以无可阻挡之势，横扫东方六国，一统天下。无数先辈奋斗了五百多年，终于使偏居于西陲边地的小小秦国，先是跻身强国之林，之后一跃而成为天下的主宰。而他也从一个在邯郸城里寄人篱下、受人歧视的人质之子，一跃而成为至高无上的天下共主。试问在任期内取得这一非凡成就的嬴政，又怎么能不意气风发、豪迈激昂呢？

是的，实在是太不容易了，作为秦国不容易，而作为他嬴政，就更不容易。嬴政据此颇为自矜，他觉得仍旧让人们称自己为秦王，已经不足以昭示后世，显赫万代，必须用一个更尊贵的头衔来称呼自己才行。

基于这样一个想法，嬴政大集群臣，陈说秦国消灭六国并一统天下的历程："之前的时候，韩王曾经举全境之地并献上国玺，向秦国纳降，请求作为秦国的藩国，但不久就背弃了誓言，与赵、魏等国联合背叛秦国，所以我发兵攻灭韩国，并俘虏了韩王。赵王见状，于是派他的相国李牧来和我们讲和订盟，所以我们送还了他们的人质。但随即赵王就背弃了盟约，在太原制造叛乱，因此我发兵攻打赵国，并俘获了赵王。赵国公子赵嘉在代地自立为代王，准备负隅顽抗，我也派兵击灭了他。魏王刚开始也与我订立了盟约，表示愿意归服秦国，但却暗地里与韩、赵等国阴谋袭击秦国，最终被我军破城灭国。楚王答应把青阳以西的土地献给秦国，但过后不仅不履行约定，反而派兵攻打我国的南郡，所以我发兵进攻楚国，俘虏了楚王，并平定了楚地。燕王昏庸糊涂，他的太子燕丹与荆轲等贼人暗中勾结，试图谋刺我，事败后被诛杀，燕国也被消灭。齐王采纳其相国后胜的计策，不许秦国的使节进入齐国，准备作乱，于是发兵前去征讨，最终俘虏齐王，平定了齐地。就这样，我通过东征西讨，使韩、赵、魏、楚、燕、齐六国之王全部认罪称臣，天下归于一统。"

随后，嬴政说出了他的真实意图，他说："如今，我再不能称为秦王了，那样的话，我所取得的功绩就没办法扬名天下，传之后世了。请你们好好商议一下，我该采用一个什么样的帝号。"

嬴政在所说的这番话里，完全掩盖了秦国依仗武力弱肉强食兼并六国的事实，给六国之王全部戴上了背约反叛的帽子，并使自己处于被迫出手并站得住脚的正义立场上，这也从另一个侧面证明，历史确实是胜利者书写的，他可以利用最终获得的话语权，美化自己的言行并将对手的一切行为定义为非法。但就秦王嬴政所取得的历史功绩来说，他这么做也无可厚非，他任用贤能，励精图治，动员并凝聚（甚至也可以说是威迫）国内一切力量，指挥强大的秦军披坚执锐横扫六国，结束了长达五百余年诸侯割据、混战不休的局面，使当时的中国趋于完整、统一，他在总结陈词之时对不利于自我的字句加以修饰和润色，也是可以理解的。

嬴政命令下达，大臣们立即开始激烈讨论，丞相王绾、御史大夫冯劫、廷尉李斯等人向他上奏说："从前五帝的领土纵横千里，天下的诸侯们有的来朝贡，有的不来，天子无法完全控制。如今陛下您大兴义兵、消灭叛贼，平定了整个天下，四海之内，全是秦国的郡县，由朝廷统一发布命令，这是以前从来没有过的，就算是五帝也没有建立这样的功业呀。我们认真地与博士们商讨过了，上古的时候，有天皇、地皇、泰皇这三皇，其中泰皇的称谓最尊贵。现在我们冒死呈上尊号，称您为'泰皇'，命称为'制'，令称为'诏'，天子自称为'朕'，不知道可不可以？"

嬴政对"泰皇"这个称谓显然并不满足，因为那样会使他看起来与以往的首领仍然没有什么区别。对他来讲，此时的这个称谓，既要显得无上尊贵，还要显得独一无二、无与伦比，与他所建立的千秋功业相匹配。他说："去掉这个'泰皇'的'泰'字，留下'皇'字，再把上古的称号'帝'加进来，称之为'皇帝'，其他的就按照你们所说的办。"

"皇"有"盛大美好"之意，人们对祖先或其他的一些神明，有时就称为"皇"，如屈原在《离骚》中称其父亲为"皇考"。而"帝"是上古人们想象中的主宰万物的最高天神，嬴政将"皇"和"帝"两个字组合在一起，发明出"皇帝"这样一个前所未有的称谓，无非就是想宣示他至高无上的地位和权威是上天给予的，他是应上天之命而产生的一个主宰者；此外，仅仅做个人间的主宰还不满足，他还要把自己塑造成神，让众人崇拜他。

当然了，这个称号实际上与之前的王、首领、国君等并没有本质上的区别，只是做了一些词汇上的藻饰，从字面上看起来更加尊贵罢了。不过，这就是政治的奥妙所在，有时候一字之差，地位就判若云泥，或者是虽然已经实际享受到了某种待遇，但有名分和没名分，仍然是天壤之别。

大臣们按照秦王嬴政的意愿议定并上奏，于是嬴政再次下达制书说："朕听说，很早以前太古的时候，帝王有号没有谥，中古的时候，有号，死了以后，后任的国君和大臣们根据他生前的行为，给他定个谥号，这样一来，实际上就是儿子评论父亲，大臣评论国君，我觉得这样做很不合适，决定从现在起，废除谥法。朕是秦国的始皇帝，后世按照数字来排列，称之为二世、三世直到万世，就这样一代一代传下去，直至无穷。"

  自此，秦王嬴政在史书中改称为秦始皇帝，简称秦始皇或始皇帝。"皇帝"一词，从此成为各朝代最高统治者的专用名称，一直沿用了下来。秦始皇实在是太自信了，此时他春风得意，觉得他的帝国至少能传承万世，但谁知道，强大的秦朝在他死后两年就分崩离析了呢？当然，这都是后话，那个时候，秦始皇已经作古，他又怎么能知道后面发生的事情呢？

  秦始皇创造出"皇帝"这个新头衔并取消谥法，这是秦王朝立国思想，也就是统治思想——韩非法家学说中"君权神授"观念在他意识中的集中反映。秦始皇试图通过这些措施，进一步突出他的特殊地位和与众不同，进一步神化君权，让他的皇位千秋万代地传下去。此外，他还规定了"玉玺"制度。他命令玉工将名闻天下的宝物和氏璧雕琢成玉玺，方圆有四寸，上面勾交有五条龙，下诏并由李斯镌刻"受命于天，既寿永昌"八个篆字于其上，以作为"君权神授、正统合法"的皇权信物。此后，凡是历代帝王登基，都会以玉玺象征他们"受命于天、天命所归"；而反之，如果丢了玉玺，则被认为是"气数已尽"；而那些已经登上大位但却没有传国玉玺的，则被讥嘲为"白版皇帝"，显得名不正言不顺；更有一些心怀不轨欲谋大位者，则对玉玺觊觎无尽，千方百计争夺，甚至不惜为此丢掉身家性命。

  秦始皇又采信阴阳家邹衍的"五德终始"学说，认为每一个朝代的兴亡更替，都是金、水、木、火、土这五行循环往复、相生相克的结果，秦始皇经过让博士推演，认为周朝是火德，周朝被秦国所取代，那就是水克火，是水德代替了火德，于是认为秦朝是水德的开始。当时的一些理论认为，水与数字六、黑色、严苛无情等有着相互对应的关系，于是把十月改为一年的正月，把十月初一作为新年的第一天，每年的朝贺都在十月初一举行。国家崇尚黑色，所以皇帝所用的衣服、旌旗、符节等都是黑色。数字以"六"为基本规格单位，国家的兵符、印信等都做成六寸高，马车的宽度为六尺，每六尺合为一步，每辆马车用六匹马拉，等等。既然是水德，那么国家就应该采取严苛的手段管理百姓，所有的事情都依照法律办理，并对违犯律法者施以残酷的刑罚。"五德终始"说，最终与秦朝的立国思想法家思想建立了牵强附会的联系。

对于新建立的这样一个大一统的国家，应该采取什么样的方式去管理，也是让秦始皇和他的大臣们不得不深入思考的一个问题，为了集思广益，秦始皇下诏让大臣们讨论。

丞相王绾等人向秦始皇进言说："现在诸侯刚刚灭亡，燕、齐、楚等这些地方距离咸阳非常远，请把诸公子封为诸侯，让他们去镇守这些地方。"许多的大臣都觉得沿袭前朝的分封制比较理想，于是纷纷附和王绾的提议，但廷尉李斯却提出了不同意见。

李斯说："周文王、周武王分封了许多的同姓子弟为王，让他们镇守各地，但到后来，这些子弟之间的关系越来越疏远，相互攻打就像仇人那样，诸侯之间，更是互相侵伐，而作为天下共主的周天子，却没有能力禁止。如今呢，凭着陛下的英明神武，天下归于一统，各地都设立了郡县，如果您利用收来的赋税重赏王子和立下功绩的大臣们，就显得非常易于管理和控制，天下百姓也不会有二心，这是让国家长治久安的良策呀。因此，我认为分封诸侯是不利于治理国家的。"

秦始皇对李斯的话表示赞赏，他说："多少年来，百姓困苦，天下苦难，战事不断，征伐不休，好不容易平定了天下，又要设立诸侯，这不是和以前没什么两样了吗？要是那样的话，想让天下安宁，就真的是太不容易了，我赞同廷尉李斯的意见。"

于是决定实行郡县制，把全国分为三十六个郡（后陆续增加到四十多个郡），每郡设立郡守、郡尉和郡监三名主要官员。

因为秦朝制定的制度被以后各朝所直接采用或效仿，并且在以后各朝代的历史中都要出现，因此在这里做个大略的介绍，对制度不感兴趣的读者可以直接跳过且（目的是方便读者了解，没有任何古今类比的意思）。

三个高级地方官之中，郡守是一郡的最高行政长官，掌管全郡的政务，直接受秦始皇所代表的中央政府节制，相当于现今一省的省委书记兼省长；而郡尉主要是用来辅佐郡守，主管全郡的军事和治安，相当于现今的省军区司令兼省公安厅厅长、法院院长等；郡监就是监御史，主管全郡监察工作，相当于现今的省纪委书记兼监察厅厅长。

在一郡之下，又设立县或道。设在中原内地的称为县，设在边疆或少数民族地区的称为道。人口超过一万户以上县的长官称为县令，不满一万户的称为县长。县令（县长）是一县的最高行政长官，主管全县的政务，受郡守节制。县令

(县长)之下设县尉、县丞。县尉的职责类似郡尉，主管全县的军事和治安；而县丞则是一个和郡监职责、性质截然不同的官职，县丞是县令(县长)的助手，主管县里的文书、仓库、监狱和司法等，从这一点上来看，县丞相当于现今的县委、县政府办公室主任兼财政局局长、监狱长、民政局局长等，县令无法处理政务时，县丞还可以代理县令处理县里的政务，所以也可以看作是副县令。

郡、县的主要官吏都由中央政府也就是皇帝直接任免，所以，郡守虽然是县令的上级，但却不能直接任免县令、县尉、县丞等，这和现今的制度体系又有区别。

在县以下，又设乡、里和亭。乡、里是行政机构，相当于现今的镇和村，亭为治安组织，相当于现今的公安派出所兼基层法庭。乡的官吏主要有三老、啬夫和游徼。三老主管教化，啬夫主管诉讼和税收，游徼主要是巡察缉捕。乡以下为里，里设里正或里典，后世又叫作里正、里魁，由"豪帅"，即乡间的豪绅地主担任，相当于现今的村支部书记兼村长。亭是管治安、禁盗贼的专门机构，两亭之间相隔十里，设亭长(汉高祖刘邦曾任亭长)，主管治安警卫，也管停留的旅客，并治理民事。

地方的官职大体如此，那么中央的呢？

在中央政府，秦始皇以战国时期的秦国官制为基础，对当时已有的官制进行了调整和扩充，建立了一套新的中央行政机构。这套中央行政机构，就是大名鼎鼎的"三公九卿"制。

三公是指丞相、太尉、御史大夫。

丞相是最高行政长官，辅佐皇帝处理政务，同时负责管理文武百官，相当于现今一国的总理或国务卿。

太尉是最高军政长官，负责全国的军事事务，相当于后来的大将军、近现代的三军总司令兼国防部长。

御史大夫相当于副丞相，主要负责管理书籍、奏章、下达皇帝诏令、监察文武百官，相当于现今的中央书记处书记兼中纪委书记、副总理、监察部部长等。

九卿是指在丞相、太尉和御史大夫以下设立的分掌具体政务的诸卿，相当于现今的国务院各部部长。分别是：

奉常：掌管宗庙礼仪，为九卿之首，后改为太常。大约相当于现今的中宣部部长兼文化部部长、教育部部长。

郎中令：掌管宫殿警卫事务。大约相当于现今的中央警卫局局长。

卫尉：负责宫门的警卫事务。大约相当于现今的京城卫戍司令。

太仆：掌管宫廷的车马。现今无对应职能部门，大体可以比类为交通运输部部长。之所以只能说是比类，是因为太仆只为皇帝及身边的妃嫔、外戚服务，而交通运输部则为全国人民的交通出行服务。

廷尉：掌管司法、诉讼、审判。大约相当于现今的公安部部长兼最高检察院检察长、最高法院院长。

典客：掌管外交和民族事务。大约相当于现今的外交部部长兼国家民族事务委员会主任。

宗正：掌管皇室内部事务。现今无对应职能部门，大体可以比类为机关事务管理局局长。之所以说是比类，是因为宗正主要管理皇帝及其宗室、外戚勋贵等有关事务，是为皇室私人服务；而机关事务管理局主要管理中央国家机关的经费、财务、公务用车、国有资产等事务，是为国家机关的全体工作人员服务的。

治粟内史：掌管税收和财政。大约相当于现今的中国人民银行行长兼国家发展改革委主任、财政部部长、国家税务总局局长、民政部部长。

少府：掌管山河湖海税收和宫廷手工业、制造业，收入归皇室开支。现今无对应部门，勉强可以比类为农业部部长兼商务部部长、国家林业局局长、工信部部长、科技部部长。

秦朝时的三公九卿，之所以与现今的部门和职务不一一对应，主要是因为"家天下"与"公天下"的不同。自从大禹"父传子、家天下"，夏启建立夏朝，国家就成了某个首领及其族人的天下，大部分的官吏，实际上就是为这个首领及其家人服务的，是家臣，所以九卿之中的太仆、宗正、少府这三个官职，是比较能体现这一点的，尤其是宗正，专门管理皇室宗亲、妃嫔外戚等，可说是专门为皇室特设的一个部门和官职。

但随着社会的发展，春秋战国时期不少的封建诸侯不得不"化家为国"，因为虽然名义上他封国内的所有财产物资都是他个人的，但如果他不保证国中大部分的平民百姓拥有足以维持正常生活的资产，那么这样的诸侯早晚会被治下的百姓所抛弃或更替，所以许多开明有见识的诸侯，为了确保自己的家族能够长久地享有这种权力，于是就制定一系列的制度并让所有人遵守，既让百姓得利，也让家族的权力传承。国家虽然是自己家人的国家，但在客观上也确实是国中百姓的国家。比如赵、魏、韩三国，他们的首领最初只是晋国的大夫，赵、魏、韩三家的封地最初是他们的私人财产，但三家分晋之后，都成了独立的国家，原本属于私人的领地就成了整个国家的领土，于是最终"化家为国"。所以他们在制度的设计上，既保留一定"家天下"的比例，确保自己家族的利益，也设置一定"公天下"的比例，确保平民百姓的利益，并争取在最大程度上使自己的家族和天下百姓双方都受益。所以，三公九卿之中的其他职位，比较鲜明地体现了"公天下"，比如丞相，辅佐皇帝治理天下万民，比如太尉，运用军事手段保卫国家政权，比如廷尉，执行法律维护公平正义，比如治粟内史，掌管税收财政确保国家政权正常运转，等等。

三公九卿都由皇帝直接任免，不得世袭，这就至少在制度设计上避免了之前诸侯王国分裂割据事件的发生，把大权紧紧地握在了皇帝一个人的手中。自此，有别于世卿世禄制的新的更先进的官僚制度诞生。

三公九卿的称谓实际上在夏、商时期就已出现，但在秦朝以前，各朝代名称变化不一，且在世卿世禄制的奴隶制社会或由奴隶制向封建制过渡的时期，也并不真正完全具有秦时三公九卿的职责和职能。

秦朝设立的三公九卿制，是中国古代封建中央集权国家制度的模本。此后，历代封建王朝在建政时都基本上沿用了三公九卿制，直到隋文帝杨坚改设为三省六部制为止。但三省六部制仍然是在三公九卿制的基础上发展起来的，其结构受三公九卿制的影响非常大。三公九卿制，上承夏、商、周三代，下启隋、唐、宋、元各朝，对中国历史的影响非常大。

郡县制的实行，初步打破了长期以来血缘关系的宗法制，而三公九卿制则代替了贵族的世袭制，这在中国古代的社会发展史上，无疑是一个非常大的进步。

秦朝创立的这一套中央集权国家政治制度，在以后的各朝各代中，基本框架大体未变，所以有"百代犹行秦政法"之说。

在秦统一六国之前，由于各诸侯国长期分裂割据，因此在各国、各地之间，语言、文字以及文化习惯等都形成了相当大的差异，这就给国家的管理、文化的交流以及经济的发展带来了非常大的障碍。

针对这些问题，秦始皇接受李斯的建议，决定统一文字、度量衡、货币以及车轨等。

在春秋战国的社会动荡时期，各地文字的读音和形体都有一定程度的差异，出现了"言语异声，文字异形"的现象。同样的一个字，不同国家的写法往往不同，甚至读音也不同。比如相同的一个"马"字，七个国家的写法竟然都不一样。不但不利于文化的发展和人们的交流，也给文书、档案的书写、阅览、传播等带来了巨大的难度。李斯以秦国通用的文字大篆为基础，参照六国文字，吸取齐、鲁等地通行的蝌蚪文笔画简省的优点，通过简化字形，整理部首，创造出一种笔画比较简单、形体较为规范简略，而且便于书写的小篆体。公元前221年，秦始皇发布"书同文"的诏令，规定以秦国的小篆为官方标准字体，命令当时颇有造诣的三名书法家廷尉李斯、中车府令赵高、太史令胡毋敬分别用小篆书写《仓颉》《爰历》《博学》三篇，作为文字范本，在全国推行。从此，汉字的结构基本定型。汉字的统一，极大地推动了社会的发展和文化的交融。可以想象，即使生活在现今的人们，因为全国各地的方言和口音都不一样，如果文字再不统一，那么在出差、旅游、开展商务活动的过程中，可想而知，说话听不懂，文字又看不懂，到处都得请翻译，谁知道会糟糕成什么样子。

  与此同时，一位名叫程邈的小官吏因为犯罪被关进云阳（今陕西省咸阳市淳化县西北）的监狱，在服刑的十多年时间里，他在狱中对当时文字演变过程中出现的一种变化（后世称之为"隶变"）进行了总结。程邈的这个创举受到秦始皇的赏识，于是特意将他赦免出狱，还提升他为御史，命令他制定出一种新的字体，这就是后来的"隶书"。隶书书写比小篆更简便，因而更为流行，为后世楷书的出现奠定了基础，也进一步提高了汉字书写的速度。

  春秋战国是我国商品经济发展极为迅速的时期之一，为显示国家的主权独立，不同国家的货币往往也不同。虽然各国大都采用青铜铸币，如刀币、布币、铜贝等，但各国的铜币在形状、大小、轻重以及计算方式上都有很大差异。币制的不统一，严重阻碍着各地商品的流通及国家的财政收支。为了消除这一不利影响，秦始皇下令统一全国货币，主要措施有三项：一是将铸币权收归中央，禁止地方和私人铸币；二是明确货币种类，规定法定货币为黄金和铜钱。其中黄金属于上币，以镒为单位，每镒二十两，主要用于皇帝赏赐群臣，在上层贵族阶级流通。而圆形方孔铜钱则属于下币，主要在民间流通，铜钱上铸有"半两"字样，每钱重十二铢，一万铜钱折合1镒黄金；其三，废止其他国家的货币，不准以龟贝、珠玉、银锡等充当货币。货币的统一，极大地促进了商品流通，方便了财政收支，促进了经济发展。而象征着"天圆地方"的圆形方孔钱，也成为中国封建社会货币的基本形制，一直沿用了两千多年，直到清朝灭亡。

  度量衡是商品交换中必不可少的尺度，也是国家收取赋税的重要标准，如长度、重量、亩制等。春秋战国时期，各国的度量衡十分混乱，计量单位不统一。秦始皇下令统一全国的度量衡器，将统一度量衡的诏书全文刻在新制作的度量衡标准器上,在全国范围内推行。这样做的结果是既可以向民间提供更多的度量衡标准器,也可以传颂秦始皇的丰功伟绩。统一后的度量衡,长度单位以寸、尺、丈、引为单位,以十为进位制度(秦尺一尺约合现今二十三点一九二厘米),十寸为一尺,十尺为一丈,十丈为一引;量制单位以龠(音悦)、合、升、斗、桶(斛)为单位,也是十进制,一斛为十斗,一斗为十升,一升为十合,一合为二龠;衡制单位以铢、两、斤、钧、石为单位,每二十四铢为一两(合今十五点八克),十六两为一斤(约合今半斤),三十斤为一钧,四钧为一石;亩制单位,规定六尺为一步,二百四十步为一亩。

战国时期,各国的车辆也形制不一,有大有小,因此相应地,各国的车道也有宽有窄,一个国家的马车到了另一个国家,行走起来很不方便或是直接没办法行走。这和近代火车出现之后各国的铁轨宽度不一致有很大的相似之处。为了消除这个弊端,公元前222年,秦始皇一方面开始大规模修筑以国都咸阳为中心,通往全国各地的驰道,类似现今的高速公路和铁路,并发布"车同轨"的诏令,规定马车的宽度统一为六尺。驰道修好后,极大地便利了交通,加快了战争中物资粮草的运输,也方便了秦始皇的出巡和对六国旧地的监视控制。秦国修建的驰道,除秦直道和秦栈道外,大多是在秦国和六国旧有的车道上扩建而成。驰道平均宽约五十步(约合现今七十米),著名的有:上郡道、临晋道、东方道、武关道、秦栈道、西方道、秦直道等。

统一文字、货币、度量衡并拓修驰道,在一定程度上消除了长期分裂割据造成的地区差异,为经济、文化的发展提供了便利条件,促进了秦朝这个刚刚统一的国家的发展。秦始皇统一货币,统一度量衡,统一文字,统一车轨,对后世影响极大,并由此产生了不少脍炙人口、耳熟能详的典故、成语,比如锱铢必较、寸土必争、一寸光阴一寸金、尺有所短、寸有所长、才高八斗、半斤八两、千钧一发、道高一尺,魔高一丈、五十步笑百步等,极大地丰富和发展了汉语的语言词汇。

秦始皇统一六国之后,非常担心六国贵族图谋复国,于是把六国的豪富之家和强盛宗族约十二万户迁到咸阳,让他们为秦王朝看护皇陵,另一部分迁到巴蜀、南阳、三川和赵地,使他们远离故土,便于朝廷监视和控制。同时,一些平民也被迫迁徙,做开矿、开盐井等苦役,这些被迫迁徙的平民叫作"迁虏"。又把全国各地的所有兵器都收缴并集中起来运到咸阳,熔化后铸成十二个千石重的大铜人,放置在宫中。此后,秦始皇便沿着建好的驰道巡游天下,从北国到江南，从泰山到钱塘江，他的足迹几乎遍布整个中原大地。每到一地，他都要祭奠当地的名山大川，刻石纪功，以宣告自己是天下的主人，并显示他的威势与功绩。

截至公元前221年，秦始皇虽然成功地兼并了中原的六个国家，而北方广大的土地仍然被匈奴占领着，南方的百越也没有纳入秦王朝的版图。当然，秦始皇对这一切早就胸有成竹，制订了详尽的战略计划。

在现今的浙江、福建、江西、广东、广西、云南一带，很早就有一个人数众多的民族，即越族。越族的百姓，一部分是当地的原始居民，而另一部分，则是勾践灭吴后所称霸的越国被越王无疆败国后，迁徙过去的原越国贵族。越族部属众多，而且部落差异很大，又称作"百越"。依据其分布的地区不同，可分为于越、闽越、瓯越、南越、西瓯等八部分。

为了把百越并入秦王朝的版图，公元前218年，秦始皇命令大将屠睢和副将赵佗率领五十万大军，进行大规模的征服岭南百越的军事行动。秦军兵分五路，经现今广西北部的越城岭、湖南南部的九嶷山和江西南康、余干等地，向今天的广东、广西一带的越族进军。五路秦军之中，进攻番禺的秦军行动最为迅速，他们经九嶷要塞，顺北江而下，直达珠江三角洲地区，并占领了番禺。而进攻广西地区越族人的两路大军，则由于越人顽强抵抗而伤亡惨重，这些越人熟悉地形、善于奔跑，且善于使用弓箭，他们截断秦军粮道，并杀死秦军主将屠睢，几乎使出征广西地区的秦军全军覆没。

为了解决粮草运输困难、兵员难以为继的问题，公元前217年，秦始皇命令监御史禄负责开凿灵渠（监御史禄，官职是监御史，名字叫禄，姓失传，类似内史腾、尉缭等）。这条灵渠位于现今的广西桂林市兴安县境内，因此也被称为兴安运河。灵渠总长三十四公里，沟通了长江水系（湘水）和桂江支流漓江，使秦军的粮草快速而顺利地运到了岭南，保障了征服岭南百越的军事行动。

公元前214年，秦始皇再命任嚣（音敖）为主将，赵佗为副将，再次进攻百越。这一次，秦军势如破竹，很快击败了今广西等地的西瓯族和今越南中、北部的洛越族，攻占了整个岭南，并在那里设置了桂林、南海和象郡，基本上统一了岭南。

为了确保岭南占领区的稳定并同化越族百姓，秦始皇接受赵佗的建议，从关中迁徙了五十万秦国百姓前往岭南，与越族原始居民杂居，并命令进军岭南的将士在当地屯戍。这些移民和留守的将士，除少数与中原的移民女子结婚外，大多数与越族女子通婚。这一百万人在岭南地区生活期间，自觉不自觉地把中原先进的文化和农业生产、手工业生产技术传播到了岭南，为开发岭南和促进民族融合做出了非常突出的贡献。但秦始皇把五十万军队留在岭南，并把五十万百姓迁到岭南，给秦王朝带来的弊端也是致命的：秦始皇死后，陈胜吴广起义，因为关中空虚，可以从军的青壮年男丁不足，秦王朝的统治根基直接被动摇。秦始皇虽然丧失了来之不易的统一政权，但他却早早将幅员辽阔的百越纳入了中国的版图，所以，秦始皇对中国历史所做的贡献和牺牲，值得后人永远地记忆。

战国时期，居住在中国北部的匈奴，已经进入奴隶制社会。他们主要游牧于现今的蒙古高原和南至阴山、北抵贝加尔湖之间，占有今内蒙古、宁夏一带的广大草原地区。当时，中原各国忙于征战，所以匈奴大军经常南下侵扰、掠夺与其接壤的秦、赵、燕三国，使三国的百姓屡遭磨难，生产生活受到严重破坏。匈奴人都是马背上长大的，精于骑射，擅长野战，机动性强，因此战斗力非常强大。而初期的秦、晋、燕等国，由于都是步兵和战车，行动不便，所以很难抵御匈奴骑兵的进攻，直到晋国大夫魏舒发明魏舒步兵方阵，这种境况才稍有改观，但也并没有从根本上解决问题；三家分晋之后，三晋之中抵御匈奴的任务就落到了北方的赵国一家身上，虽然战国末期赵国李牧曾大破匈奴，但总体上来说，中原各国对匈作战仍然是采取守势、被动应战。为了不致把更多的军队和时间运用到对付匈奴上而在中原争衡中落于下风，因此秦、赵、燕三国都在北方边境开始修筑"拒胡长城"。而齐、韩、魏、楚、中山这些大小诸侯国，为了防止其他的诸侯国攻打，也修筑"诸侯互防长城"，用以自卫。

秦统一六国后，为了解除匈奴对秦王朝的威胁，于公元前214年，命蒙恬率三十万大军北击匈奴。当时，匈奴的首领是头曼单于。蒙恬统主力军从上郡（郡治肤施，今陕西榆林市南）北出长城攻打匈奴东部；杨翁子率偏师由萧关（秦代的萧关位于今甘肃省庆阳市环县北）出长城攻其西。头曼单于被秦军击败，率兵退去。秦军于是占领河南地（今内蒙古乌加河以南及鄂尔多斯地），并在这些地区设置了四十四个县。前213年秋，蒙恬军北渡黄河，取高阙（今内蒙古狼山中部计兰山口），攻占阳山（今内蒙古乌加河北的狼山、阴山）、北假（今乌加河以南夹山带河地区）。匈奴军队再次战败，向北迁徙。为了巩固河南地区，秦王朝在那里设置了九原郡（郡治九原，今内蒙古包头市西北）。

为了巩固反击匈奴的胜利，秦始皇命令蒙恬负责修建万里长城。当然，也有一种广为流传的说法是，一个名叫卢生的方士，受命赴外为秦始皇寻找仙人仙药,回来后,他向秦始皇呈上了他从神仙那里抄录的书籍,其中最核心的一句是:"亡秦者胡也。"意思就是最后灭亡秦国的是"胡"。这个"胡"字到底指代什么,当时的人们第一个想到的就是北方的匈奴,因为当时的中原人把北方的少数民族统称为"胡",于是秦始皇下令让蒙恬攻打匈奴并修筑长城(后来秦国灭亡后,许多人又认为这个"胡"应该解读为秦二世胡亥)。

蒙恬受命之后,先后征发数十万民夫(实际上前后达到了上百万),经过长达数年的日夜劳作,拆除并改造其他诸侯国修筑的"互防长城",维修、连接原赵、燕、秦三国的长城,并大规模推进新建工程,修筑起西起临洮(今甘肃省定西市岷县),东到辽东(今辽宁省辽阳市一带)的万里长城。

万里长城是古代军事建筑工程的杰作,长城的建成,为巩固大秦北部边地发挥了重要作用,不仅确保了边防的巩固和国家的安全,也使河套地区的老百姓在很长一段时间里摆脱了兵祸,为发展农业生产提供了一个安定的环境。"乃使蒙恬北筑长城而守藩篱,却匈奴七百余里,胡人不敢南下而牧马,士不敢弯弓而抱怨。"贾谊的《过秦论》,对长城的重要性也做出了客观的评价。

但是,长城的修建也浸透着无数劳动人民的血汗,给黎民百姓造成了沉重的徭役和负担,孟姜女哭长城的传说,由此而来。孟姜女的丈夫范喜良(有的地方记为范杞梁)在新婚之夜被秦政府强行抓去修长城,因为不堪承受沉重的劳役,最终累死在了建筑工地上。范喜良死后,他的尸体被砌进长城城墙中。孟姜女千里寻夫来到长城,听说丈夫已死,于是在长城边没日没夜地哭,连哭十天十夜,结果长城城墙坍塌,范喜良的尸体在城墙中被找到。

孟姜女哭倒长城,并不是历史的真实。这个传说由春秋时期齐庄公的勇士杞梁战死后他的妻子哭吊时齐国城墙倒塌一事以讹传讹而来。但这个传说却又分明比真实的历史还要真实,因为它深刻地反映了当时秦朝繁重的徭役和人民痛苦无奈的生活现状。

秦始皇南征百越、北击匈奴、修筑长城,并迁徙大量罪犯和平民到西南及西北边地,加强了对边地的戍守和开拓。其时,秦国的版图东至大海、朝鲜,西到临洮、羌中(今甘肃省甘南藏族自治州临潭县、迭部县一带),南至北向户(今北回归线以南,越南北部及中部一带),北部以黄河为关塞,连接阴山山脉,直到辽东,领土面积达到三百六十万平方千米左右。

秦王朝建立后的一系列制度设计,奠定了中国统一多民族中央集权国家的基本格局,无论是在中国历史上还是在世界历史上,都产生了非常重大的影响。

古代印度梵文称中国为"支那",希腊地理学家托勒密《地理书》中有"秦尼国",中国的英文单词为"China",这些都是从最初的汉字"秦"的读音演变而来的。

而在李斯等人统一度量衡、文字以及蒙恬、赵佗等人南征百越、北击匈奴的同时,秦始皇本人也没有闲居。为了炫耀武力,威慑天下,从公元前220年开始,他率领李斯等亲随,大规模地巡游天下,他的足迹几乎踏遍全国。每到重要之地,他都祭奠当地的名山大川,并在那里刻石纪功,宣扬他一统华夏的功业。

李斯等人为歌颂秦始皇功德而立的刻石共有七处,分别是绎山刻石、泰山刻石、琅邪刻石、之罘刻石、东观刻石、碣石刻石和会稽刻石。因此又称为"秦七刻石""秦七碑"。

秦七刻石相传是李斯用小篆所刻,笔力遒劲,结构圆润,是秦篆的代表作,可谓是秦王朝统一文字的历史见证。秦七刻石原石现大多损毁。经考证,属于秦代原刻者,仅泰山刻石和琅邪刻石两块残石。其中泰山刻石现存于泰山脚下的岱庙内,琅邪刻石现存于中国历史博物馆。

第二节　徐福东渡、焚书坑儒、祖龙之死、沙丘密谋

秦始皇建立了如此卓越的功勋，他真的很想长生不老，永久地享受荣华富贵，以及权力带来的至高无上，朝臣对他的恭敬顺从，还有百姓对他的畏惧忌惮。公元前219年，当他第二次出巡，来到海边，在琅玡台（今山东省青岛市黄岛区琅琊镇境内）刻石纪功之后，他流连徘徊，久久不愿离去，流露出对仙人们的羡慕和渴望。大臣们看穿了他的心思，于是派人四处物色可以为他寻找长生不老药的方士。

齐地有一个非常著名的方士，名叫徐福（古书上称徐市，注意："市"音福，不是城市的"市"）。他向秦始皇上书说："附近的渤海湾里有三座仙山，名为蓬莱、方丈、瀛洲。山上有仙人居住，仙人们腾云驾雾，吃的是仙药，喝的是甘露水，皇上要想长生不老，就请斋戒沐浴，表达对仙人的尊敬与诚心。我愿率三千童男童女，前往海中仙山，为皇上寻找长生不老的仙药。"秦始皇听了，非常高兴，于是按照徐福的要求，为徐福置办出海用的船只、食物、财宝等，并从民间征发了三千童男童女，由徐福带领，前往海中寻找仙人。但徐福带领庞大的船队在海上漂流了很久，也没有找到什么仙人，更别说是长生不老的仙药了。徐福不敢回来见秦始皇，于是带着三千童男童女远走他乡，避祸隐居。徐福最终去了哪里，历史上没有确切的记载，有人说他去了朝鲜，有人说他去了海南岛，也有人说他去了美洲。但影响最大的，莫过于徐福东渡日本说。这种说法是，徐福带着三千童男童女来到现今的日本，自立为王。由于徐福本身就博学多才，通晓医学、天文、航海、占卜等知识，在出行前还带去了谷种、农具、药品及农

耕、医药、养蚕、丝织等百工，因此教当地的百姓从事先进的耕作、捕鱼和沥纸的方法，把领先世界的中国文明传入了日本，促进了日本社会的快速发展。徐福也因此在日本民间被尊为农耕神、蚕桑神及医药神，祭祀徐福的活动历经千年而不衰，其中由天皇主持的祭祀就达八十多次，直到近代明治维新才停止。徐福也因此被日本尊称为第一代天皇——神武天皇。

　　徐福一去不返，但秦始皇的长生不老之梦还是要继续。公元前215年，秦始皇东行来到碣石山，但见碣石山高耸入云，雾霭空蒙，颇似人间仙境，他想成为神仙的愿望更加迫切，于是再次向当地人打听神仙的消息。当地的百姓告诉他，听说有高誓、羡门两位神仙，但这两位神仙到底在哪里，谁也不知道。也不知是听谁说燕人卢生认识这两位神仙，于是秦始皇立即命人把卢生找来，逼着他去找这两位神仙。卢生无法，只好带着人到大海中去找，但找了好久，自然也没找到什么神仙，于是回来编了一套谎话欺骗秦始皇说："我们去寻找神仙和仙药，但却经常扑空，一定是有什么东西冒犯了他们，使他们故意躲了起来。根据寻仙的要诀，陛下必须隐藏自己的行踪来躲避恶鬼，恶鬼躲开了，神仙才能下凡。但如果陛下您的行踪让大臣们知道了，神仙可就不来了。"秦始皇对卢生这番糊弄他的话深信不疑，于是下令将咸阳周围两百里内的两百七十多座行宫用长廊和甬道连接起来，挂上帷帐，然后把钟鼓、美人安置在里面，并登记在册，不许移动。之后下令无论他走到哪里，旁人都不得透露他的行踪，否则就要被处死。有一天，秦始皇去游梁山宫，在山上看见丞相出行时车马随从非常多，立即大发雷霆。他身边的太监就把这件事情密报给了丞相，丞相知道后，一时吓得不轻，赶快减少了自己的车骑随从。过了几天时间，秦始皇又从山上看见丞相出行，却见丞相减少了随从数量，立即大怒说："这一定是我身边的人把我的话泄露了出去。"于是把身边的太监们召来问话，但却没有一个人敢承认，秦始皇于是将当时在场的人全部降罪杀死。从此以后，再也没有一个人知道秦始皇到底住在哪一座行宫里。秦始皇因此隐藏了自己的行踪，但他仍然没有见到什么神仙。

　　世界上的每一个人，尤其是手握大权的伟人，都是复杂矛盾的结合体，雄才大略，但也往往好大喜功，杀伐决断，但也往往跋扈残暴，施政高效，但也往往急功近利，作为千古一帝的秦始皇，则更是如此。与他那不朽功勋形成鲜明对比的，除了他荒唐的求仙之举，还有饱受后人诟病、为中国古文化带来毁灭性灾难的"焚书坑儒"。

　　秦始皇三十四年（公元前213年），秦始皇在咸阳宫设下酒宴，天下的七十多位博士前来向他祝寿。仆射周青臣端酒上前献词说:"以前的时候,秦国方圆不过千里,幸赖陛下英明神武,平定海内,凡是日月能够照耀的地方,没有不臣服于陛下的。把旧有的诸侯国作为我们大秦的郡县,百姓从此安居乐业,再不受战争带来的动乱。就算是上古的帝王,也比不上陛下您的功绩啊。"秦始皇听了之后,感到非常高兴。旧齐国的博士淳于越见状,认为周青臣语出谄媚,并且觉得秦始皇太有些忘乎所以了,于是也上前进言说:"我听说殷商和周朝的国祚长达千年之久,都是因为他们分封自己的同姓子弟为诸侯,作为王室的屏障和辅佐力量。如今陛下一统天下,可您的子弟却与普通百姓没有什么分别,一旦出现像齐国田常、晋国六卿那样架空国君、篡权夺位的乱臣贼子,陛下没有可以依靠的宗室力量,又靠谁来救援呢?不遵循祖制而能够长治久安,我从来没有听说过。况且如今的周青臣,又在表面上奉承陛下以加重陛下的过失,他实在算不上是一个忠义之臣。"

秦始皇听了这两种截然不同的意见,觉得谁说的都似乎有道理,一时间又恍惚起来,于是再次下令让大臣们讨论。

大臣们有说分封诸侯好的,有说实行郡县制好的,一时议论纷纷,莫衷一是。此时已升任左丞相的李斯坚持他之前的主张说:"五帝的治国方略从来都没有重复过,夏、商、周三代的制度也从来都不是一成不变照搬照抄,都根据各自的实际情况来制定政策并发布实施。并不是他们不想沿袭前朝的制度,而是因为他们所处的时代,现实情况已经发生了很大变化的缘故啊。如今陛下创千秋伟业,建万世之功,本来就不是这些迂腐的儒生所能理解的。况且,淳于越所说的都是夏、商、周三代的事情,哪里值得去效法呢?当是时,诸侯群起而纷争,陛下为了平定天下,所以厚待天下游说之士,希望他们出谋划策。如今天下已经平定,国家也颁布了统一的法令,做百姓的,就应该专心去搞好农业生产手工业制作,做士人的,就应该认真学习国家法令并严格遵守。可是这些儒生,不去学习大秦的法令制度,却拿那些早已过时的古代制度来给普通老百姓制造困惑,实在是太不像话了。我作为丞相,冒死向陛下进言:从前天下散乱,没办法统一,就是因为诸侯并立,任何人谈论国事,都尊崇古老的制度而抵制现今的政策,用那些表面上好听却没什么用的空话来扰乱社会,每个人都认为自己所学的那一套管用,都认为自己所说的那些意见正确,而指责陛下制定的政策不合理。如今陛下既然已经统一了天下,那就已经清楚地证明了哪些做法是对的,哪些做法是错的,完全可以确定一种统一的思想来统领天下。但是,各家学派从各个方面出发攻击朝廷的法令和制度，只要一听朝廷有新的政令发布，就立即开始用自己的学说议论，入朝时心里不以为然，出朝后参与街谈巷议，在陛下面前夸耀学说以求取名声，在百姓面前奇谈怪论以显示才高，并鼓动他人一起制造不利于国家的谣言。这样的现象如果不加禁止，那么在上势必就会降低陛下的威信，在下势必就会让这些学派结党营私，最终动摇国家的根基，所以说已经到了非禁止不可的时候了。为此，我大胆请求，凡是史书，只要不是秦国的国史，就全部烧掉。不是担任博士官负责典藏图书的，其他人敢有私藏《诗》《书》及诸子百家学说书籍的，全部命令地方官进行焚烧；凡是有谈论《诗》《书》内容者斩首，凡是借古讽今者灭族，地方官若知情不报，则与犯禁者同罪。命令下达三十天后还不烧书的，就处以黥刑并罚为城旦（在脸上刺字并发配到边疆，白天站岗放哨，晚上修筑长城）。需要留下的，是那些医药、占卜、种植方面的书。百姓中若有不明法令想学习的，就去请教地方官吏。"

秦始皇听了李斯的话，觉得既然已经建成了大一统的国家，要想不再与儒生们因国家大事再费口舌，那么借口焚书并限制言论自由进行思想管制倒不失为一个一劳永逸的办法，于是他下达制书说："可以，就这么办。"

中国历史上的文化浩劫就此拉开序幕，除医药、占卜和种植知识方面的书，以及秦朝官方收藏的图书外，其他的绝大多数都被焚毁。这里之所以说是绝大多数，是因为秦朝不可能烧尽当时所有的书，一方面秦统一之前，诸侯国一些诸侯、大夫离世时，陪葬了一部分书籍（比如晋朝时在墓葬中发现的《竹书纪年》），另一方面，也有个别胆大的，把一些珍贵典籍悄悄地藏在隐秘之所，以传诸后世。另外，还有秦朝的官方藏书。只可惜一个秦始皇还不够，后来又出来一个项羽，入主咸阳后大火焚烧秦宫，致使官方所有的藏书都化为灰烬，造成了中国历史上不可弥补的文化损失。

这是中国历史上著名的"焚书"事件，与之相近的，还有"坑儒"事件，二者并称"焚书坑儒"，极比喻对文化和知识分子的摧残。

秦始皇下令焚书并限制言论自由，这给当时的儒生带来了空前的恐慌，一些儒生悄悄地聚在一起谈论这件事情，以表达自己的不满。被秦始皇找来替他寻找不老仙药的卢生和侯生担心找不到仙药会受到秦始皇的责罚，于是相互商议说："秦始皇为人残暴、刚愎自用，他从一方诸侯起家兼并了天下，志向和欲望都得到了满足，觉得从古到今没有一个人能比得上他。他用严酷的刑罚对待百姓，所以那些执掌刑罚的狱吏都得到了他的重用。博士虽说有七十个人，但却只是让他们挂名而已,并没有真正任用他们。丞相和其他的大臣都只能接受已定的命令,皇上说什么,他们就只能听什么。皇帝喜欢用刑罚和杀人来树立他的权威,所以天下人都担心被治罪,不敢为国尽忠。他听不到忠言而日益骄横,所以下面的人也就因恐惧而刻意地去阿谀逢迎以博取他的欢心。况且我们这些炼药的方士,也受到秦法的限制。秦法规定,一个方士不得兼用两种方术,而一种方术又往往不能应验,不应验就要被处死,天下靠观察星象云气占卜吉凶的良士有三百多人,可全都因为害怕获罪而不敢指出他的过失。天下之事无论大小都取决于他,他每天批阅的竹简多得要用秤来衡量,不达到一百二十斤的限额,就不愿意休息。他贪恋权势到了这种地步,我们还为他求什么仙药啊?"之后便逃走了。

秦始皇听人报告说卢生和侯生逃跑,大发雷霆说:"前段时间,我把天下没用的书全都收起来烧了,并招纳了许多文学、方士方面的人才,希望他们为国家效力,共保天下太平。方士们想通过炼丹,为朕求取奇药。可是如今,这些方士有的一去不返,有的花钱无数,可寻找的仙药却连影子都没有,每天只听到他们为了一己私利而互相揭发。卢生这些人,我尊敬他们,赐给他们很多的钱,可如今他们竟然诽谤我,败坏我的名声和德行。那些居住在咸阳的儒生,我曾经派人去调查过,他们也是不干正事,妖言惑众。"于是命御史审问方士和儒生,方士和儒生们害怕遭遇酷刑,于是一个个互相攀扯告发,最后,经秦始皇亲自判决有罪的四百六十人,全部活埋在咸阳,以此警示天下,惩戒后人。

秦始皇长子扶苏见秦始皇越来越苛暴,于是向他进谏说:"天下刚刚平定,远方的人还没有完全归附,这些儒生都是诵读诗书仿效孔子的,如今皇上全部用严刑惩治他们,我担心天下的百姓会因此而离心离德,影响到国家的安定啊。请皇上明察。"

此时的秦始皇正在气头上,再加上自从他一统天下,就再也没有哪个人敢当面指出他的过失,如今听到连他最器重的儿子扶苏都对他颇有微词,他立刻勃然大怒,命令将扶苏遣送到北部边疆,让他到上郡蒙恬的军中去做监军。

时间到了公元前211年,也就是秦始皇即位的第三十六年。这一年,先是出现了"荧惑守心"的奇异天象。荧惑是指火星,由于它看上去荧荧似火,行踪不定,因此我国古代把它称为荧惑。在古人眼里,荧惑是妖星,往往代表着战争和死亡。而"心"则是天蝎座中的红色一等星"心宿二"。天蝎座在我国被称为黄道星座,在中国传统天文学中属二十八宿之心宿,心宿有三颗星,分别代表着皇室的皇帝、太子和其他皇子。火星一般在黄道附近移动,如果出现在心宿附近,那就会形成荧惑"守心"的奇异天象,古星象学家认为,荧惑守心将预示着皇帝驾崩或是丞相去职。可想而知,这一天象会给秦国人尤其是秦始皇本人带来什么样的心理暗示了。

也是在这一年,一颗流星划过天空,一块巨大的陨石落在了东郡的地面上。不知道是什么人在上面刻了七个字:"始皇帝死而地分。"意思就是秦始皇死了以后,国土就会四分五裂。秦始皇闻报之后,非常生气,荧惑守心他没有办法,但在陨石上刻字,这明显是人为因素,于是就让御史们四处去查访是谁做的,但查来查去,却没有一个人承认。秦始皇大怒,于是下令把这块陨石坠落地周边居住的老百姓全部杀死,之后又用烈火焚烧那块陨石,直到那块陨石因高温碎裂并朽蚀为止。

接连发生两起异常现象,令秦始皇闷闷不乐,他于是命博士作了一首《仙真人诗》,外出巡游时,就让乐师们奏唱这首歌,希望能有神仙听到后下凡,帮助他躲过灾祸并传授他长生不老之法,让他在世间永生。

但是,这个世上毕竟没有什么神仙,也没有什么长生不老之药,再怎么功勋卓著的人物,也无法避免最终死亡的命运。可是秦始皇不这么想,他已深陷神仙和不死之药的传闻,并对自己的死亡感到前所未有的恐惧。所以在他临死前的一两年,身边发生的一些事情全都浸透着一丝怪异,并笼罩着一层死亡的气息,或者说是他人带给他的死亡的暗示。

这一年的秋天,秦国的使者在夜晚赶路,半道上被人拦住,一个人手拿一块玉璧交给使者说:"替我把这个交给滈池君。"之后又说:"今年祖龙死。"使者刚要询问详细,那个人却转眼就不见了。使者非常惊讶,于是把玉璧带回咸阳,并把事情的详细经过报告了秦始皇。秦始皇听了之后,默然良久,说:"这可能是一个山鬼,不过他只能预测一年之中发生的事情。"退朝后,秦始皇又自我安慰说:"祖龙,就是人的祖先。"他命人仔细观察那块玉璧,发现那块玉璧竟然是他八年前巡游天下时乘船过江为镇风浪而抛入江中的那一块。秦始皇对此深感不祥,于是命人占卜,占卜的结果是必须迁徙才能吉利。于是秦始皇命三万户百姓迁往北河(今内蒙古巴彦淖尔市磴口县以东黄河沿岸地带)、榆中,希望能通过他们的迁徙为自己解除凶兆。为了消除迁徙百姓的不满怨恨并弥补他们的损失,他为这些百姓每户赏赐了一级爵位。

这里面所说的"滈池君",指的是周武王,因为周武王曾经在滈水(滈水原在今陕西省西安市西,向北流入渭水,唐朝后期干涸)边居住,因此人们尊他为滴水的水神。把璧交给周武王，暗示秦始皇是殷纣一样的暴君，希望能有周武王似的人来讨伐他。而"祖龙"，则代指秦始皇，"祖"是始的意思，"龙"是皇帝的代称，因为每一个帝王都认为自己是真龙天子。今年祖龙死，意谓秦始皇今年大限将至。谁都知道这个世界上鬼神是不存在的，所谓山鬼也是子虚乌有，那么做这些事说这些话的，就绝对是人。那么究竟是什么人要做这些事情，为什么要做这些事情呢？再来看看之前发生的几件事情。

还是在秦始皇二十八年（公元前219年），秦始皇巡视东部地区的各个郡县。巡游回来的时候，经过彭城泗水，他想把当年秦昭王时秦国将军嬴樛灭周后掉进泗水的周朝传国之鼎打捞上来，以示秦朝顺应天命，并保秦朝江山永固。他派了一千多人下水寻找，费了很大的周折，找到了九鼎，但就在把九鼎打捞出水之时，却从泗水中游出来一条龙，咬断了系鼎的绳子，九鼎再次落入了泗水。秦始皇再派人寻找，但却怎么也无法找到。秦始皇万般无奈，只好作罢。这件事情传开之后，百姓们悄悄议论说，落水的传国之鼎打捞不到，是一个不祥之兆，预示着代周的秦朝国祚不会长久。这样的议论，可说是极尽诅咒之能事。（不过，秦始皇泗水捞鼎之事，在后来被证明是并不存在的虚妄之事。联系到之后灭秦的刘邦曾担任泗水亭长，刘邦是"真龙天子"，有"真龙"不想让象征着王权的九鼎落入残暴的秦始皇之手，就会明白这不过是汉朝人为神化刘邦而编造的神话故事。）

公元前218年秋天的时候，秦始皇东巡，路过阳武县博浪沙（今河南省新乡市原阳县城东郊）。因为他每次出巡之时，为了显示声威，出行的路线都不保密。所以原韩国贵族后裔张良（即帮助刘邦定汉家天下之汉初三杰之张良）得知消息后，提前在咸阳前往东方驰道的必经之路博浪沙设下了埋伏。当秦始皇的车队路过博浪沙时，张良让雇用的一个大力士向秦始皇的马车投掷了一个重达一百二十斤（约合今六十斤）的大铁锤。因为此前秦始皇曾多次遇刺，所以早有防备，预备数辆副车并时常换乘，张良无法判明秦始皇到底坐在哪辆车中，只是看哪辆车最豪华，便让大力士把铁锤投向哪辆车。铁锤准确无误地击中了一辆马车，将马车砸得粉碎。张良和大力士见一击得中，赶快钻入高大的荆棘丛中逃之夭夭。秦始皇由于坐在另一辆副车中，因此幸免于难。秦始皇出来看时见马车被大铁锤砸得粉碎，既惊又怒，当即下令在全国搜捕，但整整搜捕了十天，也没有抓到刺客。

公元前216年十二月的一个夜晚，秦始皇着便装在咸阳城内巡视，身边有四名武士跟随，在兰池宫附近，有刺客突然冲出，向秦始皇行刺，秦始皇躲闪之下十分狼狈。危急时刻，随行武士奋力护卫，杀死了刺客。秦始皇回宫后，越想越怒，下令追查幕后主使，但官兵在关中整整调查了二十天，什么也没有查到。

秦始皇统一六国后，治国上的严刑峻法和建设上的急功近利，使六国百姓不仅动辄得咎、遭受重刑甚至被处死灭族，而且还被迫迁徙或是去边疆服苦役，修长城，修驰道，开通灵渠，等等，弄得民力耗竭，民怨沸腾，几乎是普天下的人都在诅咒他，希望他能早一点儿死去。联想到早先的荆轲刺秦，以及此时的博浪沙遇袭和兰池宫遇刺事件，还有之前的陨石刻字以及山鬼还璧事件，都能非常清晰地让人感觉到许多人对他的痛恨。如果说之前那些极端憎恨他的人还想通过武力手段行刺他的话，那么在经历了数次失败之后，这些人就发现，对防范严密的秦始皇来说，简单的行刺根本就无奈他何，只有升级斗争策略，抓住他岁齿渐老越来越畏惧死亡的心理特征，在精神上恐吓他折磨他，在信念上击倒他摧毁他，让他在惊吓和恐惧中不断自加心理压力以致一病不起早日归天，才不失为一条高妙的计策。荧惑守心虽说罕见，但也是正常的天文现象，可这对诅咒秦始皇的那些人来说，无疑是一枚最佳的精神攻击利器；天降陨石也属寻常，但在上面勒刻预示秦始皇身死国灭的文字，不能不说对秦始皇是一个更为沉重的打击；再就是山鬼还璧。公元前219年秦始皇过洞庭时遇到风浪，自己把玉璧解下来抛入江中以镇风浪，沉璧之时，随行的船工都有看到，事后由善水之人从江中捞起那块璧，然后再由善用隐语的人编好谶语，派人在路上专候秦廷的使者，再剩下的，就是秦始皇自己摧残自己了。

对秦始皇来说，荧惑守心虽说不祥，但还并不是他这一朝代所独有；天降陨石并出现文字，虽说他表面上认为这是老百姓私刻的，但迷信的他在心底里却深信这是上天的昭示；而山鬼还璧则是最致命的一击，当年沉璧，如今却让"山鬼"送了回来，还说"今年祖龙死"，这让他越想越觉得绝望。

为了祈求上天赐福并趋吉避凶，公元前210年十月，秦始皇开始了他一生中的第五次也是最后一次出巡。左丞相李斯、中车书令赵高和上卿蒙毅随行，右丞相冯去疾在咸阳留守。秦始皇最小的儿子胡亥喜欢游玩，请求跟着一块儿去，秦始皇答应了。车队从咸阳出发，一个月后到达云梦，在九嶷山祭祀虞舜。而具有讽刺意味的是，九年前，他却做过一件对虞舜极为无礼的事。那是公元前219年，秦始皇第二次出巡，向西南方向巡游，过洞庭湖乘船沿湘水行至湘山祠下时，忽然刮起了大风，江上波涛汹涌，船只几乎无法前进。秦始皇认为是湘水的神灵在作怪，就问那些随行的博士湘水的神灵是谁？博士们回答说："听说是尧的女儿，也就是舜的妻子，死后葬在这里。"秦始皇因为他母亲不守妇道的缘故，所以对女性有一种本能的厌恶和轻视，一听湘江的水神是个女人，立刻勃然大怒，于是派三千囚徒上山，把湘山上的树木全部砍光，使湘山变得光秃秃的，裸露出红色的山石。九年前的秦始皇，刚刚四十岁，身强力壮，无病无痛，那么自然也就少了许多的敬畏，因此他敢于羞辱虞舜的妻子，处以髡刑"剃光她的头发"以示惩戒，可是如今，他在日渐衰老中面对死神的逼近，突然感觉到了深深的恐惧，于是不得不跑来祭祀人家的丈夫。就算是虞舜真的在天有灵，那么秦始皇之前那样羞辱他，现在却又跑来拜祭，这感情上的弯，一下子能转得过来吗？

祭完虞舜，秦始皇又前往会稽山（今浙江省绍兴市东南）祭奠了大禹，然后在那里立下了著名的"会稽刻石"，以歌功颂德。

之后，出巡车队向北走琅玡。到达平原津（今山东省德州市平原县附近）的时候，秦始皇患上了重病，于是他派亲信的蒙毅代他去祭祀山川求福，争取让自己的病早一点儿好起来。蒙毅走后，出巡的车队继续前进，秦始皇的病也越来越重，由于他非常忌讳说起与死有关的话题，因此随行的大臣们包括李斯在内都不敢向他提安排后事的事情。到达沙丘平台（今河北省邢台市广宗县附近）的时候，秦始皇的病势愈加沉重，他自己也感觉可能好不了了，于是命赵高写下一封遗诏给公子扶苏说："把军队交给蒙恬，赶快回咸阳主持丧礼并把我安葬。"诏书已经封了起来，但还没有来得及把它交给使者，秦始皇就死了。诏书也因此落在了掌管玉玺及虎符印信的赵高手中。其时，由于蒙毅外出，因此只有胡亥、李斯、赵高和几个颇受秦始皇宠信的宦官知道秦始皇的死讯，其他的大臣都不知道。李斯认为秦始皇死于京城之外，又没有正式确立太子，担心宣布秦始皇死讯会导致天下大乱，所以决定封锁消息。他命人把秦始皇的遗体放在一辆既可保温又可通风透凉的辒辌（音温凉）车中，让一名太监在车中假扮秦始皇，百官奏事及一日三餐还像以前那样，所不同的只是由太监在车里批阅大臣们的奏章。

赵高见秦始皇的死讯没有外传，于是放心地把秦始皇给扶苏的遗诏扣留了下来。那么赵高究竟是何许人，怎么敢如此胆大妄为，冒着被灭族的危险私扣皇帝的遗诏呢？来一起看看赵高的来历。

赵高是秦国宗室远亲（秦国之嬴姓与赵国之赵姓本是同族）。赵高的先祖是某秦国公子，秦国自商鞅变法以来，施行军功爵制，凡是没有立下军功的人，即便是宗室子弟，也不能得到爵位。因此，赵高这一支，等传到赵高的父亲之时，就已经与普通的老百姓没有什么区别了。赵高的母亲在年轻时曾经触犯刑律，受刑之后被赦免，按规定到秦宫官方的手工作坊——"隐官"里去做工。在那里，她结识了赵高的父亲，一名在隐官里从事文史工作的低级小吏，于是二人结为夫妻，生下了赵高兄弟几人。赵高和他的弟弟赵成出生于隐官，身份比奴隶好一点儿，但比起自由民来又差一点儿，在十分看重爵位的当时，这种身份可说是十分卑贱的。不过，按照当时的秦国律法，身份的贵贱，只时暂时的，相对的，因为任何人都可以通过建立军功而得到爵位。商鞅变法的彻底性和好处就在于，他所制定的法律十分公平，隐官里的人虽然地位卑贱，但却不会受到太多的歧视，他们该享有的自由权、通婚权、生育权、学习权等种种合法权益，都可以得到有效保障。在这种环境中成长起来的赵高，敏感、聪明，且出人头地的愿望十分强烈，他从小就跟着父亲认真学习书法、法律并苦练武艺骑射，所以长大后，成了非常著名的书法家和法律专家，并且驾车技艺非常高超。赵高在一次朝廷例行组织的史官选拔考试中，以第一名的好成绩被任命为尚书卒史，进入秦宫任职。秦始皇听说他学习勤奋，做事认真，又精通律法，十分赏识他的才华，召来一见，发现他确实就像人们所说的那样，不仅才智出众，相貌堂堂，而且聪明伶俐，娴于辞令，给他留下了非常好的第一印象，于是特意提拔他担任中车府令，让他亲自为自己掌管车马出行等事务。这个中车府令，虽说官阶不高，是九卿之一太仆的属下，但却在皇帝的身边工作，甚至有时候要亲自为皇帝驾车，如果不是骑驾水平很高的人、不是武艺出众的人、不是身材长相还说得过去的人、不是皇帝绝对信任的人，根本不可能担任这个职务。所以，此时的赵高，凭着他精通的法律知识、熟练的驾驶技能和善于讨好别人的特殊本领，轻而易举地就触及了秦国的政治权力核心，虽然他不是上卿不是丞相，但他却比上卿或丞相更有机会参与一些机要事务的策划和处理，渐渐地，他也就成了秦宫中炙手可热的人物。秦国消灭东方六国后，秦始皇下令统一文字，赵高作为著名的书法家，与大名鼎鼎的李斯一起书写小篆范文，他的《爰历篇》，与李斯的《仓颉篇》，一同在全国推行。因为赵高精于书法、精通法律，秦始皇甚至把教授小儿子胡亥的重任委托给了赵高，让胡亥跟着赵高学习法律和案件判决，由此可见秦始皇对赵高的信任之深、宠幸之切、期望之高。

但天有不测风云，皇帝身边的红人也有马失前蹄的时候，赵高一不小心，犯下了死罪。秦始皇于是让同样受他宠信的上卿蒙毅负责办理赵高一案。

蒙毅是蒙恬的弟弟，他们的祖父是蒙骜，父亲是蒙武，在战国时代，都曾为秦国的统一立下过赫赫战功，尤其是在公元前224年秦灭楚之战中，蒙武作为名将王翦的副手，与王翦大破楚军，逼楚将项燕自杀，并于公元前223年俘虏楚王负刍，灭亡楚国，一时威名颇盛。因为这个缘故，蒙恬、蒙毅兄弟在仕途上的起点都非常高，这远不是从最底层奋斗起来的赵高所能相比的。蒙恬最开始也学习狱法刑律，因为家世的缘故，他得以直接成为领军的将领，于公元前221年随王贲所部攻打齐国，灭齐有功被拜为内史。秦统一天下后，秦始皇命蒙恬攻击匈奴并修筑长城，匈奴被秦军打得大败，自此不敢再骚扰边境。蒙氏一家，在军中的威信和国内的声望一时间达到了顶峰。因为蒙氏兄弟忠诚可靠，因此秦始皇对蒙氏一家尊宠有加，信任异常。蒙恬在外担任守边的重任，而蒙毅在内则被封为上卿。蒙毅颇受秦始皇器重，秦始皇外巡时，他甚至能与秦始皇同乘一辆车，入朝议事时，他也常常在御前谋划。兄弟俩一人在外手握重兵，一人在内参赞机要，因此被秦始皇称为忠信大臣，其受宠如此，其他人就算是将军和丞相，也根本不敢与他们去争什么高低。

赵高犯法之后，秦始皇命蒙毅处置赵高，蒙毅并没有因为赵高是皇帝近臣就徇私枉法，他按律判处赵高死刑，革除了赵高出入宫禁的宦籍，然后把调查的结果上报秦始皇，呈请秦始皇定夺。秦始皇看到这个结果，又犹豫起来，他考虑到赵高在自己身边侍奉多年，行事敏捷且虑事周全，工作勤奋且精于律令，于是起了恻隐之心，下令赦免赵高，并恢复了他中车府令的官职。

赵高在秦始皇面前如此受宠且权势赫赫，难怪他在秦始皇死后敢扣留遗诏。

可是，他又为什么要扣留遗诏呢？对熟知秦国律法的赵高来说，他并不是不知道私扣皇帝诏书的罪行有多么严重，而是他明知这是犯禁的大罪，却还要执意而为。赵高发疯了吗？没有。他早就酝酿好了一场阴谋，算计好了一切，如果秦始皇活着，他还忌惮三分，如今秦始皇死了，他将不再有任何的顾忌，他要充分运用他的奸谋和巧舌，去实现自己的目的。

赵高立即动身，找到胡亥。面对这个对自己信任有加，且曾经倾心崇拜自己的学生，赵高毫无掩饰地说："皇上驾崩了，没有诏书封其他的儿子为王，只是赐给长子扶苏一封主持丧礼的遗诏。按照礼制，哪一位皇子有资格主持先皇的丧礼，他就会成为未来的新君，扶苏有了这封诏书，他到达咸阳后就会直接登基做皇帝，拥有整个天下，而反观你，却连尺寸的封地都没有，这些事情你是否考虑过？"

胡亥回答说："事情本来已经这样了。我听说过，圣明的君主很了解他的大臣，圣明的父亲最了解他的儿子。父皇临终前既然没有下达分封诸子的命令，那我还有什么可说的呢？"

赵高说："公子你错了。如今天下的大权，还有其他人的生死存亡，可全都掌握在你、我和李斯三个人的手里啊。希望你认真地考虑一下。更何况让别人做你的臣子与你成为他人的臣子，掌握他人的命运与被他人掌握命运，岂可同日而语？"

胡亥说："废长立幼，自古以来就是不义；不尊奉父皇的诏令而畏惧死亡，这是不孝；自己才疏学浅，强求别人的帮助而登上皇位，这是无能；这三件事都是大逆不道的，别说是天下人不会心服，就是连我自身也会遭受祸殃，甚至会导致国家的灭亡。"

赵高说："我听说过商汤和周武王杀死了他们的君主，天下人都称赞他们的义举，不能算是不忠。卫国国君杀死他的父亲，而卫国百姓都称颂他的功德，孔子专门在书中记载了这件事，不能算是不孝。更何况做大事者不必拘泥小节，行大德者不必再三谦让，正所谓乡间的习俗各有各的不同，百官的工作方式也各有各的不同啊。所以为了顾忌小事而忽视大事，日后必生祸害；关键时刻犹豫不决，机会一旦错过，将来就一定会后悔。果断而大胆地去做，就连鬼神都会回避，也一定能取得成功。希望你能够同意我的建议。"

胡亥长叹一声说道："现在父皇驾崩还未告示天下，丧礼也还没有完成，这个时候怎么好去麻烦丞相呢？"赵高说："时机稍纵即逝，短暂得根本来不及谋划，我就像带着干粮骑着快马赶路一样，唯恐耽误了时机。"

胡亥见状，便不再说什么，意思就是默许了。赵高见胡亥同意了，就对他说："要办成这件事情，如果不和李斯商量，恐怕还不能成功，这种事情你不方便直接出面，我代你去和丞相谈一谈。"

之后，赵高跑去对李斯说："皇帝驾崩，赐给长子扶苏一封遗诏，命他到咸阳主持丧礼，这等于是确认了他的继承人身份。如今诏书还没有送出，皇上就驾崩了，除你我之外，再没有知道这件事情的人。皇上赐给扶苏的诏书及玉玺、调兵的虎符等都在公子胡亥那里，让谁做太子，就在于你我的一句话而已，你看这事该怎么办？"

李斯没想到赵高会跟他谈这个，他断然拒绝说："你怎么能说出这种有损社稷的话来呢？这不是我们做人臣的应该议论的事！"

赵高早就知道李斯的第一反应会是这样，面对李斯的斥责，他毫无惭愧之意，而是继续劝李斯说："您自己合计一下，您和蒙恬相比，谁更有才能？谁更有功于秦国？谁更能深谋远虑而没有失误？谁更能得到天下百姓的拥戴？谁与长子扶苏更有交情且更得他信任？"

李斯想了想说："您所说的这五个方面，我都比不上蒙恬，不过人各有各的长处，您为什么要对我这样求全责备呢？"

赵高说："我本来是一个内宫里供人驱驰的奴仆，侥幸因熟悉狱法进入秦宫，掌管宫廷事务，现今已二十多年了。在这二十多年里，我还从来没有见过被皇帝罢免的丞相或功臣有封爵而能传给下一代的，他们最终都是被诛杀的。皇帝有二十多个儿子，这您都是知道的。长子扶苏刚毅而且勇武，知人善任而又善于激励将士，即位之后一定会任命蒙恬为丞相，您最终是不能带着通侯的印信告老还乡了，这是明摆着的事情。我受皇帝之命教育胡亥，让他学习狱法已经有好几年了，还没见过他有什么劣迹。他仁爱诚实，轻财重士，内心聪明但不善言辞，比较尊敬那些有才能的人，对他们也很有礼节，在皇帝其他的二十几个儿子中，没有谁能比得上他，我看立他为继承人最合适。您最好认真考虑一下，把这件事确定下来。"

李斯还是不为所动，他对赵高说："您还是赶快回去做好您的本职工作吧！我李斯奉行皇帝的遗诏，听从上天的安排，还有什么需要考虑决定的呢？"

赵高见李斯仍然不肯妥协，于是开始威胁说："您可能觉得您现在的处境安若泰山，但在我看来却是危机四伏，一个人连自身是安是危都无法辨别，又怎么能算是一个明智的人呢？"

李斯说："我李斯本是上蔡街巷里的一个平民百姓，承蒙皇帝厚恩提任为丞相，封为通侯，子孙都得到尊贵的地位和优厚的俸禄，就是因为皇帝把国家安危存亡的重任交给了我的缘故啊，我又怎么能辜负他的信任和重托呢？忠臣不惧死节，孝子不怕操劳，做臣子的，各守各的职分就是最好的了。请您不要再说了，再说下去将会令我获死罪的。"

赵高见李斯的口气有所松动，于是继续劝他说："我听说圣人顺应时势的变化而不墨守成规，见到一点儿苗头就能预知根本，看到动向就能预知结局。而万物发展的规律本来就是如此，哪里有什么一成不变的道理呢！如今天下的权力和命运都掌握在胡亥手里，我能猜到他心里在想什么。现在胡亥在内，扶苏在外，胡亥在上，扶苏在下，从外部来攻击内部就是变乱，从下面来攻击上面就是反叛。所以秋霜一降花草随之凋落，冰雪消融万物随之生长，这都是自然界必然的规律啊，您怎么还看不明白这些道理？"

李斯说："我听说晋国把太子由申生换为奚齐，结果三代都不得安宁；齐桓公兄弟争夺君位，结果公子纠被杀死；商纣杀死王叔比干，又不听臣下劝谏，结果国都变为废墟，国家随后灭亡。这三件事都违背了上天的旨意，所以最终落得宗庙没人祭祀。我李斯也是和他们一样的人，他们因为违背天意而受到了天谴，我怎么还能参与这种阴谋呢？"

赵高说："只要我们和胡亥上下齐心，就可以永保国祚长久；我带的内宫侍卫和您带的外廷百官内外配合如一，别人根本就看不出什么异样。您听从我的计策，就会长保爵位，还可以传及子孙，您也必定会有仙人王子乔、赤松子那样的高寿，必定会有孔子、墨子那样的智慧。现在舍弃这个机会而不听从我的意见，就一定会祸及子孙，想一想都会令人心惊胆寒。一个善于为人处世、相机而动的人是能够转祸为福的，就看您怎么考虑自己的处境了？"

李斯被赵高彻底说动，他仰天长叹、挥泪叹息说："唉，我生在这个乱世，既然已经不能以死尽忠了，又该向何处寄托我的余生呢！"最终答应了赵高。

赵高立即回报胡亥说："我是奉太子您的命令去通知丞相李斯的，他怎么敢不乖乖地听从呢！"

于是胡亥、赵高和李斯同谋，一起破去了秦始皇给扶苏诏书上的封印，并伪造了秦始皇给丞相李斯立胡亥为太子的诏书。同时又伪造了一份赐给长子扶苏的诏书说："朕巡视天下，祈祷祭祀各地名山的神灵以求长寿。现在扶苏和将军蒙恬带领几十万军队驻守边疆已经十几年了，既不能向前进军，还损耗了不少士兵，没有立下丝毫的功劳，反而多次上书直言诽谤我的所作所为，因不能回京当太子，日夜怨恨不满。扶苏作为人子而不孝顺，今赐剑令其自杀！将军蒙恬和扶苏一同在外，不纠正他的失误，也应知道他的图谋。作为人臣而不忠，也一同赐命自杀，所率军队交给副将王离。"

诏书伪造好后，用皇帝的玉玺封好，之后让胡亥的门客拿着诏书前去上郡宣旨。

再说扶苏。

因为秦始皇焚书坑儒，扶苏劝他在天下还没有完全安定之时，不要用严刑峻法苛待百姓，秦始皇认为扶苏从未体会过打天下的那种艰辛和残酷，性格慈悲软弱，所以特意把他送到蒙恬那里，希望他能在蒙恬的悉心教导下，在边塞的对敌实战中，逐步成长起来，成为一个合格的接班人。而蒙恬也不负秦始皇所望，诚恳地对待被贬的扶苏,并不时安慰他,关心他,疏导他,最终让扶苏安下心来,专心致志地与他一起训练士卒,戍守边塞,两人在边关的军旅之中,结下了深厚的友谊。

几年下来,扶苏的军事素养不断提升,在军事指挥、战阵等方面都取得了不俗的成绩,再加上他体恤士卒,与将士们同甘共苦,因此颇受将士们的爱戴,在军中树立了较高的威望。他对天下大势的观察更为全面,视野也更加开阔。

但就在他满腔热情,准备着回朝一展胸中抱负之时,一道"秦始皇"的诏书却突然出现在他面前。遗诏的内容并不是让他回到咸阳,而是责备他拓边无功,直言诽谤,日夜怨恨不满,要将他与将军蒙恬一起赐死。

使者宣读的诏书不啻晴天霹雳,扶苏伤心欲绝,他回到营帐中,准备拔剑自杀。还是蒙恬细心,他凭着多年来秦始皇对他的器重和信任,立即起了疑心,他劝扶苏说:"陛下如今在外出巡,又没有立太子,公子们都对储君之位有觊觎之心。他让我带领重兵驻守边疆并让您前来监军,这是多么大的责任,又是多么大的信任哪,如今忽然派使者送来这道不明不白的诏书,就要赐死我们,谁知道这是不是假的?请您赶快向皇上申请复核,如果复核之后,确定是陛下要赐死我们,您再自杀也不迟啊。"

扶苏一时犹豫起来,胡亥等人派来的使者见状,不断上前催促说:"请公子奉诏自裁。"扶苏哭着说:"做父亲的要让儿子死,那还有什么申请复核的呢?"于是就拔剑自杀了。

而蒙恬自认为没有做错什么,坚持不肯自杀,提出了复核申请。

使者的主要任务实际上就是要扶苏死,今见扶苏已死,蒙恬的生死其实已经无关大局。并且蒙恬申请复核在秦朝法律的规定之内,如果他们操之过急,立即就会使将士们产生怀疑而使他们的阴谋败露。于是使者把蒙恬囚禁在阳周(今陕西省延安市子长县北),将军队的指挥权交给副将王离(王翦之孙、王贲之子),又安排李斯的亲信为护军,才放心地回去复命。

胡亥、赵高、李斯听到扶苏已死,立即大放宽心。胡亥想放过蒙恬,而赵高担心日后蒙氏兄弟再掌大权将会对自己不利,于是开始考虑该怎样才能将蒙氏兄弟斩草除根、一网打尽。

其时天气十分炎热,秦始皇的尸体在高温下开始腐败,散发出刺鼻的恶臭。为了不让同行的人察觉到异样,赵高命人买来大批鲍鱼,盖在秦始皇尸体之上,以混淆遮掩尸臭。当车队到达代地的时候,正好赶上蒙毅替秦始皇祈福回来。赵高对蒙毅当年秉公执法判他死刑之事十分怨恨，立即向胡亥进谗言说："先帝本来早就想立您为太子了，但蒙毅却说'不行'，明知您贤明却屡次劝阻拖延先皇立您为太子，这种不忠惑主的人，不如早一点儿把他除掉，以绝后患。"胡亥信以为真，于是命人把蒙毅囚禁在代地。

回到咸阳之后，胡亥等人才宣布秦始皇驾崩的消息，然后为秦始皇举行了隆重的葬礼，并把他安葬在骊山。

秦始皇早在自己即位之初，就派人在骊山为自己建造陵墓，等统一天下后，又从各地征发了七十万名工匠，深挖墓穴，并用炼化的铜水浇铸墓穴内的地面，以堵塞缝隙，然后放入外棺。再令人把设计好百官位次的宫殿模型和大量的奇珍异宝安放在里面。最后，命工匠们制作带有机关的弩箭，一旦有人靠近墓穴，就会自动触发机关将其射杀。在墓室的顶壁上，用天文星象图案模拟了天空，又在墓室的底部，根据地理山川模拟了大地，用水银模拟制作江河湖海，装上机关，使它们能够互相流动贯通。用娃娃鱼的脂肪制成蜡烛，因为能燃烧很长时间。

秦始皇下葬之时，胡亥下令说："先帝后宫中那些没有生育的妃嫔，不应该把她们放出去。"于是下令让这些妃嫔殉葬，一下子死了很多人。秦始皇下葬后，有人对胡亥说工匠们都参与了墓地的建造和机关的设置，出去后一定会泄露陵墓的秘密。于是在安放了灵柩之后，胡亥命人封闭了墓道的中门和外门，工匠们全都死在了墓室里，一个也没有出来。最后，胡亥下令在墓地的出口处栽满了草木，装扮得跟周围的山体一模一样，让人看不出异样。

秦始皇是世界上第一个自命为皇帝的人，他是中国两千多年中央集权封建帝制的主要设计者，他确立的这种统治模式，一直延续到中国封建时代结束，影响之深之广，是历朝历代的其他帝王都无法相比的。在世界历史上，开创了一个大帝国的帝王还有很多，但他们在政治、文化等方面综合起来的实际影响与秦始皇相比，还显得有些逊色。所以，从这一点上来说，秦始皇是一个伟人。

第三节 二蒙遇害、秦宫惨云、陈胜吴广起义

安葬秦始皇之后,假太子胡亥即皇帝位,成为大秦朝的第二个皇帝,史称"秦二世"。赵高因功被提升为郎中令,负责处理朝政事务,他因此成为秦二世最宠信的大臣。

现在,联系上下文来观察思考,就会发现伪造秦始皇遗诏、赐死扶苏并拥立胡亥这一整件事情,完全都是出自赵高的奸谋。可以想象一下,受到荧惑守心、陨石刻字、山鬼还璧等一连串心理打击的秦始皇在决定第五次出巡之时,赵高就知道以当时秦始皇的精神状态和身体状况,随时都有死于巡游途中的可能,于是他授意胡亥,只说是要跟去玩,而实际上却是跟随在秦始皇身边,到时候万一有变方便于中取事。可是,忠信的蒙毅时刻不离秦始皇左右,这可怎么办?也好办。等到秦始皇病势沉重之时,赵高向秦始皇建议说:"如今陛下金躯贵恙,随驾诸将之中,最忠诚者莫过于蒙毅,替陛下去祈求山川神灵,最诚心者也莫过于蒙毅。如果派其他人去,心意不诚,言辞不切,一旦触怒神灵,后果不堪设想。"秦始皇巡游之时,蒙毅本来在某种程度上可以说是皇帝的贴身卫队长,但秦始皇考虑到自己的生死大事,派别人去有可能跟神仙说错话,求福不成反招灾祸,所以从这个角度讲,蒙毅无疑就是最合适的人选。赵高准确地抓住了秦始皇的心理特征,顺利支走了蒙毅,他的奸谋也由此在秦始皇死后得以一步步实现。

这就是赵高需要的,秦始皇死后,如果正直勇武有见识的扶苏即位,那么蒙氏兄弟立即就会受到重用,像他这样的谄媚之辈自然会被疏远,而这是赵高不愿意看到的,为了巩固自己的地位并攫取更高的权力,他必须这么做,把亲近自

己、信任自己的人扶上去，哪怕这个人是一个蠢货、废物，而把那些曾经得罪过自己的人全部铲除掉，哪怕这个人是国之忠臣，世之良将。为了长保他自己的荣华富贵，他完全不惜牺牲国家利益，甚至不顾国家的倾覆危亡，这就是赵高。

赵高时刻不忘政敌蒙毅，经常在秦二世面前说二蒙的坏话，并四处搜集罪状材料，罗织罪名，弹劾蒙氏兄弟，请求秦二世处死他们。

秦二世碍于赵高在帮他阴谋夺位的过程中起了决定性作用，于是就答应了。秦二世的庶兄公子子婴得知消息后，跑来劝谏秦二世说："我听说之前赵王迁杀了他的良将李牧而用赵葱、颜聚，燕王喜偷偷地采用荆轲的奸谋而背弃了与秦国的盟约，齐王建杀了他的故旧忠臣而听从后胜的计策，这三个国君，都是因为改变原来的做法而导致了国家灭亡，并殃及自身的啊。如今的蒙氏，是秦国的忠臣良将，陛下如果要抛弃他们，我觉得这不是一个好主意。我听说不善于思考的人不可以治理国家，独断专行的人不可以保全君位，诛杀忠臣而任用那些没有德行的人，就会对内使群臣互相失去信任而在外使将士们失去军心斗志，这是万万不能做的。"

子婴言辞恳切，但秦二世已经听不进去了，他欠了赵高的人情，他必须还。秦二世派遣使者前往代地，向蒙毅宣诏说："之前先皇要立当今陛下为太子，而你却表示反对。如今丞相认为你不忠，按律不仅要处死你，还要诛灭你的族人，朕不忍心这么做，现在仅仅赐死你一个人，这对你来说，已经是很幸运了，你好好考虑着办吧。"

蒙毅在使者面前辩解说："说我没有得到先皇的信任和器重，可我从很年轻的时候就做官，一直做到了现在，并且幸运地常伴先皇左右，直到先皇驾崩，这说明我还是非常了解先皇的心意的。说我不了解太子的才能，可是先皇巡幸天下之时，二十多个儿子之中只有太子随行，我也从来没有怀疑过什么。先皇要立谁为太子，那也是他长期以来慎重考虑的结果，这是国之大事，我怎么敢去劝谏他，怎么敢向他出谋划策呢？我在这里辩解，并不是为了逃避死罪，而是因为这已经牵涉到先皇的名声，我为此深感羞耻。希望大夫您认真考虑一下，让我死在我应得的罪名上，这样我也心服口服。之前秦缪公（即秦穆公）杀死三位贤臣为他殉葬，并判处百里奚一个他从来没有犯过的罪名，所以死后得到了一个'缪'的谥号，秦昭襄王杀死武安君白起，楚平王杀死伍奢，吴王夫差杀死伍子胥，这四位国君，都因为这样的重大过失，而遭到了天下人的非议，认为他们不是贤明之君，以至于在诸侯国中声名狼藉。所以说，用道义治国的国君不杀无罪之臣，刑罚也不加在无辜之人的身上。请大夫慎重考虑。"

蒙毅的辩解句句在理，担任使者的大臣也认为蒙毅说得对，但他奉了秦二世之命，立意要取蒙毅性命，所以他还是逼死了蒙毅。

秦二世又派遣使者前往阳周，向蒙恬宣诏说："你的罪过实在是太多了，现在你的弟弟蒙毅又犯下大罪，按律牵涉到你，请你自裁。"

蒙恬回答说："从我的先祖到我，我们蒙氏为秦国建功已经三代了。如今我率领三十万大军驻守边疆，虽然遭到囚禁，但要反叛朝廷，也并不是什么难事。但我知道我必将被处死却仍然坚守做臣子的道义，是因为我不敢辱没先祖的教诲，也不忘先皇的信任。当年周成王刚即位时还是个婴儿，周公姬旦就背着他去上朝，并最终平定了天下。有一次成王病得很厉害，周公姬旦就剪下自己的指甲扔到黄河里祈祷说，'君王的年龄还太小，是我在执政处理事务，如果有什么罪过，就全部降在我的身上吧'。然后把所说的话记录下来保存在府库里，可说是非常守信了。等到周成王能理政的时候，有奸佞之臣对他说，'周公旦早就想阴谋作乱了，大王若不早做准备，恐怕会出大事的'。周成王于是大怒，派人搜捕周公旦，周公旦不得已，只得远走楚国避祸。当周成王在府库中发现周公旦当年祈祷时所做的记录之时，感动流泪说，'是谁说周公旦要阴谋叛乱的'？于是杀死了进谗言的人，并迎接周公旦还朝。如今我蒙氏家族忠心不二，却惨遭此祸，一定是有奸贼从中作梗，扰乱国政。周成王犯了错误而不断改正，最终使国家昌盛，桀杀忠臣关龙逄，纣杀忠臣比干，却都不知悔改，最终导致身死国灭。我曾经说过，有了过失可以补救，有了劝谏可以醒悟，我说这些，并不是为了请求免罪，而是为了死谏，希望陛下能够为了天下万民，坚持为君之道。"

使者对蒙恬说："我奉了皇上的命令来处死您，我不敢把您的话转告给皇上。"

蒙恬听了叹息说："我犯了什么罪过，没罪也要死吗？大秦的法律可从来没有这么执行过呀。"过了好一会儿，他又自言自语说："唉，也许我早就该死了，我从临洮到辽东修筑长城，砌城墙，挖壕沟，中间不可能没有切断地脉，这就是我的罪过呀。"说完之后，于是就服毒自杀了。

蒙恬是秦代名将，相传他还发明了毛笔。

蒙恬由于长时间在外带兵作战，所以随时都要将战报呈报秦始皇，而用竹签蘸墨很不方便，写不了一个字，又要蘸。有一天，蒙恬在打猎之时射伤了一只兔子，兔子在挣扎着逃窜之时，尾巴在地上拖出了一条长长的血迹。受此启发，蒙恬于是剪下一些兔毛，插在一头掏空的竹管里，试着用来写字，但兔毛却不吸墨。蒙恬有些灰心，于是扬手把这支"笔"扔到了帐前的水沟里。过了几天，蒙恬偶然之中又看到了那支丢弃的兔毛笔，于是又把它捡了起来。捡起来之后，竟然发现兔毛变得柔软洁白，也没有那么油腻了，蒙恬又把这支兔毛笔拿回去蘸墨，居然惊奇地发现这支毛笔能够吸墨了，并且蘸墨之后，书写也非常流利。原来兔毛笔被扔进帐前的水沟里，由于水中的盐碱成分较多，所以兔毛表层的油脂被洗去了，因此兔毛变得柔软并开始吸墨。此后，蒙恬又试着用狼毛和羊毛制笔，结果效果也非常好。这就是毛笔的来历。

关于蒙恬造笔，历史上多有记载。但随着近现代一些文物的出土，证明毛笔远在蒙恬之前就已经出现了，但蒙恬作为毛笔改良者的身份却是无法否认的。所以毛笔尽管不是蒙恬发明的，但因为他对改良毛笔做出了贡献，所以人们把这一桩功绩记在他身上，也是很容易理解的。

在赵高处心积虑地对付蒙氏兄弟之时，秦二世本人也在想办法铲除他的同胞兄弟和故旧大臣，以稳固他手中的权力。因为他采取阴谋诡计得到皇位，长期以来都很心虚，非常担心大臣们会反对他，公子们会取代他。于是他找来赵高商议说："现在，大臣们心里不服，官吏们的势力也比较强大，其他公子必定会与我争夺皇位，该怎么办？"

赵高说："我早就想对您说这些事了，只是一直不敢对您说。我冒昧地提醒您，请您稍加留意。对于沙丘台的密谋，各位公子和大臣都有怀疑，而这些公子都是您的兄长，这些大臣又都是先帝所任命的。如今陛下刚刚即位，这些人心中都不服气，恐怕他们要闹事，臣整天提心吊胆，唯恐发生不好的事情。"二世问："这可怎么办呢？"赵高说："为今之计，只有实行严峻的法律和残酷的刑罚，把犯法的人和株连的人统统处死，直至灭族，杀死对您不忠的大臣并疏远对您心怀怨恨的骨肉兄弟，把权力和爵位授予那些原来贫穷卑贱的人。把先帝的旧臣全部铲除，重新任命您所信任亲近的人。这样一来，就会使他们从心底里对您感恩戴德，根除了祸害而杜绝了奸谋，群臣没有一个不得到您的恩泽，他们就会尽心竭力辅佐陛下，陛下您不就可以高枕无忧，纵情享受了吗？"

秦二世大为赞赏："实在是没有比这更好的主意了。"于是重新修订法律。凡是认为有哪位大臣和公子犯了罪，就马上交给赵高，由他去审讯法办。

秦二世把他的兄长嬴将闾等三人抓起来关进内宫，然后派人对嬴将闾说："你犯下不臣之罪，按律要处死，现在，官吏们就要行刑了。"嬴将闾辩解说：

"宫中的礼节，我从来都是模范奉行，为官的法纪，我从来都是模范遵守，皇上的问询，我从来都是恭敬应答，我从来没有做错过什么，也没有说错过什么，我犯下了什么不臣之罪？请给我讲个清楚，我也好死个明白。"秦二世派来的使者说："我不知道您究竟犯了什么罪，也无权知道这些事，我只是奉命行事，把皇上的命令传达给您。"嬴将闾仰天大哭说："老天哪，我是无罪的。"兄弟三人流着眼泪，全都拔剑自杀而死。

秦二世的一个兄长公子高见诸兄弟惨遭横祸，想想不定哪天自己就要大祸临头，一时间心急如焚。他想外出逃命，又怕自己跑了家人会被满门抄斩，想来想去，决定牺牲他一个，保全一家人，于是就向秦二世上书说："先帝在世的时候，我进宫就赐给美食，出宫就赐给马车。皇帝内府中的衣物、宝马，先帝也都毫不吝惜地赐给我。先帝对我如此厚恩，我本该陪先帝一起去死，但我却没有做到，这是我作为人子的不孝，也是作为人臣的不忠。而不忠不孝的人是没有理由继续活在世上的，请陛下允许我随先帝去死吧，能够把我葬在骊山脚下守卫先帝的陵墓，我愿足矣。请求皇上哀怜我，答应我这个请求吧。"秦二世接到公子高的奏章之后，既觉得高兴，又觉得惊讶，他把赵高叫来并把奏章交给他看，说："是不是把他们逼得太急了，可不要闹出什么事情来？"赵高说："这些大臣，现在连担心自己能不能活下去的时间都没有，还能生出什么事来呢！"于是胡亥就答应了公子高的请求，赐给他十万钱做丧葬费。

就这样，前后有十二个公子在咸阳街头被斩首，十个公主在杜县（今陕西省西安市雁塔区境内）被残酷处死，财物全部没收归皇帝所有，因受牵连而被处死的人不可胜数。秦国宗室子弟震恐不已，大臣有前来劝谏的，就会被认为是诽谤而降罪处罚。在这种情况下，高级官吏们为了保全自己的爵位和性命，不得不阿谀奉承，不说真话，民间的百姓也都非常恐惧。秦国自秦孝公时代商鞅所精心构筑的法律圣殿，开始大规模地风化。

秦二世说："先皇在世的时候，因为咸阳的朝廷过于狭小，于是下令修建阿房宫，谁知还没有建成，就驾崩了。工匠们停止了修建，全部转去骊山修建陵墓。如今骊山那边大事已毕，如果不继续修建阿房宫，那么不就是向天下人宣告先帝之前建造阿房宫的决策是错误的吗？"于是征发大量的民夫，继续建造阿房宫，又派兵安抚边境四夷，一切都按照秦始皇之时的办法进行。

秦二世又派五万精兵守卫咸阳，让他们学习骑射之术，学习饲养供人玩赏的狗马等禽兽。咸阳地区的人越来越多，粮食因此不够吃了，秦二世就下令从其他郡县向咸阳调运粮食和草料。为了防止路上消耗，秦二世下令运输粮草的士兵自带干粮，且咸阳城三百里之内的地区不许食用这些粮食。

当时的法令一天比一天严苛，刑罚一天比一天残酷，群臣人人自危，想造反的人越来越多。年仅二十一岁的秦二世，一则阅历尚浅，之前从来没有真正接触过政务，缺乏执政经验，二则从来没有像扶苏那样，近距离接触过士卒百姓，他对天下安危的形势，也从来就没有形成一个准确的认识和判断。因此，他全然没有意识到问题的严重性，还征发大量徭役，继续修筑阿房宫、直道、驰道等，赋税越来越重，兵役劳役没完没了。

秦二世和赵高主导下的秦政府对百姓的盘剥压榨和严刑峻法，终于激起了民变，中国历史上第一次农民起义——陈胜吴广起义，由此拉开序幕。

陈胜，字涉，楚国阳城县（今河南省驻马店市平舆县阳城乡）人。吴广，字叔，阳夏（今河南省周口市太康县）人。陈胜小时候家里非常穷，于是受雇于富户，为富人耕种土地。在一次劳动期间，他和伙伴们在田埂上休息，陈胜感慨了半天之后，对那些伙伴说："如果我们中间哪个人将来富贵了，可不要忘记大家啊（陈胜名言，苟富贵，勿相忘）。"其他人都嘲笑他说："别做梦了，我们都是给富人种田的，怎么可能会富贵呢？"陈胜叹息说："唉，小小的麻雀，怎么能知道大雁的志向呢（陈胜名言，燕雀安知鸿鹄之志哉）？"

公元前209年七月，也就是秦二世元年，秦始皇死的第二年。朝廷征发九百名贫苦农民到渔阳戍边（渔阳，今北京市密云县西南，当时是非常荒凉的边地），在蕲县大泽乡（今安徽宿州市西南）集合。

陈胜和吴广也在这群戍卒里面，他们二人分别担任屯长。正赶上天降大雨，道路不通，延误了行程，他们粗略计算了一下，即使能够赶到渔阳，他们也会超过规定的期限，而按秦朝的法律，超期就会被判处死刑。

陈胜于是和吴广商议说："如今我们误了行期，逃亡是死，发动起义也是死，同样是死，为什么不趁此干一番建国封侯的大事业呢？"吴广对陈胜的提议非常赞同，两人一拍即合，决定起事。陈胜又说："天下百姓忍耐暴秦的苛政已经很久了，我听说秦二世是秦始皇最小的儿子，本不应该继承皇位，应该继承皇位的是长子扶苏，可是扶苏因为向秦始皇进谏，被秦始皇派到外地去当监军。现在听说他并没有犯什么罪，却被二世皇帝杀害了，百姓们听说他非常贤明，都很敬重他，但大多数人并不知道他已经死了。楚国将军项燕，为楚国数次立下卓越战功，再加上他爱恤士卒，所以楚国百姓都很爱戴他。现在有人说他已经死了，但也有人说他战败后流亡在外躲藏了起来。我们何不假借公子扶苏和将军项燕的名义倡议天下，我想会有很多人响应我们的。"吴广深以为然，表示赞同。议定之后，为了预测这件事的吉凶成败，陈胜、吴广于是去找卜者占卜（当时的人非常迷信）。

占卜的人非常聪明，知道他们因何而来，于是对他们说："你们谋划的事情都会成功，你们也会建立不世之功。但是，你们不问问鬼吗？"二人非常高兴，仔细揣摩卜者的言辞，一直想不明白卜者所说的这个"鬼"到底是什么，想来想去，觉得卜者是在暗示他们要假借鬼神在众人之中树立威望（而据另一些迷信的人解卦说，这个卜者其实是告诉他们，他们所谋划的事情都会成功，但他们却都不得善终，会变成鬼，所以要让他们问鬼也就是问问他们自己的吉凶）。于是他们想出了一个主意，在一块白绸上用朱砂写下"陈胜王"三个字，然后偷偷地塞进别人打回来的鱼的肚子里面。戍卒把鱼买回来准备烹调之时，从鱼肚子里发现了写着字的白绸，感到非常奇怪，这件事情马上悄悄地在戍卒中间传了开来。一计奏效，再生一计。到了晚上，陈胜让吴广悄悄地跑到驻地不远处的一座古庙里藏起来，等到夜半更深，吴广燃起一堆火来，然后模仿狐狸的声音大喊："大楚兴，陈胜王（意思是楚国将会重兴，陈胜将会当王）。"一连叫了好几次，戍卒们听到后都感到非常惊恐。到了第二天，戍卒们纷纷议论这件事情，并好奇地打量陈胜，对他指指画画。

吴广平日里一向对士卒比较好，因此士卒们都乐于听命于他。吴广决定利用士卒对自己的支持解决最关键的问题，他趁着押送他们的两名将尉喝醉酒的时候，故意数次扬言要逃跑，企图激怒将尉，让将尉责罚他，以激起公愤。一名将尉果然中计，鞭打吴广，还拔出佩剑准备杀死他。吴广趁机夺过将尉的剑，杀死了将尉。另一名将尉大吃一惊，拔剑站起，陈胜赶快上前帮忙，与吴广并力杀死了他。

之后，陈胜、吴广召集戍卒们说："我们在这里遇上大雨，耽误了行程，而按照秦法，延误了期限就会被处死。就算是侥幸不被处死，但在戍守边疆的过程中，也会十死六七，活下来的机会十分渺茫。再者说了，大丈夫不死便罢，死就要死得轰轰烈烈，扬名后世。那些王侯将相，难道他们就是天生的贵种吗？（陈胜名言，王侯将相，宁有种乎？）"戍卒们听了，全都群情激昂，表示愿意听从陈胜和吴广的号令。

于是陈胜和吴广假借公子扶苏和项燕的名义发动了起义，以迎合百姓的心意。戍卒们全部袒露出右臂作为起义军标志，号称为大楚。他们建筑祭坛一起起誓，并用将尉的头颅做祭品。陈胜自立为将军，吴广被任命为都尉，率九百人攻打大泽乡，取得了胜利。又乘胜攻打蕲县，蕲县被攻克。百姓前来投军的非常之多，陈胜于是派符离人葛婴率军攻打蕲县以东的铚、酇、苦、柘、谯等县（铚，今安徽省淮北市濉溪县；酇，今河南省商丘市永城市西；苦，今河南省周口市鹿邑县；柘，今河南省商丘市柘城县北；谯，指谯县，在今安徽省亳州市），也全部攻了下来。在进军的过程中，他们不断地招兵买马，扩充队伍，等到达陈县（今河南省周口市淮阳区）的时候，已经有了六七百辆战车，一千余名骑兵，好几万名步兵。

陈县是春秋时旧陈国的都城，战国后期又曾作为楚国的国都，战略地位非常重要。颇具战略眼光的陈胜，在拿下今安徽、河南两省交界的大片地区之后，决定占领陈县这一战略要地。其时恰逢陈县的县令不在城中，只有县丞在城中。城中的秦国守军并不是很多，在数万起义军的猛烈进攻下，县丞战死，陈县被夺取。

陈胜攻下陈县之后，于是召集当地的三老和豪杰前来议事，三老和豪杰们一则迫于形势，二则都饱受秦国的苛政之苦，都对陈胜说："将军您披坚执锐，讨伐无道，攻打暴秦，重立楚国的社稷，为楚国立下了盖世大功，应该称王。"

当时陈胜的身边有两个非常有才能的贤人，一个叫张耳，一个叫陈馀。张耳是原魏国大梁人，年轻时曾经当过信陵君魏无忌的门客。张耳因为得罪人而亡命出逃，来到了外黄县（今河南省商丘市民权县西北）。外黄县里有个富人，他的女儿长得貌美异常，但却嫁了一个普通人。富人的女儿不甘心和这个庸碌的丈夫过一辈子，于是就离开丈夫，去投奔他父亲以前的门客。这个门客知道张耳非常有才能，于是就给富人的女儿出主意说："如果你一定要找一个出色的丈夫，那么你不妨考虑一下张耳。"富人的女儿一听非常愿意，于是请这个宾客出面调停，与原来的夫家断绝关系，最后嫁给了张耳。这个时候的张耳，因为孤身出游，可说是一贫如洗。富人的女儿嫁给他之后，张耳得到富户家的大力资助，用这些钱大量罗致宾客，最后竟然当了魏国的外黄县令，名气也因此更大了。陈馀也是大梁人，喜欢儒家学说，曾经多次游历赵国的苦陉县（原属中山国，今河北省保定市定州市）。苦陉县有个富人公乘氏，发现陈馀不是一般人，于是也把女儿嫁给了他。陈馀年岁比张耳小，于是像对待父亲那样对待张耳，两个人结为生死之交。秦国灭亡魏国之后，张耳便住在自己外黄的家里。秦朝消灭魏国几年之后，听说张耳和陈馀是魏国的名士，于是悬赏千金捕张耳，悬赏五百金抓陈馀。张耳和陈馀不得已，只好隐姓埋名，跑到了陈县，在陈县当守门人，以维持生计，私下里，两人经常在一起，关系十分要好。有一次，有一个小官认为陈馀犯了错，要鞭打他，陈馀想起来反抗，张耳赶快用脚把他踩住，让他接受了小官的鞭打。小官走后，张耳把陈馀拉到树下无人之处，教训他说："我刚开始是怎么对你说的？现在你竟然为了这样一些小小的侮辱，就想把自己的性命送在这样一个小官的手里吗？"陈馀深以为然，更加信服张耳。后来，秦国朝廷下诏书通缉张耳和陈馀，两人为了消除他人的怀疑，于是反过来利用守门卒的身份，下令里中要严格盘查，追查"张耳"和"陈馀"这两个人。

陈胜带着数万起义军攻下陈县之后，张耳和陈馀顿时觉得他们东躲西藏的日子到头了，于是主动去拜见陈胜。陈胜和他的将领们都听说张耳和陈馀非常有才能，只是从来没有见过，等见面之后一攀谈，也确实认为他们非常有才能。

此时陈县的豪杰们劝陈胜自立为王，陈胜觉得有必要尊重一下张耳和陈馀这两个贤人，于是就征求他们的意见。谁知张耳和陈馀却并不支持他称王，他们对陈胜说："秦国无道，破了人的国家，灭了人的社稷，绝了人的祭祀，又耗竭民力民财，使百姓不得安生。将军您在这种情况下高举义旗，为天下除暴去残，深得天下万民之心。但现在刚到陈县就自立为王，这不是告诉天下人您做这一切都是出自您个人的私心吗？请将军不要称王，赶快带兵向西进攻，同时派人寻访六国的后人，立他们为王，作为自己的同盟。秦国的敌人多了，那么他们必然就会疲于奔命，而我们的同盟多了，力量就会变得更加强大。这样一来，我们不需要在野外进行大规模的战斗，也不需要刻意去守卫哪一座城池，只需要长驱直入，一直攻向秦国的都城咸阳。等占领咸阳之后，您再号令诸侯，诸侯国一则因为您而得以复立，对您心怀感激，二则因为您灭亡暴秦，对您心怀畏服，那么还有谁敢不服从您的命令呢？克成帝业，不就变得顺理成章了吗？如今在陈县称王，恐怕会让天下人失望的。"

张耳和陈馀的话固然有一定的正确成分在里面，但如果真要按他们说的做，复立六国之后而陈胜不称王，那么谁还会在意这个农民出身的陈胜呢？谁还会听从他的号令呢？攻打咸阳胜利了尚有可说，如果失败了呢？这是陈胜需要认真考虑的问题。因为陈胜已经得到陈县地方势力的拥护，于是他不再多想，就在陈县自立为王，国号为"张楚"（张大楚国之意）。

陈胜吴广起义并张楚政权的建立，极大地鼓舞了东方六国的旧贵族。东方六国被秦国所灭之后，东方六国百姓在短时间内很不习惯秦国严苛的法令，他们在这种"暴政"之下早就忍无可忍，于是聚集起来造反，杀死郡县的官吏，以响应陈胜。六国贵族的残余势力，也纷纷起兵反秦。陈胜虽然出身贫寒，但他却是一个极具战略眼光的农民领袖，他确定了"主力西征，偏师略地"，最终推翻秦朝统治的战略。他任命吴广为假王（代理王），率领起义军主力进攻战略要地荥阳，准备打通西进咸阳的通道，而其他义军则以陈县为中心，辐射周边地区，开始攻城略地。

陈馀见他和张耳返回赵国的时候成熟，于是向陈胜进言说："大王您攻打魏、楚之地并向西进军，目的是要入关，来不及收复黄河以北的土地。臣曾经在赵国游历，对那里的豪杰和地理环境都非常熟悉，臣愿听候大王差遣，带一支奇兵向北进攻赵国。"陈胜非常高兴，于是任命他以前的老朋友、陈县人武臣为将军，召骚为护军，张耳和陈馀为左右校尉，拨给他们三千名士兵，让他们北上攻打赵国。

随后，陈胜又命令汝阴（今安徽省阜阳市）人邓宗攻打九江郡（治今安徽省淮南市寿县），命召平向东进攻广陵（今江苏省扬州市），命宋留攻打南阳（今河南省南阳市）。楚地千人以上规模的起义军，多得不可胜数。

起义之初，陈胜派手下将领葛婴率兵攻打九江郡的东城（今安徽省滁州市定远县东南）。占领东城以后，葛婴自作主张立楚国旧贵族襄强为楚王。后来，葛婴听说陈胜自立为楚王，于是赶快杀死襄强，然后亲自跑去向陈胜谢罪。陈胜怨恨他拥立别人为王，立即处死了他。

吴广所率的起义军主力在荥阳遇到了秦朝三川郡（郡治在今洛阳市东北）郡守李由（李斯长子）所率秦军的顽强抵抗，起义军攻了很久，也没有把荥阳攻下来。荥阳是通往函谷关并西进咸阳的重要通道，自古以来就是兵家必争之地。荥阳东北还有秦国囤积大批粮食物资的敖仓（今荥阳市东北敖山，秦时在山上筑仓储粮，中原漕粮由此运往关中和北部地区）。占领荥阳，就打开了通向函谷关的大门。再取敖仓，既可切断秦军的粮道，也可解决起义军的粮草问题。陈胜派主力攻取荥阳的战略意图非常明显，可是陈胜吴广等人所率的农民起义军毕竟是没有经过正式训练的贫苦农民，而秦军却都是身经百战的虎狼之师，农民起义军虽然在数量上占优势，但对于凭借坚固的城防采取守势的秦军，他们一时也无可奈何。当吴广攻取荥阳遇阻的消息传回陈县时，陈胜十分焦急，如果荥阳久攻不下，起义军士气受挫，秦军缓过气来再趁机反攻，后果不堪设想。陈胜于是召集众多豪杰商量对策，李斯的同乡、上蔡人蔡赐在对形势的分析中表现出卓越的见识，陈胜于是任命蔡赐为上柱国，让蔡赐在身边参赞军事、出谋划策。为了配合策应吴广进攻荥阳的军事行动，陈胜任命周文为将军，率一支队伍绕过荥阳，直取函谷关。

周文又名周章，也是陈县人。他曾在项燕军中担任视日（军中看日影知时刻、并占卜时日吉凶的职务），他也曾侍奉过春申君黄歇，自称懂得兵法，因此得到陈胜信任，被授予将军印，率军绕道荥阳攻秦。

周文大军在行军途中，不断征集士兵，到达函谷关的时候，已经有战车上千辆，士兵几十万人。趁秦军主力在荥阳被吴广部拖住的有利时机，周文依仗人数上的优势，一举打破函谷关，并向咸阳方向进发，大军一直开到了离咸阳城仅百余里的戏水（今陕西省西安市临潼区东）。

那么此时秦朝宫廷内部是什么情况呢？

陈胜吴广在大泽乡刚刚起义并攻占蕲县、陈县的时候，秦国的使者从东方回来，向秦二世报告了东方各地起义军造反的情况，秦二世于是召集博士和儒生们讨论这件事情。他说："楚地派去守边的戍卒半路造反，现在已经攻下蕲县和陈县，你们说该怎么办？"其他博士都说："做臣子的绝不能兴兵聚众，兴兵聚众那就是造反，对于造反的人绝不能宽恕，请陛下赶快发兵平叛。"秦二世一听非常着急，不知道该怎么办才好。

一个名叫叔孙通的儒生就走过去对他说："他们刚才说的那些都是谬论，如今天下已归于一统，先皇早已拆毁了各郡县的城墙，熔铸了天下的兵器，现在又有您这样的明君在朝，有严明完备的法令行于天下，派出去的官吏都忠于职守，国家安定，人民富足，谁还会造反呢？那些人不过是一些盗贼而已，各地的郡守和都尉很快就可以把他们逮捕起来了，请陛下尽管放心。"

秦二世一听，立即转忧为喜，他直夸叔孙通说得好，然后又问其他儒生东方发生的事情究竟是造反还是盗贼，那些儒生有人说是"造反"，有人说是"盗贼"。于是秦二世把说盗贼的放回了家，而让御史把说造反的人全部抓起来关进了监狱，他们的罪名是"非所宜言"，也就是说了不应该说的话。这种匪夷所思的罪名，是一种很不讲理的做法，后来延续下来，为许多朝代所采用，以维护君主的专制统治。后来，大多数的臣子报喜不报忧，就是这么来的。天下再怎么大乱，也不许说"造反"，因为那样一来会显得国君不贤明，二来会显得盛世不太平，会严重地损害国家和皇帝的声誉。

叔孙通因为话说得好，受到秦二世的奖赏，秦二世赐给他二十匹丝绸，一套新衣服，并把他提升为博士。被提升为博士的叔孙通回到居处之后，立即受到其他儒生的指责。叔孙通辩解说："你们不知道，我差一点儿就掉进虎口出不来了。"之后赶快收起行李，逃出了咸阳城。

叔孙通受到秦二世的表彰后逃跑了，而那个如实报告陈胜等人造反的使者却倒了霉，被秦二世砍了头。其他的使者闻讯，全都学得圆滑了，知道了该如何回答秦二世的提问。

后来，秦二世又问另一些从东方回来的使者，询问东方各地的形势，那些使者全都回答他说："没什么要紧的，就是一些盗贼在抢掠，当地的地方官正在追捕他们，现在马上就会被抓获了，请陛下放心。"

秦二世非常满意，于是不再把起义军之事放在心上，而实际上这个时候，各地起义军将领竞相自立为王，形势已经到了非常严峻的地步。

第四节　赵王武臣、燕王韩广、名将章邯、李斯受屈

陈胜的老朋友武臣在接受陈胜的派遣之后，带领张耳、陈馀、召骚等人从白马（历史上黄河曾数次改道，古白马渡口在今河南省安阳市滑县北）渡过黄河，来到原赵国境内。

张耳、陈馀等人一路向赵地的豪绅们宣扬说："暴秦残害天下已经几十年了，刑罚十分残酷，百姓生活艰难，如今陈王振臂而起，首举义旗，倡议天下，在楚地称王，楚地两千里地界，没有一个不响应他的。每一个人都自觉地奋起，有怨的报怨，有仇的报仇，县里杀县丞，郡中杀郡守。如今陈王派吴广和周章率兵百万向西攻打秦国，不趁这个大好的机会建立拜将封侯的功业，那就不是人中豪杰了。请你们好好地想一想，天下人忍受秦国的暴政已经很久了，现在以天下人的力量，攻打无道的暴君，一来可以报父兄之仇怨，二来还可以因此成就割地封侯的功业，这是豪杰之士们最好的机会。"张耳等人准确地抓住了豪杰们想出人头地的心理，因此立即得到了豪杰们的积极响应。武臣的军队很快发展为几万人，武臣于是自号为武信君。武臣等人攻下了赵地的十座城池，其余的城池都坚守不肯投降，起义军一时攻不下来，于是只好带兵向东去攻打范阳（今河北省保定市定兴县境内）。

范阳有位辩士名叫蒯通（本名蒯彻，史书上因避汉武帝刘彻讳而改名为蒯通），他的辩才非常出众，他跑去对范阳令徐公说："听说您将要死了，我特地前来吊丧。不过，如果您能顺势变通的话，那就可以重获新生了。"范阳令非常奇怪地说："为什么说要为我吊丧？"蒯通说："秦国的法令非常严苛，您当了

十多年的范阳令，杀了多少人的父亲，杀了多少人的儿子，砍了多少人的脚，在多少人脸上刺了字，真是多得不可胜数啊。但这些人之所以没有把利刃刺进你的胸膛，只是因为害怕秦国的法令罢了。可是现在呢，天下大乱，秦国的法令再也不能施行。这些人就一定会趁此机会来刺杀您，并借此成就他们的名声。这就是我来吊丧的原因啊。如今诸侯都起兵反抗秦国，武信君的大军马上就要到了，可是您却要坚守范阳。范阳的年轻人都想借此杀了您投降武信君。您最好赶快派我去见武信君，马上可以为您转祸为福。"

范阳令听了这些话之后非常吃惊，但也认为非常有道理，于是赶快派蒯通去见武臣。蒯通见到武信君之后对他说："如果将军您非要打一场胜仗才得到土地，非要攻城才占领城池，我认为这并不是最好的办法。如果您能听从我的建议，就可以不用攻城而占领城池，不用打仗而得到土地，只要贴出通告，就算是千里之远的地方，也可以迅速平定，您觉得可以吗？"武臣说："您说说看，该怎么办。"蒯通说："如今的范阳令本来是要整顿士卒坚守城池的，但他却怯懦怕死，贪图富贵，所以想率先向您投降。可是又担心您认为他是秦国任命的官吏，像杀死以前十城郡守那样的方法来杀死他。可是现在范阳的年轻人们也想杀死县令，然后自己守城来抵抗您。您为什么不派我带着封侯的印信去见范阳令呢。范阳令见您不但不杀他，还封他为侯，自然就会举城向您投降，范阳城中的年轻人，自然也就不敢再杀他。之后，您让范阳令乘着豪华的马车前往燕、赵等地的其他地方，那里的郡守县令们见了，都说这不是范阳令吗，因为最先投降，所以得到了这样的优待。那么他们也就会全部前来向您投降了。这就是我所说的远的地方可以传檄而定的道理啊。"武臣非常高兴，于是让蒯通拿着封侯的印信，去赐给范阳令。消息传开，赵地不战而投降武臣的就有三十多座城，武臣的大军顺利开进邯郸。

到达邯郸之后，张耳、陈馀听到周章的军队已打进关内，但随即又被章邯击败。又听说那些为陈胜攻城略地的大将，因为被谗毁而遭到杀害。他们怨恨陈胜当初不听他们的计策，不用他们为将军却只是让他们当了一个小小的校尉，于是他们决定鼓动武臣自立为王。

张耳和陈馀对武臣说："陈王在蕲地举事，到了陈地就自立为王，由此可见，当王的并不一定是六国之后。如今将军您以三千人攻下赵国这么多城池，独自待在这么大一块地方，如果不立王的话，恐怕没办法镇守。况且陈王喜欢听信谗言，如果要回去向他报告的话，恐怕很难逃脱祸患。到时候，陈王要么立他的兄弟为王，要么立赵国贵族的后人为王，将军您可不要错失良机。"武臣觉得有道理，于是自立为赵王，任命陈馀为大将军，张耳、召骚为左右丞相。

武臣自立为赵王的消息传到陈县，陈胜非常生气，马上派人把武臣等人的家属抓了起来，准备处死他们。上柱国蔡赐劝阻他说："现在秦国还没有灭亡，如果大王杀了武臣等人的家属的话，那么我们就等于是主动树敌，现在武臣既然已经自立为赵王，我们不如顺水推舟，做个人情，封他为赵王。"陈胜无法，只好派遣使者前往赵地，祝贺武臣成为赵王，同时把武臣等人的家属继续扣留在宫中，并封张耳的儿子张敖为成都君，以示拉拢和好之意，同时催促武臣率兵西出函谷关支援吴广的军队。武臣与他的大臣们商议，张耳、陈馀对武臣说："大王自立为赵王，楚国非常不满，只是迫于形势，才没有深究，如果等楚国灭了秦国，就必定会派兵攻打赵国。为今之计，我们绝不能派兵西进，而应该派兵向北攻打燕国，以扩大我们的地盘。到那个时候，赵国的南面有黄河作为屏障，北面有燕国和代国，楚国即使灭掉了秦国，也不敢轻易攻打赵国。而楚国要是无法战胜秦国，就必定会看重赵国，有求于赵国。到那个时候，赵国就可以抓住秦国实力大损的有利时机，趁机问鼎天下了。"武臣认为张耳和陈馀说得非常有道理，因此并没有听从陈胜的命令派兵西进，而是派韩广率兵向北攻打原燕国的土地，派降将李良攻打常山郡（郡治在今河北省石家庄市东），派张黡（音眼）攻打上党。

韩广是原来赵国上谷的一个小吏，他率军到达燕地并占领燕地之后，燕国原来的贵族豪杰就来建议他说："陈胜已自立为楚王，武臣也自立为赵王，燕国虽小，但也是万乘之国，将军您为什么不自立为燕王呢？"韩广有些担忧地说："我的母亲和家人都在赵国，我怎么能自立为燕王呢？"燕国贵族们为他分析说："如今赵国正自顾不暇，西面担心秦国会攻打他，南面担心楚国会攻打他，根本没有多余的力量来对付燕国。况且以楚国的强大，尚且不敢拿赵王的家属怎么样，试问赵国又怎么敢杀害将军您的家属呢？"韩广觉得确实是这么回事，于是也自立为燕王。果不其然，过了不长时间，赵国就派人把韩广的母亲和家属护送到了燕国。

陈胜的部将周市受命向北攻打狄县（今山东省淄博市高青县东南），狄县的齐国旧贵族田儋杀死县令，自立为齐王，他率领齐地的军民攻打周市军，周市军被打散，不得已回到魏地。周市撤走之后，田儋趁机带兵东进，平定了原齐国的旧地。周市回到魏地之后，为了得到魏人的拥护并在魏国立足，准备拥立魏国国君的后裔宁陵君魏咎为王。其时魏咎在陈胜那里，根本无法回到魏国。魏地被平定后，周市手下的人想拥立周市做魏王，因为有陈胜杀死葛婴、猜忌武臣的先例，因此周市坚决不肯。他连续五次派出使者，请求陈胜立魏咎为王，陈胜不得已，于是封魏咎为魏王并派兵将他护送回魏，而周市则做了魏国的丞相。

其他的义军之中，比较著名的如刘邦，在沛县起义；项梁，在会稽起兵。其时东方的形势大抵严峻如此。

而此时，等到周文的军队打破函谷关，一直进攻到距咸阳仅百余里的戏水，秦二世才大惊失色，秦军主力部队都在荥阳和北方上郡，来不及调回，而咸阳城内的守军屈指可数，根本挡不住周文的数十万大军。紧急之下，少府章邯向秦二世献计说："如今盗贼（此时仍然不敢将起义军称为叛军）已经打到了咸阳，有数十万之众，从邻近的县城调兵根本来不及救援，不如赦免骊山的工匠和囚犯，发给他们武器，让他们去攻打盗贼。"秦二世无法可想，只得听从章邯之谋，赦免了骊山的囚犯，由章邯带着他们去迎战起义军。

赦免囚犯，让囚犯来抵御进犯之敌，这并不是章邯的首创，八百多年前的商纣就这么做过，不过商纣失败了，而章邯却胜利了。商纣失败的原因是他倒行逆施的时间太过长久，人民已经对他失望透顶，再加上他的对手周文王、周武王父子都非常有威望，所以奴隶们都临阵倒戈、弃暗投明了。而章邯胜利的原因是胡亥即位刚一年多时间，他的行为还远未达到天怒人怨的地步，秦地的百姓对他还存有一丝幻想，再加上他给囚犯们开出的条件颇具诱惑力，既可以恢复自由身还可以立军功，所以囚犯们非常卖力，当然，还有更重要的一点，那就是陈胜吴广的影响力，还远未达到让天下人一听他们的名字就热切向往翘首以待的地步。

最重要的一点，陈胜的将领周文，无论是在实战经验上，还是在指挥才能上，都远远逊色于章邯，他在没有很好地安排好后勤保障、救援策应等一系列重大问题的情况下，就孤军深入戏水，给了章邯以可乘之机。章邯准确地抓住了周文的失误，他出其不意，攻其不备，率领囚徒们突袭周文所部，正在进行休整的起义军被几十万全副武装的囚徒打了个措手不及，仓促之中一败涂地，不得不丢弃粮草辎重退出函谷关，在曹阳亭（今河南省三门峡市灵宝市东北）拒守。章邯首战得胜，解了咸阳之危，立即率领得胜之军紧紧追来。周文部在曹阳亭与秦军抗衡数十日之后，再次败北，退守渑池（今河南省三门峡市渑池县西）。章邯紧追不舍，周文所部在数战皆败、粮草尽失、损折惨重、没有援军的情况下，又与章邯军苦战十数日，终因军力悬殊，再次被章邯击败。周文自杀。

击败周文这一支大军之后，章邯继续带领这一支囚徒大军东进，围攻荥阳的吴广部立即面临着腹背受敌的危险。

吴广的部下、起义军将领田臧与其他将领相互谋划说："周文的大军已经被击败了，周文也死了，秦军马上就会赶到荥阳，我们围攻荥阳已经这么长时间还没有攻下，咸阳的秦军如果赶来，与荥阳城中的秦军里应外合，两面夹击我们，我们就必定会大败。如今之计，不如分出少量兵力来继续围荥阳，而挑选精壮士卒前去迎击咸阳赶来的秦军，如果能打败他们，荥阳城内的守军希望破灭，荥阳城就能不战而下。"其他的将领都很赞同田臧这个计划，可是，他们又担心吴广不同意他们的做法。田臧说："吴广根本不懂得行军打仗，又骄傲自满，他肯定不会同意我们这么做，不如杀了他，以避免他破坏我们的计划。"其他的将领也同意了。

于是，吴广这个与陈胜首倡起义的农民军领袖，他的命运就这样被手下的几个将领所宣判。从这一点上也可以看出，其时的吴广，已经不是最初起义时能得众人之心的吴广了，随着最初的几场小胜利，他滋长了骄傲自满的情绪，开始与将士们之间产生了隔阂，而这个隔阂，使他不仅失去了将士们的信任，也失去了将士们的支持，更失去了自己的生命。

于是田臧等人假借陈胜的命令杀死了吴广，然后派人把吴广的首级献给了陈胜。面对既成事实，陈胜无法，只好赐给田臧楚令尹的印信，封他为上将军。受封上将军的田臧，立即派部将李归继续围困荥阳，而自己则亲自带着精兵前去迎击章邯所带的秦军。

客观地说，田臧这个"围城打援"的战术，既与当时的实际战况相符合，也完全符合兵法的精要，如果换了一般人，他就很有可能会获得胜利，但是，他遇到的这个人并不一般，因为这个人是有着秦朝名将之称的章邯。

田臧军在敖仓与章邯军相遇，田臧哪里是深通兵法善于治军的章邯的对手，一战就被章邯打得大败，田臧战死。章邯乘胜追击，兵临荥阳城下，围城的起义军全部战败，李归等人战死。

由吴广所带出来的这一支起义军主力，就这样全军覆没。

再说秦廷内部。在陈胜吴广刚刚发动起义、各地豪杰群起响应的时候，李斯眼见国内大乱，担心大秦江山一朝覆亡，他很想向秦二世进谏，但秦二世却指责他说："我有个自己的看法，我听韩非子曾经说过，尧舜统治的时代，殿堂不过三尺高，修建居室的椽子，就用刚刚砍下来的树木，连树皮都不刮一下，遮盖屋顶的茅草,盖好后连边都不裁一下,可是如今在我的统治下,就算是旅店中住宿的条件,也不会比这更艰苦哇;尧舜冬天穿鹿皮袄,夏天穿麻布衣,粗米做饭,野菜做汤,用陶罐吃饭,用土钵喝水,可是在我的统治下,即便是看门小卒的生活,也没有这样清苦简陋哇;大禹凿开龙门,开通大夏水道,又疏通大小河流,筑起无数堤岸,决水引导入海,他亲自拿着筑板和铁锹,腿上的汗毛都磨光了,手掌和脚底都结满了厚茧,风吹日晒,面孔黧黑,最终累死在外,埋葬在会稽山上。可是在我的治下,即使是失去自由的奴隶,其劳苦程度也没有这样繁重啊。拥有天下而贵为天子的人,就应该高高在上,按照自己的想法和意愿办事,制定严格的法令并明示天下,让下面的人不敢胡作非为,这样才可以驾驭统治天下。尧舜禹贵为天子,却住旅店一样的房子,吃看门人吃的食物,干奴隶干的活计,试问他们连自身的生活都没办法保障,又怎么能治理天下万民呢?这可不是贤明的人应该做的。朕名义上贵为万乘之君,但却一直没有享受到相应的待遇,我想制造千乘的车驾,万乘战车,成为真正的万乘之君。所以我打算随心所欲,尽情地放纵享乐,并且能长久地保有天下而没有什么祸患,你说说该怎么办才好呢?"

李斯的长子李由是三川郡的郡守,三川郡辖境相当于今河南省黄河以南,灵宝市以东的伊、洛河流域和北汝河上游地区,群起造反的起义军向西攻占地盘,由吴广所率攻打荥阳的起义军主力,恰巧就在三川郡的辖境内。李由兵微将寡,无法击败农民起义军,只能在荥阳城中组织军民拼死抵抗。章邯击败吴广所部田臧、李归等人的军队之后,朝廷派到三川去调查李由的使者一个接着一个,并责备李斯身居三公之位,为何让盗贼猖獗到这种地步。李斯非常害怕,不知该如何是好,他为了保住自己的爵位和俸禄,不惜委屈自己,曲意迎合秦二世想尽情享乐而不愿操劳的心意,向秦二世上了一封很长的奏折,这封奏折就是非常著名的《严行督责书》。

《严行督责书》内容大意是:

贤明的君主,能够全面掌握为君之道,对下行使督责统治术。对下严加督责,那么臣子们不论是有才德的还是没有才德的,都不敢不竭尽全力为君主效命。因此君主才能专制天下而不受任何约束,享尽极致的乐趣。

申不害说:"占有天下要是还不懂得纵情享受,这就叫把天下当成自己的镣铐。"这话的意思是说如果君主不督责臣下,而自己反而辛辛苦苦为天下百姓操劳,那就像尧舜禹那样,戴上了"天下"这个镣铐。尧、舜、禹使天下成为自己的镣铐，其过错就在于不能对臣下严行督责。

韩非子说："慈爱的母亲会养出败家的儿子，而严厉的主人家中没有强悍的奴仆（慈母有败子而严家无格虏）。"是什么原因呢？这是由于能严加惩罚的必然结果。圣明的君主之所以能久居尊位，长掌大权，独自垄断天下利益，其原因并不在于他们有什么特殊的办法，而是在于他们能够独揽大权，精于督责，对犯法的人一定要严加惩处，所以天下人才不敢违犯。

严厉地实行了督责，臣下才能没有离异之心，天下才能安定。天下安定了，才能有君主的尊严，君主有了尊严，才能严格执行督责，督责严格执行之后，君主的欲望才能得到满足，君主的欲望满足之后，国家才能富强，国家富强之后，君主才能享受得更多。所以，督责之术一确立，君主就可以满足任何欲望了。群臣百姓想补救自己的过失都来不及，哪里还敢图谋造反呢？像这样，就可以说是掌握了帝王的统治术，也可以说了解了驾驭群臣的方法。即使申不害、韩非复生，也不能超过您了。

秦二世看了这份奏折之后非常高兴，于是严厉地施行督责之术。在这种情况下，评判官员贤能与否的标准就完全变了，哪位官员能向百姓征收更多的税，哪位官员就会被认为是贤臣，哪位官员能判罚处死更多的人，哪位官员就会被认为是忠臣。街上的行人，有一半就是因犯，街市上每天都堆着刚刚处死的人的尸体，官吏们战战兢兢，以求自保，百姓们苦不堪言，震恐不已，秦二世高兴地说："像这样才算是真正地行使督责之术了。"

赵高当了郎中令之后，得罪了很多人，他为了防止大臣们在秦二世面前揭发自己，同时也为了架空秦二世，独揽大权，于是就想了个主意。他对秦二世说："始皇帝统治天下的时间长，英明果断，所以大臣们都不敢在他面前胡说八道，有什么事情也不敢欺瞒他。如今陛下青春年少，又刚刚即位，怎么能够亲自在朝廷上与大臣们商谈国事并做出决策呢？如果您的决定有误，那不就在大臣们面前暴露出您的弱点、有损于您的圣明了吗？天子之所以尊贵，就是因为大臣们只能听到他的声音，而见不到他的面容。您不如待在宫中，等大臣们把奏折递上来之后，和精通刑律的人先行研究，等深思熟虑之后再做出决定，大臣们和天下人不就全都称您为圣明之主了吗？"秦二世对赵高的险恶用心毫无觉察，反而觉得这是赵高为了维护他的权威而采取的有效措施，他对赵高的建议十分赞赏，于是紧闭宫门躲进宫中，有什么事情，全都由赵高先行处理，之后拿出处理意见再呈送给他。所以只要对赵高不利的事情，根本就无法到达秦二世的案前，全国各地发生的一些大事，也全都被赵高隐瞒了下来，其他的大臣们想见秦二世一面，可说是难于登天。秦国的大权，完全落在了赵高手里。

秦二世不上朝议事引起了以李斯为首的大臣们的极度不满，他们可都是跟随秦始皇亲自打过江山的元勋，在他们眼里，国君贪玩一点儿没关系，多享受一点儿也没关系，但如若不上朝，不议政，面对义军蜂起而无动于衷，放任秦国的大厦倾覆，最后断绝了他们的爵禄，这可是他们所不能容忍的。

赵高听说李斯对秦二世不满，并多次在等候上朝的大臣们中间发表不满言论，于是心中立即有了主意。他找到李斯说："关东地区盗贼越来越多，可是现在皇上却遣发更多的劳役修建阿房宫，沉溺于声色犬马之中。我很想向皇上劝谏，可我只是个中书令，地位卑贱，根本就没资格去劝谏。可是您就不同了，您贵为大秦的丞相，一人之下，万人之上，说话一言九鼎，要是您去劝谏，皇上还有什么不听的呢？"

在李斯一贯的印象中，赵高不过是一个窃弄权柄的小人，可他万没想到，眼前的赵高竟然还是一个以大秦社稷和天下苍生为念的贤人，李斯立即就被感动了，他感慨万分地对赵高说："我早就想这么做了，可是现在皇帝不临朝听政，常居深宫之中，我虽然想进谏，但又不便让别人转达，想见皇帝却找不到机会。"

赵高谦恭地对他说："长期以来，丞相都对赵高多有扶掖，赵高能有今日，还不都是丞相您的提携吗？我这个郎中令，名义上是为陛下服务的，但实际上就是为丞相您服务的啊，丞相您若有什么差遣，赵高我赴汤蹈火，万死不辞。现在您想向陛下劝谏，我一定会想方设法替您打听，什么时候皇上有空闲了，我会马上前来向您报告。"

李斯感动万分，紧紧地握住赵高的手说："大秦的江山，可就全都维系在您身上了。"

赵高依然谦恭地说："赵高何德何能，敢担此重责，只要有丞相您在，皇上就一定会圣心回转，临朝听政的。至于我赵高，区区犬马之劳，何足挂齿啊。"说完之后就告辞而去。

李斯望着赵高离去的背影，又发了好一阵感慨，心里对赵高既敬佩，又感激。之后，他回到静候上朝的大臣们中间，找到右丞相冯去疾和大将军冯劫。只等赵高传来口信，就准备联合他们两个，一起去向秦二世进谏。

机会说来就来，某一日，赵高的贴身心腹送来了口信，说秦二世今天有空闲，让李斯等人赶快去进谏。李斯一听大喜过望，赶快拉着冯去疾和冯劫一齐进宫。

到了宫门外，李斯和冯氏父子请太监禀报说："丞相李斯、冯去疾，大将军冯劫在宫门外冒死请求谒见。"太监立即进宫传话。

其时，秦二世正在宫中与妃嫔们欣赏歌舞，饮酒作乐，太监上前禀报说："左丞相李斯、右丞相冯去疾和大将军冯劫在宫门外求见。"

正在兴头上的秦二世十分厌烦，把手往后一挥："不见。"

太监出宫回话，李斯和冯氏父子面面相觑，隐约听到宫中传来乐舞嬉闹之声，不知里面是什么状况，又不敢闯进去看，愣了半晌，只得无可奈何地离开。

又过几日，赵高又派人向李斯传话说："今日陛下空闲，且龙心大悦，可以入宫奏事。"李斯十分高兴，于是又拉着冯去疾和冯劫去了宫中。

其时秦二世正在宫中与美人缱绻缠绵，闻报立时大怒："不见。"

李斯等人只得离开。

再过几日，赵高再派心腹对李斯说："今日皇上空闲，丞相要是入宫奏事，一定可获召见。"

李斯与冯去疾、冯劫再去。

其时秦二世正与宠妃在床帏欢娱，一听李斯要入宫奏事，立时兴趣全无，气得浑身发抖。宠妃低声啜泣，秦二世大发雷霆，他穿上衣服走出寝宫，叫来赵高问："朕平时空闲的时候非常多，丞相都不来。可是每当我要娱乐或是休息的时候，丞相就要来请示奏事。丞相这是什么意思，他是觉得我年轻瞧不起我呢，还是认为我什么都不懂？"

赵高立即一副大惊失色的样子，他警惕地望望不远处的小太监们，凑到秦二世耳边小声说："陛下，您这样说话可就太危险了！我们在沙丘台谋划那件事情的时候，丞相是参与了的。现在陛下您已经即位成皇帝，可是丞相的地位却并没有提高，很显然，丞相的意思是想割地封王呀！如果不是今天陛下您问我，我都一直不敢说。丞相是上蔡县人，他的大儿子李由担任三川郡守，楚地贼盗陈胜等人都是丞相故乡的子弟，因此他们才敢公然闹事，盗贼经过三川郡时，李由只是守城而不出击，任由盗贼们任意往来。我曾听说他们之间有书信来往，但还没有调查清楚，所以没敢向陛下报告。丞相居于外廷，在百官之间威权赫赫，权力比陛下还大，所以谁都不敢揭发他。"

秦二世又惊又怒："这个逆贼，我还认为他是忠义贤良，没想到他竟然这么对朕。来人，把这个老贼给我抓起来，我要亲自审问他。"

赵高慌忙解劝："陛下，把丞相抓起来并不难，可是现在我们手上没有确凿的证据，外廷的那些文武百官要是质疑起来，局面一时会闹得很僵，到时不好收场。不如这样，我们暂且不要打草惊蛇，先派人迅速到三川郡调查，等到证据到手，再处理他不迟。"秦二世点头："嗯，还是赵君有办法，行，就这么办。"

赵高："那，门外的丞相如何发付？"

秦二世："叫他们回去。"

赵高："陛下，我觉得您还是见一见他们的好，否则让他们起了疑心，毁灭了证据，可就不好办了。"

秦二世点头："嗯，叫他们进来。"

李斯、冯去疾、冯劫三人并不知宫内发生了什么事情，获准进宫之后，立即向秦二世进谏说："关东的盗贼越来越多，我们虽然屡次发兵征剿，也诛杀了很多人，但这种情形并没有得到有效改观，且有愈演愈烈之势。作乱的盗贼这么多，都是因为戍守、运输的劳役太多太苦了，赋税也非常繁重，请陛下赶快下令停止修建阿房宫，减少四方的戍守和运输，以挽回民心。"

秦二世根本就不相信李斯等人的说辞，他冷笑不已，斥责三人说："先帝最初只是一个诸侯，但他却最终对内一统六国，使国家安宁，并对外讨伐四夷，使边境稳定。之后他才修建阿房宫，以彰显他的功绩。而你们也都看到了，这件事情才刚刚起步。如今，朕刚刚即位两年，盗贼就四处作乱，你们不去考虑该如何缉拿盗贼，却跑来阻挠朕继续先帝的伟大事业，你们的行为，既不能回报先帝的知遇之恩，也无法对朕尽忠竭力，你们还有什么资格身居高位？"说完拂袖而去。

李斯等人惊得手足无措，汗流浃背，不知道秦二世为何发怒，不顾君王风仪说出这等有伤君臣情谊的话，可又不敢发问。退出来之后，才想起找一个宫里的可靠之人打探一下消息，这不打探不要紧，一打探，李斯才知道自己不仅被赵高设了个圈套卖了，而且秦二世已经派人到三川去调查他儿子通匪的事情去了。

这个消息对李斯来讲，不啻晴天霹雳，他呆了半天，方才回过神来，之后急怒交加，破口大骂："赵高奸贼，祸国弄权，陷害忠良，不得好死。"冯去疾和冯劫赶快上前劝解，让他先不要急着生气，当务之急是要赶快想出避祸的办法。

李斯骂了一阵，才逐渐从愤怒中清醒过来，恢复了理智。他对自己的儿子再了解不过，李由绝对不会通匪，赵高诬陷李由通匪，无非就是想借此株连并除掉自己。既然赵高如此卑鄙，那么他也就只能奋起反击，和赵高拼个鱼死网破。

他想出的高招就是向秦二世进谏，在秦二世面前揭穿赵高的真面目。

其时秦二世正在甘泉宫观看摔跤和滑稽戏表演，听说李斯有要事谒见，立即厌恶地说不见。李斯见不到秦二世，而赵高却在抓紧时间搜罗他的罪状，李斯不想束手就擒、坐以待毙，于是他写了一封奏章，然后找了个可靠的太监，让绕过赵高，直接递到了秦二世那里。

李斯在他的奏折中揭发赵高的罪行说："我听说，作为臣子，如果想和国君比个高低，那就没有不危害国家的；作为妻妾，如果想和丈夫比个高低，那就没有不危害家庭的。现在有的大臣擅自行使赏罚大权，和陛下没有什么不同，这是很不妥当的。从前司城子罕当宋国丞相的时候，自己掌握刑罚大权，仅仅过了一年时间就劫持了宋国国君。田常是齐简公时的臣子，爵位高到全国无人与他相匹敌，自家的财富和国家的一样多，他行恩施惠，下得百姓的爱戴，上得群臣的支持，暗中窃取了齐国的大权，在厅堂里杀死了宰予，又在朝廷上杀死齐简公，就这样，他得到了整个齐国。这些事情，可都是天下人所明知的。现在赵高有邪辟过分的心志，他那险诈叛逆的行为，就如同子罕当宋国丞相时的所作所为；他个人占有的财富，也像田常在齐国时那样多。他一并行使田常、子罕的逆行而又窃取陛下您的威信，他的志向就如同杀死韩王安的韩国丞相韩起一样啊。陛下如果不早做打算，我担心他迟早会发动叛乱哪。"

秦二世回书斥责李斯说："你这是什么话？赵高原本出身于宦籍，但他不因处境安逸就放肆轻率，也不因处境危险就改变忠心，他品行廉洁，一心修善，靠自己的努力才得到今天的职位，因忠心耿耿才得以升迁，因讲求信义才守住禄位，我确实认为他是贤才，而你无缘无故地怀疑他，这是什么原因呢？再说我年纪轻轻就失去了父亲，没什么阅历和知识，不知该如何管理百姓，而你年纪又大了，我如果依靠你，恐怕就会与天下人隔绝了。我如果不把国事托付给赵高，还应当任用谁呢？况且赵先生为人精明强干，廉洁公正，下能了解民风民情，上能顺适朕的心意，请你不要怀疑他。"

李斯再次上书辩解说："陛下，您被赵高蒙蔽得太深了，事实并非如此。赵高从前是地位卑贱的人，他根本不懂什么是君臣大义，也不珍惜先皇和陛下对他的恩赐，他贪得无厌，利欲熏心，他的地位和权势仅次于陛下，但他追求地位和权势的欲望却没有止境，所以我说，赵高实在是太危险了。"

秦二世早已对赵高信赖有加，所以李斯说什么他都不为所动。他见李斯言辞如此激烈，担心李斯运用丞相的权力找个错处杀掉赵高，于是就派人悄悄找来赵高，把李斯的奏折交给他看。

赵高胆战心惊地看完奏折，当即在秦二世面前大呼冤枉："臣对陛下忠心耿耿，请陛下明察。"

秦二世："你的忠心我当然知道，可是丞相对你的误解非常深。"

赵高："丞相想图谋不轨，可是他担心的只有我赵高，我死了之后，他就可以干田常子罕所干的那些事情了。我死不足惜，只可惜大秦的江山社稷了。"

秦二世安慰赵高说："赵君不必烦忧，朕自有主张。"之后下诏说："把李斯抓起来，交给郎中令查办！"

赵高又说："右丞相冯去疾、将军冯劫和李斯一齐上书，他们必定是同谋。"

秦二世说："那就把他们全都抓起来。"

赵高等的就是这个机会，于是他立即拿着秦二世的诏令，把李斯、冯去疾和冯劫抓了起来，然后给他们套上刑具，关进了监狱里。

李斯在狱中大声叹息说："唉，真是可悲啊！无道的昏君，我怎么能为他出谋划策呢！从前夏桀杀死关龙逄，商纣杀死王叔比干，吴王夫差杀死伍子胥。这三个大臣，难道不忠吗？可他们仍然免不了一死。他们为不值得他们尽忠的人去死，真是忠非其人，很不值得。现在论智慧我赶不上这三个人，而秦二世的暴虐无道却超过了桀、纣和夫差，我为秦二世这样的暴君尽忠而死，也真是活该啊。况且秦二世治理国家的方式真的是糟透了。不久前他杀死自己的兄弟而自立为皇帝，杀害忠良而重用低贱的人，修建阿房宫，对天下百姓横征暴敛。并不是我不劝谏，而是他不听我的呀。凡是古代圣明的帝王，饮食都有一定的节制，车马器物都有一定的数量，宫殿规模都有一定的限度，颁布命令和办理事务，增加费用而不利于百姓的一律禁止，所以才能长治久安。现在二世用残暴手段对待自己的兄弟，而丝毫不顾忌所造的罪孽；迫害杀戮忠臣，而丝毫不考虑带来的灾祸；大兴土木修筑宫殿，加重对天下百姓的税收，而丝毫不吝惜钱财物资。这三件事实行之后，天下百姓没有一个肯心服的。现在造反的人已经占到天下人的一半了，但二世心中不但不觉悟，反而任用赵高这样的奸人为辅臣，我一定会看到盗贼攻进咸阳，使繁华的宫廷变为野兽嬉游的地方。"

冯去疾和冯劫被下狱之后，相互商议说："作为将相，怎么能受这样的屈辱呢？"于是就自杀了。冯去疾和冯劫是父子，他们是战国末期韩国上党郡守冯亭的后人。当时冯亭将上党转献赵国之后,导致赵国四十万将士在长平战败后被秦将白起全部活埋,冯亭也在那一场空前惨烈的战事中以身殉国。冯亭死后,他的宗族分散各地,有一部分辗转来到秦国,这就是冯去疾和冯劫这一支。他们的祖上曾经是军事重地的郡守,现在他们父子又出将入相,家族血液中流淌着那种与生俱来的刚烈和自尊,不允许让他们受到这样的侮辱,于是他们选择了有尊严地自杀。

赵高将李斯的家人和门客全部抓了起来,对他们施以酷刑,向他们逼问李斯和他儿子李由谋反的事情,可是却没有一个人能够说出李斯反叛的任何情节。赵高于是严刑拷打李斯,把他打了一千多板子,直打得他体无完肤,痛不欲生。重刑之下,李斯屈打成招,于是就违心地招供,说自己和儿子谋反。李斯之所以不像冯去疾和冯劫那样自杀而死,是他自负能言善辩,又为秦国立下盖世奇功,确实没有反叛之心,更没有反叛之行,如果他能够顺利上书,就能够有充足的理由为自己辩护,秦二世看到后,就会有所醒悟并最终赦免他。

李斯于是在狱中上书说:"我担任丞相治理百姓,已经三十多年了。我刚来秦国的时候,秦国的领土还很狭小。先王的时候,秦国的土地不过千里,士兵不过几十万。我用尽自己微薄的才能,小心谨慎地执行法令,暗中派遣谋臣,资助他们金银珠宝,让他们到各国游说;暗中准备武装,整顿政治和教化,任用英勇善战的人为官,提高功臣良将的社会地位,给他们很高的爵位和俸禄,所以终于威胁韩国,削弱魏国,打败了燕国、赵国,平定了齐国、楚国,最后兼并六国,俘获了他们的国王,拥立秦王为天子。这是我的第一条罪状。秦国的疆域并不是不广阔,我协助先王,在北方驱逐胡人、貉人,在南方平定百越,以显示秦国的强大。这是我的第二条罪状。尊重大臣,提高他们的爵位,用以巩固他们同大秦的亲密关系。这是我的第三条罪状。立社稷,修宗庙,以显示国君的贤明。这是我的第四条罪状。更改尺度衡器上所刻的标志,统一度量衡和文字,颁布天下,以树立秦朝的威名。这是我的第五条罪状。修筑驰道,兴建游览观光之所,以方便皇帝抒发功成得意之情。这是我的第六条罪状。减轻刑罚,减少赋税,以满足主上赢得民众的心愿,使万民百姓都拥戴皇帝,至死都不忘记皇帝的恩德。这是我的第七条罪状。像我李斯这样的臣子,所犯的罪足以处死且早就应该处死了,只是皇帝希望我能竭尽所能,才侥幸让我活到今天,希望陛下明察。"奏折送出去之后,赵高让狱吏把奏折丢在一边,说:"囚犯怎么能上书!"

赵高这么说这么做就是数典忘祖了,早先他的母亲就是服刑之囚犯,但在商鞅、李斯等人所制定并实施的法令之下,却仍然享有她应该享有的一切权利,包括做工、生活、结婚、生子等各项权利,囚犯也是人,这是法家思想最著名的一个特征,要不然,怎么会有今天的赵高呢?只是不知道赵高在说囚犯不能上书的时候,一旁的狱吏们有没有在心里耻笑他。当然,作为权奸的赵高,他为了置政敌李斯于死地,已经是丧心病狂,无所不用其极了!

不过,秦朝的法令是很完备的,赵高就算要不择手段地整死李斯,那至少也要在司法程序上符合秦朝的法律。凡是重臣被判处死刑,皇帝都会亲自派人来复核,类似现今判处死刑需要最高人民法院复核一样。

但是,这根本难不倒奸邪的赵高。接下来,中国历史上或者说是中国法治史上令人极为恐怖而绝望的一幕就出现了!

场景一:

时间:公元前208年六月某日。

地点:监狱。

人物:戴枷的囚犯李斯。

监狱的门哐啷一声被打开,三名衣着华丽的官吏走了进来,蜷缩在一角的李斯抬起头来,试图从来人的衣着打扮及面目神态上,判断来者的身份和来此的目的。

为首的官员和颜悦色地说:"李丞相,我是御史某某,奉陛下诏令,特来审查核对您的案件,请问您之前画押的供状,是否属实?"

李斯之所以不自杀,等的就是前来复核案件的秦二世的特使,如今听到来人是秦二世派来的御史,他怎么能不激动万分,于是他顾不得刑具留下的创伤,赶快站起来说:"我是冤枉的,都是赵高严刑逼供,臣不得已才招了假供,请陛下明察。"

官员突然间变了脸上的颜色,立时间勃然大怒:"大胆李斯,犯下谋逆大罪,竟敢在天使面前谎言抵赖,给我打!"

于是,雨点般的棍棒落在李斯身上,李斯旧伤未愈又添新伤,顿时皮开肉绽,痛得昏死过去。

官吏们走出监舍,向等候在那里的赵高报告:"果然不出大人所料,李斯确实想翻供。"

赵高冷笑:"哼。"

场景二：

时间：数日后。

地点：监狱。

人物：戴枷的囚犯李斯。

监狱的门哐啷一声打开，三名官吏走了进来，蜷缩在屋角的李斯抬起头来，面带惊惧之色看着来人。

为首的官员和蔼可亲地："李丞相，我是谒者某某，陛下特地派遣我来核查您的案件，请问您可有什么向陛下上奏的？"（注：谒者是国君左右主管上勤下达的近侍。）

李斯将信将疑地："大人真是皇帝陛下派来的特使。"

官员点头："一点儿没错，请问李丞相还有什么可说的，如果没有，下臣就要按丞相之前的供词向皇上复旨了。"

李斯挣扎着爬起："臣是冤枉的，臣与犬子没有谋反，请陛下明鉴。"

官员："您真是冤枉的？"

李斯："臣确实是冤枉的，臣没有谋反。"

官员骤然变脸："大胆囚徒，证据确凿，竟敢翻供，着实可恶，给我用刑！"

大刑伺候之下，李斯再次痛得昏死过去。

官吏们走出监舍，向等候在那里的赵高："李斯仍然没有死心，已经对他用了大刑。"

赵高："还需要再来几次。"

场景三：

时间：再数日后。

地点：监狱。

人物：戴枷的囚犯李斯。

监狱的门被打开，三名官吏走了进来，李斯微微睁了一下眼睛，又闭上了。

为首的官员猛地扑倒在李斯面前，抱着李斯大哭起来："李丞相，您怎么变成了这副样子啊？他们怎么能这么对待您啊？"

听到哭声，李斯睁开眼睛仔细辨认，才发现是之前悄悄绕过赵高替他直接向秦二世传递奏折的太监某甲。李斯激动起来："公公近来可好？"

某甲悲痛万分状："我等何足挂怀，李丞相为大秦立下汗马功劳，如今为了秦国的江山社稷，竟然遭此磨难，真是令人痛心万分。"

李斯："公公此前代李斯传递奏折，没有被赵高发现吧？"

某甲摇头："没有。我今日前来，实是奉了皇上的密旨，调查丞相究竟有无反情。"

李斯："公公相信李斯会谋反吗？"

张甲："李丞相在供状上写得清清楚楚，不由得某甲不信。"

李斯："赵高命人不停地用大刑折磨我，不由得李斯不认。"

某甲："这么说丞相是冤枉的？"

李斯："臣确实是冤枉的！"

某甲的笑脸猛然间变了，他大喝一声："大胆李斯，勾结盗贼，图谋造反，不思认罪服法，还敢诡言狡辩，给我打！"

李斯绝望地："公公……"

某甲："打！"

重刑之下，李斯又一次痛得昏死过去。

某甲等人出监舍，向候在门外的赵高禀报："大人，按照您的吩咐，我已经做了我该做的事情。"

赵高递给他一个小瓶："之前你擅自替逆贼李斯传递奏折蛊惑圣上，诬陷朝廷命官，罪不可赦。今只追究你一人，不累及你的家人族人，请速速自裁吧。"

某甲无奈地接过小瓶，吞下瓶中之物，不一时，七窍流血，四肢抽搐而死。

……

场景N：

……

场景N+1：

时间：又再数日后。

地点：监狱。

人物：戴枷的囚犯李斯。

监狱的门哐啷一声打开，三名官吏走了进来，屋角的李斯蓬头垢面，就像一个死人一样，既不抬头，也不睁眼。

为首的官员:"李丞相,我是侍中某某,陛下特地派我来核查您的案件,请问您可有什么要向陛下启奏的?"(注:侍中是少府属下宫官群中直接供皇帝指派的散职,往来禁中奏事。)

李斯一动不动,连眼皮都没抬,他心里说:"装,继续装!演,继续演!看你们还能演出个什么花样来?"。

狱吏上前狠狠地踹了李斯一脚:"起来,起来,天使来了。"

狱吏踹到了李斯的伤处,李斯痛得咧了一下嘴角:"我没什么可说的。"

侍中惊讶地:"李丞相,您果真是与楚地的盗贼相互勾结,要图谋造反吗?"

李斯微微睁开眼睛,看着侍中,冷笑着说:"没错,逆臣是要谋反。"

侍中着急地:"李丞相,我太了解您了,据我所知,您可不是这样的人哪!"

李斯:"逆臣就是这样的人,有负陛下圣恩了。"

侍中失望地:"李丞相,那我就把您的供词呈送给皇帝御览了?"

李斯点了点头,在供词上具名画押。

侍中等人退出,一路摇头叹息:"堂堂大秦丞相,曾被视为中流砥柱,国之栋梁,百官敬重,万姓仰望,可谁又能想到,他竟然与盗匪同谋造反,真可令我辈唏嘘感叹啊。"

宫中,秦二世接过侍中呈上的供词,略带惊异地自语:"李斯竟然真的与盗贼相互勾结!"

侍中:"李丞相确实是这么供述的,下面有他的亲笔署名。"

李斯的小篆笔力遒劲,他的代表作《仓颉篇》曾作为统一文字的标准典范颁布全国,但凡是个秦国人,就没有不认识他的字的,更何况是曾经看过他无数奏折的秦二世呢!

秦二世再看看供词上那些漂亮的小篆文字,心情极为复杂地:"李斯竟然真的是反贼,竟然真的是反贼。"顿了一顿,又笑了起来:"唉,要不是赵君,我差一点儿就要被他所卖了。前往三川郡调查李由的使者回来了没有?"

"还没有。"

"嗯,催一催。"

……

昔日威名赫赫的大秦丞相李斯,就这样被权宦赵高施用阴谋诡计玩弄于股掌之间。赵高派他的心腹门客假扮秦二世派来的御史、谒者、侍中，轮流提审李斯。李斯想喊冤之时，这些人就狠劲地拷打他，让他吃尽皮肉之苦，而李斯如果承认他之前的供词，这些人就不再折磨他为难他。到得最后，当秦二世真的派人来验证李斯的口供之时，李斯还以为和以前一样，都是赵高派来诈他的人，始终不敢再改口，在原来的供词上违心地承认了自己的罪状，最终在自己的脖子里套上了致命的绳索。赵高，真的是太阴险毒辣了。

第五节　张楚兵败、项梁起兵、羊倌当王、李斯灭族

那么，秦二世的使者在三川郡又查到了些什么呢？再来看看东方的战况。

秦少府章邯击败吴广等人的军队之后，继续率军东进南下，攻打郏城（今河南省平顶山市郏县），驻守郏城的将领邓说无法抵挡悍勇的秦军，被章邯军打得大败，邓说逃回陈县，陈胜大怒，将他处死。驻守在许昌的伍徐部也被章邯击溃，散兵逃回陈县。章邯趁热打铁，率军围攻陈县，楚军大败，张楚政权上柱国蔡赐战死。章邯又进攻驻守在陈县城西的张贺部队，为了保卫张楚政权的都城，陈胜亲自出城督战，为张贺部鼓劲打气，但在强悍的章邯军面前，张贺部一样未能创造奇迹，被秦军打得大败，张贺战死。陈胜不敢再战，闭关自守。章邯向陈县发起强烈的攻势，陈胜不敌，只得从陈县撤到汝阴，再从汝阴撤往下城父（今安徽省亳州市蒙城县西北，亳州市涡阳县境），在下城父，陈胜的车夫庄贾受到章邯的引诱，杀死陈胜后投降秦军。自此，作为张楚政权标志的陈胜所部，全军覆没。

陈胜被章邯击败，从表面上看，其一是自身的军事才能不及章邯，其二是起义军的综合实力不如秦军，而实际上，这只是一些表象，起义军之败有着更为深刻的实质性原因。

陈胜称王之后，他已不再是当年那个替人种田的庄稼汉了，如同许许多多后世失败的起义军领袖一样，他在思想上开始变质，并在行动上脱离群众。早先和陈胜一起种过田的一个同乡听说陈胜当了楚王，于是特意从阳城老家赶来陈县投奔他。到了陈县之后，他使劲地敲打陈胜的宫门，守门的官吏准备把他抓起来，

同乡赶快解释说他和陈胜是好朋友，解释了半天，守门官才把他放了，但却并没有为他通报。同乡见不到陈胜，于是就在陈胜外出的时候拦路高喊陈胜的小名。陈胜在车里听见之后，于是召见了同乡，然后和他一齐乘车返回了宫中。同乡进了陈胜的王宫之后，见宫殿高大深邃、富丽堂皇，情不自禁地大声说："夥颐，涉之为王，沉沉者。"夥，同"伙"，楚地方言，意思是非常多。整句话的意思是：太多了啊，陈胜当王，真是太阔气了呀。这句话迅速在天下流传了开来，并形成一个固定的成语"夥涉为王"，又作伙涉为王，比喻地位本来很低的人突然富贵了之后讲很大的排场，含贬义。

同乡仗着自己是陈胜的发小，因此出入都比较随意，并且到处讲一些陈胜以前的陈年旧事，这些陈年旧事当然都是些上不得台面的窘急之事。有人就对陈胜说："您的客人非常愚蠢粗鲁，到处胡说八道，有损您的威严，请您最好想个办法。"在虚荣心的驱使下，恼怒的陈胜把当年所说的"苟富贵，勿相忘"的话立即抛到了九霄云外，命人杀死了这个同乡。

陈胜的这个举动，一下子冷了故人的心，老朋友们都觉得陈胜变了，不再易于相处了，担心继续跟随他会遭到杀身之祸，于是相继离开了他。从此，陈胜身边的人各怀异心，没有人再愿意亲近他了。

陈胜任命朱房做中正，胡武做司过，专门督察群臣的过失。将领们攻城略地之后回到陈县来，命令稍不服从，就会被抓起来治罪。朱房和胡武二人，以苛刻地寻求群臣的过失表示对陈胜的忠心。凡是他们二人不喜欢的人，不管是否有错，也不交给负责司法的官吏去审理，就擅自予以处罚。将领们都很反感朱房和胡武，但陈胜却非常信任这两个人。渐渐地，将领们也不愿再亲近依附陈胜了，他渐渐地被孤立。武臣攻下赵地之后不敢回来向他报告，很大程度上也是出于这个原因。

从另一个方面讲，与陈胜同时起义的将领们，战略眼光都不高，在还没有灭亡秦朝之时，就开始各打各的算盘，最终被章邯抓住时机各个击破。大雁还没有打下来，就开始盘算蒸了吃还是烤了吃，其结果可想而知。在被陈胜外派攻城之时，每占领一地，就纷纷自立为王，比如武臣、韩广等人，周市虽未自立为王，但却也拥立魏咎做了魏王，这些行为，在客观上分裂削弱了起义军的力量，并且他们自立为王之后，便不再服从陈胜的命令，直接使周章部、吴广部陷于孤立无援的境地并相继被歼灭，最终使陈县失去屏障和护卫，导致了陈胜最后的溃败身死。

陈胜从谋划起义到称王，再到兵败被害，前后不过半年时间，但他首倡的起义却引发了更大规模的反秦浪潮。陈胜死后三年，刘邦率军攻入咸阳，最终结束了秦朝的统治。陈胜死后被葬在芒砀山（今河南省永城市境内）。刘邦称帝后，追封陈胜为"隐王"，派三十户丁役守护陈胜墓，并以王侯的规格每年祭祀陈胜，一直延续了二百多年。

陈胜被杀之后，曾任陈胜旧时侍从的将军吕臣十分悲愤，他在新阳（今安徽省阜阳市界首市北）组建"苍头军"，率军攻打陈县。其时章邯已离开陈县率军北上栗县（今河南省商丘市夏邑县），因此吕臣很快攻下陈县，抓获并处死了投降秦军的庄贾，重建楚国。

原奉命向东进攻广陵的部将召平，在攻广陵不克之时，听到陈胜战败且秦兵将要杀来的消息，于是渡江到吴地，去寻找会稽郡的起义军首领项梁。

项梁是楚国大将项燕的儿子。项氏也是楚国王室的旁支，因为家族里好几代都做楚国的将军，被楚王封在项城县（今河南省周口市项城市），因此他们这一支便姓了项。到项燕之时，他们这一支项氏已移居下相（今江苏省宿迁市），项梁曾经因为受牵连而被栎阳县（今陕西省西安市阎良区）逮捕入狱，于是他私下里叫人委托蕲县监狱官员曹咎写了一封信，然后送到栎阳监狱官员司马欣那里，司马欣看到信之后，于是动用关系和手中的权力，替项梁摆平了这件事情，将项梁释放出狱。项梁在下相杀了人，没办法在老家再待下去，于是带着侄子项籍逃到了会稽郡的郡治吴中（今江苏省苏州市），躲避仇家追杀。

项籍，字羽，就是后来大名鼎鼎的西楚霸王项羽。项羽很小的时候就死了父亲，因此一直是他的叔父项梁在管教他。项羽小时候不爱读书，项梁便让他去学击剑，可项羽学了几天，又不学了，项梁非常生气，于是责备他。项羽回答说："读书识字不过是能记住自己或他人的姓名而已，剑术再怎么高超，也只能对付一个人，都不值得去学，我要学那种可以打败千万人的过人本领。"项梁听了，觉得项羽这个孩子非常有志向，于是就教他兵法。项羽非常高兴，刚开始也学得非常认真，但刚刚学了个大概，就又不学了。对此项梁也无可奈何，只好听之任之。

项梁杀人后逃亡时，考虑到项羽还年幼，留在老家不放心，于是就带上了他。到了吴中之后，项梁广交当地豪杰贤士，因此很受当地豪杰贤士们的欢迎。吴中每每遇到大型的徭役或婚丧嫁娶等事务，项梁都去帮忙操办，他暗中用兵法安排和管理门客及子弟，不仅替人家把事情办得井井有条，受到了事主和豪绅们的信赖感激，也借此了解掌握了每一个宾客和子弟的水平才能，招揽罗致了人才。

秦始皇东巡到会稽郡，渡钱塘江的时候，项梁、项羽和其他的老百姓一样，都跑去看热闹。年轻的项羽看到秦始皇的仪仗队伍华丽壮观，威风凛凛，心中十分羡慕，他情不自禁地说："他也没什么了不起的，我完全可以将他取而代之。"项梁大惊失色，赶快捂住项羽的嘴，小声告诫他说："你这个孩子，再不要胡说，这可是灭族的大罪！"经过这件事情，项梁越发认为项羽不同凡响，从此更加着意培养他教育他。项羽长到二十多岁的时候，体格非常健壮，身高约有八尺多（秦尺约合今二十三点一九二厘米，八尺合今一米八五），力气非常大，可以举得起几千斤重的大鼎，才能也非常出众，因此吴中的年轻人都非常畏惧佩服他。

等到陈胜吴广在大泽乡起义，各地豪杰纷纷响应起兵反秦的时候，秦国的一些地方官也动了心思，准备招揽人才，割据称王。会稽郡的郡守殷通就是这样一个人，他派人将颇有声望的项梁请到他府上，然后与项梁商议说："现在长江以西的地方全都起来造反了，这也是上天要灭亡秦朝的大好时机。我听说先发制人，后发就会为人所制。我想和其他人一样，举兵起事，准备任命您和桓楚为大将，希望您不要推辞。"桓楚也是当地一个非常有才能的人，因为犯罪被朝廷通缉，因此潜藏在大泽中。项梁想了想回答说："桓楚逃亡在外，没有人知道他藏在哪里，但他和我的侄子项籍关系很好，因此只有项籍知道他藏在哪里，我把项籍给您带来，然后您问他。"殷通答应了。

项梁回到家中，向项羽说出了自己的打算，与项羽把一切谋划妥当，之后带着项羽来到了郡府中。项梁反复叮嘱项羽，让他佩带宝剑候在外面，之后自己进去见殷通。坐下与殷通聊了片刻，项梁对殷通说："我把项籍带来了，就在外面，现在请您召见他，然后派他去找桓楚。"殷通非常高兴，于是命人传项羽进府。项羽进府之后，先是拜见殷通，之后便转头看项梁，项梁向他使个眼色示意说："可以行动了。"于是项羽猛地拔出宝剑，砍向殷通，殷通毫无防备，还没反应过来是怎么回事，就被项羽砍下了脑袋。项梁手拿殷通的人头，然后取过殷通的郡守大印，佩在了腰间。郡府中的吏卒们大惊失色，乱作一团，一些卫士上前，准备缉拿项氏叔侄。项羽手持宝剑，接连杀死上百人。其余的见项羽如此勇武，全都吓得趴在地上不敢再起来。殷通识人不明，想让才能出众且不甘为人之下的项梁为他效力，无异于与虎谋皮，结果非但没有得到任何好处，反而稀里糊涂地丢掉了性命。而项梁不愿为人作嫁，再加上他胆识过人，处事果断老辣，因此这些因素也成为他日后能成为义军实际领袖的重要资质。

项梁召集吴中城里那些他认识的豪杰和官吏，告诉他们自己想起兵反秦，众人都非常支持他，于是非常顺利地调动了吴中的军队。又派人接收会稽郡下属的各县，挑选得到八千精兵。这八千人就是后来随项羽身经百战、所向无敌的吴中八千子弟。项梁任命吴中那些豪杰分别担任军队的校尉、军候、司马等，让他们分别统率军队。有一个豪绅没有得到任何职位，他非常纳闷，于是就上前问项梁是什么原因。项梁当着众人的面对他说："之前有一起很重要的丧事，我派你去办理，但你却操办得很不好，由此说明你缺乏办事的能力，这就是我不能任命你的原因。"众人听了，都对项梁心服口服。

于是项梁做了会稽郡的郡守，项羽当了副将，协助统领军队并巡视经略下属各县。

再说这个时候的召平，他渡江来到吴地之后，假称奉了陈胜的命令，拜项梁为楚国上柱国，请求他渡过乌江（今安徽省马鞍山市和县东北长江边的乌江浦），西向击秦。

项梁非常高兴，于是欣然接受了任命，与侄子项羽率八千子弟兵，渡江向西进发。项梁这一支队伍，很快发展成抗秦的主力部队。

当初陈胜刚到陈县的时候，派遣将军宋留带兵迂回南阳，企图从武关（今陕西省商洛市丹凤县东）进入咸阳。宋留攻下南阳之后，陈县被破陈胜被害的消息传来，大本营被端，宋留所部失去后援，只得后撤。宋留退兵至新蔡，与秦军相遇，被秦军击败，突围无望的宋留只得率军投降秦军。秦二世下令将降服的宋留押解到咸阳车裂。

陈胜起义之初，陵县（今江苏省宿迁市泗阳县）人秦嘉等人也响应陈胜起兵反秦，他们把东海郡（今江苏省连云港市东海县）的郡守围在郯城（今山东省临沂市郯城县）。陈胜听到后，于是派武平君畔为将军，前往东海，监督统领秦嘉等人的军队。秦嘉实际上并不愿意隶属陈胜，只是为了在表面上归顺陈胜借以壮大自己的实力而已，他不甘心受制于武平君，于是自立为大司马，假借陈胜的命令杀死了武平君畔。秦嘉听到陈胜兵败退出陈县的消息之后，在彭城（今江苏省徐州市）立原楚国贵族景驹为楚王。秦嘉率兵到达方与（今山东省济宁市兖州区），准备在定陶（今山东省菏泽市定陶区）攻击秦军。由于担心自己兵力薄弱，秦嘉派公孙庆出使齐国，想与齐王田儋结盟，共同攻打秦军。田儋见到公孙庆之后，责备他说："听说陈王被秦军战败，现在是死是活还没有确切消息，你们楚国为什么不请示我齐国就直接立了新的楚王？"公孙庆回答说："齐国立王的时候，并没有请示楚国，那么楚国立王的时候，为什么要请示齐国呢？再者说了，首倡起兵反秦的是我们楚国，所以我们楚国应当号令天下。"田儋一则因为公孙庆的回答戳中了他的痛处（因为他自立后曾反击意图进入齐地的陈胜部将周市，但却在名义上表示愿意服从陈胜的号令），二则对秦嘉这种打着陈胜旗号却不听陈胜命令的做法也十分不满，于是下令杀死了公孙庆，并拒绝与秦嘉结盟。

陈县被吕臣夺回之后，秦国左、右校尉军前来攻打陈县，再次将陈县攻破。吕臣败走之后，再次收聚兵马，在鄱阳湖中当盗匪的当阳君英布（因为受过秦朝的黥刑，因此也被称为黥布）的兵马因此被招收进来。英布和吕臣率军攻打秦左、右校尉军，在青波（今河南省驻马店市新蔡县西南）打败了他们，再一次夺回了陈县。

项梁西渡长江之后，听说陈婴占领东阳县（今安徽省滁州天长市），于是派出使者，希望与陈婴联合，一齐向西进攻。陈婴原是东阳令史（县令手下的官吏），因为平素为人谨慎讲求信用，因此被人尊为长者。各地义军蜂起之时，东阳县的一班年轻人杀死东阳县令，响应义军。一时之间，县里聚集了数千人。这些人想选一个首领出来，但找来找去，也没有找到合适的人。最后，有人想到了陈婴，一提议，大家都觉得合适，于是前来邀请他。陈婴推说自己没有才能，但县中人不答应，硬是把他推举成了头领。听说陈婴当了首领，东阳县愿意跟从他的人达到了两万多人。陈婴的母亲是一个非常有见识的女性，她对陈婴说："自从我嫁到你们家之后，就从来没有听说过你们家祖上出过身居高位的贵人，如今大家突然拥戴你为首领，我觉得这是非常不祥的。你不如跟随哪一个人去做事，事情如果成功了，那也能封侯拜将，事情如果失败了，你不是领头的，别人不知道你的名字，你也容易潜逃。"陈婴听从了母亲的忠告，于是对众人说："项氏家族世世代代都是楚国的大将，在楚国非常有名，如今要推翻秦朝的统治，就必须推选得力的将领，如果我们跟随项氏这样的名门望族，就一定会灭亡暴秦，取得成功。"众人都觉得他说得非常有道理，于是陈婴率领两万多义军投靠了项梁。陈婴与吕臣一样，在项梁死后，跟随项羽作战，后先后投奔刘邦，为汉臣，二人均得善终。陈婴的曾孙女陈阿娇为汉武帝刘彻皇后。

吕臣和英布收复陈县之后，听说项梁已西渡长江，于是也前去投奔了项梁。项梁在西进的路上，被驻扎在彭城的秦嘉拦住去路。当时，项梁还未得到陈胜已死的确切消息，他见秦嘉擅立景驹为楚王，且试图阻止项氏叔侄的兵马北上，感到非常气愤。他斥责秦嘉等人："陈王（陈胜）最先号召我们起兵抗秦，现在因为战斗失利，还暂时不知道他的下落，而秦嘉却背叛陈王，擅自立景驹为王，这是大逆不道的行为，必须受到惩罚。"于是，项梁派英布攻打秦嘉，秦嘉败逃至胡陵（今江苏省徐州市沛县北），不甘失败，回头又迎战追击的项梁，双方激战一天，秦嘉战死，所部投降项梁。景驹逃到梁地，后也被杀。项梁兼并秦嘉的部队之后，驻扎在胡陵，准备带兵向西发展。而这个时候，章邯的军队已到达栗县。项梁于是派将领朱鸡石、余樊君前去迎击章邯，结果被章邯击败，余樊君战死，朱鸡石逃回胡陵（随即被项梁以战败之罪处死）。与此同时，项梁派项羽前去攻打襄城（今河南省许昌市襄城县），襄城的城防坚固，项羽率人攻打了很久才攻下。攻克之后，项羽十分恼怒，将参与守城的军民全部坑杀，以泄其愤。之后，派人向项梁报捷。

其时项梁已率军到达薛地（今山东省枣庄滕州市东南），在这个时候，他才得到陈胜已死的确切消息。陈胜死了，起义军群龙无首，各自为战，很难结成统一战线，也很难形成反秦合力。项梁觉得这样下去不是办法，于是派人邀请附近各地的起义军首领如刘邦等，前往薛地商议大事。而在此时前来的这些人中间，居巢人（今安徽省巢湖市居巢区亚父街）范增对整个起义军的战略性决策所做出的建议，是其他任何人所无法比拟的。

其时范增已经七十岁了，他胸怀奇计，历经战国和秦朝两个时代，所以对统一并建国不久的秦国算不上有多大感情，相反，他对他的故国楚国，倒是怀有很深的感情。陈胜等人起义的消息传来，范增立即感觉到，他那一腔的智计，马上就要派上用场了，等到项梁率江东八千子弟渡江向西，范增立即前去投奔项梁。

项梁见到范增，略加谈论之后，立即为范增透彻的见解所折服，于是待范增为座上宾。范增见项梁非常信任他，于是就替项梁分析说："陈胜的失败可说是意料之中的事情，为什么呢？当初秦国吞并了东方六国，楚国是最无辜的，仇恨也是最深的，自从楚怀王被秦人骗到秦国并客死异乡，楚国人至今还在怀念他替他抱不平，所以楚国的隐士楚南公说，'就算是楚国只剩下三户人家，那最后灭亡秦国的依然会是楚国'。陈胜在楚地首倡并领导楚人起义，但他却没有扶立楚王的后代为君，而是自立为王，所以他并没有得到百姓发自内心的支持，导致了很快败亡。如今将军您在江东起兵，楚国的很多人蜂拥前来投奔您，就是认为您们家世世代代是楚国大将，一定能够复立楚王的后人为王的缘故哇。"

虽然立楚国后人为王为后来项羽争霸天下带来了重重障碍，但就当时的情形而言，范增的这个建议却可以称得上是上上之策，因为一来可以凝聚人心，得到民意的响应，二来可以树立一面非常有号召力的旗帜，让天下人看得清目标，看得见方向，从而前来投效。项梁考虑了一下，觉得范增这番话说得切中时势，于是就答应了。之后，他派人四处寻访楚王的后人，结果还真是找到了一个。这个人叫熊心，是楚怀王熊槐的孙子，流落在民间给人家牧羊。于是在好多老百姓眼里荒诞而滑稽的一幕就这样上演了，牧羊人顷刻之间变成了国君。为了让这个复立的楚王能争取更多的同情和支持，项梁经与范增商议，仍然把熊心尊称为楚怀王，以示对冤死秦国的楚怀王熊槐的追怀。陈婴被封为上柱国，项梁自号为武信君，掌握着所有实权。

复立楚怀王并重建楚国政权之后，许多豪杰立即积极响应，前来投奔项梁。项梁留下上柱国陈婴与楚怀王镇守都城盱台（今江苏省淮安市盱眙县），而自己则依旧带着大军，继续西进。

再说章邯，他在击败项梁部将朱鸡石、余樊君之后，继续率军北上，攻打魏国，魏军一路败逃，最终在临济（今山东省淄博市高青县东）陷入秦军包围。魏国危在旦夕，惶急之间，魏咎派丞相周市前往齐、楚二国，请求齐、楚二国出兵相助。齐王田儋考虑到如果魏咎被灭，那么章邯下一个打击的目标不是齐国就是赵国，于是他亲率大军，与将军田巴前来救援魏国。楚国的援军也由项它率领，来与齐军会师。章邯采用围城打援之术，设伏于临济城外，在夜间偷袭前来救魏的援军，大破楚、齐援军，杀死齐王田儋和魏相周市。魏咎无路可逃，于是向章邯请降，条件是不要屠杀城内百姓，在得到章邯的首肯之后，魏咎自焚而死。

魏咎死后，魏咎之弟魏豹逃往楚国，田儋的堂弟田荣收拾齐国的败兵退往东阿（今山东省聊城市东阿县）。齐国的旧贵族们听到田儋战死，于是立原齐国末代之君齐王建的弟弟田假为齐王，任命田角为相，田间为将军，准备与有可能前来兴师问罪的田荣及诸侯对峙。

再说田荣逃往东阿之后，章邯紧追不舍，又将田荣围在东阿城中。西进的项梁在攻破亢父（今山东省济宁城南）之后，接到田荣请求援助的讯息，知道田荣情况危急，于是率领刘邦等人前往东阿。围城的章邯腹背受敌，被项梁击败，只得引兵向西撤退。项梁乘胜追击，企图消灭这一支给起义军造成致命打击的秦军力量。他一边追，一边催促田荣，约会田荣出兵一齐攻击章邯。

而此时的田荣，后院起火令他心焦万分，他无法接受齐国贵族立田假为王的事实，恼怒之下带兵回国，攻打齐王田假。田假兵微将寡，怎是田荣的对手，危急之间，只得逃往楚国寻求庇护。相国田角逃往赵国，而田角的弟弟田间，则因为之前前往赵国求救，所以听说国内有变，索性待在赵国不敢回来。

田荣赶走田假之后，立田儋的儿子田市为齐王，自任相国，田荣的弟弟田横任大将军，齐国故地再次被田荣等人平定。

项梁在追击章邯的过程中，发现前来支援章邯的军队越来越多，他知道凭自己一家之力，根本不足以战胜章邯，于是数次派遣使者前往赵国和齐国，催促他们发兵相助。

其时赵国发生内乱，正自顾不暇，没办法派兵。而齐国的田荣则非常痛恨田假等人，他的条件是要楚国杀了田假、赵国杀了田角和田间之后才肯出兵。项梁和他交涉说："田假怎么说也曾经是一国之王，现在穷途末路才来投奔我们，如果杀了他，就会显得我们楚国很不讲义气，这让我们以后还怎么取信于诸侯。"而赵国也不愿意杀死田角、田间，有留此二人日后要挟田荣的意思。楚、赵二国留着田假这样的政敌，早晚会成为田荣的心腹之患，田荣又对二国说："蛇咬了人的手，那就要砍掉手，蛇咬了脚，那就要砍掉脚。为什么，是因为如果不这么做就会危及整个人的生命！田假、田角和田间，对楚、赵二国来说，也算不上什么手足之亲，为什么不能杀了他们？况且如果等秦国击败所有的军队，重新得志于天下，那么我们这些人别说是活着的会被全部处死，就是死了的也会被掘墓暴尸，请你们认真地考虑一下。"但楚国和赵国并不理会田荣的这一番说辞，田荣一怒之下，拒绝发兵。于是在前方追击章邯的项梁，便陷入了孤军作战之中。

但项梁却并不认为自己所率的楚军与章邯军相比会处于劣势，相反，接连几个胜仗之后，他开始骄傲自满，全然不把章邯放在眼里，而此时的章邯，却在一边苦苦坚持，一边等待项梁露出破绽。

几乎与此同时，刘邦和项羽受项梁的派遣率兵西进，他们相继取得城阳（今山东省菏泽市鄄城县境内）、濮阳、雍丘（今河南省开封市杞县）之战的胜利，并在雍丘杀死了李由。

李由，这个对秦国无限忠诚的秦军将领，为了平叛费尽心力，在苦苦支撑一年之后，终于为国捐躯。而他不知道，在他死后，他所尽忠的秦二世却派出使者来到三川郡，调查他与盗贼陈胜等人私通的罪证。使者在三川并没有找到李由通匪的任何证据，只得返回咸阳，向秦二世复命。

使者返回咸阳之时，李斯早已屈打成招。赵高并不将使者的调查结果上报秦二世，而是捏造了一通李由通匪的罪状，然后呈送给秦二世过目。

李斯的命运就这样被决定。秦二世二年（公元前208）七月，李斯被判处五刑，第一黥刑，在脸上刺字，是秦朝的一种侮辱刑；第二劓刑，割掉鼻子，也是秦的一种酷刑；第三断左右趾，即砍掉左右脚；第四腰斩，第五醢刑，即剁成肉酱。这五种刑罚，在当时是最为残忍的一种处死方式，叫作"具五刑"，即用五种刑罚处死。对李斯这样的功臣"具五刑"，足见胡亥之昏庸和赵高之残暴。

李斯和他的二儿子一齐被押赴刑场，在前往刑场的路上，他回头对二儿子说："我想和你再牵着黄狗，一同出上蔡东门去打猎，追逐狡兔，又怎么能办得到呢！"死到临头，才知平淡生活的可贵，但世上哪有后悔药可买呢？父子二人相拥而哭，不胜凄惨。李斯死后，赵高灭了他的三族，之后如愿以偿当上了丞相，无论大小事务，都依他个人的好恶来决定。

回望李斯的一生，他的前半生虽然称不上一帆风顺，但他谏阻逐客，辅佐秦始皇统一六国，主张废除分封制、实行郡县制，制定并完善法令，统一货币、车轨、文字、度量衡等，设计出中国两千多年封建政治制度的基本框架，完全可以称得上是千古一相，贡献巨大。但是，李斯在最为关键的一个时刻，做出了最为错误的选择，也就导致了他后半生的悲剧，那就是在秦始皇死后，与赵高同谋伪造遗诏废黜扶苏，而立胡亥为太子。

以当时李斯的地位和能力，他要不答应赵高，赵高与胡亥未必就敢肆行无忌。没错，扶苏即位后，他可能会失宠，但失宠总比被夷三族要强。赵高连秦始皇钦定的储君扶苏都敢杀，还有谁他不敢杀呢？赵高会仅仅满足于当个中车府令吗？绝对不会！李斯在当时要是认真地考虑一下，果断地采取一些措施，比如派出密使前往上郡送信，同时把秦始皇的死讯秘报蒙毅，或者釜底抽薪向天下昭告秦始皇死讯，等等，就完全可以阻止赵高、胡亥的阴谋，只可惜，他贪图于眼前的富贵和地位，向赵高妥协，进而合谋矫诏，既害了扶苏，又害了自己，也害了大秦，害了天下百姓。

李斯也并不是一个看不透盛衰祸福的平庸之人。秦始皇生前，李斯不仅自己位居丞相，长子李由也升任三川郡守，其他子女都与皇室缔结了姻亲关系，儿子娶公主，女儿嫁王子，荣华显达，天下几乎无人能及。但李斯对此却有清醒的认识。有一次，李由从三川任上回咸阳省亲，李斯摆酒设宴，文武百官都来赴宴祝酒。面对如此盛大壮观的场面，李斯感慨地说："我只是个平民百姓，如今却做了丞相，子女又与皇室结亲，可以说是位极人臣，富贵到了极点。但是，物盛则衰，我还不知道将来会有什么样的结局呢。"

知道盛极必衰，但却没有选择急流勇退，那么等待他的将是什么呢？答案是不言而喻的。

再来说李斯的儿子李由。当初吴广进攻荥阳，如果李由顶不住吴广的进攻投降农民军，或者是像其他郡守那样反秦自立，结果将会怎样呢？那么很有可能的结果就是起义军会拔掉秦朝在关外最硬的一颗钉子，然后在函谷关外合兵会师，死死地把章邯等人阻遏在关内，秦朝将会失去关外的所有土地和兵将，在内忧外困之下，更早灭亡。李由坚守荥阳拖住陈胜吴广等人的大军，等来了章邯的反攻，然后，秦朝得到了苟延残喘，而同时，赵高也得到了为他们李家罗织罪名的时间。李由如果早早战死沙场或是变节投降，秦朝可能会早亡，那么他们家族，也不至于被灭族。李由，他用他的忠诚和坚守，为他的家族赢得了一个灭族的机会，真是无比辛酸的悲歌啊。

如果说扶苏和他的兄弟姊妹被杀还是因为皇室内部为争夺君位而导致的宫廷喋血的话，那么蒙恬、蒙毅和此时李斯的被杀，就完全毁坏了以法立国的大秦的政治根基。

蒙恬、蒙毅和李斯等人都是秦统一后国家政治制度、法律、意识形态等上层建筑主要的顶层设计者，因此他们都深知他们所设计、制定的制度赋予了他们什么权利！蒙恬和蒙毅为什么不愿自杀？李斯为什么不愿自杀？就是因为他们知道，按照他们制定的法令，有一个公平的法律体系在为他们提供最后的保障，只要他们不放弃申辩的权利，并且他们确实无罪，那么他们就会最终被无罪释放而官复原职。所以，他们无一例外地选择了复核、申辩而不是自杀。然而，无情的现实彻底粉碎了他们的坚持，因为法律毕竟需要具体的人去执行，如果这个执行法律的人品德高尚，公正无私，那么法律自然会成为维护公平正义的最后底线；反之，如果这个执行法律的人品行低劣、贪赃枉法，但却得不到有效的监督惩戒，那么再好的法律也会成为戕害无辜的凶器。蒙恬等人虽未像商鞅那样"作法自毙"，但他们制定的法律却并没有为保护他们而起到任何一点儿的作用，其中蒙恬、蒙毅未经审判就被逼自杀，李斯倒是接受了审判，但是，他却实实在在地被自己制定的法律所奸污！

战祸频仍、经济瘫痪、社会混乱、民心尽失，而政治又腐败到这样的程度，那么等待大秦国的不是灭亡，还会是什么呢？

为李斯等人所不知道的是，一千八百多年后，大洋彼岸的英伦岛上，有一个名叫弗兰西斯·培根的哲学家说了这样一句话:"一次不公正裁判的罪恶甚于十次犯罪。因为犯罪污染的只是水流,而枉法裁判污染的却是水源。"

而此时,大秦国的水源被严重地污染了。这条毒流中的水,不仅毒害了大秦国的普通百姓,也蚀毁了大秦国的柱石。先是蒙恬、蒙毅,后是冯去疾、冯劫、李斯,那么下一个将会是谁呢?

下一个就是在关东苦苦支撑大秦危局的上将军章邯。

第六节　项梁兵败、破釜沉舟、战神项羽、章邯降楚

　　章邯在东阿围攻田荣时被项梁击败之后，于是率军退往濮阳（今河南省濮阳市濮阳县），在濮阳城东又被项梁所部刘邦、项羽打得大败，最后退入濮阳城中，引黄河水环城死守。而项梁所率的楚军主力，则在东阿击败章邯之后，西进定陶，准备攻打定陶。此前，刘邦和项羽这一路军马就在攻打濮阳的章邯不克之后攻打定陶，但没有攻下，此后才去攻打雍丘、外黄等地。定陶素有富甲天下之称，项梁准备打下定陶之后，用定陶的丰赡物资补充军队粮饷，之后再回来坐地围攻濮阳的章邯。

　　在定陶，项梁大破此前与刘邦、项羽拼得精疲力竭最后才勉强守住城池的秦军。因为数战皆胜，项梁越发骄傲自满，全然不把秦军放在眼里，言行之间，尽是对秦军的轻蔑和无视。偏将宋义见状，就劝谏他说："打了胜仗之后，将领骄傲而士卒怠惰的，马上就会吃败仗。如今我们楚军之中上上下下都充斥着一种盲目乐观而懈怠懒惰的不良情绪，但秦国的援军却越来越多，我深深地为将军感到忧虑。"项梁哪里能容得下毫无建树的宋义在他的兴头上泼冷水，他满不在乎地对宋义说："秦军吃了数次败仗，早就闻风丧胆，如今龟缩濮阳城中，怎敢与我再战，就算是援军再多，也不是我们的对手。现在是如何合围章邯并全歼秦军主力的问题，你替我到齐国去出使，此去务要说动田荣，叫他早日派兵前来。"宋义见项梁刚愎自用，只得受命前往齐国。

　　在路上，宋义碰到了齐国的使者高陵君，于是二人下车叙谈。言谈之中，高陵君难掩对项梁的敬佩和崇拜，宋义却很不以为然，他问高陵君说："您一定

要去见武信君项梁吗？"高陵君说："我受国君之命，务必见到武信君。"宋义说："据我观察，项梁马上就要吃败仗了，而且会败得很惨。如果您在路上慢点儿走，或许还会幸免于难，如果您走得太快了，说不定就会死于乱军之中。"高陵君将信将疑，于是放慢行程，缓缓前往定陶方向。宋义则迅速动身前往齐国。

再说濮阳城中的章邯，他见项梁不带大军前来围攻濮阳城，却去攻打定陶，立即感觉苦苦等待的机会来了。此时的他，陆续得到朝廷派来的数十万援军，立时军力大振，他马上带领秦国大军，悄悄出了濮阳城，然后迅速向定陶方向进发。

一般来说，换了一般的将领，如果数败于对手，那么对手不来攻打就已是万幸，怎敢主动再去攻打对手？更何况再见这个对手，无论兵多兵少，心理上多少会有一种畏惧之感，所谓的"恐某症"就来源于此。但章邯不一样，因为他是名将，是名将，就有非常强大的心理承受能力和百折不挠的坚强意志，他能够打胜仗，也不怕打败仗，胜不骄，败不馁，只要手下还有兵，只要战争形势对自己有利，他就可以马上投入战斗。

夜，大雨滂沱，定陶城，楚军正在营帐中酣睡，突然人喊马嘶，强悍的秦军攻了进来，楚军毫无防备，立时大乱。

章邯这个败军之将竟敢主动前来攻打他，这是项梁说什么也没有料到的，他赶快召集亲随部属，准备组织抵抗，但已无济于事，训练有素的秦军早就将未曾战备的楚军分割包围并各个歼灭，项梁叫天天不灵，叫地地不应，身边缺兵少将，难以组织有效的抵抗和突围，在乱军之中往来冲突数次砍杀秦军几名小校之后，眼见秦军越围越多，精疲力竭、身被数伤的项梁知道大势已去，恨声不绝自杀而死。

当初秦灭楚国之时，秦军老将王翦就是用"避其锐气，击其惰归"的办法打败了楚将项燕，如今悲剧再次重演，章邯又用这个办法击败了项燕的儿子项梁。而其时，项羽和刘邦在攻打外黄未克之下又去攻打陈留（今河南省开封市祥符区陈留镇），陈留县中军民听说项羽此前打下襄城和城阳之后曾大肆屠戮城中百姓，所以全都奋力抵抗，因此陈留也无法攻克。

项梁兵败身死的消息传来，项羽非常痛恨忘恩负义不派兵援助项梁的田荣，从此和田荣结下了仇怨。

形势逼人，项羽和刘邦商议说："如今楚军主力被秦军歼灭，将士们都心惊胆战，士气低落，恐怕不宜再战，还是先引兵东归，以避秦军锋锐。"于是和将军吕臣全部率军东撤，吕臣引一军驻扎在彭城之东，项羽带一军驻扎在彭城之西，刘邦领一军驻扎在砀郡（今安徽省宿州市砀山县），互为犄角救援之势。

章邯打败楚国最大的反秦力量项梁之后，觉得楚国剩下的将领根本翻不起什么大浪（其时项羽、刘邦名望还不大），于是率领二十多万秦军北上，准备攻打赵国。

而此前的赵国，却刚刚发生了一场内乱。来看看这一场内乱的始末。

前文曾经提到，赵王武臣平定赵地之后，派降将李良率军攻打常山郡。李良也果真不负所望，很快攻下了常山。李良攻下常山之后，回来向武臣报捷，武臣又派他前去攻打太原。李良到达石邑（今河北省石家庄市鹿泉区获鹿镇）的时候，秦兵用木石塞断了军事要塞井陉口（今石家庄市井陉县境内），赵兵无法前行，于是在井陉关停了下来。秦军主将非常有智谋，他决定施用反间计，离间李良与赵王武臣的关系。于是以秦二世的名义给李良写了封信，封口也不封，就送给了李良，为的就是消息走漏让武臣和李良君臣相互猜疑。信中这样写道："李良曾经因侍奉朕而显贵，朕也非常信任看重他，如果李良确实能够反赵归秦，那么以前的事情既往不咎，朕不但要赦免李良，而且还要为他加官晋爵。"李良看了信之后，根本不相信。于是返回邯郸，准备请求武臣增派更多的援兵。

李良和随从还没到邯郸城中，却在路上碰到了武臣的姐姐，她刚刚外出赴宴归来，后面跟着十多辆豪华的马车及百余随从。李良见车队如此阵势，以为是赵王武臣，于是就赶快跪倒在路边拜谒说："臣李良拜见大王。"武臣的姐姐喝醉了酒，不知道李良是个大将，就没有下车，派身边的一名随从前去答谢李良。李良一听随从答复说是赵王的姐姐，立时气不打一处来。李良素来显贵，武臣当赵王之前，地位远在李良之下，如今李良迫于形势屈居武臣手下为将，如果武臣能够讲求君臣礼节，善待李良，李良倒也不觉得有什么，如今赵王的姐姐一介女流，出入如此排场，还不把大将们放在眼里，连最基本的礼节都没有，怎不令李良恼羞万分。李良站起之后，在随从们面前感觉很失颜面。他的一名部将就对他说："天下人都起来反抗秦国，有能力的人纷纷自立为王。况且赵王的地位一向在您之下，现在他们家的女孩子见了将军都如此傲慢，不下车与将军见礼，请让我追上去杀了她。"

李良在收到秦国的书信之后，立场本来就有些动摇，只是一时没有合适的时机，还没有下最后的决心而已，今天受到武臣姐姐的侮辱，李良立即发作，于是派人将武臣的姐姐追杀于半道上，之后便带领手下军兵袭击邯郸。邯郸城中没有一个人知悉李良突然生变，因此赵王武臣和左丞相召骚竟然在毫无防备之下被李良所杀。张耳和陈馀在赵国的耳目众多，在武臣被杀之后，这些耳目迅速前去向他们报告李良叛乱的消息，张耳和陈馀迅速逃出邯郸，因此才得以免祸。张耳和陈馀逃出之后，陆续收拾招抚赵国的残兵，共得数万人。赵国没了王，张耳和陈馀于是召集众人，商议对策。门客们知道张耳和陈馀都有要自立为王的心思，但为了替他们考虑，还是建议他们说："丞相和大将军对赵国来说，都是来自外乡的客人，在赵国非常难以立足。你们不如去寻找原六国时赵王的后代，然后拥立他为赵王，就一定会得到赵国的人的拥护。"张耳和陈馀听从了门客的建议，于是派人寻访原赵国王室后裔，最终找到一个名叫赵歇的贵族，于是拥立他为赵王，让他暂且住在信都（今河北省邢台市西南）。李良得知消息后，率兵攻打信都，结果被陈馀率兵击败。李良无法，只得前去投奔秦军主将章邯。

　　章邯进兵非常迅速，他带兵赶到邯郸，以无可阻挡之势，一战击败张耳等人，把邯郸城中的百姓全部迁到河内（今河南省境内黄河以北地区），又摧毁了邯郸城的城墙等防御设施。张耳战败，只得与赵王歇逃进巨鹿城中（今河北省邢台市平乡县西南），他们被南下与章邯会师的秦军将领王离所部二十万军队死死地围了起来。王离是名将王翦之孙、王贲之子，他本来是蒙恬的副将，与蒙恬一起在上郡守边。蒙恬被杀之后，秦二世命令王离接管驻守在上郡的军队。其时章邯北上攻打赵国，为了确保全歼赵地起义军，章邯请求秦二世派王离率军南下，配合夹攻，得到了秦二世的允许。在章邯北上之时，王离也迅速带兵从上郡出发，赶往邯郸。张耳和赵王歇被章邯赶出邯郸逃入巨鹿城之后，正好被南下的王离包围。

　　陈馀在击败李良之后，前往常山等地，招抚武臣旧部，得到数万兵马，其时正在返回途中，他听到张耳和赵王歇被王离二十万大军包围在巨鹿城中，立时不敢再前进，在巨鹿城北屯扎了下来，以图进一步观察形势。

　　有王离大军围攻巨鹿，章邯于是屯军于巨鹿城南的棘原（邑名，在漳河以南）休整，同时派兵在巨鹿以南修筑甬道，通过甬道运粮给王离军。因为王离军队远道而来，粮草消耗较大，靠章邯部转运粮草短时间内可以，但时间一长，终究会是问题。于是王离率军猛攻巨鹿城，准备彻底拔掉这颗钉子。

　　巨鹿城中兵少粮少，难以招架秦军的进攻，张耳多次派出使者前往陈馀那里，命令陈馀前来救援。但陈馀思虑再三，觉得以自己的几万人马去碰强悍的二十万秦军，无异于鸡蛋碰石头，自取灭亡，于是畏缩不敢前来。

张耳在巨鹿城中坚守了几个月，见陈馀不来救援，非常生气，于是派张黡和陈泽两名将领突围出去责问陈馀说："我以前与你结为生死之交，现在我和赵王在巨鹿城中随时会死，可你有数万兵马却不肯前来救援，还说什么生死与共？如果你确实还是一个诚实守信的人，那么你何不与秦军决一死战，尚且有一二分的胜算！"陈馀回答说："我之前早就考虑过这些问题了，以我的兵力，不但救不了赵国，而且还会白白地损折这几万人。我之所以不想和秦军同归于尽，就是想保留有生之力，将来好为张君您和赵王报仇雪恨。如今非要让我和他们去拼命，那就像拿一小块肉丢给一只饿虎一样，能起什么作用？"张黡和陈泽说："如今情况非常危急，只有和秦军拼个你死我活以示我们的忠信，后面的事情是没办法考虑了。"陈馀无可奈何地说："我觉得现在去白白送死，实在是一点儿益处都没有，如果你们真的要去，我也只能想办法支持你们了。"于是拨出五千人马，让张黡和陈泽带着先去试探秦军，结果张、陈二人及五千兵马一战被秦军全歼。陈馀见状，收住剩余兵马，越发不敢轻举妄动。

在这期间，燕国、齐国和楚国听说赵国危急，都派兵前来救援。张耳的儿子张敖也从代地带了一万兵马前来救援。各路兵马到达之后，都不敢前去和秦军接仗，于是在陈馀的营寨旁边驻扎了下来。

再来看楚国这面的情况。自项梁大军被章邯击败，项梁战死，楚国军民尽皆震恐。楚怀王心中十分不安，担心楚军被秦军各个击破，于是赶快从盱台赶到彭城，合并项羽和吕臣的军队，然后由自己亲率。为了拉拢被他夺去军权的吕臣和项羽，他任命吕臣为司徒，又封吕臣的父亲吕青为令尹，封项羽为鲁公、长安侯，以示安抚。而刘邦则被他任命为砀郡长（为了和秦国的郡守有所区别，因此称为长），封为武安侯，仍旧在砀郡领兵。

楚怀王对项羽显然是有防备之心的，一则因为他自己是项梁拥立的，在道义上，他必须感恩于项氏，并且在某种程度上要尊重项氏（实际上之前完全听命于项梁）。如今项梁死了，他这个牧羊人顿时感觉长硬翅膀掌握实权的机会来了，他要千方百计地弱化项梁的影响、打击亲项势力并树立自己的权威，不再做一个任人摆布的工具，而要做一个名实相副的楚王。

之前楚将宋义被项梁派去出使齐国，与齐王田荣谈得非常顺利，此时已完成与齐国结盟的使命回到楚国。而当时他在路上遇到的齐使高陵君，则确实因为听了他的话而逃过一劫。当时高陵君见项梁战死，于是立即取道前往盱台见楚怀王（因为楚国的实际掌权者死了，他只能去见名义上的掌权者）。他对楚怀王说：

"贵国将领宋义曾经对臣说起项梁,他说项梁一定会吃败仗。臣当时还不相信,谁知过了没几日,项梁大军果真被秦军击败。还没有与敌军作战就可以根据一些征兆预测战争的结果,这样的将领,真可以算得上是深通兵法的将才了。"

楚怀王没有自己的嫡系部队,没有嫡系部队就没有实力,时刻存在着被人架空的危险,所以他有意要扶持一批有才能的将领壮大自己的实力。这样的将领既要不是项氏故旧,还要没有任何强硬的政治背景才行,而宋义则刚好符合这个条件。听了高陵君的话,楚怀王牢牢地把宋义这个人记在了心里,等到此时宋义回来,于是立即召见了他。经与宋义谈论,楚怀王发现宋义确实很有水平,军事才能和谋略都很高超,楚怀王非常高兴。此时正逢赵国派人前来求救,于是楚怀王准备任命宋义为上将军,让他带兵前去救赵。

但项羽听到楚怀王要派兵救赵的消息之后,却前来向怀王主动请缨,说自己的叔父项梁被章邯偷袭所败,他必须亲自带兵前去报这个仇。于公项梁是楚国的大将,于私项梁是项羽的叔父,所以项羽提出这样的要求,可说是合情合理,没有让人拒绝的理由。

既不想让项羽独自带兵,又不能得罪项羽,于是楚怀王想出了一个折中方案,他想另派一支军队,向西入函谷关,直取咸阳。这是个苦差事,派项羽去也未必能成功,倒顺便可以让盛气凌人的项羽远离他身边。有了这个想法之后,他就去征求其他亲信大臣的意见。

当时的客观情况是,因为有周文进军至戏水而一战败溃的前车之鉴,再加上秦军战斗力普遍较强,大部分的农民军与秦军如果发生遭遇战,那么失利的往往都是农民军这个事实,因此,几乎很少有人认为西入函谷关攻打咸阳能取得胜利,所以绝大多数的将领不敢去也不愿去(项羽例外)。从某种程度上说,楚怀王派军队西入秦,其实也是象征意义远大于实际意义,他也根本不指望这一支军队真能够进入关中灭亡秦朝,他只需要通过他的这一举动向天下人表明楚国与秦国势不两立的态度罢了(其实就连后来接受委派的刘邦最初也是这么认为的)。

但楚怀王身边的老臣们毕竟积累了丰富的人生经验,他们已经敏锐地觉察到,秦朝的国运已经为时不久,只需要策略得当,入关灭掉秦朝,也并不是没有可能的事。他们一致反对由项羽带兵西向入秦,他们对楚怀王说:"项羽这个人,虽然勇武过人,但却非常凶狠残暴,之前他攻打襄城,破城后竟然把城中军民全部活埋,连一个活人都没有留下,打下城阳后,又大肆屠城,所过之处无一幸免,全都被毁坏得一干二净。楚国曾经数次向西进军,之前的陈王,如今的项梁，全都失败了。为今之计，不如改变策略，派遣性格宽仁的忠厚长者前往咸阳，向秦地百姓宣讲道理。秦地百姓忍受暴政已经很久了，如果我们派去的人确实宽厚，不要侵伐凌虐秦地百姓，那么咸阳很有可能就会不战而下。绝不能派残暴的项羽前去，沛公刘邦性格宽仁，倒可以派他前去。"

在楚怀王心中，刘邦其实也属项氏故旧——虽然他对刘邦的猜忌远小于项羽。于是楚怀王心中立即有了明晰的思路，他任命宋义为上将军，项羽为次将，范增为末将，率军五万，前去救楚。同时命刘邦别率一军，西向入秦，攻取咸阳。同时为了激励诸将，他在朝会上与众人约定，谁能够最先进入关中并消灭秦国，就封谁做关中之王。

项羽见派兵救赵自己仅为次将，屈居于没有任何建树和实战经验的宋义之下，心中十分不服，再加上楚国故国被灭，他的祖父、叔父都死在了秦军手上，国恨家仇一起涌上心头，他激愤难忍，悲慨不已。而从私底里讲，"先入定关中者王之"这个条件确实诱人，很少有人能淡然处之。于是他提出，要与曾经合作过的沛公刘邦一起带兵西向入秦。

派谁前去是楚怀王与其他老将早就私下议好了的，利弊得失，尽在其中，怎可轻易变更，楚怀王坚决不同意项羽的请求。项羽无可奈何，只得随宋义前往救赵。

因为宋义是上将军，因此楚怀王命楚国其他将领都受宋义的节制，宋义号称"卿子冠军"（卿子，当时的美称，也就是"公子"之意；冠军，较早以前上将军也称为冠军，因此冠军此时亦属美称），一时名扬诸侯。

因为畏惧强悍的秦军，宋义带兵走到安阳（今河南省安阳市）就停了下来，这一停就是四十六天。项羽心急如焚，到中军帐去见宋义说："我听说秦军将赵王围困在巨鹿，我们应该赶快渡过黄河，楚兵攻打秦军外围，赵军在巨鹿城内出兵策应，就一定能击败秦军。"宋义说："不是那么回事，如果想打死牛背上的牛虻，就不应该费神去挤破牛背上小小的虮虱。如今强秦进攻赵国，如果他们战胜了赵国，那么他们就一定会疲惫不堪，我们就正好可以以逸待劳，打垮他们；如果他们无法击败赵国被赵国拖住，那我们正好可以引兵向西，一举攻下咸阳，消灭秦国。所以说，与其我们出兵攻秦，不如来个坐山观虎斗，让秦国和赵国斗个两败俱伤，到那个时候，我们攻打起秦军来，不就容易得多吗？如果论起披坚执锐，冲锋陷阵，这我比不上您，但如若论起谋划运策，战略部署，这您就比不上我了。请将军回去吧，我心中自有主张。"

项羽气恨不绝，愤而出帐。宋义知道项羽心里不服，随即传下将令说："将士们打起仗来就要勇猛如虎，凶狠似羊，贪心如狼，但如若自作主张，擅自行动，不听指挥，就一律就地处决。"

这条军令明显是冲着项羽来的，项羽更加气闷，但只能暂且忍耐。

宋义见项羽不再来请战，知道自己的军令起了作用，心里十分得意。之前他在出使齐国的时候，与齐相田荣相洽甚欢，达成了一些私人之间的秘密协议。也许是为了遵守这些协议，或是为了将他与田荣之间的私交更进一步，他决定送他的儿子宋襄前往齐国，担任齐国的相国。他亲自起身为儿子送行，一直送到无盐（今山东省泰安市东平县），并在那里与身边的高级幕僚将佐们饮酒高会。

当时天气寒冷，又适逢大雨，军中粮草也不充足，将士们又冷又饿，心中颇有怨言。项羽对将士们说："我们本应该勠力同心，前去攻打秦军，但谁知上将军宋义到了这里，竟然久留不行。如今粮草不多，大家每顿只吃个半饱，可宋义却每天饮酒作乐，不知道带兵渡过黄河在赵地解决粮草问题，与赵军合力攻打秦军，却说要等秦军疲惫了再说。以秦军的强盛，攻打刚建立不久的赵国，打败赵国是必然的结局。等赵国被灭，秦军就会更加强大，我们还能找到他们什么样的可以利用的弊端呢？再者说了，我们楚军刚刚被秦军击败，楚王坐不安席，把国内一切可以动用的人力、物力、财力都交给了上将军，国家安危，就在此一举。可是上将军呢，不仅不体恤士卒，反而徇私舞弊，拿我们楚国的利益与齐国做交易，让他的儿子到齐国去当相国，由此可见，他并不是一个忠义社稷之臣。"

将士们都非常认同项羽的这番话，一时间群情激昂，项羽知道军心可用，于是在第二天早上到大帐中去见宋义。宋义仍旧坚持不出兵，还扬言要按军令斩杀项羽，项羽大怒，就在大帐中杀死宋义，然后砍下了他的头。项羽将宋义的头悬挂在军帐之外，然后号令军中说："宋义与齐国合谋，想背叛楚国，我奉了楚王的密旨，处死了他。"

项羽力大无穷，勇猛异常，曾有在会稽郡守府中以一敌百的大胜记录，常人谁是他的对手？再者说了，他连上将军宋义都敢杀，还有谁他不敢杀呢？第三，宋义的所作所为，在当时的情况下，也确实很不得军心，所以楚军营中的高级将领们都对项羽十分畏惧服气，不敢说半个不字。他们对项羽说："楚王本来就是将军你们家拥立的，如今将军处死叛逆之臣，还不都是为了楚国的江山社稷。今叛臣已诛，军中无首，还请将军暂代上将军之职，主持军中大局。"项羽于是被推举为代理上将军。他马上派人追杀宋义的儿子，追兵一直追到齐国境内才追上，之后杀死了宋襄。

项羽又派与他关系密切的将军桓楚回彭城向楚怀王报告宋义的叛逆行径，楚怀王和他身边的那些老臣知道军心已尽附项羽，况且项羽带兵在外，如果不承认项羽诛杀宋义的合法性，一旦惹恼项羽，后果不堪设想。识时务者为俊杰，楚怀王只得承认既成事实，于是顺水推舟，派出使者，任命项羽为上将军，还把当阳君英布和蒲将军的军队都交给他指挥。

项羽杀死卿子冠军宋义并接任上将军，威震楚国上下，名闻诸侯内外。他立即大刀阔斧地整顿军队，把军中的粮饷全部拿出来犒赏三军，立时军心大振。项羽派英布和蒲将军为先锋，带两万人马先行渡河，援救巨鹿。两人所带的兵马在外围打了一些小胜仗，数次破坏章邯为王离供粮的粮道，但又很快被秦军修通，王离军粮草时断时续，军心不稳，但对赵国巨鹿的包围仍然是水泄不通。陈馀再次派人向项羽求救。项羽于是带领全部的兵马渡河，渡过漳河之后，他命令将士凿沉所有的船只，砸破所有的锅盆等炊具，烧掉所有的行军帐篷，每人只带三天的口粮，以示不战胜秦军就只有死路一条的决心（典故"破釜沉舟"的来历，比喻下定决心，不顾一切干到底）。

项羽所带的大军在巨鹿城外与章邯所部秦军相遇，秦、楚二国将士都非常勇猛，但楚军将士抱着必死必胜的决心，再加上项羽无人能敌，势不可当，所以章邯部秦军数次被楚军战败，章邯遇到强劲的敌手，数次对阵均以失败告终，只得败退至棘原驻扎。

当时，诸侯军队前来救援巨鹿的兵马共在巨鹿城外修筑了十余道壁垒围墙，都不敢出兵攻打秦军。等到项羽所率的楚军猛攻秦军的时候，诸侯的将领都趴在防御围墙上观看，楚军将士以一当十，喊声震天，其他诸侯的兵将看得心惊胆战，目瞪口呆，心里既惭愧不安，又对战争的结果不敢抱必胜的信念。（典故"作壁上观"的来历，比喻坐观他人成败，不给予应有的帮助。）

等到项羽的大军击败章邯军，章邯引兵退走的时候，诸侯的军队才一下子醒过神来，原来秦军也是可以战胜的呀。于是在这个时候，他们才赶快出动，与项羽所率的楚军一起，上前围攻王离的军队。王离军队的粮道此时已彻底被项羽切断，军中粮草不多，军心立时不稳。再加上楚军已胜章邯一阵，士气十分高昂，有楚军做榜样，诸侯军大受鼓舞，无不英勇奋战，上前将王离大军团团包围。

章邯撤走，诸侯的军力全部压向王离，王离压力倍增，因为他之前做出的是包围巨鹿城的部署，此时面对诸侯围攻，来不及调整攻防部署，他眼见自己的大军有被诸侯围歼的危险，于是赶快派人突出重围，带着求救信向不远处驻扎在棘原的章邯求援，希望他能在外围给予自己应有的援助和策应，不使自己失去外援一败涂地。王离的求救信倒是送到了章邯的案前，但因章邯在与项羽部交兵时被楚军的流矢所伤，正在帐中养伤，章邯的弟弟章平缺乏作为一名统帅应有的敏感，他并没有意识到诸侯大军围攻王离部的严重后果，而是怕影响到章邯的伤情，因此将王离的求援信搁置了起来，准备等章邯的伤势好一些之后再说。而战场上的形势可说是瞬息万变，别说是等上一两天，有时候就是几分钟也会使战争导致截然相反的结果。因为章邯没有派兵在外围救援，所以诸侯军得以毫无后顾之忧地攻打王离部。

冷兵器时代的遭遇战，军队主将的战斗力直接决定了整支军队的战斗力，因为项羽无人能敌，所以项羽所到之处，秦军无不披靡，再加上其他诸侯军队的围攻，王离大军很快被分割包围，首尾不能相顾，无法有效指挥，立时失去了统一性和协调性，并很快被击溃。大将苏角被杀死，主将王离被生俘，大将涉间不愿投降，举火自焚而死。王离部二十万大军全军覆没。

中国历史上著名的巨鹿之战，就这样以项羽为首的诸侯军队的大胜而告终。战争结束后，项羽在他的上将军营帐中召见其他诸侯国的将领，这些将领一进入辕门就赶快跪倒在地上，用膝盖跪着朝将台方向走，谁也不敢抬头看一眼这个英勇无敌令人畏服的年轻大将军。

军中的权威就是战场上打出来的，就这样，项羽成了诸侯军队的上将军，所有的诸侯军队都受他统辖指挥。经此一战，项羽名震天下。赵国能够不被灭亡，实实在在是以项羽为主将的楚国出了大力。

此时，回过头来再看项羽和宋义关于是否立即救赵的分歧。历史也是很现实的，项羽杀了宋义，然后项羽得胜了，所以许多人认为项羽的主张是对的，宋义的主张是错的，那么两人究竟谁对谁错呢？就当时的客观实际来看，宋义主张让秦、赵两国两虎相争，最后楚军坐收渔翁之利，这样的看法还真就是错的。为什么呢？因为一旦让秦军破了巨鹿城，那么章邯部和王离部顺利会师，就会再一次形成章邯所率的秦军遇神灭神、遇佛灭佛的局面，项羽虽勇，但最多只能击溃一部分秦军，章邯和王离部如若战略性撤退打游击战或是坚守不出，项羽根本不是他的对手，所以诸侯军队想一战歼灭秦军主力，这样的机会绝对不会再有，诸侯军要想消灭秦国政权，刘邦要想入关，那就真要多等好多年才行，如果章邯能等到子婴杀死赵高的那个时候，那么诸侯军要想灭亡秦国，就会成为几乎不可能实现的梦想。诸侯军队在巨鹿城外作壁上观的过程，实际上也是一个形成合围的兵力集结的过程，就看形成合围之后冲锋的号角要谁来吹响，有没有人吹响。而很显然上天不再眷顾秦国，他把这个重任交给了唯一合适的人选项羽，也就注定了秦军的失败和秦朝的覆亡。所以说，就当时的实际情形来看，项羽与宋义之争，项羽无疑是正确的。宋义对大局的把握没错，如果楚军阵中没有项羽这样的猛将，那么楚军扑上去救赵确实就是自取灭亡，从这一点上来说，宋义是对的。而从项羽的角度来看，他不关心大局，他只知道凭他的盖世武功，在野战之中他可以战胜任何一支秦军，所以从这一点出发，项羽取得了巨鹿之战的胜利并歼灭了秦军主力，项羽也没有错。

但是，再看看此后项羽所走的艰辛之路，尤其是楚汉相争的这一段历史事实，就会发现宋义的主张，有着相当多的可取之处。项羽杀了宋义，取得了巨鹿之战的胜利，歼灭了秦军主力，为他日后最大的政治对手刘邦扫清了障碍，使刘邦得以轻松入关并占得封王先机。那么之后呢，天下重回七国格局，刘邦会成为秦王，赵王歇、燕王广等这些庸碌之辈都是王，而劳苦功高的项羽却得回到七国之一的楚国去继续当一个小小的将军，弄不好还会招来杀身之祸，这公平吗？不公平！换了谁都不会甘心，所以项羽甘冒天下之大不韪弑杀楚怀王并自立为西楚霸王，也因此招来了天下人的非议尤其是政治对手刘邦的借题发挥。所以说，项羽在杀宋义破巨鹿的时候，也就为自己日后的败亡种下了祸根。况且看看楚汉相争的历史，项羽一方的每一次失利，都是战略性的失误导致的，试想那个时候，如果项羽有宋义的谋略和头脑，结果又将会怎样呢？那么历史极有可能会改写，现今大部分的中国人恐怕都会是"楚"族而不是"汉"族吧。

王离二十万大军全军覆没和章邯军的见死不救令秦二世震怒异常，他立即派使者前来责问章邯，章邯非常恐惧，于是派长史司马欣前去向秦二世报告前线的战况，并顺便再次请求增派援军。

司马欣到了咸阳之后，赵高不信任司马欣，担心司马欣见到秦二世之后会说出关东的真实情况，所以一直不肯见他。司马欣在咸阳一连等了三天，越等越怕，于是赶快从咸阳逃了出来，他担心赵高追捕他，返回时没有走原来所走的大路。果不其然，赵高听说他逃走之后，担心他会散布对自己不利的消息，立即派人从后面追杀他，不过没有追上。司马欣回到棘原之后对章邯说："赵高这样的奸佞在朝中独揽大权，下面的人根本就不可能有所作为。如果我们打败了诸侯军队，赵高就一定会妒忌我们的功劳，找机会杀死我们，如果我们无法战胜诸侯的军队,那么赵高就更有理由按法律杀死我们,胜也是死,败也是死,请将军早做打算。"

陈馀也给章邯送来一封信,劝他说:"白起担任秦国的将军,南征楚国的鄢郢,北击赵国的长平,攻城略地,打下的土地多得数都数不过来,最后竟然被赐死。蒙恬也是秦国将军,他北逐戎狄,在榆中为秦国开拓疆土数千里,可最后竟然被杀死在阳周。为什么?是因为他们立下的功劳太多了,秦国没办法再封赏他们,只好找借口杀了他们。如今将军担任秦国的大将已经三年了,损折的将士以十数万计,而诸侯的军队却越打越多,急切间根本没办法消灭。在朝廷内部,赵高这个人靠阿谀奉承和欺上瞒下而得居高位,现在情势越来越严峻,他也担心秦二世发现真相之后会杀死他。所以,为了推脱责任,他就一定会找借口杀掉将军,然后另找一个人取代将军,以免除他自己的灾祸。将军您长时间带兵在外,朝中对您有意见的人越来越多。您的结局是有功也会被杀,无功也会被杀。况且秦朝的灭亡已是在所难免,无论是聪明的人还是愚笨的人全都看得一清二楚。将军您在内不能向秦二世直谏,在外无法战胜诸侯军队,一个人苦苦支撑秦国危局,岂不是太可悲了吗?将军您何不与诸侯合纵,联合起来攻打秦国,等消灭秦国之后,就可以封王裂土。这岂不是比身受刑诛、妻儿被杀强得多吗?"

章邯看了信之后,仔细权衡,觉得陈馀说得真是不无道理,于是他暗中派人到项羽那里去谈判,结果由于双方存在严重分歧,没有谈妥。项羽派蒲将军率军日夜渡河,渡过漳河之后,驻扎在漳河南岸,与秦军交战,再次打败秦军。同时,项羽也带兵在汙水(漳河支流,位于今河北省邯郸市临漳县境)上攻打秦军,又一次重创战败的秦军。

秦军连败,士气低迷,粮草不继,军心瓦解。但是,章邯却不能带领秦军逃走,因为他的任务就是消灭诸侯军队,只要诸侯军队在,他就不能撤离。走不能走,打不能打,而项羽,则成了他眼前一个无法逾越的障碍、心中一座无法企及的高山。章邯知道,他已经不能再像以前一样,战无不胜、攻无不克了,人人都有天敌,而项羽就是他军事生涯中的克星,他已经没有丝毫的喘息之机了。在处境极端艰难的情况下,章邯只得派人向项羽请降。项羽军中也正好缺粮,于是就同意了章邯的请降。

于是项羽和章邯约定时日,在洹水(今名安阳河,在河南省安阳市境内)南岸见面。双方的使者结盟之后,章邯见到项羽,流泪不止,向项羽哭诉赵高的种种罪行。项羽感慨万分,于是立章邯为雍王,把他留在楚军营中。

秦军被完全击败之后，赵王歇和张耳出巨鹿城——答谢项羽及其他诸侯将领。张耳和陈馀这两个曾经的忘年之交自然而然也就见了面。张耳责怪陈馀之前不来救援他们，又问张黡和陈泽去了哪里。陈馀非常生气，回答说："张黡和陈泽抱着必死之心要与秦军决战，于是我给了他们五千人马，结果他们全部死在了秦军阵中。"张耳不相信："你说的是真的？"陈馀有些恼怒了："当然是真的。"张耳也怒："你能不能说实话，他们究竟去了哪里，是不是被你给杀了？"陈馀大怒："我真的没有想到你竟然会这样怨恨我、不信任我，你以为我是贪生怕死之辈，舍不得这个大将军职位吗？"说着解下腰间的大将军印绶，气鼓鼓地推向张耳。张耳愕然，推让不愿接受，推来推去，于是把印信放在了桌子上。两人都十分尴尬，过了一会儿，陈馀起身去上厕所，有一位门客就对张耳说："我听说'天与不取，反受其咎'，如今陈将军要把大将军印交给您，这正是所谓的上天要把军权交给您，您如果违背上天的旨意，那是极为不祥的。请赶快收起来。"张耳听了，于是把大将军印拿起佩在了腰间。陈馀如厕回来，发现刚刚放在桌上的大将军印被张耳佩了起来，感觉无法下台，心里十分生气，扭头就走了出去。张耳于是收编了陈馀所属的军队。陈馀只带着几百个亲信，到黄河边上去捕鱼打猎。从此，陈馀对张耳非常痛恨，与张耳结下了深仇。

对于陈馀与张耳的结怨，实际上各自做个换位思考，张耳也许会发现，在强秦大军重重包围之下，连他自己的亲生儿子都在作壁上观，不敢冒死前来救他，更何况是其他人呢？所以，他不能对陈馀求全责备。而对陈馀来讲，张耳陷于重重包围之中，在巨鹿城中登城设守，殊死保卫赵国政权，所受到的痛苦、煎熬以及辛劳，远非常人所及，怨气大、脾气急，也是可以理解的，更何况他在道义上确实略输一筹，所以对于张耳的埋怨，他应该多一些宽容忍耐，而不是负气推印出走。陈馀过于现实，缺乏包容之心，做事欠考虑，决定太轻率，因此也导致了他此后的悲剧，这是后话，后文再交代。

项羽受降章邯所部之后，随即任命司马欣为上将军，统率原章邯部秦军，担当进攻咸阳的先头部队。那么此时的秦国国内，又是怎样的情况呢？

第七节　　指鹿为马、秦王子婴、秦亡之思

之前，秦二世每次问起，赵高都说关东的"群盗"成不了气候，让秦二世放心。此时项羽所率的诸侯军队在巨鹿大破秦军并俘虏王离、降服章邯，并带兵向咸阳进发，而刘邦所率的起义军也已经打破武关，派人前来私下与他接触，封官许愿拉拢赵高与起义军合作。赵高深恐秦二世得知真相会后处死他，于是与他的女婿咸阳令阎乐、接替他担任郎中令的弟弟赵成密谋发动政变。但发动政变并不是一件容易的事情，万一稍有不慎，那就会祸及全族，虽然在杀死李斯担任丞相之后，赵高早已权倾朝野，只手遮天。可他虽然大肆排除异己，刻意培植亲信，但还是无法把朝中的大臣们全都换个遍，也无法知道潜在的对手究竟有多少？大臣们谁对他心怀成见谁对他抱有敌意谁在心里不服气他，还是没办法全都知道。但这难不倒诡计多端的赵高，为了试探群臣，他想出了一条妙计。

一天，赵高破天荒地请秦二世上朝议事，说有要事启奏，等秦二世满腹狐疑地走进大殿落座后，赵高命人将早已准备好的一只鹿牵上了朝堂，然后对秦二世说："臣近日得到名马一匹，不敢自用，愿献于皇帝陛下。"秦二世看看立在朝堂上的鹿，感到十分好笑，于是就对赵高说："丞相弄错了，这明明是鹿，怎么会是马呢？"没想到赵高一本正经地回答说："陛下，臣没有弄错，这确实是一匹名贵宝马，不是鹿。"秦二世一下子迷惑了，难道是自己看错了？他立即问左右侍从："你们说是鹿还是马？"大部分侍从平时早就被赵高买通，见赵高说是马，于是都说是马。秦二世大惊失色，又问殿下群臣："你们说到底是鹿还是马？"大殿里顿时乱作一团，大部分大臣知道这是赵高的诡计，在赵高的淫威

面前选择了沉默，一些赵高的亲信则大声地说是马，而一些正直的大臣则回答是鹿。

秦二世目瞪口呆，对于那些选择沉默的大臣，秦二世以为是因为自己鹿马不分，这些大臣不忍心让自己太过难堪而给他留了几分面子，而对于那些说鹿的大臣，秦二世以为是为了保全他的面子而在阿附他，而对于那些说马的大臣，秦二世则认为他们和赵高一样，都是坚持说真话的忠义之臣。

秦二世立即惊慌起来，他以为自己受到了鬼神的迷惑，于是就召来太卜，让太卜给自己占卜，看到底是怎么回事。这一切早在赵高的预料和掌握之中，受赵高指使的太卜装模作样占卜一番，然后对秦二世说："陛下迷惑，全是因为在春秋两季到郊外祭祀、供奉宗庙鬼神时不够虔诚所致，希望陛下能依照盛德明君的礼节用心地斋戒，方能得到鬼神佑护，消除一切灾厄。"面对他的臣民，秦二世可以极尽淫威，但面对鬼神的警告，秦二世显然无比害怕，于是他依照太卜的建议，前往上林苑中斋戒。

赵高的这一条妙计称作"指鹿为马"，因为在中国历史上太过臭名昭著，因此但凡是略知一点儿中国历史的人，无论老幼妇孺，都没有不知道的。指鹿为马比喻混淆是非，颠倒黑白。此后不久，赵高罗织罪名将那些不愿阿附他而在朝堂上说鹿的正直大臣全都除掉了，此后，大臣们都非常畏惧赵高。

秦二世在上林苑中，说是斋戒，但实际上却依旧走马射猎，纵情享乐。一天，一个行人无意间走进上林苑中，秦二世引弓发箭，将行人射死。赵高得知消息后，假装不知道是秦二世所为，于是让女婿阎乐上奏章弹劾说："太平盛世，不知是什么大胆贼人，竟然将无辜百姓射死之后搬进了皇家林苑，简直是贼胆包天，请陛下降旨缉拿。"秦二世十分尴尬，悄悄地对赵高说："那个人是朕射死的。"赵高佯装大惊，对秦二世说："陛下无缘无故杀死无辜之人，这是上天所不允许的，鬼神也不再会接受您的祭祀。上天马上就会降下灾祸，请陛下赶快远远地离开皇宫祈祷鬼神，以避免灾祸。"恰好前些日子，秦二世做了个梦，梦见他驾车出游，一只猛虎突然蹿出来，咬死了为他驾车的一匹马，太卜解梦的结果是泾水的水神在作怪，必须祭祀水神并斋戒，于是秦二世决定前往咸阳城东南的行宫望夷宫去，一则祭祀泾水之神，二则在那里斋戒。到达望夷宫之后，秦二世命人将四匹白马沉入泾水，祭祀祈祷一番，之后就在望夷宫住了下来。

虽然赵高设法让秦二世离开了咸阳城，但面对越来越危急的局势，秦二世却可以派人来责问赵高为何缉盗不力。赵高惊恐交加，决定立即发动政变，杀死秦二世。赵高与他的女婿阎乐、弟弟赵成商议说："皇上平时不听劝谏，如今事情紧急，就想把责任全部推到我的身上，到那个时候，我们都难逃被灭族的下场。我想废掉秦二世，更立公子子婴为皇上。子婴仁慈勤俭，不论是朝中大臣还是黎民百姓，都在传颂他的仁德。"阎乐和赵成都表示赞同。

女婿毕竟是女婿，如果事发灭三族，女婿不在其列，所以如果阎乐向秦二世检举揭发，倒大霉的就只会是赵高家族。精明如赵高者，自然不会想不到这一点。经与弟弟赵成商议，赵高决定劫持阎乐的母亲，防止阎乐泄密或是退缩。

三天之后，赵高一切准备停当，于是诈称有大盗闯入了宫禁，传秦二世的诏令，让赵成带着身穿白衣的卫士，先把阎乐的母亲劫持到赵府当人质，然后命令阎乐带领咸阳数千卫戍部队，持兵器冲向望夷宫。

在宫门前，阎乐命人将守卫宫门的卫队长绑起来，呵斥说："盗贼闯入宫中，为什么不加阻拦？"卫队长辩解说："我们昼夜巡行，设守甚严，哪有什么贼人敢闯入宫中？"阎乐不再多说，上前一刀砍死卫队长，然后带兵直入宫禁，见人就砍，逢人便杀。

赵高向秦二世报告说："关东的各路强盗大批大批地杀进来了。"秦二世登上楼台，看到一大群人拥进宫来，以为是盗贼，心里非常害怕，于是赶快退入内宫。卫士们没有得到赵成抵抗的明确命令，立时乱作一团，有的上前格斗，有的夺路而逃。上前格斗者全部被杀死，其余全都不敢轻举妄动。阎乐与赵成带兵闯入内宫，箭都射到了秦二世正坐着的帷帐之上，秦二世大怒，急召左右卫士。左右卫士看见郎中令赵成，都惶恐不敢上前和阎乐的大军搏斗。旁边有一个太监，一直侍立在秦二世旁边，不敢离去。秦二世恼羞成怒问他说："事情糟糕成这个样子，你为什么不早点儿告诉我？"太监回答说："我就是因为一直缄口不言，所以才能活到现在，我要是早说，恐怕就和前面那些人一样，早早地被杀死了。"秦二世目瞪口呆、哑口无言。

阎乐上前傲慢地数落秦二世说："足下骄傲自满，胡作非为，滥杀无辜，无道至极，天下人都背叛了足下，足下还是早早替自己做个打算吧！"其时，大臣们称呼皇帝为陛下，称呼太子王子公主为殿下，称呼丞相将军等为阁下，互相称呼为足下，阎乐不叫秦二世陛下而叫他足下，足见他对秦二世的蔑视之深。

秦二世说："我刚刚看见丞相就在宫中，我想见一下丞相。"

阎乐说："不行，丞相不愿见你。"

秦二世说："那么，给我一个郡，让我当个郡王，总可以吧？"

阎乐摇头。

秦二世："那么，让我做个万户侯，从此我不再过问政事，以求颐养天年，这总行吧？"

阎乐轻蔑地冷笑。

秦二世惊讶失色："我什么也不要了，愿意和妻子一起当个平头老百姓，像其他的公子一样，行吧？"

阎乐说："我受命于丞相，要为天下人诛杀足下，足下虽然说了这么多，但我一句也不敢说给丞相听。"说着挥手示意武士们向前威逼。

秦二世走投无路，只得自杀。只是不知道在他自杀之前，他有没有想起李斯，有没有想起蒙恬、蒙毅，还有被他矫命所杀的长兄扶苏。如若人死之后泉下有知，他真不知道该何颜去见那些先他而死的冤屈之人。

阎乐逼秦二世自杀之后，立即拿着玉玺返回咸阳宫中。赵高早就召集群臣，在大殿外等候。见阎乐回报，立即从阎乐手中接过玉玺，佩在腰间，向大殿内走去。赵高自忖自己也是嬴赵同宗，现在杀死了秦二世，那么凭他用恐怖手段在大臣们之中树立起来的威望，自立为皇帝应该也不成问题。但是，赵高往大殿里走了好几步，才发现除了阎乐，再没有一个人跟随。他抬脚上殿，感觉大殿几乎就要塌下来一般。赵高知道大臣们根本不愿意推举他当皇帝，如果强行自立，那么立即就会和其他的大臣势同水火、两败俱伤，于是他下得殿来，对大臣们说："二世无道，今已诛之。秦国本来就是一个王国，只因为秦始皇消灭了六国，所以才称皇帝。现在六国复立，秦国的疆域越来越小，秦国的国君不能再挂个空名继续称为皇帝。最好还是像以前一样，称为王比较妥当。"于是派人前去召公子子婴，奉他为秦王。

子婴，有人说他是扶苏的儿子，也有人说他是秦始皇的弟弟，或是秦始皇的其他儿子，但这些说法都是站不住脚的。依次来看看这几种说法：

第一，扶苏的儿子。秦始皇死时四十九岁，就算他早婚早育，十五岁就育有长子，那么他死的时候，扶苏也不会超过三十四岁。扶苏的儿子多大呢？按扶苏也十五岁育长子算，子婴此时不会超过十九岁。如果子婴十九岁，那么子婴的儿子又有多大呢？最多也就是四五岁。后面子婴为了谋诛赵高，与自己的两个儿子商议，试问，四五岁的小孩子能商量这样的大事吗？再者说了，心狠手辣的胡亥矫诏杀死他的长兄扶苏并篡夺帝位后，连那些已经毫无竞争实力的哥哥和姐妹都被杀死了，他和赵高怎么会留下扶苏的儿子这样一个最具威胁的政治对手为自己掘墓呢？这是无论如何也说不过去的。所以子婴是扶苏的儿子一说，绝无可能。

其二，秦始皇的弟弟。秦始皇的弟弟只有成蟜及嫪毐与赵姬淫乱所生的两个儿子，嫪毐的两个儿子在嫪毐兵败后尽数被杀，而成蟜于公元前239年攻打赵国时降赵，秦始皇的弟弟一说同样无可能。

其三，秦始皇的其他儿子。胡亥是秦始皇的小儿子，如果他要即位，就必须把比他大的公子全部杀死才行，否则，他是没有权利继承皇位的。而历史记载也证明，胡亥确实杀死了他所有的兄长，甚至连他的姐妹都未能幸免，而全部用酷刑——诛杀。这一说同样没有可能。

那么子婴到底是谁呢？有一种说法，他是成蟜的儿子。成蟜降赵之时，子婴年仅两岁左右，到公元前207年，子婴的年龄是三十四岁，他能有两个十六七岁的儿子，比较符合客观实际。因为成蟜背叛秦国，所以在秦始皇生前，他的后人在秦国没有任何政治地位可言。但在秦始皇死后，胡亥为了坐稳皇位，就必须打击与他在血缘上最亲的人，而反过来亲近在血缘上与他较远的人，所以，此前的子婴才能在胡亥滥杀无辜之时向胡亥提出劝谏而没有受到任何的责罚。

至于其他的秦国公子，如果是庄襄王的庶兄弟的孙子，这样远的血缘如果能继承皇位而大臣们不反对的话，那么作为嬴赵疏族的赵高要继承皇位，大臣们自然也不会反对。所以说，这种可能性也微乎其微。

基于以上分析，子婴是成蟜的儿子一说，是最有可能性的一种。

赵高用普通老百姓的礼节埋葬了秦二世，然后让子婴斋戒五日，五日后到太庙接受玉玺。子婴担心自己会像秦二世一样，被赵高谋害，于是与自己的两个儿子及宦官韩谈商议说："赵高在望夷宫杀死秦二世，担心大臣们起来反对他，所以才假装说要拥立我为帝，以便瞒骗群臣。我早就听说赵高和楚国将领秘密往来，说要尽灭秦国宗室并称王关中。现在他让我斋戒五日后到太庙去接受玉玺，很明显就是要在太庙里借机杀死我，我不能上他这个当。五日之后，我称病不去，赵高着急，就一定会亲自前来催我，到那个时候，我们可以出其不意地杀死他。"

斋戒五日之后，赵高几次派人前来请子婴去太庙，子婴就是不去，赵高等得不耐烦，果然亲自来请。在内宫，赵高的卫士按规定不能带入，于是子婴所设的伏兵杀死了他。

杀死赵高之后，子婴命人灭了赵高的三族，并遍示咸阳城中，咸阳百姓见了，无不额手称庆、拍手称快。赵高这个窃柄弄权的权奸，终于得到了他应得的下场。

子婴当上秦王仅仅四十六天,刘邦的军队入武关,驻灞上,并派人约降子婴。咸阳城中,已经再没有兵将可派,文武百官一筹莫展,子婴眼见无力抵抗,只得与妻子儿女将丝带系在脖颈儿上(象征着命悬于受降者之手),带着玉玺和兵符,穿白衣,乘白马,跪在轵道旁向刘邦请降。

刘邦命手下官吏看管子婴,之后进入咸阳,封存了秦国的宫室府库,仍旧回军灞上。过了一个多月,项羽率领诸侯兵到达咸阳,杀死子婴及秦国宗族。掳掠秦国的财物、珍宝和美女,并放火焚烧咸阳城。强盛一时的秦朝,就此灭亡。

从公元前359年秦孝公任用商鞅变法到公元前221年秦统一六国,秦国差不多用了一百四十年的时间,而秦王朝作为一个统一的国家,从公元前221年到公元前206年,才仅仅维持了近十五年时间,仅相当于其付出努力统一六国时间的十分之一强。换个时间比例和说法,也就是说,秦国通过十年时间的努力统一了天下成为秦朝,而仅仅1年时间就断送了江山,真是非常之可惜。

秦朝灭亡的教训非常沉痛,原因也极其复杂。

有许多论者认为,强大的秦朝瞬间灭亡,和后来的隋朝一样,最根本的原因是实行了新的政治制度。

秦统一六国之前,是长达八百多年的分封制,而秦统一六国之后,按照法家思想实行了郡县制。分封制的好处在于,如果秦始皇把宗室子弟分封到全国各地,这些诸侯就会成为秦王朝的屏藩,就像周武王分封自己的弟弟们当诸侯那样。当陈胜吴广起义发生后,各地的封建藩王就会义不容辞地起兵镇压起义军,并到京城勤王。就算是秦二世胡亥被赵高所杀,其他嬴姓诸侯也会自觉地树起嬴秦的大旗,在别的地方努力建政,确保秦朝姓氏不改,就像王莽代汉后刘秀重建东汉一样。实际上血统渺远的刘秀建东汉,与其他姓氏的人建东汉没有什么本质区别,只不过因为他姓刘,所以使人在心理上感觉延绵了汉祚而已。其他人如果建政,心理上感觉有开创之功,并且不愿给失败者当儿子,必须重建国号而已。而由于采取了郡县制,各地任命的都是异姓官吏,所以山东动乱之后,这些地方官一则由于力量薄弱,二则都未尽全力,反正不是自家的天下,亡了也跟自己没有关系。鉴于此,西汉建立之后,吸取了秦亡的教训,一方面实行郡县制,另一方面辅以封建制。但封建制的弊端很快就被铁的事实证明,正像李斯当初所论断的那样,这些诸侯虽然与皇帝是同姓宗族,但却渐渐尾大不掉,开始与中央分庭抗礼,相互攻打就跟仇人一样,甚至比仇人复仇还要凶狠。吴楚七国之乱的结果表明，同姓的诸侯（刘濞）并不比外姓的将军（周亚夫）更加忠诚可靠。刘秀能够建立东汉一方面是因为西汉建立后刘氏轻徭薄赋与民休息，长时间地施惠于黎民百姓，所以人心思汉，支持刘姓；另一方面是因为刘秀个人上佳的才能、禀赋和品行，无论是豪杰士绅还是普通老百姓，都找不到反对他的理由，都认为接受他的统治能够过上更加安定的生活。反观此时的秦朝，秦二世如此骄奢暴虐、贪残不仁，国内占绝大多数的老百姓都感觉不到任何幸福，那么试问，这跟实行郡县制还是分封制有什么必然的联系呢？如果所有的老百姓都不满意秦朝的统治，就算嬴秦子弟全是封建领主，秦朝照样会在燎原之火中灰飞烟灭，而如果绝大多数老百姓都认为秦朝的统治宽仁适度、公平富足，就算实行的是郡县制，那又有什么造反的理由呢？就算是有人想造反，但没有广大的社会民意基础，谁愿意响应呢？陈胜吴广为什么起义，是因为他们没有活路了。老百姓为什么群起响应陈胜吴广，是因为他们活不下去了。这和郡县制没有根本性的关系，跟法家思想也没有硬性的关系，因为法家思想并没有哪一条主张让统治者无休止地压榨民力而不知体恤。

秦朝灭亡还有一个很重要的原因，这个原因长期以来被很多的史家所忽略。这个原因就是：秦朝的大部分主力部队并没有加入与农民军决战的战斗序列。

从陈胜吴广起义开始到子婴最终投降，在所有的记载中能看到秦朝政府参加战斗的军队序列只有章邯和王离的两支军队。秦朝政府为什么没有大规模的正规军投入作战，是因为一开始秦二世被赵高蒙蔽，误以为造反的农民军真的是盗贼，只需要地方官就可以缉捕，所以没有派出大军参战。直到周文所部几十万人打到戏水，这才发现大事不妙，征调各地驻防的军队又来不及，只好在章邯的建议下赦免囚犯和人奴之子，临时组成一支军队前去抵抗起义军。谁知就是这样一支队伍，竟然也在章邯的率领下将起义军打得一败涂地。

那么秦朝政府的主力部队都到哪里去了呢？绝大多数在边疆。当初李信带领二十万大军伐楚失败之后，秦王政迫不得已请老将王翦出山，而王翦的条件是必须六十万人方可。而在当时，六十万是秦国的倾国之兵，所以才有了后来出征途中"王翦请田"的怪异之举。秦灭六国之后，秦国的兵力有所增加，但不会超过一百万。其中任嚣和赵佗奉命带领五十万出征岭南，中原动乱后，任嚣病死而赵佗趁机在岭南建立了南越国，自立为南越王，五十万秦军及迁徙的五十万百姓一个也没有回来；蒙恬率三十万北击匈奴，修筑长城，陈胜起义之后约有十万逃亡，王离带领剩余的二十万南下，在巨鹿被诸侯全歼；还有二十万，分散驻防在

第八章　秦朝　| 353

全国各地，后期接受秦二世的调遣前去支援章邯，加上章邯所率的囚徒军，这就是与农民军对抗的全部兵力。按照估算，章邯最初率领的囚徒军兵力大约在三十万，这支部队在和农民军对抗的过程中，也有为数不少的战斗减员，不过秦二世派去支援的军队完全可以补足这些缺额，所以到章邯投降之时，仍然剩余二十多万。

当然了，大部分军队没有参战，也并不是秦朝灭亡的主要原因，因为只要有赵高这样的权奸在朝，有多少军队参战都是枉然，就像一个人的心脏部位长了一个毒瘤，随时都有可能迸裂，那么他再怎么四肢强壮又有什么用呢？

所以从一个公平持正、客观公正的立场出发，关于强秦迅速灭亡的原因，以下几点分析还是能够经得起历史检验的。

深重的赋役。秦统一六国之时，为了集中所有力量在军事上打击六国，必然要动用人力、物力、财力等一切资源来支持战争，因此租赋和徭役非常繁重。但秦地百姓却最终忍受了下来，为什么？因为商鞅制定的法律！商鞅变法之初，秦地的百姓也无法忍受，说新法不便的有几千人，秦国贵族甚至带头违抗新法或是教唆王子破坏新法。是在商鞅用重刑惩处公子虔等人之后，才顺利推行了变法。新法实行十年，使得"秦民大悦"。秦地的百姓能够忍受秦法的最根本的原因是因为这些法律虽然极为严酷，但却不失公平。平民百姓犯法之后会被法律惩处，而作为时任太子的秦惠文王，他犯了法也受到了惩处，他的老师公子虔和公孙贾代他被处以了黥刑。"王子犯法，与庶民同罪。"这确实非常公平，能让百姓在心理上认可它，这为新法的普及创造了有利的社会条件和心理环境。但这种情况在秦统一六国之后发生了很大的变化。秦统一六国之后，秦地的百姓已经习惯了秦国的法律，但东方六国的百姓却不习惯秦国的法律，从商鞅变法的历史经验来看，这需要一个过渡期。但是，秦朝的统治者包括秦始皇在内，却不仅没有为东方六国的百姓留足适应秦法的过渡期，反而很快将深重的赋敛和徭役加诸六国百姓，让黎民百姓无法承受。而这样繁重的徭役和赋税，不知道又比商鞅变法时重了多少倍。至少那个时候，战争虽然频繁，但却没有大规模地筑长城、开灵渠、征岭南、修陵墓、建阿房，民生虽然疲敝，但总能定期得到休整，不至于毫无喘息之机。

严苛的暴政。秦统一六国后，经过长期的战争，总体上来讲，黎民百姓是渴望过上和平与稳定的生活的，因为仗已经打完了，因战争而遭受破坏的生产资料和生产力亟须恢复，战时出了力，受了苦，忽视了亲情，现在歇一歇，养养伤，照顾一下家庭，休养生息，恢复元气，没什么不对。但是，秦始皇和他的继任者却并没有替百姓考虑这一层因素，以相对仁道宽和的政策赢取天下百姓对新政权的认同和支持，反而在和平时代采取了比战时更加严苛的政策。在这一点上，秦始皇远逊于其后完成统一而没有强征南越的汉高帝刘邦，且隋炀帝杨广也走了他的老路。秦始皇在即位之初，就开始在骊山为自己修建陵墓，统一六国后，又从全国各地征发七十余万人继续修建，直到他死的时候都没有完工。秦二世即位之后，继续大量征发民夫，丝毫没有停歇。其他如修建阿房宫，在咸阳城周边修建二百七十座行宫，拓驰道、修长城、开灵渠，等等，就更是不必提起，造成了极大的民力财力消耗。据统计，秦王朝统一时全国的总人口约有两千万，征岭南动用民力一百万，修筑骊山陵墓前后一百万，修长城实际上也达到了一百万，修阿房宫预计一百万，修筑二百七十座行宫预计一百万，拓驰道预计在七十万左右，开灵渠预计三十万，全国各地为戍边将士、迁徙移民及关中秦民运输粮草的预计不少于四百万，这还不算定期到边疆戍边的士卒，粗略算下来，秦王朝至少征发了不少于全国总人口百分之五十的民力，虽然这些征发并不在同时进行，但一个四口之家，一老一少两个男丁几乎常年在外服役，如果有幸活着回到家里，休息不了几天，马上又得出外，有时候男丁不足，甚至连妇女都征发了。动用如此大比例的民力，早就远远超过了常人所能忍受的极限，百姓怎么能忍受得了呢？黎民百姓想过安定生活的梦想被彻底打破了，既然过不了安稳日子，那就索性起来继续打。同样是生不如死，那为什么不选择更有尊严的死法？这就是为什么陈胜吴广一人揭竿而起，导致万人云集景从的最主要的原因。秦始皇试图在他的有生之年就建立起一个能供自己和子孙千秋万代一直延续下去的高效的执政体系，比如驰道，比如宫殿，比如长城，比如水渠，设想当然是非常好的，蓝图当然是非常宏伟的，但这需要一个过程，依当时的生产力劳动力条件，快则需要数十年，慢则也需要上百年，但秦始皇想在几年之内就要见效，好大喜功，强行冒进，太过暴力强迫，太过急于求成，不仅把老百姓全都逼到了无路可退的绝境，还把深知百姓疾苦、深受百姓拥戴且个人修养好的继承人扶苏发配到了边疆，直接导致了后来胡亥矫诏篡位和更大程度上的倒行逆施。

残酷的刑罚。秦始皇信奉邹衍的"五德终始"说，认为秦为水德，水的特性之一就是阴狠无情，于是用严酷的刑罚对待百姓。刑罚种类较多，主要有死刑、肉刑、徒刑等，仅就死刑而言，就有弃市、腰斩、车裂、夷三族、枭首等许多种，均残酷异常。死刑、肉刑及其他刑罚既可以单独适用，又可以重复适用，比如李斯就被具"五刑"，五种刑罚并用，真是残酷至极。这些刑罚大多被用到了普通百姓的身上，但也有许多读书人及官吏将士牵涉其中，如将军战场兵败或是触犯刑律，举荐他的人要连坐，儒生们因议论焚书行为而被活埋，等等。因为触犯刑律而服刑、被杀的人，多得不计其数。况且这些刑罚没有规定在特殊情况下的免责条款，比如说因不可抗力因素触犯刑律，并没有减轻处罚或是免除处罚的规定。陈胜和吴广等九百戍卒前往渔阳，因为大雨误期，这完全是不可抗力，但秦法却并没有规定这样的免责条款，最终使戍卒们认识到去了也是死，造反也是死，还不如造反来得轰轰烈烈，从而点燃了亡秦的第一把火，唤醒了绝大多数百姓心中对酷刑的刻骨仇恨和坚决反抗。

一张一弛，文武之道。秦王朝把百姓这根弦绷得太紧，丝毫也没想过要放松，结果很快就绷断了弦，让大秦这个国号，迅速地消失在了历史的长河中，只留给后人无尽的感慨和叹息。